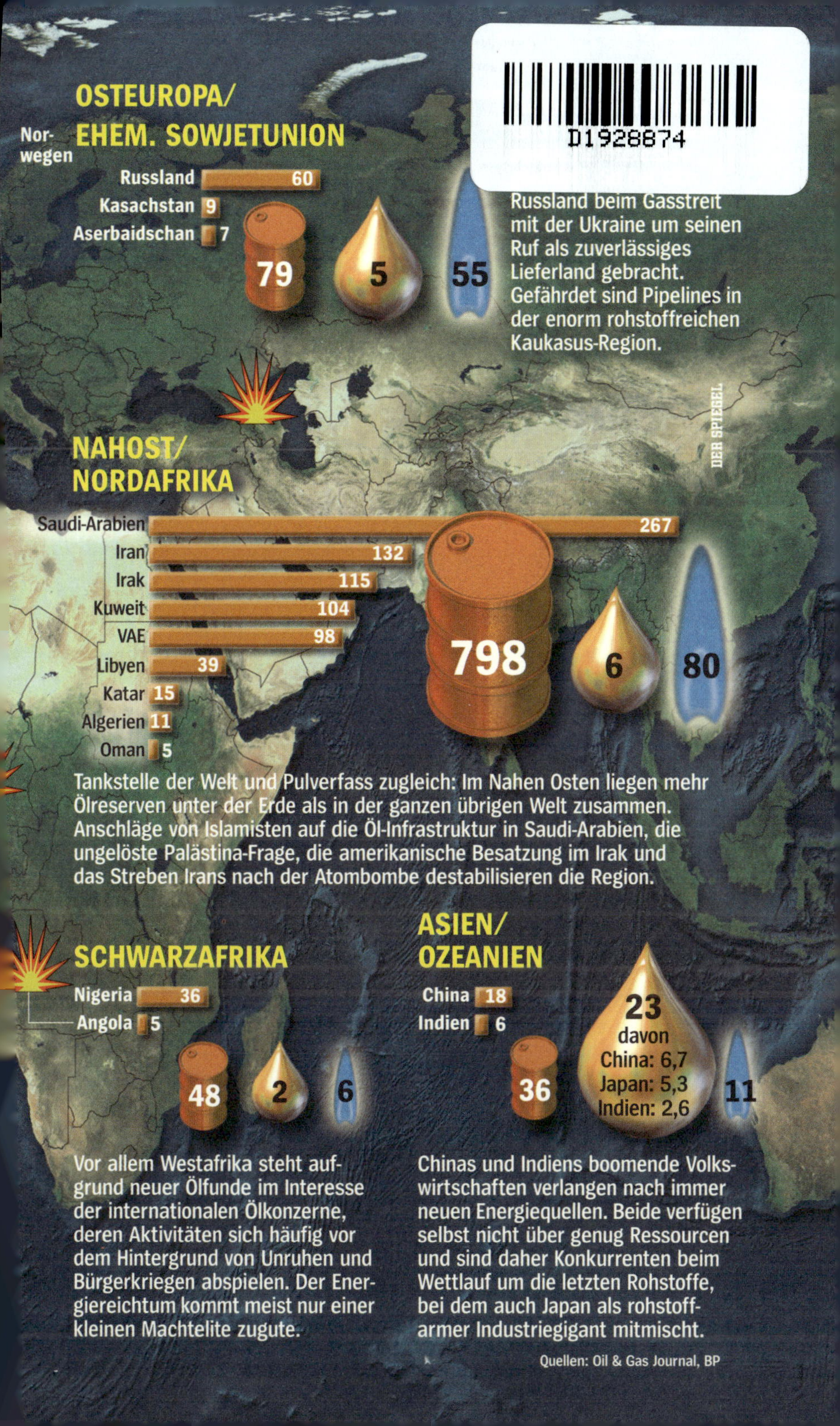

Russland beim Gasstreit mit der Ukraine um seinen Ruf als zuverlässiges Lieferland gebracht. Gefährdet sind Pipelines in der enorm rohstoffreichen Kaukasus-Region.

Tankstelle der Welt und Pulverfass zugleich: Im Nahen Osten liegen mehr Ölreserven unter der Erde als in der ganzen übrigen Welt zusammen. Anschläge von Islamisten auf die Öl-Infrastruktur in Saudi-Arabien, die ungelöste Palästina-Frage, die amerikanische Besatzung im Irak und das Streben Irans nach der Atombombe destabilisieren die Region.

Vor allem Westafrika steht aufgrund neuer Ölfunde im Interesse der internationalen Ölkonzerne, deren Aktivitäten sich häufig vor dem Hintergrund von Unruhen und Bürgerkriegen abspielen. Der Energiereichtum kommt meist nur einer kleinen Machtelite zugute.

Chinas und Indiens boomende Volkswirtschaften verlangen nach immer neuen Energiequellen. Beide verfügen selbst nicht über genug Ressourcen und sind daher Konkurrenten beim Wettlauf um die letzten Rohstoffe, bei dem auch Japan als rohstoffarmer Industriegigant mitmischt.

Quellen: Oil & Gas Journal, BP

DER NEUE KALTE KRIEG

Erich Follath und Alexander Jung (Hg.)

Der neue Kalte Krieg

KAMPF UM DIE ROHSTOFFE

Beat Balzli, Jochen Bölsche, Stephan Burgdorff,
Uwe Buse, Manfred Ertel, Jens Glüsing, Johann Grolle,
Ralf Hoppe, Frank Hornig, Uwe Klußmann,
Sonny Krauspe, Georg Mascolo, Sebastian Ramspeck,
Thilo Thielke, Rainer Traub, Gerald Traufetter,
Wieland Wagner, Erich Wiedemann, Christian Wüst

Deutsche Verlags-Anstalt
München

Bibliografische Information Der Deutschen Bibliothek
Die Deutsche Bibliothek verzeichnet diese Publikation in der DeutschenNationalbibliografie; detaillierte bibliografische Daten sind im Internet über <http://dnb.ddb.de> abrufbar.

FSC
Mix
Produktgruppe aus vorbildlich bewirtschafteten Wäldern und anderen kontrollierten Herkünften
Zert.-Nr. SGS-COC-1940
www.fsc.org
© 1996 Forest Stewardship Council

Verlagsgruppe Random House FSC-DEU-0100
Das für dieses Buch verwendete FSC-zertifizierte Papier *EOS* liefert Salzer, St. Pölten.

1. Auflage

Typografie und Satz: Brigitte Müller/DVA
Gesetzt aus der Minion und der Syntax
Druck und Bindung: GGP Media GmbH, Pößneck
Printed in Germany
ISBN 10: 3-421-04255-1
ISBN 13: 978-3-421-04255-2

www.dva.de

Inhalt

NATUR-RESSOURCEN

ZUKUNFTSENERGIEN

Der neue Kalte Krieg

Wie der Wettlauf um Ressourcen das Machtverhältnis zwischen den Staaten grundlegend verändert

Von Erich Follath

Die Koordinaten der Weltpolitik verschieben sich nicht immer durch Bomben und Bajonette, durch Kriegstriumphe oder Kapitulationen. Manchmal kündigen sich tektonische Veränderungen auch eher unspektakulär an.

So war es etwa vor gut einem halben Jahrhundert, als die Amerikaner den Japanern für ein paar Dollar Patente zur Computertechnik überließen. Was sollten die vom Krieg geschwächten, rückständigen Menschen in Fernost schon damit anfangen, dachten die USA. Die Japaner, fleißig und hochmotiviert, entwickelten die Technologie weiter und bauten Weltkonzerne auf, die westliche Firmen in der Unterhaltungsindustrie oder beim Autobau aus dem Markt drängten.

So war es auch, als sich Deng Xiaoping im Dezember 1978 gegenüber seinen chinesischen ZK-Kollegen durchsetzte und – in einem eher beiläufigen Beschluss – erste Experimente mit der freien Marktwirtschaft erlaubte. Voller Begeisterung pflanzten Bauern auf kleinen Privat-Parzellen Erdbeeren an, gründeten unternehmungslustig Fahrradreparaturwerkstätten, nähten in Hinterzimmern bunte Kinderjacken. Inzwischen ist die Volksrepublik dabei, als Wirtschaftsmacht sogar die Vereinigten Staaten und Europa anzugreifen.

Der Aufstieg und Niedergang von Nationen: ein Spiel mit manchmal verdeckten Karten – und unter überraschenden, ungewohnten Vorzeichen.

So ist es auch jetzt, da das Zeitalter des neuen Kalten Kriegs begonnen hat. Das Zeitalter dramatischer Verteilungskämpfe um die immer knapper werdenden, aber gleichzeitig in immer größeren Mengen benötigten Ressourcen. Das Zeitalter, in dem die internationale Politik zunehmend von Fragen der Energiesicherheit bestimmt ist, in dem die Karten für potentielle Gewinner und Verlierer gerade neu gemischt werden. Die USA entdecken in diesen Tagen Indien als neuen strategischen Partner, die besonders energiehungrige Volksrepublik China macht dem alten Gegner Russland Avancen, Europa beginnt, bei aller Skepsis gegenüber einem EU-Beitritt der Türkei, seine Fühler in Richtung des Kaspischen Meeres auszustrecken – verblüffende Allianzen.

Woran Historiker kommender Generationen eines Tages den Anfang dieser Ära festmachen werden, ist noch nicht ausgemacht. Vielleicht an jenen Stunden im Juli 2006, in denen in Baku mit einer feierlichen Zeremonie die teuerste Erdöl- und Erdgas-Pipeline der Welt eingeweiht wurde, von Aserbaidschan über Georgien zum türkischen Hafen Ceyhan – ein vor allem von Washington gefördertes, politisch höchst umstrittenes und geografisch abseitiges Projekt, das den Einfluss der Russen und Iraner in der Region zurückdrängen soll. Womöglich an dem Tag, an dem sich die Chinesen mit einem 70-Milliarden-Dollar-Deal in Teheran wertvolle Ressourcen für die nächsten Jahrzehnte sicherten.

Teheran droht jetzt mit der Erdölwaffe, erwägt sogar im Fall einer „unvernünftigen“ Attacke auf sein Staatsgebiet, das Nadelöhr der Schiffstanker, die Straße von Hormus, zu bombardieren oder mit seiner Marine zu sperren. Moskau setzt sein Erdgas gegenüber Nachbarn wie der Ukraine politisch ein und könnte im Extremfall auch Westeuropa den Hahn abdrehen. Venezuela spielt mit dem Gedanken, die Vereinigten Staaten ganz von seinen Vorräten abzuschneiden. Und die Terror-Organisation al-Qaida hat jüngst zum ersten Mal versucht, saudi-arabische Ölanlagen in die Luft zu sprengen – gelänge dies beispielsweise am Terminal Ras Tanura, fehlte der Weltwirtschaft von einem Tag auf den anderen fast ein Viertel ihres Schmierstoffs.

Experten der Investmentbank Goldman Sachs und internationale Politikberater aus Washington, London und Singapur stellen in einer im Frühjahr 2006 erschienenen Studie den internationalen Terror als Hauptbedrohung Nummer zwei für die Weltwirtschaft heraus – nur eines sei noch gefährlicher für die Ökonomie: der generelle Rohstoffmangel und der damit verbundene hohe Erdölpreis.

In diesen frostigen Zeiten wird selbst die Supermacht USA allmählich nervös. Präsident George W. Bush, der Mann der heimischen Erdöl-Lobby und lange Zeit Propagandist eines ungehemmten Verbrauchs fossiler Brennstoffe, hat in den vergangenen Monaten eine überraschende Kehrtwende vollzogen. In seiner Ansprache an die Nation Ende Januar 2006 nannte er Amerika „süchtig nach Öl", beklagte die instabile Situation im besonders energiereichen Nahen Osten und verschrieb seinen Landsleuten eine Entziehungskur, um der Abgängigkeit von der schwarzen Droge zu entkommen.

Er pries Hybridautos, Biodiesel, Wind- und Solarstrom, erkannte erstmals die globale Erderwärmung, wesentlich durch Kohlendioxid verursacht, als zentrales Menschheitsproblem an – ohne freilich den amerikanischen Konzernen schärfere Auflagen für ihren Schadstoffausstoß zu machen. Vor allem aber will der US-Präsident die Atomkraft ausbauen, der Dritten Welt eine „globale Partnerschaft für Nuklearenergie" anbieten sowie Kleinstreaktoren mit US-Liefergarantie für Brennstäbe – nichts anderes als eine neue Art des Imperialismus, des Abhängigmachens, sagen seine Kritiker.

Am Vorabend des G-8-Gipfels in St. Petersburg im Juli 2006 schlug das Weiße Haus dann den Russen ein umfassendes Abkommen vor; in Sibirien könnten die weltweit größten Endlagerstätten für Atommüll entstehen, 20 Milliarden Dollar wollen die USA dafür bezahlen. Im Gegenzug dazu soll Präsident Wladimir Putin die iranischen Atommacht-Pläne entschiedener bekämpfen und auch einem Veto im Uno-Sicherheitsrat nicht mehr im Wege stehen. So sehr die US-Regierung den Kurs des Kremlherrn in Sachen Wirtschaftspolitik und Bürgerrechte kritisiert, so deutlich akzeptiert sie doch die Rückkehr Russlands in den Club der Großen und Mächtigen – eine Rückkehr, die sich vor allem durch die riesigen Energieressourcen Moskaus erklärt.

Der Besuch George W. Bushs in Indien Anfang März 2006 war eine weitere historische Weichenstellung: Washington bietet Neu-Delhi eine privilegierte Energiepartnerschaft an, will Nukleartreibstoff und modernste Reaktortechnologie liefern – obwohl Indien dem Atomwaffensperrvertrag nicht beigetreten ist und deshalb eigentlich als „nuklearer Paria“ behandelt werden sollte. Delhi muss, wenn das Abkommen ratifiziert ist, gerade einmal 14 seiner zivilen Atomkraftwerke von der Internationalen Atomenergiebehörde kontrollieren lassen; seine militärischen Anlagen darf es beliebig ausbauen, und auch auf nukleare Tests muss Indien nicht verzichten.

Bei so viel amerikanischer Initiative möchten nun auch die Europäer nicht hintanstehen: Die EU rücke „das Thema Energiesicherheit ins Zentrum ihrer Außenpolitik“, hat Kommissarin Benita Ferrero-Waldner verkündet. Es habe in letzter Zeit „Weckrufe“ gegeben, die das nötig machten. Fast verzweifelt sucht der Alte Kontinent derzeit nach einer gemeinsamen Ressourcen-Politik. „Wenn wir mit einer Stimme sprechen, können wir auf jeden Lieferanten Druck ausüben“, sagt beschwörend der französische Konzernmanager Gérard Mestrallet – aber es ist ein steiniger Weg vom Energiemündel zum Energiebündel, wie im April 2006 wieder bei einem EU-Spitzentreffen in Brüssel demonstriert wurde: Die „Harmonisierung“ erschöpfte sich größtenteils in Absichtsbekundungen. Und ein Neuanfang beginnt für jede Nation erst mal in der Innenpolitik. Im April 2006 fand ein deutscher „Energiegipfel“ unter Leitung der Bundeskanzlerin statt, viel herausgesprungen ist dabei noch nicht.

Warum erinnert der neue Kalte Krieg in mancher Beziehung so an den alten „Cold War“ nach dem Zweiten Weltkrieg? Was verbindet die beiden Zeitalter? Was unterscheidet sie? Wo und wie haben sich die Gewichte verschoben?

Am Anfang des früheren Kalten Kriegs war die Bombe – und ein Zerwürfnis. Die Alliierten des Zweiten Weltkriegs hatten sich nach dem Sieg über Hitler-Deutschland entzweit, Truman und Stalin misstrauten einander zutiefst. Es war unübersehbar, dass Moskau seine Kriegsbeute skrupellos sichern und seine Einflusssphären aggressiv ausweiten wollte – mit Mitteln gerade noch unterhalb der Kriegsschwelle.

Nachdem amerikanischen Wissenschaftlern am 16. Juli 1945 in der Wüste von New Mexico ein Atomwaffentest gelungen war und dann über Hiroshima und Nagasaki wenige Tage später die schrecklichsten aller Bomben abgeworfen wurden, hatte sich das machtpolitische Gefüge zunächst einseitig zu Gunsten der USA verändert. Die militärischen Chefs des Projekts rechneten in einem Geheimpapier schon den „Atombombenbedarf für die Zerstörung strategischer Gebiete in Russland" hoch, gefolgt von einer Liste mit Städten – unter Einbeziehung der sowjetischen Hauptstadt Moskau.

Erst als im August 1949 auch die UdSSR eine Nuklearwaffe gezündet hatte, wurde Stalins rückständiges Reich wieder zur gleichrangigen Weltmacht (obwohl es mit seiner rigiden Ideologie, bürokratischen Verkrustung und beginnenden Überrüstung schon den Keim des Zerfalls in sich trug). Es entstand ein Gleichgewicht des Schreckens, das – von der gegenseitigen glaubhaften Vernichtungsdrohung geprägt – zumindest einen „heißen" Waffengang zwischen den Großmächten ausschloss. „The Cold War": Die Epoche bekam ihren Namen nach der Begriffsschöpfung des US-Autors Herbert Swope.

Der Kalte Krieg fror in einigen Regionen der Welt die Geschichte ein. Westeuropa, einschließlich der Bundesrepublik Deutschland, garantierte er eine lange Zeit des Friedens. Für viele andere freilich war es, in den Worten von George Orwell, „eine scheußlich stabile Welt". Denn die ideologische Rivalität der Supermächte führte zur Blockbildung, zu klarumrissenen Interessensphären. Gut dran waren nur diejenigen, die auf der richtigen Seite des Eisernen Vorhangs lebten und die es sich in prosperierenden, demokratisch und marktwirtschaftlich orientierten Gesellschaften einrichten konnten. Schlecht war es für die anderen, die – wie etwa die Ungarn 1956 oder die Tschechen und Slowaken 1968 – aus der Zwangsjacke des Großen Bruders ausbrechen wollten und nach der blutigen Niederschlagung des Widerstands ihre Ketten noch schmerzhafter zu spüren bekamen.

Manche Staaten der Dritten Welt aber hatten ihren Bürgern noch nicht einmal diesen schrecklichen Status quo zu bieten. Washington und Moskau waren bei der Auswahl ihrer Verbündeten nicht wählerisch und kümmerten sich zuallerletzt um Menschenrechte: Sie unterstützten bedingungslos ihre „Verbündeten", brutale Diktatoren von „rechts" beziehungsweise „links".

Die USA und die UdSSR ließen sich nie in eine größere direkte Konfrontation zwingen. Doch für weite Teile von Afrika, Asien und Lateinamerika gab es keinen eingefrorenen Frieden, sondern hitzige Auseinandersetzungen. Die Weltmächte fochten auf deren Territorien ihre „konventionellen" Stellvertreterkriege aus. Die Verlierer dieser Ära waren die Menschen in den unterentwickelten Regionen. Die Großen nutzten sie selbstsüchtig als Exerzierfeld – und als billige Lieferanten von Energie. Beispielhaft das Verhältnis der USA zu Saudi-Arabien: Jahrzehntelang versorgte Washington die korrupten Prinzen mit modernsten Waffen wie Kampfflugzeugen. Die USA ließen Milliarden regnen – im Tauschgeschäft gegen billigen Treibstoff. Ob der Dollar-Segen auch breite Bevölkerungsschichten erreichte, oder ob er gar von den Herrschenden dazu genutzt wurde, demokratische Bewegungen niederzuschlagen und weltweit wahhabitisch-islamistische Eiferer zu fördern, interessierte kaum jemanden.

Die Welt lernte zwar nicht, die Kernwaffe zu lieben. Aber immerhin: In den Zeiten des Kalten Kriegs begriff sie, die Kernwaffe zu fürchten. Hiroshima und Nagasaki hatten gezeigt, welch Sündenfall sie war: eine schreckliche Option für die Menschheit, sich selbst zu vernichten. Selbst bei der hochbrisanten Kuba-Krise 1962 blieb man ziemlich weit weg vom Nuklearknopf.

Die Bombe taugte zu vielem – nur eben nicht zum Bomben. Sie half allerdings, sich von den Habenichtsen abzugrenzen. So ist es kein Wunder, dass, nach den Briten und Franzosen, die Chinesen 1964 und – uneingestanden – auch die Israelis 1967 die Tür zum Club der Atommächte aufstießen.

Im Kern blieb der Kalte Krieg eine Auseinandersetzung zwischen zwei konkurrierenden Weltanschauungen. Die USA und ihre Verbündeten legten sich auf eine aktiv betriebene Eindämmung des Kommunismus fest, die radikalere Kreise um das Ziel einer weltweiten „Befreiungspolitik" ergänzten. Die Sowjetunion klammerte sich an ihre eigene Variante der Zwei-Lager-Theorie, deren Hauptaufgabe es war, die westlichen „Imperialisten" zu bekämpfen und den eigenen Machtbereich zu vergrößern.

Beide Seiten beharrten auf der Gültigkeit ihrer jeweiligen Gesellschaftsentwürfe – und auf ihrer universalen Anwendung.

Trotz des in Entspannungsphasen immer wieder verkündeten Endes der Auseinandersetzung markierte erst die Auflösung der UdSSR 1991 den Wandel. Die Sowjetunion – überdehnt, totgerüstet und von neuen Technologien abgeschnitten – musste vor ihren eigenen Bürgern und der Welt einen Offenbarungseid leisten. Sie verabschiedete sich, auch dank der Einsicht eines zu Reformen gezwungenen Michail Gorbatschow, nicht mit einem furchtbaren Knall, sondern mit einem Seufzer aus der Weltgeschichte. Nun gab es keine monolithischen Blöcke mehr. Aber auch die westlichen Sieger mussten nach einer ersten Phase der Euphorie schnell feststellen, dass nicht das von ihren Triumphalisten propagierte „Ende der Geschichte“ angebrochen war.

Aus dem Kalten Krieg, der Epoche des permanenten, aber doch weitgehend überschaubaren Gegeneinanders, wurde zunächst eine Phase des „wilden“ Friedens. In dieser Übergangszeit zeigte sich schnell, dass die Übertragung des US-Demokratiemodells kein Selbstgänger war. Dass die Gefahren für den Weltfrieden sich nicht verflüchtigt, sondern nur verlagert hatten. Und dass die führenden Länder der Dritten Welt nun von keinem mehr gezwungen werden konnten, fremdbestimmte Mitspieler zu sein.

Die Wirtschaftsreformen im leninistisch-kapitalistischen China und ein gutes Jahrzehnt später im demokratisch-sozialistischen Indien setzten gewaltige Kräfte frei, die in der zunehmend globalisierten Welt des 21. Jahrhunderts die Verhältnisse verschoben und immer weiter verschieben.

Der „wilde Frieden“ nach dem Kalten Krieg, die Zeit von 1991 bis 2001, war nur ein Zwischenspiel, in dem sich die Akteure auf der Weltbühne positionierten. Europa suchte sein Selbstverständnis und einen möglichen eigenen Weg, während es seine Union für die Länder des früheren kommunistischen Ostens öffnete. Ein unsicheres, gedemütigtes Russland begab sich auf die Suche nach neuen Allianzen und probte den demokratisch angehauchten Staatskapitalismus. Die kraftstrotzenden Vereinigten Staaten richteten sich als einzige Supermacht auf eine unbestimmte Zeit ihrer Weltdominanz ein, nach einem Wort ihrer ehemaligen Außenministerin Madeleine Albright für alle Krisen „indispensable“, unentbehrlich. Dafür rüsteten sie weiter, ihr Militäretat für 2007 entspricht den zusammengezählten Waffenausgaben aller anderen Staaten der Welt.

Amerika gelang es jedoch nicht, die Verbreitung der Kernwaffen zu stoppen. Indien und Pakistan zündeten 1998 erfolgreich ihre Nuklearsprengsätze, Nordkorea deklarierte sich 2005 zur Atommacht.

Bedenkliche Entwicklungen auch im Mutterland der Bombe: Entgegen den Bestimmungen des Atomwaffensperrvertrags wollte Washington die Entwicklung von „mini nukes" fördern – die Schwelle zum Einsatz der schrecklichsten aller Waffen sank.

Einige Jahre lang sah es dennoch so aus, als könnte sich der „wilde Frieden" zu einem permanenten Nicht-Kriegszustand entwickeln. Da waren zwar islamistische Untergrundgruppierungen, die mit der Verbreitung von Terror internationale Aufmerksamkeit auf sich lenken wollten. Als bevorzugte Waffe wählten sie das Selbstmordattentat. Keine nukleare Hochrüstung konnte etwas gegen das perfide Konzept der (un)menschlichen Bomben ausrichten. Beunruhigend für den Westen – doch solange sich die Anschläge der mordenden „Märtyrer" überwiegend auf den Nahen Osten beschränkten und nur sporadisch auf US-Einrichtungen übergriffen, schien das Problem überschaubar.

Das änderte sich am 11. September 2001, als die Terroristen der Qaida Amerikas Herz angriffen und im New Yorker World Trade Center sowie im Pentagon und in Pittsburgh etwa 3000 Menschen starben. Aus dem „wilden Frieden" wurde ein heißer Krieg – als Bestrafung gegen Afghanistan noch nachvollziehbar. Schließlich hatte das dortige islamistische Taliban-Regime Osama Bin Laden und seinen Terroristen Unterschlupf und Logistik gewährt.

Aber die Herren im Weißen Haus wollten noch mehr: George W. Bush, vor allem aber sein Vize Richard Cheney und der scharfmacherische Verteidigungsminister Donald Rumsfeld nutzten die mit Fehlinformationen über angebliche Massenvernichtungswaffen aufgeputschte Bereitschaft der US-Bevölkerung und einer internationalen „Koalition der Willigen", um auch gegen den Irak und seinen Diktator Saddam Hussein militärisch vorzugehen.

Dass die Weltgemeinschaft diesen Schritt nicht absegnete, störte in Washington zunächst kaum jemanden, der Schock war zu groß.

Den Amerikanern war durch die Ereignisse die physische Verwundbarkeit der USA schmerzlich bewusst geworden. Vor allem aber auch die Unzuverlässigkeit ihrer Partner in Sachen Energie, die potentielle Feindseligkeit einer ganzen Weltregion: Allein 15 der 19 Flugzeugterroristen stammten aus Saudi-Arabien, dessen korruptes Königshaus Bin Laden lange Zeit unterstützt hat.

Bei Bushs Irak-Feldzug ging es um den Sturz eines Diktators, um Amerikas strategische Interessen und seine Militärbasen, auch um das versuchte „Einpflanzen" der Demokratie in den Nahen Osten. Vor allem aber war es ein Krieg ums Erdöl. Der Irak hat riesige Rohstoffreserven. Wer das Land um Euphrat und Tigris beherrscht, kann entscheidenden Einfluss üben auf die Entwicklung in dieser anfälligen Weltregion, die wegen ihrer gewaltigen Ressourcen als „Tankstelle der Welt" gilt.

Doch schon bald zeichnete sich ein Scheitern des Feldzugs ab. Die US-Besatzungsmacht wurde nicht mit Blumen empfangen und machte sich durch ihre Unfähigkeit, nicht einmal die wichtigsten Lebensbedingungen wie fließendes Wasser und Elektrizität zu sichern, bei der Bevölkerung zunehmend verhasst. Der Irak ist das neue Zentrum des Terrors geworden, dem weit mehr Iraker als Amerikaner zum Opfer fallen. Und leider hat daran auch die geglückte Ausschaltung des besonders blutrünstigen Qaida-Chefs Abu Mussab al-Sarkawi nichts geändert.

Trotz aller Durchhalteparolen: Bagdad wird sich auch nicht so bald durch Erdölexporte aus der wirtschaftlichen Lethargie befreien können. Fast tägliche Terrorattacken gegen Pipelines haben die Produktion weiter gedrückt. Ein Großteil der Elite ist ausgewandert, der ständigen Entbehrung und Bedrohungen müde. Ex-Premier Ijad Alawi spricht bereits davon, dass sein Land im Bürgerkrieg versinke. US-Präsident Bush aber glaubt immer noch an den „Sieg" und will allen Ernstes seinen Verbündeten einreden, dass die Welt seit der Irak-Invasion „ein sichererer Ort" geworden sei, dass man weiter „Baltimore in Bagdad verteidigen" müsse.

Eine klare Mehrheit der Amerikaner lehnt den Krieg inzwischen ab, viele sind verbittert über das negative Bild, das die demokratische Führungsnation mit den beschämenden Vorfällen von Guantanamo bis Abu Ghureib und Haditha derzeit abgibt. In der Geschichte der USA haben sich im Übrigen Perioden der weltweiten Interventionsbereitschaft immer mit denen der heimischen Nabelschau abgewechselt. Womöglich wendet sich „God's own country" demnächst wieder mehr nach innen. Ein zweites militärisches Abenteuer, etwa in Iran, dürfte es kaum geben. Auch deshalb nicht, weil die meisten Amerikaner über die Benzinpreissteigerung von 50 Prozent im Zeitraum der letzten 48 Monate besorgter zu sein scheinen als über die Aufrüstung in einem fernen Land.

Die Balance der Weltpolitik verändert sich. Bei Erdöl, Gas und Uran geht es längst nicht mehr nur um Preise: Die Rohstoffe sind weltwirtschaftlich entscheidende, geopolitisch bestimmende Faktoren. Und diese Macht wird in diesen Monaten umverteilt – weg von einer unipolaren Welt, hin zu einer „hyperpolaren" Welt, wie es der in Venezuela geborene US-Publizist und Ökonom Moisés Naím formuliert hat. Neben der Supermacht Vereinigte Staaten, die ihre Hegemonie längst verloren hat (so sie diese je absolut besaß), neben den aufstrebenden Mächten China und Indien, zusätzlich zur Wiedergeburt der (Energie-)Großmacht Russland, sind eine Fülle kleinerer, staatlicher und nichtstaatlicher Akteure auf die Bühne getreten, die sich bekämpfen und koexistieren. Die Welt ist unübersichtlicher geworden, zersplittert, permanent in Bewegung; kontrolliert kann sie allenfalls durch Interessen-Bündnisse werden, aber Dauerturbulenzen sind nicht auszuschließen.

Die großen Probleme bleiben: Verbreitung der Atomwaffen, radikaler Islamismus, Terror. Keiner weiß, wie ein – zumindest verbal – zur Vernichtung Israels entschlossener Präsident in Teheran am Bau der Atombombe gehindert werden kann. Osama Bin Laden hat es geschafft, in weiten Teilen der muslimisch geprägten und wirtschaftlich zurückgebliebenen Staaten sein islamistisches Weltbild als Gegenentwurf zur angeblich ausbeuterischen, „gottlosen" westlichen Gesellschaft zu etablieren. Al-Qaida hat als straff geführte Terrororganisation zwar an Gewicht verloren, breitet sich aber mit ihrer übergreifenden Ideologie weltweit aus, gefährlicher denn je. Bin Laden und sein Stellvertreter Aiman al-Sawahiri kündigten in „Botschaften" an die Welt Rache für die Tötung ihres Statthalters im Irak an, die Taliban machen weite Teile Afghanistans wieder zur No-go-Area für Soldaten und Zivilisten aus dem

Westen. Generell ist das Ansehen der USA in den islamischen Staaten – und nicht nur dort – so unfasslich tief gesunken, dass viele den Qaida-Chef positiver einschätzen als den Mann im Weißen Haus: Bush gefährlicher für den Weltfrieden als Bin Laden.

Nur eine nachhaltige Verbesserung der Lebensverhältnisse wird die Menschen in Nahost und der Dritten Welt von den radikalen Verführern abbringen, die Einbeziehung in den globalisierten Welthandel unter freien, nicht unfair-protektionistischen Bedingungen, vor allem aber: die persönliche Chance zum Aufstieg. Ein solcher sozialer Wandel ist die Voraussetzung für eine Zivilgesellschaft und für ein demokratisches Zusammenleben weit wichtiger als etwa freie Wahlen. Erreichbar ist er nur durch die Produktion, Lieferung und gerechte Verteilung von Konsumgütern. Als Voraussetzung dafür gilt ein ungestörter Zugriff auf Bodenschätze, auf alle Arten von Ressourcen, von fossilen Brennstoffen über Uran bis hin zur erneuerbaren Energie.

So hat sich ein großes Problem nach vorn geschoben, das nun die anderen dominiert, mit denen es vielfältig verbunden ist. Alle wichtigen Mächte – die USA, Europa, Russland und die Aufsteiger China und Indien – geben inzwischen ihrer Ressourcen-Sicherheit politische Priorität Nummer eins. Angestrengt versuchen sie, ein Netz von Pipelines durch Wüsten, Steppen und auch unter den Meeren zu ziehen. Die Hüter und Besitzer der Bodenschätze werden umworben. Es wird getrickst, geschmiert, geschachert. Und hart verhandelt, wie beim G-8-Gipfel in St. Petersburg, wo sich mit einem selbstbewussten Präsidenten Putin Russland – dank seiner riesigen Ressourcen – wieder auf der Bühne der Großmächte zurückmeldete. Und Forderungen für den ungehinderten Zugang der eigenen Konzerne in den Westen stellte, ohne auf Forderungen einzugehen, die Geschäfte von Kreml-Betrieben wie Gasprom oder Rosneft transparent zu machen.

In überschaubarer Zeit dürfte sich dieser Kampf um die Energie-Ressourcen und die Endverbraucher unterhalb der Schwelle überregionaler kriegerischer Auseinandersetzungen abspielen. Aber um die Pipelines und die internationalen Seewege zu sichern, werden bessere internationale Überwachungssysteme nötig sein, auch multinationale schnelle Eingreiftruppen. Und um regenerative Energien zu fördern, neue Quellen fossiler Brennstoffe zu erschließen und die für die Erderwärmung so brandgefährlichen Treibhausgase zurückzudrängen, werden gewaltige Ausgaben nötig sein – 17 Billionen US-Dollar in den nächsten 25 Jahren schätzt die Internationale Energieagentur in Paris. Dieses Kapital wird nur fließen, wenn es gelingt, Konflikte zu beenden oder wenigstens einzugrenzen und wenn gute Bedingungen für Energie-Investoren geschaffen werden.

Wenig spricht für dieses positivste aller Szenarien. Die Zwischenphase des „wilden Friedens“ nach dem Zusammenbruch der Sowjetunion ist in eine andere Epoche übergegangen: den neuen Kalten Krieg.

Der Treibstoff des Krieges

Wie der Wettlauf um die Ressourcen die Machtverhältnisse zwischen den Staaten grundlegend verändert.

Von Erich Follath

Obioku, ein Dorf in Nigeria, Westafrika: Auf den ersten Blick ist dies das Ende der Welt – auf den zweiten erst recht. Feuchtheiße Hitze. Eine armselige Ansammlung von Bretterbuden, zerlumpte Kinder, ein Schlammloch, in dem Frauen Wasser schöpfen. Aus dem mageren Fischfang ihrer Männer kochen sie eine dünne Suppe. In der Luft liegt beißender Schwefelgeruch. Dass sich irgendjemand um dieses Fleckchen Erde streiten könnte, scheint absurd.

Doch in der letzten Zeit gibt es Hunderte Tote hier im Niger-Delta, Rebellen bekämpfen Regierungstruppen und fordern sogar die Abtrennung der Region von Lagos, stellen Ultimaten mit Milliardenforderungen an den britisch-niederländischen Konzern Shell. Dort, wo Rohrleitungen gesprengt sind, verdunkeln Rauchsäulen den Himmel. Es geht um das Erdöl, das hier in riesigen Mengen unter dem Boden liegt, besonders leichter, süßlicher, konsumentenfreundlicher Stoff.

Angeblich liegt den Aufständischen das Wohlergehen von Menschen wie denen in Obioku am Herzen. Shell-Manager sagen, drei Prozent ihres jährlichen Budgets gingen doch ohnehin in einen Fonds zur Entwicklung des Landes. Nigerianische Regierungsmitglieder zucken die Schultern, sie kämpfen angeblich intensiv gegen jede Form von Ausbeutung. Im September 2005 ist Diepreye Alamieyeseigah, der Gouverneur des Bundesstaats Bayelsa, wegen Verdachts auf Geldwäsche verhaftet worden. Man macht ihm jetzt den Prozess, Hunderte Millionen Dollar soll er in die eigene Tasche gewirtschaftet haben.

Solange die Felder brennen, solange Shell- und Agip-Mitarbeiter als Geiseln gehalten und Plattformen mit Schnellbooten angegriffen werden, so lange stockt der Export des schwarzen Goldes aus dem erdölreichsten schwarzafrikanischen Land – das ist einer der Gründe, weshalb weltweit die Preise so dramatisch gestiegen sind.

Kaukasisches Bergland, 70 Kilometer südwestlich der Stadt Wladikawkas, Republik Nordossetien, Russland: Merkwürdig verbogen, wie die Knetmasse eines wütend gewordenen Riesen, liegen die Rohre auf dem gefrorenen Boden. Saboteure haben Ende Januar 2006 die beiden Gasleitungen zerstört, die hier durch ein fast menschenleeres Gelände Richtung Georgien führen. Über eine Woche lang froren die Menschen im ohnehin schon energieknappen Georgien, abgeschnitten von ihrer wichtigsten Energiezufuhr. In der Hauptstadt brannte nachts kein Licht mehr, verzweifelte Menschen verheizten selbst ihre Möbel. Islamistische Rebellen seien an den Anschlägen schuld, behauptete Moskau; vom Kreml gesteuerte Saboteure hätten gebombt, klagte Präsident Micheil Saakaschwili und warf seinem Amtskollegen „Erpressung" vor. Wladimir Putin will dem Land, das sich eng am Westen orientiert, nach Auffassung des Georgiers eine Lektion erteilen – und ihm seine Abhängigkeit vorführen.

Schon wieder also steht Russland am Pranger, kurz nachdem der Kreml die Ukraine durch Abdrehen des Erdgashahns in einen Deal genötigt hat. Damit stellen sich auch Fragen nach der Energiesicherheit der Europäischen Union, die in Sachen Gas am russischen Tropf hängt, Ungarn zu 85 Prozent, Deutschland immerhin zu über 40 Prozent – ein weiterer Grund, warum die Energiepreise sich ihrem Rekordniveau nähern.

Fatah, eine riesige Erdölraffinerie zwei Autostunden nordwestlich von Bagdad, Irak: Nach fast 20 größeren Attacken im Jahr 2005 hatten die Betreiber die größte Anlage zur Erdölproduktion des Landes im Dezember ganz dichtgemacht. Schon am dritten Tag nach der Wiedereröffnung des Beidschi-Komplexes im Januar 2006 greifen dann Aufständische einen Konvoi mit 60 Öllastwagen an und verwickeln die Wachmannschaften in ein stundenlanges Feuergefecht. Landesweit nehmen die Anschläge auf Öleinrichtungen und Pipelines weiter zu.

„Wir reparieren die Rohrleitungen, und sie sprengen sie wieder, und dann beginnt das Spiel aufs Neue", sagt Ex-Erdölminister Ibrahim Bahr al-Ulum. Die Gewalt richtet sich nicht nur gegen Sachen: Die Rebellen ermordeten Ali al-Sudani, den Generaldirektor des Ministeriums. Auch die beiden inzwischen wieder freigelassenen Ingenieure aus Leipzig arbeiteten im Beidschi-Ölkomplex.

Die USA wollten den Aufbau des Nachkriegs-Iraks aus sprudelnden Gewinnen der Erdölindustrie bezahlen. Aber obwohl die US-Truppen das Erdölministerium als eines von wenigen Gebäuden in Bagdad schützten, während sie ansonsten die Stadt im April 2003 den Plünderern anheim gaben, obwohl sie mit Millionen eine „Oil Protection Force" ausbildeten, kommt die irakische Energieindustrie nicht in Schwung. Die Exporte des Staates mit den viertgrößten Ölreserven der Welt (nach Saudi-Arabien, Kanada und fast gleichauf mit Iran) erreichen kaum noch drei Viertel des Vorkriegsniveaus – auch das ein wichtiger Grund für die Nervosität der Märkte.

Und dann noch dieses unheimliche und unberechenbare Regime in Teheran: Iraks mächtiger Nachbar gilt manchen schon heute als der große Gewinner des Bush/Blair-Feldzugs zur „Demokratisierung des Nahen Ostens" (früherer Hauptkriegsgrund: „Beseitigung der Massenvernichtungswaffen"). Irans radikale Regierung hat großen Einfluss auf die zum Teil im iranischen Ghom ausgebildete schiitische Führungsschicht im Süden des Irak, wo riesige Erdöl- und Erdgasfelder liegen.

Teheran wird gegenwärtig – Krise um sein Atomprogramm hin oder her – von China, aber auch Indien als Rohstofflieferant heiß umworben. Peking hat im Herbst 2004 ein gigantisches Geschäft mit einem Gesamtvolumen von über 70 Milliarden Dollar mit der Islamischen Republik abgeschlossen; Delhi verhandelt in Teheran über eine strategische Pipeline, die quer durch die pakistanische Unruhe-Provinz Belutschistan führen würde, mit einer mächtigen Abzweigung auch nach China; vorsichtig geschätzte Kosten der in ihrer „Kurzform" über 2500 Kilometer langen Rohrleitung: sieben Milliarden Dollar. Von Russland abgesehen, hat kein Staat der Erde so große Gasvorräte wie Iran, und außerdem ist Teheran der viertgrößte Erdölexporteur der Welt, höchst wichtig auch für Europa. „Der Westen braucht uns mehr, als wir den Westen brauchen", sagt Präsident Mahmud Ahmadinedschad.

Der Mann, der Israel „von der Landkarte ausradieren" will, droht den USA und Europa mit einer Drosselung der Energieexporte. Der oberste Religionsführer Ajatollah Ali Chamenei sprach Ende Juni 2006 sogar konkret davon, den Erdölfluss für die Weltwirtschaft „entscheidend zu behindern" – eine kaum verhohlene Drohung zur Schließung oder Bombardierung der Straße von Hormus, des Nadelöhrs, das ein Großteil der Öltanker auch aus Saudi-Arabien passieren muss. Wenn der Sicherheitsrat der Vereinten Nationen wegen Irans offensichtlichem Streben nach der Atombombe tatsächlich Sanktionen aussprechen sollte, könnte Irans Regierung die Lieferungen ganz stoppen – zuzutrauen ist das dem irrationalen, offenbar von islamistischen Endzeitvisionen geprägten Perser allemal.

Der Schmierstoff der Weltwirtschaft ist knapp, Ausfälle eines großen Produzenten sind von anderen nicht wettzumachen. Alle erdölproduzierenden Staaten arbeiten dicht am Förderlimit. In einem wahren Horrorszenario rechnet Matthew Simmons, ehemaliger Berater des Weißen Hauses in Energiefragen, den Erdölpreis pro Barrel für die nächsten Jahre auf „200 bis 250 Dollar" hoch, weit entfernt von dem nominellen Allzeithoch von über 77 Dollar Anfang August 2006, ausgelöst durch Nordkoreas Raketenstarts und Irans Verzögerungstaktik in Sachen Atom-Verhandlungen. Ein solch extremer Preisschub würde die gesamte Weltwirtschaft ins Wanken bringen, Entwicklungsländer in ihrer Existenz gefährden und auch derzeit sehr profitable Großkonzerne in den Ruin treiben.

Muss die Welt also zittern? Angst davor haben, dass das Benzin und die Heizung bald nicht mehr bezahlbar sind? Die Sorge darum jedenfalls grassiert inzwischen auch im ziemlich gut abgesicherten Deutschland. Sollen wir uns fröstelnd fürchten vor blutigen Verteilungskämpfen um die Ressourcen, die vor allem die neue Großmacht China immer aggressiver jagt – vor dem Krieg, der aus der Kälte kommt?

Die gute Nachricht: Dass fossile Rohstoffe sozusagen über Nacht zu dem vielfach zitierten, kaum mehr erschwinglichen „schwarzen Gold" werden oder womöglich gar nicht mehr ausreichend erhältlich sind, ist trotz aller Gefahren und Engpässe unwahrscheinlich. Und immer wieder hat menschlicher Erfindungsreichtum vermocht, neue Energiequellen zu erschließen oder zu erfinden.

Die schlechte Nachricht: Das Zeitalter des billigen Erdöls und Erdgases ist definitiv vorüber. Die Menschheit wird spätestens in der nächsten Generation bitter dafür bestraft werden, dass sie immer noch so tut, als könnte sie über die fossilen Rohstoffe aus dem Bauch der Erde weiter nach Belieben verfügen. Einmal ganz abgesehen von dem CO_2-Ausstoß, der zum hochgefährlichen Menschheitsproblem Erderwärmung beiträgt: Energiesparen und das Fördern regenerativer Ressourcen wie Sonne, Wind und Biomasse sind dringend erforderlich – auch wenn diese erneuerbaren Rohstoffe in einem Energiemix aus Öl, Gas, Kohle und Atomstrom selbst langfristig bestenfalls ein Viertel des Bedarfs von Industriestaaten decken dürften.

Jenseits aller ideologischen Grabenkämpfe um sichere Kraftstoffe sind sich die meisten seriösen Wissenschaftler einig, dass trotz verbesserter Bohrtechniken und Ausweitung der Produktion auf die schwer abbaubaren Schiefervorkommen und Ölsande in fünf bis zehn Jahren der historische „Peak" der Ölproduktion erreicht sein wird. Von da an geht's bergab – und das bei steigendem Bedarf weltweit.

83 Millionen Barrel pro Tag verbrauchte die Menschheit im Jahr 2005. Nach Berechnungen der „Internationalen Energieagentur" – das ist der Club der erdölimportierenden Staaten mit Sitz in Paris – werden es im Jahr 2010 schon über 90 und im Jahr 2030 gut 115 Millionen Barrel sein. Je heftiger das fossile Feuer in den Öfen lodert, in den Motoren brennt, die Generatoren antreibt, desto schneller kann sich ein Land entwickeln. Erdöl ist, wie der amerikanische Energiefachmann Daniel Yergin geschrieben hat, „die treibende Kraft der Industriegesellschaften und das Lebensblut der Zivilisationen".

Gerade jetzt, da das Ölzeitalter unwiderruflich seinem Ende entgegengeht, suchen besonders viele Menschen, vor allem in den

Schwellenländern China und Indien, Anschluss an diese Ära. Sie wissen: Ohne Rohstoffzufuhr kommt ihr Wachstumsmotor unweigerlich ins Stottern. Vor allem Erdöl ist ihr Überlebenselixier.

Aber bei jeder Hochrechnung auf die Zukunft gibt es große Unbekannte. Hurricans im Golf von Texas haben im Jahr 2005 furchtbare Schäden nicht nur in New Orleans und den umliegenden Städten angerichtet, sie haben auch Ölplattformen zerstört und die Produktion von Firmen wie BP erheblich beeinträchtigt. Und jenseits dieser Naturgewalten: CIA-Experten fürchten einen Anschlag auf die verwundbarste Stelle des internationalen Energiehandels – in Saudi-Arabien. Auch ohne ein solches Schreckensgemälde erwartet der amerikanische Energiefachmann Michael T. Klare eine „neue Landkarte globaler Konflikte", geprägt durch die Ressourcen-Knappheit.

Schmerzliche Erinnerungen an 1973 werden da wach, als die arabischen Staaten schon einmal, damals wegen der bedingungslosen Unterstützung der israelischen Besatzungspolitik durch Washington, mit Hilfe der Organisation Erdöl exportierender Staaten (Opec) die Energielieferung drosselten und sich der Rohstoffpreis innerhalb kurzer Zeit verfünffachte. Noch einmal schossen die Kosten aus politischen Gründen in die Höhe, in den Tagen der Chomeini-Revolution 1979 und des iranisch-irakischen Krieges. Schon damals fürchtete Bundeskanzler Helmut Schmidt, dass um die Ressourcen eines Tages sogar Kriege möglich wären.

Alle großen Staaten haben heute erkannt: Erdöl und Erdgas sind von existentieller strategischer Bedeutung. Sie sind der Treibstoff der kommenden Konflikte. Deshalb stecken die Mächtigen der Welt überall dort, wo überlebenswichtige Rohstoffreserven liegen, mit Waffengewalt oder aggressiver Diplomatie ihre Claims ab. Zu beobachten war das große Hauen und Stechen auch wieder beim G-8-Gipfel in St. Petersburg Mitte Juli 2006, wo Gastgeber Wladimir Putin keinen Hehl daraus machte, dass „Russland danach streben muss, die Weltführung in Sachen Energie zu übernehmen".

Auch westliche Politiker, die sich sonst gern als Verfechter von Menschenrechten und Vorkämpfer demokratischer Freiheiten geben, nehmen wenig Rücksicht darauf, mit wem sie Geschäfte machen. Erdöl- und Erdgasfunde rücken neue internationale Brennpunkte wie Westafrika, den Sudan, Venezuela oder etwa die Region ums Kaspische Meer ins Blickfeld. Sie spülen auch ungewöhnliche, bisher unbekannte Polit-Stars auf die internationale Bühne – nicht alles Lichtgestalten, vorsichtig formuliert.

Da ist zum Beispiel Aserbaidschans korrupter Herrscher Ilcham Alijew, 44, der Demonstrationen in seinem Heimatland brutal niederschlagen lässt. Aber ohne den starken Mann von Baku geht gegenwärtig nicht viel: Er sitzt am Ausgangspunkt der mit 3,6 Milliarden Dollar Baukosten teuersten Öl- und Gaspipeline der Welt, die von Aserbaidschan über Georgien in den türkischen Hafen Ceyhan führt und im Mai 2005 mit erheblichem Tamtam und im Beisein des amerikanischen Energieministers eröffnet wurde. Das große Rohr ist ein politisch motiviertes Lieblingsprojekt Washingtons – es lässt den verhassten Iran ebenso außen vor wie Russland. Alijew, dem die Organisation für Sicherheit und Zusammenarbeit in Europa (OSZE) Wahlfälschungen im großen Stil vorwarf und der das Amt von seinem Vater „erbte", wurde im Weißen Haus als „Freund" empfangen.

Ähnlich wie der Autokrat Alijew wird von Amerikanern, Europäern, Chinesen und Russen auch der bizarre Diktator Saparmurad Nijasow, 65, im rohstoffreichen Turkmenistan umworben. Der Mann, der sich „Turkmenbaschi" („Vater aller Turkmenen") nennt, betreibt einen bizarren Personenkult, um den ihn selbst Nordkoreas notorisch selbstverliebter „Lieber Führer" beneiden dürfte. Er lässt überall im Land goldene Denkmäler mit seinem Konterfei erstellen, benennt Monate nach den Namen seiner Verwandten um, verlangt, seine eigenen Schriften in den Schulen zu lehren und diese selbst bei der Führerscheinprüfung abzufragen.

Huldvoll empfing der Tyrann, der Oppositionelle foltern lässt, im Sommer 2005 General John Abizaid als Abgesandten der US-Regierung. Da wollten auch Unternehmen nicht hintanstehen und machten mit Geschenken gut Wetter. DaimlerChrysler etwa überreichte Nijasow eine kostbar gedruckte Übersetzung seiner selbst verfassten Staatsbibel „Ruhnama" („Buch der Seele") ins Deutsche. Turkmenbaschi, der 90 Prozent der Gaseinnahmen in einem nur ihm zugänglichen Fonds verwaltet und sich bevorzugt von einfliegenden Ärzten aus Bayern behandeln lässt, dankt's mit lukrativen Aufträgen.

Sogar Söldner mischen mit im internationalen Ölgeschäft. Ein seltsamer Trupp machte sich im März 2004 auf, im ressourcenreichen westafrikanischen Zwergstaat Äquatorialguinea einen Putsch anzuzetteln: ehemalige südafrikanische Elitesoldaten aus Apartheidstagen, gedungene armenische Krieger und einige Briten. Auch Mark Thatcher, Sohn der früheren britischen Premierministerin, war beteiligt. Die Verschwörung scheiterte. Der korrupte Präsident Teodoro Obiang Nguema blieb im Amt – und bedient sich bis heute ungeniert aus der mit Ölgeldern prall gefüllten Staatskasse. 500 Millionen Dollar schwer schätzte die „Los Angeles Times“ seine Auslandskonten.

Selbst bei einem so jungen Mitspieler auf der Bühne des internationalen Energiemarkts wie dem Tschad ist offensichtlich angekommen, dass die Erdöl-Funde sich bestens als Erpressungsmittel eignen. Das zentralafrikanische Land bohrt erst seit dem Jahr 2003 nach dem Schwarzen Gold, die Tagesproduktion von 180000 Barrel am Tag macht nicht viel mehr aus als 0,2 Prozent des täglich weltweit verbrauchten Öls. „Vor nicht allzu langer Zeit hätte etwas, das im Tschad passiert, die großen Händler, die Analysten, die Benzin-Verbraucher weltweit kaum interessiert“, schreibt die „New York Times“. Und fährt fort: „Aber das ist heute nicht mehr der Fall. In einer Welt, in der jedes einzelne Fass Erdöl zählt, können die Handlungen eines tschadischen Präsidenten die globale Energiesicherheit bedrohen.“ So knickte der Energieriese Exxon Mobil ziemlich schnell ein, als Idriss Déby, der korrupte Regierungschef in Ndjamena, ultimativ 100 Millionen US-Dollar an neuen „Energiesteuern“ forderte und drohte, widrigenfalls die Produktion einzustellen. Und die Weltbank gab die wegen finanzieller Unregelmäßigkeiten gesperrten Kredite wieder frei.

Auch in so kleinen Staaten wie Äquatorialguinea (Tagesproduktion: 358000 Barrel, korrupte Regierung, weit verbreitete Ausfälle durch Piraterie) beäugen sich dabei zwei große Gegenspieler misstrauisch, setzen alles daran, gut im Geschäft zu bleiben, versuchen, politische Punkte zu machen – die derzeitige Supermacht USA und die kommende Supermacht China. Und meist ist auch

Indien nicht weit, dieser andere große Spieler – mit neuen, beeindruckenden Hightech-Erfolgen, zumindest in einer Beziehung schon unaufhaltsam auf dem Weg zur Nummer eins: Etwa um das Jahr 2035 wird es mehr Inder als Chinesen geben, zusammen fast viermal mehr als Europäer.

Am aggressivsten kämpft derzeit zweifellos Peking weltweit um Ressourcen – und zeigt dabei noch weniger Skrupel als der Westen. Die regierenden chinesischen Kommunisten dealen ohne irgendwelche ideologischen Vorbehalte mit afrikanischen Diktatoren vom rechten Spektrum wie mit radikal-islamischen Mullahs im Mittleren Osten und obskuren Linkspopulisten in Lateinamerika. Lange Zeit war die Volksrepublik Erdölexporteur, in den späten fünfziger Jahren sogar der größte in ganz Asien. Die Wissenschaftler hatten im Nordosten des Landes riesige Vorkommen des schwarzen Goldes entdeckt. „In der Industrie von Daqing lernen" lautete damals die Parole der Partei. Der maoistische Modellarbeiter „Eiserner Wang" war ihr selbstloser, aufopferungswilliger Protagonist.

Noch bis Anfang der neunziger Jahre war das Reich der Mitte in seiner Energieversorgung autark. Doch durch Deng Xiaopings Reformen, die nach und nach mehr Privatinitiative in der Wirtschaft zuließen und später in eine Art Manchester-Kapitalismus mündeten, explodierte die ökonomische Entwicklung. Immer mehr Autos, Klimaanlagen und Fabrikanlagen machten den chinesischen Drachen zum Nimmersatt, der Öl, Gas und Kohle wie ein Süchtiger in sich hineinschaufelte – und der jetzt immer noch mehr verlangt.

Die Produzenten des Wirtschaftswunders in der Industrie wie die Konsumenten benötigen die Droge dringend. Im Jahr 2004 war die Volksrepublik allein für 36 Prozent des weltweiten Wachstums des Erdölverbrauchs verantwortlich. Bereits 2002 hatte China schon Japan als zweitgrößten Ölverbraucher abgelöst und wurde nur noch von den USA übertroffen. Es gibt Schätzungen, dass sich die Zahl der chinesischen Pkw, Motorräder und Mopeds in den nächsten 15 Jahren verfünffachen wird – und der Energieverbrauch in dieser Zeit dementsprechend auch.

Im Weltmaßstab sind die Frauen und Männer im Reich der Mitte immer noch sehr bescheiden. Würde ein Chinese im Durchschnitt so verschwenderisch leben wie ein US-Amerikaner, würde sich sein Konsum verdreizehnfachen. Die Volksrepublik brauchte alle 24 Stunden über 90 Millionen Barrel Erdöl – mehr als die jetzige Tagesproduktion der ganzen Welt.

China hat keine Alternativen. Nur mit jährlichen wirtschaftlichen Zuwachsraten von mindestens acht Prozent (2004 waren es 10,1 und 2005 immer noch erstaunliche 9,9 Prozent) sieht die Führung der Kommunistischen Partei eine Chance, das Riesenreich zusammenzuhalten – und sich selbst an der Macht. Die bedrohlichen Protestdemonstrationen wegen fehlender Jobs will die Führung durch Konjunkturprogramme eindämmen, das Auseinanderklaffen von Arm und Reich mildern und wenigstens eine rudimentäre Form der sozialen Absicherung für Pensionäre und Kranke schaffen.

Die Produktion der Ölfelder bei Daqing aber ist rückläufig, pro Jahr minus drei bis fünf Prozent. Die von den Funktionären genannten Bilanzen zu den Erdölreserven erwiesen sich als gefälscht, in neue Förderanlagen ist während Maos Zeit nie investiert worden – der Staat setzte nicht auf Technik, sondern auf die Muskelkraft der Arbeiter. Peking baut heute seine heimische Kohle im Rekordtempo ab und riskiert dadurch eine immer schlimmere Umweltverschmutzung und schwere Unfälle.

Es setzt auf riesige Wasserkraftwerke wie den weltgrößten, den Drei-Schluchten-Damm, investiert in alternative Energien und wird bald, neben Deutschland, eine weltweite Führungsrolle auf diesem Gebiet einnehmen. China zieht außerdem Kernkraftwerke so schnell hoch, dass es bis zum Jahr 2050 Weltmeister beim Atomstrom sein dürfte, und doch sieht die Führung keine andere Chance, als auf eine weltweite, aggressive Einkaufstour in Sachen Energie zu gehen. Bei der Jagd nach Erdöl und Erdgas scheuen die KP-Bosse nicht vor direkten Konfrontationen mit Japan und den Vereinigten Staaten zurück, halten Indien auf Abstand – und gehen sogar über Leichen.

Peking verhindert seit Monaten scharfe Uno-Sanktionen gegen den Sudan, obwohl das Regime von Khartum in der Region von

Darfur Milizen zum systematischen Mord an Tausenden aufhetzt. Die einfache Erklärung für Pekings Verhalten: Die Chinesen beuten mit Rückendeckung des islamistischen Regimes die Erdölquellen im Süden des größten afrikanischen Flächenstaats aus. Sie haben dort sogar ihre eigenen Sicherheitskräfte stationiert. Schon knapp fünf Prozent des Öls, das China importiert, stammt aus dem Sudan.

Noch wesentlich mehr liefert Iran mit seinem Präsidenten, der die ganze Welt provoziert: über 13 Prozent. Nach dem kürzlich abgeschlossenen Deal, der auf 30 Jahre angelegt ist, dürfte sich Chinas Abhängigkeit von dem Mullah-Staat noch stark erhöhen. Und umgekehrt: Das staatliche Pekinger Unternehmen Sinopec plant, sich an der Erschließung des riesigen iranischen Yadavaran-Gasfeldes zu beteiligen.

Die KP-Bosse wollen nicht, dass Iran Atombomben baut; aber noch weniger wollen sie, dass ihr Partner wirtschaftlich entscheidend geschwächt wird. Nur unverbesserliche Optimisten können daher hoffen, dass China als eines der fünf ständigen Sicherheitsratsmitglieder seine Geschäftsfreunde brüskiert und eine vom Westen forcierte Isolierung durch Sanktionen mitträgt. Sollte es zu einer solchen Resolution kommen, zu einem Schwur in Sachen Atom, der Teheran wirtschaftlich wirklich schwächt, ist ein Veto der Chinesen höchst wahrscheinlich. Auf Pekings Initiative hin durfte im Juni 2006 Präsident Ahmadinedschad dem Treffen der „Shanghai-Gruppe“ beiwohnen. Mit diesem Club, dem außer der Volksrepublik China und Russland auch die zentralasiatischen Staaten Kasachstan, Kirgisien, Usbekistan und Tadschikistan angehören und bei dem es eigentlich um gemeinsame Sicherheitskonzepte gegen den Terrorismus gehen soll, versuchen Chinas Kommunisten ein Gegengewicht zu Amerika zu schaffen. Für eine multipolare Welt, die in der Volksrepublik so verstanden wird: Erst gibt es uns, und dann vielleicht noch die USA.

Washington und Peking scheinen auf Kollisionskurs – zwei Riesentanker, die mit voller Kraft aufeinander zu fahren, ohne dass einer die Richtung oder auch nur die Geschwindigkeit ändern will.

Das Weiße Haus ist empört, weil Peking dem aggressiven Präsidenten Ahmadinedschad weiter beim Aufbau einer Raketenproduktion hilft. Die chinesische Führung spricht von einem völlig legalen Business zwischen zwei unabhängigen Staaten und ist hochgradig verärgert, dass die US-Regierung wegen der Iran-Geschäfte im Dezember 2005 gegen sechs ihrer Staatsfirmen Sanktionen verhängt hat. Unter den Abgestraften war das Pekinger Unternehmen Catic, einer der größten Waffenproduzenten des Landes.

Die Führung um Präsident Hu Jintao und Premier Wen Jiabao wirft den amerikanischen Politikern vor, dass sie mit zweierlei Maß messen und sogar den von ihnen stets gepredigten Freihandel willkürlich einschränken: Im Jahr 2005 ist ein Übernahmeangebot des chinesischen Konzerns CNOOC für die US-Erdölfirma Unocal gescheitert, obwohl es mit 18,5 Milliarden Dollar das höchste von allen war – Washington verhinderte den Deal unter Berufung auf „nationale strategische Interessen".

Peking versucht jetzt, die Amerikaner überall dort zu treffen, wo es denen besonders wehtut, bevorzugt im Handel mit den traditionellen Verbündeten des Weißen Hauses. China hat langfristige Erdgas- und Eisenerzlieferverträge mit Canberra abgeschlossen und hat die USA als zweitgrößten Exportmarkt der Australier abgelöst. Auch in Kanada haben sich die expansionslustigen Männer aus Fernost mit Milliardengeldern in Energieprojekte eingekauft.

Fast 40 Prozent der chinesischen Direktinvestitionen gehen nach Lateinamerika – und enorm viel auch nach Afrika. Präsident Hu und Premier Wen haben allein in den Jahren 2004 und 2005 Dutzende afrikanische Staaten besucht, mit vielen haben sie Geschäfte abgeschlossen und dabei Washington ausgestochen. In Saudi-Arabien, dem traditionellen Bündnispartner der USA in Nahost, wurden die chinesischen Emissäre mit Pomp und Petroleum-Zusagen empfangen. Für Mikkal Herberg, einen amerikanischen Spezialisten für Wirtschaftsentwicklung, ist „schlichtweg kein Szenario denkbar, das nicht zu einer Konfrontation zwischen den USA und China in Sachen Energie führt".

Die selbstbewussten Chinesen legen sich bei ihrem brachialen Expansionskurs auch mit Japan an. Es geht um die Gasreserven im Meer, von denen beide Staaten glauben, sie stünden ihnen zu. Die

Spannungen nannte das KP-Organ „Volkszeitung" in einem chauvinistischen Leitartikel „nur ein Vorspiel zu Schlimmerem". Japans Regierung hat jetzt seine Sicherheitsdoktrin verändert – unter der Annahme, „dass sich Konflikte um Ressourcen zu Kriegen ausweiten könnten".

Tokio setzt auf Atomstrom im eigenen Land sowie auf die riesigen Energiereserven „vor seiner Haustür", im weiten Sibirien. Doch sosehr die Russen auf einen potenten Partner bei der Erschließung der riesigen Bodenschätze angewiesen zu sein scheinen, die Japaner sind nicht automatisch Putins erste Wahl.

Der Kreml-Chef hat lange gezögert, bevor er schließlich Tokio den Zuschlag für den Bau einer 3800 Kilometer langen Pipeline von Angarsk am Südende des Baikalsees bis zum Hafen Nachodka gab, von dem aus das Erdöl dann leicht zur nahen japanischen Küste transportiert werden kann. Die Chinesen hatten ein Alternativprojekt von Sibirien zu ihrer Ölstadt Daqing vorgeschlagen. Es ist wahrscheinlich, dass nun eine zusätzliche „Abzweigung" nach China gebaut wird. Beim Staatsbesuch in Peking im März 2006 nannte Putin allerdings den Chinesen für dieses Projekt keine konkreten Termine und sagte lediglich riesige neue Erdgaslieferungen zu – was wiederum in Westeuropa Befürchtungen auslöste, der Stoff für Berlin und Paris würde knapper.

So verbalradikal sich Pekings Führung gegenüber Tokio gibt, so rücksichtslos auch gegenüber den USA, gegenüber Indien schlägt sie sanfte Töne an. Offiziell ist viel von „gemeinsamen Interessen" die Rede. Hinter den Kulissen boxt Peking aber auch gegenüber Delhi seine Energieinteressen skrupellos durch.

Die China National Petroleum Corporation übernahm im Sommer 2005 die in Calgary ansässige PetroKazakhstan, Gesamtvolumen des Geschäfts: über vier Milliarden Dollar. Auch ein indisches Konsortium hatte sich intensiv um das Unternehmen mit der zentralasiatischen Reserve bemüht. Verlierer war Delhi auch in einem Deal Anfang 2006: Das Pekinger Unternehmen CNOOC kaufte sich mit 2,3 Milliarden Dollar in eine private nigerianische Ölgesellschaft ein. Das indische Staatsunternehmen Oil & Natural Gas hatte kurz zuvor das Bieterverfahren im westafrikanischen Staat gewonnen, aber die Regierung in Delhi blockierte das Geschäft. Die Eigentumsverhältnisse der nigerianischen Firma waren dem indischen Kabinett zu undurchsichtig. Ein Vorgang nicht ohne Ironie: Indiens demokratisch gewählte Regierung, von den Kommunisten unterstützt, hat Skrupel. Chinas kommunistische Führung, die sich nie einer Volksabstimmung gestellt hat und wohl auch nie stellen wird, geht ohne jede Rücksichten auch bei fragwürdigen Geschäftspartnern voran.

Kurzfristig also: zwei zu null für die autoritäre Staatsform mit ihrem Staatskapitalismus, der es Peking erlaubt, die Expansion voranzutreiben – ein vom Handelsministerium herausgegebener Leitfaden nennt fast 70 Länder und Regionen, in denen sich Chinas Industrie bevorzugt engagieren soll. Selbstverständlich erhalten Unternehmen, die getreu diesen Vorgaben im Ausland investieren und Firmen übernehmen, großzügige Finanzierungshilfen staatlicher Banken. Langfristig aber könnten die demokratischen Strukturen Indiens durchaus Vorteile gegenüber dem Markt-Leninismus haben: Sie schaffen Rechtssicherheit für Investoren und vor allem ein Ventil für die einheimische Bevölkerung, durch Wahlen auf allen Ebenen auch ein entscheidendes Korrektiv bei Fehlentwicklungen.

Wie revolutionär sich Indien auf der Weltbühne neu orientiert, zeigt sich im Verhältnis zu den USA, das sich dramatisch schnell verbessert: Washington will Delhi sogar die modernste zivile Nukleartechnologie liefern und hat somit, nach jahrelanger Ächtung Indiens wegen dessen militärischen Atomprogramms de facto als Atommacht anerkannt. US-Präsident George W. Bush sagte bei einem Staatsbesuch in Delhi Anfang März 2006 zu, Indien mit Nuklearbrennstoff zu versorgen – obwohl Delhi dem Atomwaffensperrvertrag nie beigetreten ist und auch ein internationales Teststopp-Moratorium nie unterschrieb. Im Gegenzug verpflichtete sich Premier Manmohan Singh lediglich, 14 seiner 22 Reaktoren unter internationale Kontrolle zu stellen.

„Wir haben es geschafft, unser Waffenprogramm uneingeschränkt aufrechtzuerhalten und haben an Energiesicherheit erheblich gewonnen“, sagte ein hochzufriedener Regierungssprecher nach der Bush-Visite. Wie unverfroren selbstbewusst Delhis Regierung mit seiner Militärmacht umgeht, zeigte sich dann Mitte

Juli 2006, als sie eine neue atomwaffenfähige Mittelstreckenrakete abfeuern ließ – nur wenige Tage nachdem Nordkorea einen ähnlichen (wenngleich technisch nicht erfolgreichen) Test unternommen hatte. Die indische Boden-Boden-Rakete vom Typ Agni-III („Feuer") kann Sprengköpfe über 4000 Kilometer weit tragen und damit theoretisch auch Shanghai erreichen, von jeder Stadt in Pakistan ganz abgesehen. In Delhi argumentieren die Regierenden, von Indien könne keine Gefahr ausgehen, schließlich sei das Land die „größte Demokratie der Welt" – und die USA modernisierten ihr Waffenarsenal doch auch ständig, sogar das nukleare.

Obwohl Indiens Regierung auf neue Atomkraftwerke setzt, gilt als sicher: Die Abhängigkeit der indischen Milliardenbevölkerung vom Erdöl wird weiter wachsen. Und schon derzeit müssen 70 Prozent des Öl- und 50 Prozent des Gasbedarfs importiert werden: Das Land am Ganges boomt, trotz seiner immer noch überbordenden Bürokratie (Wirtschaftswachstum 2005: 7,5 Prozent) – vor allem als Software-Schmiede, aber auch in Bereichen wie Medizin, Biotechnologie und in der besonders energieintensiven Konsumindustrie von Kühlschränken bis Klimaanlagen.

Indiens wichtigster Erdöllieferant ist Saudi-Arabien, außerdem läuft ein intensiver Rohstoffhandel mit Iran; mit Myanmar wurde der Bau einer Pipeline vereinbart, allesamt Staaten, die extrem undemokratisch geführt werden. Aber die Regierung Singh scheint dafür auch bereit zu sein, Erbfeindschaften zu überdenken. Eine Gas-Pipeline quer durch Pakistan bis zur indischen Hauptstadt ist ernsthaft im Gespräch. Delhis Erdölminister Mani Shankar Aiyer träumt sogar von einem ganz Asien umspannenden Netz von Rohrleitungen. Er sucht dabei die Zusammenarbeit mit dem großen Rivalen China.

„Wir können bei dem Run auf Ressourcen doch nicht unsere gegenseitige Sicherheit gefährden", beschwor der indische Politiker in Peking und nennt ein von beiden Staaten gemeinsam eingereichtes Angebot für ein syrisches Erdgasfeld „vorbildlich". Zwei Giganten auf Schmusekurs: Aiyer und sein chinesischer Amtskollege unterzeichneten im Januar 2006 ein Kooperationsabkommen auf dem Energiesektor. Es soll einen gnadenlosen Bieterwettbewerb um Erdölquellen verhindern.

Wie schwierig eine vertrauensvolle Zusammenarbeit mit China in Energiefragen werden dürfte, erfuhren die Inder binnen wenigen Stunden. Die Tinte unter dem Abkommen war kaum trocken da kam heraus, dass sich Peking heimlich, still und leise schon die Exklusivrechte an dem Erdgas eines lukrativen Feldes in Myanmar gesichert hatte – obwohl zwei indische Firmen formal sogar Miteigentümer des fraglichen Geländes sind. In den Augen des Drachen ist der Elefant eben der Juniorpartner.

Werden die Vereinigten Staaten in den Wettlauf zwischen den kommenden Supermächten China und Indien direkt eingreifen? Werden sie Japan bei der Suche nach Zugang zu neuen Energiequellen helfen? Werden sie Russland bei seinen Versuchen, Öl und Gas als politisches Druckmittel zu benutzen, ernsthaft bremsen?

Alles schaut nach Amerika – und sieht eine Nation, die sich nach Jahrzehnten der unbeschwerten Energieverschwendung zu besinnen beginnt. Noch vor kurzem undenkbar: Die Regierung Bush rät ihren Bürgern seit einigen Monaten, beim Heizen zu sparen; der Ölkonzern Chevron weist in Anzeigenkampagnen auf die Endlichkeit des Schwarzen Goldes und die Bedeutung des Energiesparens hin. Auch die Verbraucher reagieren und interessieren sich neuerdings für Kleinwagen, aufgeschreckt von Heizöl- und Benzinpreisen, die sich seit Anfang 2004 um rund 90 Prozent erhöht haben (und damit immer noch gut um die Hälfte billiger sind als in Deutschland).

Der Regierungsmannschaft des George W. Bush musste vom Anfang der ersten Amtszeit 2001 an niemand etwas über die Bedeutung von Erdöl erzählen. Der Chef selbst hatte es vor seiner Polit-Karriere dank der Protektion seines in Energiegeschäften versierten und mit Saudi-Arabien eng verbandelten Vaters in die Führungsriege der Explorationsfirma Harken geschafft. Vizepräsident Richard Cheney leitete früher den milliardenschweren texanischen Öldienstleister Halliburton. Sicherheitsberaterin Condoleezza Rice, die nach Bushs Wiederwahl 2004 zur Außenministerin aufstieg, saß beim Ölmulti Chevron im Aufsichtsrat; die Firma benannte einen großen Tanker nach ihr. Dass die meisten Felder von Texas allerdings ihre Höchstförderzeit längst hinter sich haben, dass die US-Gesamtproduktion sich auf dem Niveau der vierziger Jahre befindet – Profis wissen das.

Ein von der Regierung in Auftrag gegebenes „Strategiepapier“ malte schon im Mai 2001 die Energielage in düstersten Farben, von erheblichen Fehlmengen in den USA und Abhängigkeit war die Rede. In der Außenpolitik solle deshalb „der amerikanischen Energieversorgungssicherheit Priorität“ gegeben werden. Cheney wurde kurz darauf präziser: Er warnte, dass Saddam Hussein die Vormachtstellung am Golf anstrebe und dort „einen guten Teil der Welt-Energiereserven unter seine Kontrolle bringen“ könnte. Der Angriff der Terroristen, der ins amerikanische Herz traf, die fast 3000 Toten vom World Trade Center in New York und im Pentagon von Washington zeigten Amerika dann am 11. September 2001 zusätzlich seine Verwundbarkeit.

Lawrence Lindsey, einer der führenden Wirtschaftsberater Bushs, sagte kurz vor dem Waffengang gegen Bagdad: „Wenn es einen Regimewechsel im Irak gibt, kommen täglich drei bis fünf Millionen Barrel Erdöl zusätzlich auf den Markt. Eine erfolgreiche Durchführung des Krieges würde der Ökonomie gut tun.“ Ansonsten vermieden US-Politiker, den naheliegenden Zusammenhang zwischen Präventivkrieg und Ressourcen herzustellen.

Es mögen auch andere Motive eine Rolle gespielt haben: die (eingebildete oder eingeredete) Angst vor Saddams Massenvernichtungswaffen; das Bestreben, nach dem Sturz des Diktators Saddam ein Gegengewicht zu den anderen autoritären Regierungen der Region zu schaffen, eine Art Brückenkopf der Demokratie in Nahost. Doch die USA hatten nach den Worten des einflussreichen Ex-CIA-Strategen Kenneth Pollack vor allem ein „vitales Interesse daran, den Energienachschub zu garantieren, eine mögliche Erpressung von Feinden aus dem Persischen Golf zu verhindern“. Nur Idioten begreifen seiner Meinung nach nicht, worum es Bush & Co. im Irak vordringlich ging und geht: „It's the oil, stupid!“

Bittere Rückschläge folgten in Bagdad, eine Konfrontation mit Iran droht, ohne dass Amerika gute Optionen hätte; dazu noch eine längerfristige Auseinandersetzung mit China – alles höchst unerfreulich aus der Sicht des Weißen Hauses. Trotz republikanischer Mehrheit in Senat wie Kongress gelang es Bush zudem nicht, die wirtschaftliche Erschließung einiger potentieller Ölvorkommen in Alaska gegen die Umweltschützer durchzusetzen.

Und dann noch dieser neue Ärger in der Nachbarschaft, keine vier Flugstunden von Texas entfernt, im südamerikanischen „US-Hinterland". Da baut sich einer als Gegenspieler von George W. Bush auf und kann dank seiner Verfügungsgewalt über Erdöl – einer ganzen Menge Erdöl – dem US-Präsidenten mehr als nur lästige Nadelstiche versetzen: Hugo Chávez, 51, Präsident Venezuelas, ist „Oil's New Mr. Big", wie ihn das amerikanische Wirtschaftsmagazin „Fortune" in einer Titelgeschichte taufte.

Chávez provoziert, wo er kann. Ende Januar 2006 holte er auf der von ihm ausgerichteten Gegenveranstaltung zum Davoser Weltwirtschaftsforum in Caracas zum Keulenschlag aus: „George W. Bush ist der größte Terrorist auf Erden, seine Regierung ist die perverseste, mörderischste und unmoralischste in der Geschichte." Und er droht sogar, die USA zu boykottieren, den Ölhahn abzudrehen.

Das ist die eine Realität; die andere Realität lässt sich vor der karibischen Küste in Punto Fijo besichtigen, dem Ölhafen von Venezuela, wo die großen Schiffe mit dem kostbaren Stoff aus dem nahen Maracaibo-See vollgepumpt werden. Ein halbes Dutzend Tanker glitzern im blaugrünen Wasser, fressen 36000 Barrel pro Stunde in sich hinein, jede volle Ladung über 50 Millionen Dollar wert. Hauptzielorte der Fracht: Port Everglades, Baltimore, Boston. Und wenn sie angekommen und gelöscht sind, kehren sie sofort um; zu wichtig ist jede verlorene Minute im Big Business.

Die USA sind Hauptabnehmer des venezolanischen Öls, das Geschäft läuft reibungslos, das Volumen steigt. Allerdings wächst auch die gegenseitige Abhängigkeit: Der Linkspopulist Chávez ist auf die Milliardengewinne seiner schon 1976 unter einem Vorgänger-Regime verstaatlichten Erdölgesellschaft PDVSA angewiesen, mehr als die Hälfte seiner Bodenschätze gehen an den großen Nachbarn im Norden; das Chávez-Reich gehört neben Kanada, Mexiko und Saudi-Arabien zu den führenden Energielieferanten der USA.

Mit den Petrodollars aus den Geschäften mit dem verhassten Gringo-Reich finanziert Chávez nicht nur sein Militär und die

Sozialprogramme für die bedürftigsten seiner Landsleute. Der Lehrersohn sieht sich als neuer Simon Bolívar, als Befreier von einer Kolonialmacht – statt der Spanier im 19. Jahrhundert sind das heute seiner Meinung nach die US-Amerikaner. Er will den ganzen Kontinent einen und hat es in der letzten Zeit tatsächlich geschafft, in weiten Teilen Lateinamerikas seinen Freund und Ratgeber, den kubanischen Revolutionshelden Fidel Castro, als „Held der Straße“ abzulösen.

In Lateinamerika weht ein neuer Wind – und zwar von links, dem US-Präsidenten scharf ins Gesicht. In Brasilien, Argentinien und Uruguay kippten die proamerikanischen Regierungen schon vor zwei, drei Jahren. In Bolivien siegte im Dezember 2005 der Indio und Champion der kleinen Leute Evo Morales – seinen Wahlkampf hatte zu großen Stücken Chávez bezahlt. Venezuelas Präsident sagte seinem neuen Amtskollegen, der ihn gleich nach seinem Triumph besuchte, sofort großzügige Billig-Öllieferungen zu. Nach Gutsherrenart, ohne sich mit dem Parlament auch nur pro forma abzusprechen.

Und Morales verstaatlichte nach der Machtübernahme ohne langes Zögern die Erdgasindustrie. Die betroffenen internationalen Firmen nahmen die in den bolivianischen Medien bejubelte „Enteignung“ ziemlich klaglos hin. Zu interessant sind die Vorkommen, um sich beleidigt aus dem rohstoffreichen Staat zurückzuziehen – und zu offensichtlich zumutbar sind Neuverhandlungen über Preise. Als sich Bolivien in den neunziger Jahren für das internationale Kapital öffnete und Verträge mit den Multis abschloss, lag der Ölpreis schließlich erst bei 20 Dollar je Barrel, im Sommer 2006 steht er bei 75 Dollar, und parallel dazu haben auch die Gaspreise angezogen. „Dass sich die lateinamerikanischen Regierungen heute einen größeren Anteil an den Öleinnahmen sichern wollen, ist verständlich“, schrieb in einem Kommentar die linksradikaler Umtriebe wenig verdächtige „Frankfurter Allgemeine Zeitung“. Das Problem liegt eher anderswo: Dringend notwendige Investitionen in technologische Infrastruktur und neue Kapazitäten unterbleiben meist in den Staaten, die ihre Energiegesellschaften nationalisiert haben. Sie sind meist nur am schnellen Geld fürs Budget interessiert.

Die Bereitschaft breiter Bevölkerungsschichten zwischen Anden und Amazonas, Karibischem Meer und Feuerland, sich politisch neu zu orientieren, ist groß, weil die Lateinamerikaner in den Achtzigern und Neunzigern zwar ihre brutalen Diktatoren loswurden, die größere persönliche Freiheit und die demokratische Regierungsform ihnen jedoch keine Verbesserung der Lebensumstände brachten – die von Washington verordnete neoliberale „Strukturanpassung" führte im Gegenteil zu höherer Arbeitslosigkeit, zu einer wachsenden Kluft zwischen Arm und Reich. Sie wurde zum Nährboden für einen Wandel.

Chávez unterbrach sogar eine Opec-Sitzung, um eine iranische Abordnung zu empfangen. Und zu einer angereisten Wirtschaftsdelegation aus Peking sagte er: „Wir haben mehr als hundert Jahre lang Erdöl produziert und exportiert. Aber dieses Jahrhundert war dominiert von den USA. Heute sind wir frei – und wir stellen unser Erdöl der großen chinesischen Nation gern zur Verfügung." Auch afrikanischen Potentaten machte der Charismatische schon seine Aufwartung.

Den US-Politikern ist der Feind im Süden unheimlich geworden: Das Senatskomitee für Außenpolitik hat einen dringlichen Notfallplan in Auftrag gegeben – für die Situation, dass aus Venezuela über Nacht kein Erdöl mehr fließt. Die USA haben zwar ausreichende Reserven gelagert. Aber sollte ihr wichtiger Lieferant ausfallen, wäre das doch ein ziemlicher Schlag: Auf dem Erdölweltmarkt gibt es kaum freie Kapazitäten, die sich abrufen lassen. Um mindestens 15 Prozent würde ein venezolanischer Lieferstopp die Benzinpreise in den USA hochschnellen lassen und damit für eine erhebliche Unruhe sorgen, prophezeit Mitte Juni 2006 ein inoffizieller Parlamentsbericht in Washington.

Beim Aufstieg und Fall von Nationen wird es in den nächsten Jahren gravierende Verschiebungen geben. Die USA dürften nicht zu den Gewinnern der kommenden Rohstoffkonflikte gehören, so es nicht durch eine Nach-Bush-Präsidentschaft einen entscheidenden Kurswechsel Richtung Energiesparen gibt. Trotz zahlreicher Unsicherheitsfaktoren lassen sich Trends erkennen:

- China hat trotz der weitsichtigen – und mit aller Härte durchgesetzten – Energieplanung große Probleme, sich ausreichend Ressourcen zu sichern. Ob das vielzitierte, weltweit von Peking geprägte „chinesische Jahrhundert" kommen wird, ist allein schon aus diesem Grund unsicher. Ähnliches gilt für den aufstrebenden Rivalen Indien – und für Japan, das 80 Prozent seiner Ressourcen importieren muss.

Die drei wichtigsten asiatischen Staaten sind bei ihrer Rohstoffzufuhr in gefährlicher Weise abhängig von der Sicherheit internationaler Seefahrt-Routen: Zwei Drittel des weltweiten Erdöl-Handels wird über Tanker abgewickelt. Auf dem Weg nach Fernost muss die Großzahl dieser Riesen durch die enge und gefährliche Straße von Malakka, in der schon mehrfach Piraten Handelsschiffe aufgebracht haben (wenngleich noch keinen der Öl-Giganten). Aber noch viel bedrohlicher könnte ein anderer Teil ihres Weges werden: die Durchfahrt an der Straße von Hormus, dem Nadelöhr der Weltwirtschaft, das mehr als ein Fünftel des globalen Erdöl-Angebots passieren muss. Am Wasserweg zwischen dem Oman und Iran rücken die Fahrrinnen in der Meerenge so dicht zusammen, dass die Tanker sich auf Sichtweite begegnen.

Wenn in Teheran der geistige Führer und politisch stärkste Mann, Ajatollah Ali Chamenei, den Rest der Welt davor warnt, in Sachen Atompolitik nur „keinen falschen Zug" zu machen, denn dann werde der Energiefluss aus dem Golf „aufs Äußerste bedroht", weiß man nicht nur in Washington, sondern auch in Delhi, Tokio und Peking, was das heißt – und ist extrem besorgt: eine mögliche Blockade der Straße von Hormus, mit unübersehbaren Folgen. Zwar sind die drei Zerstörer der iranischen Marine alle über 50 Jahre alt und kaum einsatzbereit. Auch die zwei Korvetten, die sich im Dienst Teherans befinden, haben über 30 Jahre auf dem Kiel und besitzen keine adäquate moderne Bewaffnung. Doch Iran besitzt eine Art Guerilla-Marine, die äußerst mobil und nur schwer aufzuspüren ist. Sie operiert vor allem mit Schnellbooten und Kleinkampfschiffen, ausgestattet mit chinesischen Marschflugkörpern. Die britische Militärzeitschrift „Jane's Intelligence Review" nannte diese gefährlichen Flitzer gerade „außerordentlich flexibel" und „ideal für Hit-and-run-Attacken". Der US-Journalist

Seymour Hersh, bekannt für seine CIA-Kontakte und seine Enthüllungsgeschichten, hält auch Angriffe von „Wasserbombern“ für wahrscheinlich: Selbstmordattentäter, die es mit Sprengstoffbooten auf amerikanische Kriegsschiffe wie auf große Erdöltanker absehen könnten.

Kazem Vaziri Hamameh, Teherans Erdöl-Minister, verstärkte im Juni 2006 noch die Ängste, als er sagte, sein Land werde nicht zögern, „Öl als Waffe“ einzusetzen. Ironie der Weltpolitik: Neben den westlichen Industriestaaten wären durch eine Sperrung der Straße von Hormus vor allem auch die Teheran-Freunde in der Volksrepublik China mit ihrem Energie-Nachschub empfindlich getroffen. Nur zu verständlich, dass Peking nun neben dem Tankerverkehr auf den Weltmeeren verstärkt auf Pipelines setzt – die Rohre könnten sich im Vergleich zu den See-Routen als zuverlässiger erweisen.

- Die Europäische Union wird sich durch das schwindende Nordsee-Öl in den nächsten Jahrzehnten vermehrt Gedanken über ihre Energiesicherheit machen müssen, der Alte Kontinent importiert gegenwärtig 50 Prozent seines Energiebedarfs, bald werden es wohl 70 Prozent sein. Und doch könnte Europa zu den weltweiten Aufsteigern gehören, wenn es seine Kleinstaaterei in Sachen Energiepolitik aufgibt. Die EU hat mit einer koordinierten Politik alle Möglichkeiten, sich von ihrer einseitigen Fixierung zu lösen und Russland nur noch als einen – wenngleich großen – Erdgaslieferanten zu nutzen. Die Nähe zu nordafrikanischen Feldern (Algerien, Libyen) wie zu denen am Persischen Golf hilft Europa.

Und auch beim Pipeline-Poker hat der Alte Kontinent an sich gar keine schlechten Karten. Ende Juni 2006 einigte sich die EU-Kommission darauf, Studien zur Durchführbarkeit einer „Nabucco“-Gaspipeline zu fördern. Die unter der Regie des österreichischen Energiekonzerns OMV geplante Rohrleitung, die sich über 3300 Kilometer von der Türkei durch Bulgarien, Rumänien und Ungarn bis vor die Tore Wiens schlängeln soll, könnte 2011 fertig gestellt sein und bis zu 30 Milliarden Kubikmeter Erdgas jährlich aus der Region des Kaspischen Meers nach Europa pumpen – eine wichtige Ergänzung zur geplanten Ostsee-Pipeline, die Deutschland unter Umgehung Polens mit Erdgas versorgen wird und die deshalb den polnischen Verteidigungsminister Radek Sikorski schon zu einem ebenso wütenden wie provozierenden Ausbruch veranlasste: „Vergleichbar mit dem Molotow-Ribbentrop-Pakt".

Von solchen atmosphärischen Störungen abgesehen, muss auch Polen daran gelegen sein, sich in eine Strategie europäischer Energiesicherheit einbinden zu lassen. Wie die aussehen könnte, hat der amtierende EU-Ratspräsident, Finnlands Regierungschef Matti Vanhanen, Anfang Juli 2006 dem SPIEGEL anvertraut: „Eine europäisch-russische Freihandelszone, in der sich EU-Firmen in Russland frei entfalten dürften, während gleichzeitig russische Unternehmen in Europa frei handeln, kaufen und investieren könnten."

- Moskau müsste bei seinem Energiereichtum zu den weltweiten Aufsteigern der Zukunft gehören – so es denn seine internen Probleme, die Korruption, die soziale Frage, in den Griff bekommt. So es denn internationalen Investoren Rechtssicherheit gewährt und seine schnell wachsenden Kreml-gesteuerten Energiekonzerne wie Gasprom (schon heute die drittgrößte Firma der Welt) und Rosneft transparent macht. So es seine Milliarden aus Rohstoffgeschäften zur Verbesserung seiner veralteten Infrastruktur auf den Erdöl- und Erdgasfeldern nutzt – auch investiert, nicht nur kassiert.

Putin gilt im siebten Jahr seiner Amtszeit unstrittig als Architekt des neuen russischen Staatsgebäudes, und eindeutig ist die Energiepolitik das Fundament, das er seinem Bauplan zu Grunde gelegt hat. Sein „Allerheiligstes" nennt er den Rohstoffsektor, das Kernstück seiner Strategie, mit der er Russland auf die Bühne der Supermächte zurückbringen will. Die Re-Nationalisierung des Öl- und Gas-Geschäfts ist inzwischen weit gediehen, an den Schaltstellen der Konzerne sitzen Männer aus dem Putin-Apparat.

Im 20. Jahrhundert sei noch militärische Stärke die Währung der führenden Nationen gewesen, mittlerweile aber bestimme der Zugang zu Öl und Gas die internationalen Kräfteverhältnisse, sagt Andrew Kuchins, Eurasien-Direktor der Carnegie-Stiftung: Russland werde dadurch zunehmend „in der Lage sein, jenseits seiner eigentlichen Gewichtsklasse zu boxen." Das 21. Jahrhundert werde durch einen „Krieg um die Ressourcen" geprägt, sagt ganz im Sinne führender Moskauer Politiker Jurij Fedorow, Russland-Experte des Think Tanks Chatham House in London. Dieser Konflikt würde durch ein vorherrschendes Ethos geprägt: „Wenn du viele Ressourcen hast und ich brauche sie, dann kann ich mein Gewehr nehmen und sie dir wegnehmen."

Moskaus Erträge aus dem Ölgeschäft allein haben sich seit der Regierungszeit Boris Jelzins auf jährlich 150 Milliarden Dollar gesteigert – bei nahezu verfünffachten Weltmarktpreisen. Der reale Durchschnittslohn nimmt mit über zehn Prozent jährlich zu, und um gut sechs Prozent wächst die Wirtschaft pro Jahr, seit Putin im Amt ist. Der Züchtigungsversuch gegen die aus dem Moskauer Orbit driftende Ukraine bewirkte auf den Welt-Gasmärkten, was in der Ölbranche die Verhaftung Michail Chodorkowskis im Oktober 2003 und die folgende Zerschlagung des Jukos-Ölkonzerns ausgelöst hatten: die Einsicht, dass Putin und seine Strategen den Wert der Trümpfe in ihrer Hand kennen und auszureizen bereit sind.

Während Europa noch erschrocken über eine Diversifizierung seiner Energieversorgung debattiert, ist Gasprom längst weiter: Im Juni 2006 verlautete, dass der russische Monopolist zwei Milliarden Dollar in die gerade erst zwangsverstaatlichte Gas-Industrie Boliviens investieren wird. Gleichzeitig laufen die Verhandlungen mit Algerien und Libyen über eine gemeinsame Ausbeutung der dortigen Vorkommen auf vollen Touren – mit Lieferungen von dort soll die rapide steigende Nachfrage befriedigt werden.

Am Hauptschauplatz des geostrategischen Kräftemessens zwischen Russland und dem Westen schließlich, in Zentralasien, ist Putin seinem Ziel einer langfristigen Verfügungshoheit über die Rohstoffe schon nahe: Turkmenistan hat sich auf 25 Jahre hinaus verpflichtet, das Gros seiner Erdgas-Förderung an Gasprom zu liefern; Usbekistan beutet seine Vorkommen mit russischer Hilfe aus; und Kasachstan erwägt einen Vertrag mit 20-jähriger Laufzeit.

Nicht nur die Ukrainer haben erfahren, wie es sich anfühlt, von russischem Gas abhängig zu sein, und dennoch politische eigene Wege gehen zu wollen. Auch Weißrussen, Georgier, Armenier und

Moldauer sind bereits mit subtilen Drohungen bedacht worden. Letztendlich sei auch der Westen, so ließ Wladimir Putin Ende April 2006 nach seinem Treffen mit Bundeskanzlerin Angela Merkel verlauten, gut beraten, Russlands Geduld nicht mit ewigen Nörgeleien auf die Probe zu stellen. „Was werden wir tun, wenn wir tagein, tagaus die gleichen Anschuldigungen zu hören bekommen?" fragte Putin rhetorisch: „Natürlich werden wir anfangen, uns nach anderen Märkten umzusehen." Und im Umfeld des G-8-Gipfels in St. Petersburg wurde der Präsident noch deutlicher: „Russland muss danach streben, die Weltführung auf dem Gebiet der Energie zu übernehmen."

Am Beispiel Gasprom demonstriert der Putin-Staat, wie er sich die weltweiten Handelsbeziehungen vorstellt. Dass der Rohstoffkonzern bis dato keinen unbeschränkten Zugang zu den westeuropäischen Pipelines und Verteilernetzen erhält, zum lukrativen „Downstream"-Segment der Branche, wird in der Gasprom-Chefetage wie im Kreml vernehmlich beklagt. „Unfairer Wettbewerb auf den Weltmärkten", sagt dazu Wladimir Putin.

Russland werde seine Ressourcen zu benutzen wissen, um seine Interessen zu schützen, gab er schmallippig zu Protokoll, als Ende Juni 2006 die Fusion des größten russischen Stahlproduzenten Sewerstal mit dem luxemburgischen Konzern Arcelor scheiterte. Man „könne auf den Gedanken kommen, dass russischen Firmen der Zugang zu internationalen Märkten verwehrt werde", beklagte sich Energieminister Wiktor Christenko. Von „antirussischen Ressentiments" sprechen Moskauer Zeitungen und einer „Trübung" des Verhältnisses vor dem G-8-Gipfel.

Putin selbst hatte da längst ein „Gesetz über die Bodenschätze" durch die Staatsduma gebracht, das ausländische Investoren bei der Ausbeutung russischer Rohstoff-Vorkommen auf die Rolle von Minderheits-Aktionären festlegt. Und, stark beeinflusst vom Kreml, sprach das Unterhaus des russischen Parlaments Anfang Juli 2006 dem staatlichen Gasprom-Konzern und dessen hundertprozentiger Tochter Gaseksport das Monopol für den gesamten Export aus Russland zu. Die Parlamentarier erteilten damit der EU eine schroffe Absage, die Moskau dazu bewegen wollte, eine Liberalisierung des russischen Gasmarktes und den Zugang unabhängiger Anbieter zum Leitungssystem von Gasprom zu ermöglichen – so wie es gemäß der Energie-Charta vorgeschrieben wäre, die Russland in den neunziger Jahren unterzeichnet hat. Putin lehnt es ab, sie zu ratifizieren.

„Großmacht Russland“, wieder herbeigezwungen durch „Putins Rohstoff-Krieger“, wie der SPIEGEL zum G-8-Gipfel in St. Petersburg titelte? Jedenfalls hat sich der ressourcenreiche Riese machtvoll auf die Weltbühne zurückgemeldet.

• Von den Schwellenländern in der Dritten Welt besitzt Brasilien die besten Voraussetzungen für eine unbeschwerte Energiezukunft. Aus riesigen Zuckerrohrplantagen gewinnt der südamerikanische Staat große Mengen Ethanol, hat darüber hinaus noch so viele fossile Ressourcen, dass Importe überflüssig sind. Ähnlich fortschrittlich gibt man sich auch in Skandinavien: In Schweden, plant man durch Biosprit aus Weizen und Holz ebenfalls die Energieautonomie – um bis 2020 komplett ohne Erdöl auszukommen.

Beim Aufstieg der kleineren Staaten wird „Good Governance“ eine Rolle spielen, die faire Verteilung der Reichtümer durch eine ordentliche Regierung. Das extrem rohstoffreiche Libyen, um dessen Gunst sich gegenwärtig alle reißen, hätte die Chance zum Aufstieg – wenn Oberst Muammar al-Gaddafi wirklich etwas für sein Sechs-Millionen-Volk tut. Staaten wie Kasachstan in Zentralasien oder das westafrikanische Angola verfügen über riesige Erdöl- oder Erdgasreserven; ihrer Bevölkerung – jeweils rund 15 Millionen – könnten die politischen Führer einen hohen Lebensstandard ermöglichen. Noch extremer gilt das für das Emirat Katar. Der winzige Staat in Nahost mit seinen 860000 Einwohnern, von denen nicht einmal 200000 Staatsbürger, der Rest Gastarbeiter sind, hat neben Erdöl auch die drittgrößten Erdgasreserven der Welt.

Für die meisten Menschen in den rohstoffreichen Ländern brachten die Bodenschätze in der Vergangenheit allerdings wenig Segen. Im korrupten Nigeria, in Algerien und Gabun etwa ist der Lebensstandard für die breite Masse der Bevölkerung zurückgegangen: Experten sprechen von einem „Rohstoff-Fluch“. Dass es anders geht, zeigt Norwegen, das mit seinen auf Zukunftssicherung angelegten Regierungsfonds alle seine Bürger am Ressourcen-Reichtum teilhaben lässt. Aber der skandinavische Staat hat traditionelle demokratische Strukturen, das hilft.

Viel entscheidender für die Zukunft der Menschheit und ihre Energiesicherheit wird sein, was in der Weltgegend passiert, in der über die Hälfte aller Erdöl- und 40 Prozent Erdgasreserven liegen und in der autokratische Stammesstrukturen mit einer schnellen und oft ungezügelten Modernisierung zusammenprallen: am Persischen Golf, und besonders in Saudi-Arabien. In der „Tankstelle der Welt".

Saudi-Arabien ist die einzige Erdöl-Supermacht. Unter den Wüsten liegen gut 22 Prozent der bekannten Weltreserven, 267 Millionen Barrel, Iran hat nicht einmal halb so viel, Norwegen und Großbritannien zusammen genommen nicht einmal ein Fünfzehntel. Das Staatsunternehmen Aramco ist die größte Ölfördergesellschaft der Welt, die bedeutendsten fünf Ölkonzerne der westlichen Welt – Exxon Mobil, BP, Shell, Chevron und Total – produzieren gemeinsamen gerade mal neun Prozent der täglich weltweit verbrauchten 83 Millionen Barrel; Aramco alleine zwölf Prozent; laut Klimaschutz-Berichten ist der Konzern auch für fast sieben Prozent des weltweiten CO_2-Ausstoßes verantwortlich – der größte Umweltverschmutzer aller Unternehmen weltweit.

„Ich möchte versichern, dass Saudi-Arabiens Vorräte an Erdöl enorm sind und dass wir bereit sind, im Bedarfsfall unsere Produktion zu erhöhen", sagte noch im vorletzten Jahr Erdölminister Ali al-Naimi in der Hauptstadt Riad. Im saudischen Königshaus legt man großen Wert darauf, als einziges Opec-Mitglied über eine sogenannte swing capacity zu verfügen, die Möglichkeit, die Fördermengen im Fall einer Notsituation marktstabilisierend um ein oder zwei Millionen Barrel hochzufahren.

Doch Experten bezweifeln Riads rosige Eigeneinschätzung. Da der größte Konzern der Welt (geschätzter Jahreserlös: 150 Milliarden Dollar) keinen Einblick in seine Bilanzen und Bohrtürme gewährt, ist man auf Vermutungen angewiesen. Von den amerikanischen Direktoren, die im Auftrag des Königshauses das Unternehmen Aramco weitgehend eigenständig führen, war nie ein kritisches Wort zu erwarten. Es bedurfte eines einheimischen Insiders, geboren in Syrien, aufgewachsen in Riad und ausgestattet mit einem Pass des Königreichs, um Alarm zu schlagen.

Sadad al-Husseini, bis zum Jahr 2004 Chef der Aramco-Abteilung für Exploration und Mitglied des Vorstands, ist einer der anerkanntesten Erdölexperten der Welt. Er sieht die saudi-arabischen Möglichkeiten – und damit die Chancen einer positiven Entwicklung des Weltmarkts – in einem viel düsteren Licht. Seiner Meinung nach ist eine Steigerung der geförderten Ölmenge im Königreich „geologisch nicht aufrechtzuerhalten".

Die Felder seien schon heute von ihrer Ausbeutung her so überstrapaziert, dass eher ein Rückschlag als eine Ausweitung der Produktion zu erwarten sei, sagte er letztes Jahr der „New York Times", „wenn es auch kurzfristig möglich sein sollte, eine saudiarabische Spitzenförderung von 15 Milliarden Barrel zu erreichen, dann ist das mit größten Risiken verbunden, die Felder zu beschädigen", sagt der Fachmann. Husseini befürchtet, dass durch ein fahrlässiges Hochfahren der Maschinen eine „Überhitzung des Motors" stattfinden könnte – und dann die saudi-arabische Produktion nicht einmal mehr auf dem heutigen Stand zu gewährleisten wäre.

Und doch sind die technischen Probleme des Wüstenstaats noch der geringste Anlass zur Sorge. Es geht im größten Erdölstaat vor allem auch um politische und soziale Verwerfungen. Das monarchische Regierungssystem der 5000 Prinzen, das strikte Regiment des Herrscherhauses Saud, mag nicht unmittelbar von einem Sturz bedroht sein, doch es steht auf tönernen Füßen. Die Washington-freundliche Ausrichtung des Königs Abdullah Ibn Abd al-Asis, 82, ist umstritten, kaum irgendwo sind die „westlichen Teufel" so verhasst wie im Wüstenstaat – denn islamischer Fundamentalismus ist in Saudi-Arabien nicht Sache irgendwelcher Außenseiter, er ist Staatsreligion und politische Doktrin.

Seit mehr als 200 Jahren ist das Königshaus durch vielfache Heirat und politische Allianzen mit der Familie des gnadenlos puritanischen Islam-Ideologen Mohammed Abd al-Wahhab verbunden. Die Prinzen wie ihre militantesten Gegner beanspruchen den rückwärts gewandten Eiferer Wahhab, der strengste Askese und die Scharia als oberste Rechtsnorm gepredigt hat, als ihr Vorbild und ihren geistigen Wegbereiter. Selbst ein vorsichtiger Reformer wie König Abdullah ist umgeben von „Palast-Wahhabiten". Die mögen mit den „wahren Wahhabiten" im terroristischen Untergrund über den richtigen Weg uneins sein, aber kaum über das ideologische Ziel. Eine Umfrage im Jahr 2003 ergab, dass die Mehrzahl der saudi-arabischen Jugendlichen Osama Bin Laden als einen Helden sah; auch die Hälfte der Erwachsenen erklärte sich mit seinen Zielen einverstanden. Nur fünf Prozent der Befragten hatten ein positives Bild von den USA.

Es ist die letzte bekannt gewordene unabhängige Umfrage, aber selbst wenn der dann im Königreich einsetzende Terror auch manche abgeschreckt haben mag, dürfte an den grundsätzlichen Einschätzungen wenig geändert haben. Weiterhin sind Gewalttäter in den Augen der Saudis zwar „verlorene Söhne", aber eben doch Kinder vom eigenen Stamm.

Immer wieder schlugen in den letzten drei Jahren Terroristen in Saudi-Arabien zu. Da die Paläste der Herrscher extrem gut geschützt sind, richteten sie ihr Augenmerk meist auf sogenannte weiche Ziele: Sie drangen in Wohnanlagen von Ausländern ein, stürmten Ölfirmen, ermordeten in Einkaufspassagen und auf offener Straße Ausländer. Das Ziel: die Experten zur Heimkehr zu bewegen. Als dies wenig bewirkte, griffen die Qaida-Kämpfer auch das Geheimdienstgebäude in Riad und das US-Konsulat in Dschidda an – Zentren der Macht. Es war offensichtlich, dass die Terroristen bei der Planung ihrer Taten Helfer in den Sicherheitsbehörden gehabt haben mussten. Zahlreiche Razzien gingen ins Leere.

Dann endlich entschloss sich die Regierung zum Handeln. Sie finanzierte neue, teure Ausbildungsprogramme für Polizisten, erhöhte die Gehälter auf einen Schlag um ein Viertel. Den Sicherheitskräften gelangen Erfolge; fast jeden Monat verkündet nun schon seit Mitte 2004 die Regierung einen „entscheidenden Schlag gegen Qaida-Führer". Doch offensichtlich wachsen der Hydra ständig neue Köpfe nach: Der Terror hat in Saudi-Arabien immer noch ein Heimspiel. Innenminister Prinz Naïf steht bei westlichen Geheimdiensten im Verdacht, selbst mit den Extremisten zu sympathisieren und ihre Finanzierung zu tolerieren – so lange sie sich auf Gewalttaten im Ausland beschränken. Als al-Qaida im Internet nach dem Tod ihres bisherigen Anführers einen neuen Mann an ihrer Spitze vorstellte, lief den Experten kalte Schauer den Rücken herunter: Dieser Salih al-Anfi war früher beim Sicherheitsdienst des Königshauses angestellt.

Saudi-Arabien, das größte Erdöl-Reservoir der Welt, ist ein Staat im Umbruch: König Abdullah, seit dem 1. August 2005 die offizielle Nummer eins im Wüstenstaat, versucht einen neuen Stil. Er wolle „allen Bürgern ohne Unterschied dienen“, sagt er und zeigt sich auch mit den Würdenträgern der schiitischen Minderheit. Die Schiiten machen etwa zwölf Prozent der saudi-arabischen Bevölkerung aus, leben meist im Osten des Landes, in der Nähe der großen Ölfelder. Traditionell fühlen sie sich im Königreich als ungeliebte und auch unterdrückte Minderheit; einige Male schon machten sie sich mit – verbotenen – Kundgebungen Luft. Für wahhabitische Ultras sind Schiiten generell „Ketzer“ und „Ungläubige“. Der Konflikt kann jederzeit ausbrechen.

Und dann ist da noch die „liberale“ Opposition, die sich an westlichen Demokratie-Rezepten orientiert, ohne diese kopieren zu wollen. Der König begnadigte auch einige der unabhängigen Denker, die nur deshalb im Gefängnis saßen, weil sie eine konstitutionelle Variante der Monarchie angeregt hatten. Pässe für Auslandsreisen gab er ihnen allerdings nicht – er weiß, wie umstritten selbst seine höchst vorsichtigen politischen Liberalisierungsbemühungen innerhalb der Herrscherfamilie sind.

Angeblich will Abdullah im Jahr 2009 auch die Hälfte der Sitze in der Madschlis, des „Beratende Versammlung“ genannten Pseudo-Parlaments, frei wählen lassen. Die Erfahrungen von den freien Wahlen für Gemeinderäte im letzten Jahr (selbstverständlich ohne Frauen-Wahlrecht) waren für das Establishment allerdings wenig ermutigend: Meistens gewannen Islamisten, was insofern wenig stört, weil der König sowieso 50 Prozent der Gemeinderäte selbst ernennt und sie relativ wenig zu sagen haben. Parteien und Gewerkschaften bleiben weiter verboten, von einer wirklichen Mitbestimmung am politischen Prozess kann man kaum reden.

So sehr sich Abdullah bemüht, neue Wirtschaftsprojekte jenseits des Erdöls zu fördern und außenpolitisch die Balance zwischen Hamas-Finanzierung und Washington-Nähe zu halten – an die grundsätzlichen Probleme traut er sich nicht heran: Es ist die unendliche Langeweile des Wüstenstaates und die Chancenlosigkeit der Unterprivilegierten, gepaart mit der Verschwendungssucht der Regierenden, die viele so aggressiv macht; der Doppel-Standard, das zweierlei Maß, mit dem gemessen wird.

Während sich ein Prinz wie Abd al-Asis Ibn Fahd für zwei Milliarden Dollar einen Versailles-Palast in Riad baut und sich die Zeit mit seinen Freunden bei Partys an der Côte d'Azur vertreibt, ist den Normalsterblichen Musik, Theater und Kino verboten. Für Frauen gilt ein strenges Verschleierungsgebot. Sie dürfen nach wie vor nicht einmal an das Steuer eines Autos. Jobs bleiben ihnen verwehrt, wenn sie nicht über direkte Verbindungen zur herrschenden Familie verfügen. Nur etwa fünf Prozent der Frauen arbeiten, obwohl es mehr Studentinnen als Studenten gibt. Extrem hohe Geburtenraten lassen trotz extrem hoher Erdölpreise den Lebensstandard stagnieren.

Die einzige wirkliche Wachstumsindustrie in Saudi-Arabien ist die Sicherheit: Mit Milliardengeldern bauen sich die Erdöl-Reichen immer neue Mauern um ihre Besitztümer. Und versuchen die Raffinerien und Pipelines zu schützen, diese Lebensadern ihrer Zukunft, ja der Energie-Zukunft der gesamten Menschheit.

Die Welt im Januar des Jahres 2012. Gut ein Jahrzehnt ist seit Nine-Eleven, seit den Terroranschlägen auf das World Trade Center und das Pentagon, vergangen. Die USA haben schon lange Bagdad verlassen müssen, nach dem blamabel verloren gegangenen Irak-Krieg herrscht dort ein schiitischer Diktator. Iran ist Atommacht geworden. Und in Saudi-Arabien wurde gerade das Königshaus gestürzt, die putschenden Fanatiker haben den fundamentalistischen Staat „Islamijah" ausgerufen.

Noch sind Kuweit und die Emirate am Golf dem Westen wohlgesinnt, und wenigstens ein Teil des Erdöls fließt ungestört. Die Terroristen des weltweiten Dschihad sind allerdings schon dabei, die Botschaften und Kulturzentren der USA und der EU von Doha in Katar bis Manama in Bahrein mit Gewalttaten zu erschüttern.

Da erhalten Geheimdienstexperten in London und Washington die Nachricht, dass die Volksrepublik China in den Wüsten des ehemaligen Saudi-Reichs eine geheime Raketenstellung aufbaut – offensichtlich will sich Peking den Zugriff auf die Ölfelder und die Raffinerien sichern. In Washington haben die Scharfmacher des Pentagon nur auf eine solche Eskalation gewartet: Sie planen den Einsatz der ultimativen Waffe, um ein für alle Mal den Kampf um die bedeutendsten Rohstoffreserven der Welt zu entscheiden. Die Menschheit steuert 2012 auf einen Atomkrieg zu.

Es ist ein guter, ein beängstigend guter Plot, der dem neuen Thriller „The Scorpion's Gate“ zu Grunde liegt. Doch politisch brisant macht diese Geschichte erst ihr Autor: Richard Clarke war länger als drei Jahrzehnte lang im Weißen Haus und Pentagon als Berater tätig. In den Stunden nach dem 11. September 2001 leitete Clarke für George W. Bush den Krisenstab; im März 2003 schied der Antiterrorismusexperte auf eigenen Wunsch aus – und wurde zu einem der schärfsten Kritiker des amtierenden Chefs im Weißen Haus und der Präventivkriegsideologen Cheney und Rumsfeld.

Die im Roman geschilderte Entwicklung im Nahen Osten entspreche ziemlich genau den in CIA-Kreisen durchgespielten Erwartungen, sagt Clarke. Und das mit den gefährlichen und zu allem entschlossenen Kriegstreibern in Washington, das sei seine persönliche, aber durchaus realistische Zukunftseinschätzung. Der Experte: „Es muss nicht so kommen. Aber es kann sehr wohl so kommen.“

Wie weit die Wirklichkeit sich der Fiktion schon angenähert hat, zeigt der Anschlag am 24. Februar 2006 im Osten von Saudi-Arabien. Attentäter versuchten, die größte Ölverarbeitungsanlage der Welt bei Abkaik anzugreifen, das Herz der saudi-arabischen Wirtschaft, die Ader der Energieversorgung der Welt – nur wenige Kilometer von Ras Tanura entfernt. Die beiden mit Sprengstoff gefüllten Autos der Attentäter wurden beim Versuch, die Absperrungen zu durchbrechen, von Wachmännern in Brand geschossen; die Angreifer wurden dabei getötet.

Das Terrornetzwerk al-Qaida bekannte sich zu der Tat – und kündigte bald darauf neue Attacken an gegen „die Tankstelle der Welt“.

Das perfekte Rohr

Über 1700 Kilometer erstreckt sich eine neue Pipeline vom Kaspischen Meer bis in die Türkei, sie mindert Amerikas Abhängigkeit vom Öl Arabiens. Den einen gilt sie als Symbol für die Allmacht der USA, den anderen als Beleg für die Cleverness von Konzernen.

Von Uwe Buse

Als Luhtfi Khalilov, Bauer im Dorf Karrar, das erste Mal von der Pipeline hörte, befürchtete er das Schlimmste. Er würde sein Land verlieren, ohne eine Entschädigung zu erhalten, dessen war er sich sicher. Was sollte anderes geschehen, wenn sich der Staat und ein ausländischer Konzern zusammentun? Sie würden auf den Rechten der Bürger herumtrampeln. Khalilov ist unter Kommunisten aufgewachsen, nun lebt er in Aserbaidschan, einer korrupten Republik am Kaspischen Meer. Er hat mit dem Staat und dem Kapitalismus keine guten Erfahrungen gemacht.

Fragt man Khalilov heute, ob seine Befürchtungen eingetreten sind, schüttelt er den Kopf. Sein Land sei ihm nicht genommen worden, man habe es ihm auch nicht abgekauft, er habe es dem Konzern für drei Jahre überlassen. Er habe es verliehen. Nach Ablauf der Frist kann er wieder Getreide auf dem Feld anbauen, in dem die Pipeline vergraben worden ist. Als Entschädigung habe ihm der Konzern 3787 Dollar gezahlt, für ein Feld, das 80 mal 40 Meter misst.

Ist er damit zufrieden?

„O ja, sehr", sagt Khalilov. Er habe nicht einmal verhandelt, er habe das Geld genommen, bevor die Abgesandten des Konzerns es sich anders überlegten. Und die Männer aus seinem Dorf, die neben ihm sitzen, nicken. Sie machten es genauso.

Die Geschichte des Bauern Khalilov wird gern gehört im Reich von Michael Townsend.

Ungefähr tausend Kilometer entfernt von Khalilov, in Georgien, lebt Zakro Jogoladze, in einem Haus, das aus drei Zimmern mit Außenklo und angebautem Hühnerstall besteht. Der Boden des Hauses ist schief, die Wände sind schief, Risse laufen durch die Wände, sie sind notdürftig mit Bettlaken verstopft. Zieht man sie heraus, sieht man die Häuser auf der anderen Straßenseite. Auch deren Mauern durchziehen Risse.

Jogoladze lebt in Dgvari, einem Dorf, das auf den flachen Hang eines Berges gebaut wurde, und es scheint, als wollte sich der Berg des Dorfes entledigen, des gesamten Dorfes, inklusive der Hühnerställe, der Schuppen, Zäune, der hölzernen Aborte. Alles neigt sich, langsam, millimeterweise, unaufhaltsam.

Es sei nur eine Frage der Zeit, sagt Jogoladze, dann werde sein Haus den Hang hinunterrasen und andere Häuser und andere Menschen mit sich nehmen. Eine Lawine aus Steinen, Balken, Ziegeln, eisernen Betten und Öfen. Und wenn nicht sein Haus die Katastrophe auslöse, dann werde es ein anderes tun.

„Diese Pipeline und die Vibrationen während der Bauarbeiten haben uns das angetan", klagt Jogoladze und ballt seine Hände zu Fäusten.

Diese Geschichte wird nicht gern gehört von Michael Townsend. Seit 25 Jahren reist er von Bohrplattform zu Bohrplattform, er hat in der Nordsee nach Öl gebohrt, in Russland, Alaska. Er hat sein ganzes Arbeitsleben in der Ölindustrie zugebracht, er ist ein Ölnomade. Bevor er in den Kaukasus kam, arbeitete er als BP-Lobbyist in Washington und schüttelte die Hände vieler Politiker. Townsend ist Ingenieur und Politiker. Er kennt sich mit Zahlen aus und mit der Beeinflussbarkeit von Menschen. Beide Talente konnte er gut gebrauchen für den Auftrag, den es in Baku zu erledigen galt.

Townsends Arbeitgeber, die britische BP, ist der größte Anteilseigner eines internationalen Konsortiums, das rund fünf Milliarden Barrel Öl aus dem Boden des Kaspischen Meeres holen und zu den Konsumenten der Welt bringen will. Um das tun zu können, braucht das Konsortium die Pipeline. Und es war Townsends Job, sie zu bauen.

Im Sommer 2006 ist sie nach zwölf Jahren Planung und Bau in Betrieb gegangen. Sie beginnt nicht weit von Baku am Westufer des Kaspischen Meeres, sie zieht sich durch die Ebenen Aserbaidschans, die Berge Georgiens, dann durch die Türkei, um nach

1770 Kilometern an der türkischen Mittelmeerküste, in der Hafenstadt Ceyhan, zu enden. Sie sollte ursprünglich gut drei Milliarden Dollar kosten, am Ende war es fast eine Milliarde Dollar mehr, man nennt sie die wichtigste Pipeline der Welt.

Besonders wichtig war das Rohr immer der amerikanischen Regierung, sie forderte es seit einem Jahrzehnt. Schon Präsident Bill Clinton drängte auf ihren Bau, denn das Öl aus dem Kaukasus sollte die Abhängigkeit seines Landes von den arabischen Staaten mindern.

Doch nach dem Zusammenbruch der Sowjetunion schien dem Konsortium der Kaukasus zu unsicher, zu kriegerisch, erst als die Bürgerkriege verebbten, als immer mehr Öl im Kaspischen Becken gefunden wurde, schien der zu erwartende Gewinn das Risiko aufzuwiegen.

Drei Routen standen zur Wahl. Von Baku zum russischen Schwarzmeer-Hafen Novorissysk, die zweite Route sollte durch Iran führen, die dritte bis zum türkischen Ceyhan.

Den ersten beiden Varianten verweigerte die US-Regierung ihre Zustimmung. Weder der russische Präsident noch die Herrscher in Teheran sollten die Chance haben, irgendwann eine Hauptschlagader der Weltwirtschaft kappen zu können.

1999 unterzeichneten die Staatschefs der Türkei, Georgiens und Aserbaidschans die Verträge. Clinton war dabei und lächelte in die Kameras, obwohl das Konsortium nicht vom US-Ölkonzern Amoco angeführt wurde. BP hatte Amoco vor der Unterzeichnung der Verträge übernommen.

Das große Interesse der USA an der Pipeline hat sie für Globalisierungskritiker und Umweltschützer interessant gemacht: Sie garantiert Medienpräsenz, sie ist ein lohnenswertes Ziel. Früh hat eine internationale Koalition von Pipeline-Gegnern die Planungen beobachtet, auch Amnesty International ist dabei. Die Menschenrechtler warnten, dass BP in der Türkei einen Korridor schaffen würde, in dem das Recht abgeschafft wäre. 30000 Menschen entlang der Pipeline könnten ihr Zuhause verlieren. Die Pipeline wurde schnell zum Symbol für die Ungerechtigkeit der Welt, für die Macht der Konzerne und den Kampf gegen sie.

Früher konnten Pipelines, Fabriken und andere Industrievorhaben in abgelegenen Gegenden der Welt unbeobachtet wachsen, heute sind sie sofort im Visier einer misstrauischen Weltöffentlichkeit. Früher kümmerten sich Unternehmen nicht um ihren Ruf, heute achten sie auf ihren Ruf, weil es sich für sie lohnt.

Townsend ist am Ruf von BP besonders interessiert, seine Karriere hängt davon ab, und auch sein oberster Vorgesetzter John Browne ist ein großer Imagepfleger.

Der BP-Vorstandsvorsitzende, ein Duz-Freund von Tony Blair, lobt sich dafür, das Kyoto-Protokoll zur Vermeidung von Treibhausgasen innerhalb des Konzerns übererfüllt zu haben. In vier Jahren reduzierte BP seine Kohlendioxidemissionen um 14 Millionen auf gut 80 Millionen Tonnen. BP sei der Marktführer für Solarenergie in Europa, BP lasse sein Öl von Doppelhüllentankern transportieren, BP achte die Menschenrechte, schone die Umwelt, BP gehe in den Ländern, in denen der Konzern Öl fördere, verantwortlich mit seiner Macht um.

Im Jahr 2003 habe BP 29 korrupten Lieferanten die Verträge gekündigt, meldet stolz die Internet-Seite des Konzerns. BP ist nach den Worten Brownes ein „grüner Ölkonzern“, ein netter Ölkonzern, ein Ölkonzern, dem die Menschen vertrauen können. In letzter Zeit allerdings hat der Ruf ein wenig gelitten. Eine Raffinerie in Texas City ist explodiert, 15 Arbeiter starben. In Alaska untersuchen die Behörden, warum eine Pipeline in der Prudhoe Bay geborsten ist. Außerdem ist eine Unternehmenstochter verklagt worden, weil sie den Markt für Propangas manipuliert haben soll.

Und die Männer, die für BP das Rohr gelegt haben, wie sehen sie den Energiekonzern? Über zu lange Arbeitszeiten haben die Arbeiter jedenfalls nicht geklagt, gearbeitet wurde, solange es hell war, und nicht die langen Arbeitstage im Sommer waren das Problem, sondern die kurzen im Winter. Bezahlt wurden nur die Stunden, in denen der Bau voranschritt. Der Lohn richtete sich nach der Befähigung des Einzelnen.

In Georgien betrug er zwischen 400 und 1100 Lari pro Monat, das sind heute etwa 145 bis 400 Euro. Überstunden wurden extra bezahlt. Damit gehörten die Pipeline-Arbeiter in Georgien zum gutverdienenden Mittelstand.

In Baku beginnt die Pipeline direkt am Ufer des Kaspischen Meeres. Sie ist ein Rohr aus Stahl, etwa einen Meter im Durchmesser, das mit Tanks, Gasabscheidern, Turbinen verbunden ist und nach wenigen Metern in der Erde verschwindet. Die Tanks, Turbinen und Gasabscheider sind Teil von Sangachal, einem der größten Ölterminals der Welt. Steht man am Rand des Geländes, blickt man durch einen Zaun hinaus auf das Kaspische Meer, an dessen Horizont sich Bohrplattformen aneinander reihen. Von dort, aus einer Tiefe von 3000 Metern, kommt das Öl.

Am anderen Ende der Pipeline, in Ceyhan, ist ein zweiter Terminal entstanden, der Sangachal sehr ähnelt. Auch dort stehen Tanks mit schwimmenden Dächern, sieben Stück sind es, groß genug, um den Reichstag in ihnen zu versenken. Sie stehen in riesigen Gruben, die mit Plastikfolie ausgeschlagen sind. Ceyhan ist Erdbebengebiet. Die Pipeline soll mindestens 40 Jahre lang in Betrieb sein. Es besteht die Möglichkeit, dass die Tanks während dieser Zeit durch ein Beben kollabieren. Die Gruben sollen groß genug sein, um das Öl aus allen Tanks zu fassen.

Zwischen den beiden Terminals liegen 150000 Rohrsegmente und ebenso viele Schweißnähte, 98 Schotten, die Teile der Pipeline isolieren, wenn Öldiebe ein Loch in sie bohren, wenn Terroristen sie sprengen, wenn sie einfach nur so lecken sollte. Sieben bemannte Notfallcamps sind über die ganze Länge der Pipeline verteilt, ausgerüstet mit Kettenfahrzeugen, Schneemobilen, Lastern und Jeeps, fünf Pumpstationen und zwei voneinander unabhängigen Steuerzentralen. Bis zu 22000 Arbeiter bauten an dieser Pipeline und an einer zweiten, die im Abstand von wenigen Metern verlegt wurde und nicht Öl, sondern Gas von Baku ins türkische Erzurum bringt.

Ungefähr auf halbem Weg zwischen Baku und der georgischen Grenze liegt Pirsaat. Die Pipeline streift das aserbaidschanische Dorf, doch hier verdiente keine der 400 Familien an ihr, hier ist es anders als in Karrar, dem Dorf des Bauern Luhtfi Khalilov. Alle Grundstücke, die nötig waren für das Vergraben der Pipeline, befinden sich im Besitz des Staates.

Der Mann, der das erzählt, heißt Kerimov Elmousum, er ist Schuldirektor in Pirsaat, ein kleiner, gebeugter Mann in Pullover und Sakko, der in seinem Büro sitzt, einem zugigen, kleinen Zimmer. Damit die Menschen in Pirsaat nicht das Gefühl haben, die

Pipeline bringe ihnen nur Baulärm, Staub und die Chance auf ein Leck, bot BP dem Dorf 5000 Euro.

Um das Geld zu bekommen, mussten sich die Familien im Dorf zusammensetzen, Projekte nennen, die sie verwirklichen wollen, dann darüber abstimmen und schließlich 20 Prozent der Kosten selbst aufbringen, durch Arbeit am Bau. Beobachtet und protokolliert wurde das von Mitarbeitern des International Rescue Committees (IRC), einer Hilfsorganisation, die sich auf Projekte dieser Art spezialisiert hat. Zusammen mit dem Mercy Corps, Care und anderen Organisationen erledigen sie die Sozialarbeit von BP entlang der Strecke. Sie sind Subunternehmer der Pipeline-Firma. Es ist ein Geschäft, bei dem beide Seiten profitieren. Die Hilfsorganisationen bekommen Geld für ihre Arbeit, BP investiert in sein Image.

In Pirsaat einigte man sich auf den Bau von zwei neuen Klassenräumen. Townsends Pressesprecherin sagt, das finde überall entlang der Pipeline statt. Sie nennt es eine „Lektion in Demokratie". Demokratie, made by BP.

Elmousum, der Schuldirektor, sieht das nicht so. Er weiß: Es geht nicht um Demokratie, nicht um Teilhabe an der Macht in einem halbtotalitären Staat, es geht nur um die Verwendung eines Geschenks, das den Frieden an der Pipeline sichern soll. Arbeit für Leute aus dem Dorf wäre ihm lieber gewesen.

Die Ölkonzerne haben inzwischen verstanden, dass es sinnvoller ist, ein bisschen Geld in gute Nachbarschaft zu investieren, als ausschließlich mit Machthabern Geschäfte zu machen, die sich persönlich bereichern. Sie haben verstanden, dass es kontraproduktiv ist, Zwangsarbeiter an der Pipeline schuften zu lassen, bewacht vom Militär ihrer Geschäftspartner. Ende des 2004 stimmte der US-Ölkonzern Unocal einem Vergleich mit burmesischen Bauern zu, die genau das behaupteten. Das Unternehmen wollte einen peinlichen Prozess vermeiden. Noch immer fürchten manche Ölkonzerne die Öffentlichkeit, BP setzt lieber darauf, die Öffentlichkeit zu beeinflussen.

Die Verträge zwischen dem Konsortium und den Regierungen von Aserbaidschan, Georgien und der Türkei kann jeder einsehen. BP veröffentlichte auch die Ergebnisse der Umweltverträglichkeitsstudie, die Ergebnisse der Sozialverträglichkeitsstudie, sie sind im Internet einzusehen, in Aseri, der Sprache Aserbaidschans, in Georgisch, Türkisch, Russisch, Englisch. Vor dem Bau der Pipeline versicherte BP, keine Zwangsarbeiter oder Kinder an der Pipeline zu beschäftigen, niemanden gegen seinen Willen umzusiedeln, kulturell wertvolle Stätten wie archäologische Grabungen zu meiden, die Umwelt, so gut es geht, zu schonen und alle Informationen, die das Projekt betreffen, zu veröffentlichen. Die Pipeline sollte gläsern werden, das war der Plan.

Außerdem wurden die Verträge und andere ausgewählte Dokumente in Stadtbibliotheken und Ämtern entlang der Route gesandt und ausgelegt, es wurden Informationsveranstaltungen angeboten, die Veranstaltungen in den Städten protokolliert. Die Protokolle sind auch im Internet einzusehen, ebenso wie die Berichte der externen Sachverständigen, die prüften, ob BP seine Versprechen einhält.

Insgesamt veröffentlichte BP 11 000 Seiten. 11 000 Seiten – diese Zahl taucht oft auf in Gesprächen mit BP-Mitarbeitern in Aserbaidschan, in Georgien, in der Türkei. Viele Gespräche kreisen um diese magische Zahl. Wie groß sie sei, wie außergewöhnlich, wie transparent alles durch die Dokumente werde. Die großartige Zahl lenkt ab von dem, was nicht gesagt wird.

Der wichtigste Geschäftspartner von BP ist im Kaukasus die Regierung von Aserbaidschan. Ihr gehört das Öl, das BP fördert. Socar, die staatliche Ölgesellschaft Aserbaidschans, ist der zweitgrößte Anteilseigner des Konsortiums.

Der Präsident Aserbaidschans heißt Ilcham Alijew, er hat das Amt von seinem Vater geerbt und sich in einer manipulierten Wahl bestätigen lassen. Er lässt politische Gegner ins Gefängnis werfen, nutzt das Parlament als Applausmaschine, und die kümmerliche Opposition existiert vor allem, um ausländische Investoren nicht unter zu großen Rechtfertigungsdruck zu bringen. Ohne deren Geld würde das Land kollabieren. Mehr als 90 Prozent aller Exporte Aserbaidschans werden durch das Öl erwirtschaftet, und nur ein Bruchteil der Aserbaidschaner profitiert vom Rohstoffreichtum des Landes, es sind die Günstlinge des Präsidenten.

Über ihnen stehen nur noch diejenigen, die nicht nur Zugang

zum Geld, sondern auch direkten Zugang zur Macht, zum Präsidenten haben. Zu ihnen gehört ein Mann, der in der Nähe von Bakus Strandpromenade in einer Villa residiert. Drei Wachposten und eine Überwachungskamera empfangen Besucher im Foyer, dann geht es im Lift nach oben, durch einen endlos langen, endlos hohen Flur zu einer großen Tür. Es empfängt, im altrosafarbenen Konferenzraum, ein untersetzter Mann mit Schnauzer, es empfängt Samir Sharifov, Herr über den staatlichen Ölfonds Sofaz, Gebieter über eine Milliarde Dollar.

Wirtschaftswissenschaftler kritisieren den Fonds, in den die Einnahmen aus dem Ölverkauf fließen, weil das Geld vor dem privaten Zugriff des Präsidenten nicht sicher sei. Sharifov sagt: „Das ist nicht wahr."

Die OSZE nannte die Parlamentswahlen im Jahr 2000 „einen Crashkurs in allen möglichen manipulativen Techniken", und die Präsidentschaftswahl 2003 war nicht viel besser. Sharifov sagt: „Der Präsident wurde vom aserbaidschanischen Volk gewählt. Daran gibt es keinen Zweifel."

Transparency International, eine weltweite Anti-Bestechungs-Organisation, nennt Aserbaidschan eines der zehn korruptesten Länder der Welt. Sharifov sagt dazu, in einem Glas Tee rührend: „Das ist eine grobe Verzerrung der Wirklichkeit."

Townsend, der Projektleiter der Pipeline, sagt über Präsident Ilcham Alijew und die politische Lage in Aserbaidschan: „Wir sind hier Gäste", sonst sagt er nichts.

Auf der anderen Seite des Globus, in einem Gebäude in Washington, sitzt jemand, der mehr zu sagen hat, über Aserbaidschan, die Pipeline und das Öl. Der Name des Mannes ist Rashad Kaldany, er ist „Abteilungsleiter für Öl und Gas" bei der International Finance Corporation (IFC), einer Tochterfirma der Weltbank, die den Bau der Pipeline mit 250 Millionen Dollar unterstützt hat.

Kaldany ist US-Amerikaner und Syrer, er besitzt zwei Nationalitäten, er arbeitet in der Zentrale der IFC, aber dort ist er selten anzutreffen, er ist viel unterwegs. Wenn seine Mitarbeiter einen Interviewtermin für ihn vereinbaren, überlegen sie, wann sich Kaldany in welcher Zeitzone aufhält. Kaldany ist wie Townsend ein Globalisierungsnomade. Kaldany kümmert sich um die Armen der Welt, aber sein Lebensstil verbindet ihn mit Ölmanagern wie Townsend.

Die IFC vergibt Kredite an Projekte, deren Ziel es ist, die Armut in Entwicklungsländern zu mindern. Traditionell fördert die Bank mittelständische Unternehmen in Entwicklungsländern, doch im Jahr 2003 befand die IFC auch das Projekt des internationalen Ölkonsortiums für förderungswürdig.

Kaldany befürwortete das Projekt; fragt man ihn, warum er das tat, immerhin stabilisiert der Kredit ein korruptes Regime, dann antwortet er: „Diese Staaten sind ja souverän. Wir können ihnen nicht verbieten, ihr Öl zu verkaufen." Der Kredit garantiert der IFC einen gewissen Einfluss. Weit reicht dieser Einfluss allerdings nicht. Kaldany gibt zu, dass er die Milliarden, die Aserbaidschan mit dem Verkauf des Öls verdient, nur im Blick hat, solange sie im Ölfonds liegen. Werden sie in den Staatshaushalt verschoben, kann Kaldany nur noch spekulieren.

Die vage Hoffnung auf mehr Demokratie und etwas Einfluss waren ihm 250 Millionen Dollar wert. Die Gelder kommen aus den Steuereinnahmen der Mitgliedsländer der Weltbank, zu denen auch Deutschland gehört. „Die Welt ist nicht perfekt", sagt Kaldany. Die Pipeline-Gegner vermuten hinter dem Kredit die dunkle Macht der USA, denn die Vereinigten Staaten von Amerika besitzen de facto ein Vetorecht in der Weltbank.

Diese Pipeline-Gegner haben auch so etwas wie eine Zentrale, sie liegt in der Hauptstadt Georgiens, es ist ein Zimmer – mit Anti-BP-Aufklebern tapeziert – in einem Haus an der Mustaweti Avenue. „Monitoring Programme Coordinator" nennt sich Kety Gujaraidze, sie gehört zu Green Alternative, einer georgischen Umweltschutzorganisation. Vor ihr auf dem Tisch liegen ein paar Fotos.

Gujaraidze hat sie während eines Besuchs an der Pipeline gemacht. Sie nennt diese Fahrten „Fact-Finding-Missions", wie es auch ihre Gegner tun, die Gutachter der Weltbank. Das Foto zeigt ein Stück der Pipeline. Sie ist mit einem Plastikmantel überzogen. An einer Stelle ist der Mantel geflickt, flüssiger Kunststoff wurde in ein faustgroßes Loch gegossen. „So reparieren die ihre Pipeline", sagt Gujaraidze und wedelt aufgeregt mit dem Foto herum. Es klingt, als habe sie etwas Unerhörtes herausgefunden.

In diesem Apartment ist das Material der Pipeline-Gegner zu finden. Analysen zur Umweltverträglichkeitsprüfung der Pipeline, juristische Betrachtungen zur Entschädigungspraxis, Korrespondenz über die Frage, ob Kurden Ureinwohner der Türkei sind und deswegen unter die Richtlinie 4.20 der Weltbank fallen oder nicht. Es sind Hunderte von Seiten, sie dokumentieren den Kampf der Pipeline-Gegner gegen BP, gegen die IFC, die nach ihrer Überzeugung mit dem Konzern, dem Konsortium, der ganzen Industrie kollaboriert.

Der Kampf wurde angekündigt als große Schlacht, in der es um die Würde der Menschen gehe, um ihre körperliche Unversehrtheit, ihr Heim, ihre Höfe. Doch weil die Würde der Menschen nicht angetastet wurde, weil ihre Gesundheit geschützt wurde und ihre Häuser und Höfe nicht geschleift wurden, verkümmert die große Schlacht zu einem Grabenkrieg zwischen Ökobürokraten, die ihre Büros einerseits in der Weltbank haben und andererseits in Zimmern wie diesem. Sie streiten sich darüber, wann georgische Bauern als angemessen informiert gelten können, nach einer sechsstündigen Sitzung oder erst nach zwei Sitzungen. Und darüber, ob das Nichterwähnen einer im Bau befindlichen Gaspipeline in den Dokumenten zur Umweltverträglichkeitsprüfung der Ölpipeline die Richtlinien der International Finance Corporation zum Schutz der biologischen Vielfalt breche.

Kety Gujaraidze redet ungern über diese Dinge. BP hat sie enttäuscht, in zweifacher Hinsicht: Zum einen gibt sich der Konzern nicht so rücksichtslos und böse wie erhofft, und zum anderen hilft er auch nicht, die Bösen, die Korrupten, die großen Gangster im Kaukasus von den Schalthebeln der Macht zu drängen.

Am Ende bleibt nicht viel. Da ist das Dorf Dgvari, dem rutschenden Hang eines Bergs ausgeliefert. Ohne eine Schuld anzuerkennen, überwies BP nach Angaben der IFC eine Million Dollar an die georgische Regierung, um die Umsiedlung zum Teil zu finanzieren. Und dann ist da noch eine Substanz mit dem Namen SPC 2888.

Es ist jener flüssige Kunststoff, der verwendet wird, um die Schweißnähte zwischen zwei Rohrsegmenten vor Korrosion zu schützen. Ein ehemaliger Mitarbeiter von Townsend sagt, dieser

Kunststoff sei ungeeignet. Die Pipeline werde in wenigen Jahren lecken wie ein Sieb.

Townsend bestreitet nicht, dass es Probleme mit dem Kunststoff gab, aber sie seien beseitigt, die schadhaften Verbindungen seien ausgebessert worden: „Warum sollten wir drei Milliarden Dollar ausgeben und dann einen Haufen Schrott im Boden vergraben?“

Townsend scheint mit sich zufrieden zu sein. Er hat eine der längsten Pipelines der Welt gebaut. Er hat seine Arbeiter vernünftig verpflegt und sich um ihre Sicherheit gekümmert. Das war sein Job. Die Demokratie hat er nicht nach Aserbaidschan gebracht. Das war nicht sein Job.

„Ölschock in Zeitlupe"

Der US-Ölexperte Daniel Yergin über die Furcht vor einer globalen Energiekrise, das wachsende Selbstbewusstsein der Förderländer und das Risiko von Versorgungsengpässen

Das Gespräch führten Alexander Jung und Georg Mascolo

SPIEGEL: Mr. Yergin, Europa hängt von russischem Erdgas ab, Venezuela und Bolivien verstaatlichen ihre Ölindustrie, Iran droht mit der Ölwaffe. Wie sicher ist die Energieversorgung der Welt?
YERGIN: Wir leben in einem neuen Zeitalter der Versorgungsangst. Diese Angst zeigt sich in einem Aufschlag auf den Ölpreis, der zwischen 10 und 15 Dollar pro Barrel liegt. Wir beobachten die Wiedergeburt eines Rohstoff-Nationalismus im Stil der siebziger Jahre, der die Preise treibt. Die Kräfte sind aus dem Gleichgewicht geraten, die Ölexportländer sind heute in einer viel stärkeren Position.
SPIEGEL: Würden Venezuelas Präsident Hugo Chávez oder sein russischer Kollege Wladimir Putin so selbstbewusst auftreten, wenn das Barrel noch immer nur 20 Dollar kosten würde?
YERGIN: Wohl kaum, ihre Bedeutung hat sich dramatisch verändert. Es ist nicht mehr als ein halbes Jahrzehnt her, da galt die Ölindustrie als die älteste der Old Economy. Sämtliche Regierungen waren bestrebt, die staatlichen Ölfirmen zu privatisieren, und versuchten verzweifelt, Kapital anzulocken. Sie brauchten das Geld und die Technologie. Heute haben sich die Dinge umgekehrt, die Produzenten haben die besseren Karten.
SPIEGEL: Was sind die Folgen der veränderten Machtverhältnisse?
YERGIN: Wir leben heute in einer anderen Welt. Man kann es überall in den internationalen Beziehungen beobachten: Es war zum Beispiel auffallend, dass Chinas Präsident nach seinem Besuch in Washington nach Saudi-Arabien weiterreiste. Und der erste Staatsbesuch des saudi-arabischen Königs Abdullah führte ihn nach Peking. Es gibt eine bemerkenswerte Neuorientierung. Die Russen wenden sich nach Osten zu den Chinesen – zur Überraschung der Europäer. Mir schien es schon immer so, dass sich die Beziehung

zwischen Russland und China weniger auf Marx und Lenin gründet als auf Öl und Gas.

SPIEGEL: Es scheint, als verfolge China in seiner Außenpolitik allein den Zweck, seinen gigantischen Bedarf an Energie zu stillen. Wie wahrscheinlich ist ein Konflikt zwischen China, der Supermacht von morgen, und der Supermacht von heute, den USA?

YERGIN: Nun, hätte ich die Zeit, einen politischen Thriller oder ein Drehbuch zu schreiben, dann wäre dies ein großartiger Plot. Trotzdem denke ich, dass es sich in der Realität nicht so dramatisch verhält. Es ist kein Nullsummenspiel. Die Chinesen sind neue Akteure in der Weltwirtschaft, sie haben Rohstoffe sehr nötig. Es wäre viel beunruhigender, wenn sie auf ihren Hunderten von Milliarden Dollar in der Zentralbank sitzen blieben und das Geld nicht ausgäben, um in die Exploration zu investieren und Öl-Barrel zur Versorgung der Welt hinzuzufügen.

SPIEGEL: Aber die Chinesen offenbaren ein anderes Geschäftsgebaren, wenn sie um Förderprojekte konkurrieren. Sie bieten sogar Waffen an, was ein westliches Unternehmen natürlich nicht kann.

YERGIN: Es können Anlagen sein, es können Eisenbahnen sein, es können Bauprojekte sein. Aber schauen Sie sich einmal Angola an: Die Chinesen haben dort eine Menge Geld ausgegeben, um Zugang zu bekommen, aber sie sind dort nur ein Akteur unter vielen anderen. In einigen Jahren werden die Chinesen als normale Akteure der internationalen Industrie betrachtet werden. Ihre Unternehmen müssen ihren Aktionären berichten genauso wie den chinesischen Behörden. Sie müssen profita-

Daniel Yergin wird von manchen als „Ölpapst" bezeichnet, spätestens seit er 1991 das Buch „Der Preis" veröffentlicht hat, eine 1100-Seiten-Monographie über die Geschichte des Rohstoffs, für die er den Pulitzerpreis bekommen hat; das Werk ist in zwölf Sprachen übersetzt worden. Heute ist Yergin, 1947 in Los Angeles geboren, vor allem auch ein erfolgreicher Geschäftsmann: Er ist Vorsitzender und Mitbegründer der Cambridge Energy Research Associates, kurz: Cera, eines weltweit anerkannten Beratungsunternehmens für die Energiebranche mit Sitz in Cambridge, Massachusetts. Cera beschäftigt rund 200 Mitarbeiter in weltweit zehn Niederlassungen.

bel wirtschaften, sie müssen effizient sein. Gewiss brauchen die Chinesen Rohstoffe, aber ich glaube kaum, dass sie Interesse an einem Konflikt mit den Industriestaaten haben: Dort liegen immerhin die Märkte für ihre Waren.

SPIEGEL: Chinas Hunger nach Öl macht den Energiemarkt umkämpfter als je zuvor. Wie können die Öllieferanten diese steigende Nachfrage befriedigen?

YERGIN: Ich glaube, die Zeit des Nachfrageschocks ist vorüber. 2004 noch wuchs der Verbrauch in China um bemerkenswerte 16 Prozent. Nun aber gerät die Angebotsseite wieder mehr ins Rampenlicht. Wir erleben gerade auf der Angebotsseite einen Ölschock gleichsam in Zeitlupe, es fehlen etwa zwei Millionen Barrel am Tag. Das hat mit den Unruhen in Nigeria zu tun, aber auch mit den Produktionsverlusten nach den Hurrikanen im Golf von Mexiko, seit dem Irak-Krieg von 2003 und mit dem gesunkenen Ausstoß in Venezuela seit 2002. Wir stehen heute an einem historischen Punkt: Nach einem Vierteljahrhundert ist der große Kapazitätspuffer, der nach den Turbulenzen der siebziger Jahre geschaffen wurde, weitgehend aufgebraucht.

SPIEGEL: Ist die aktuelle Knappheit nur eine Frage von Kapazitäten oder eher eine Frage der Geologie? Es gibt einige Fachleute, die glauben, dass der Höhepunkt, der Peak der globalen Produktion erreicht ist und dass sie nun relativ schnell abfällt.

YERGIN: Dies ist nicht das erste Mal, dass der Welt das Öl ausgeht. Es ist wohl eher das fünfte Mal. Zyklen von Knappheit und Überfluss sind charakteristisch für die gesamte Geschichte des Öls. Es gab ähnliche Befürchtungen nach 1880, am Ende des Ersten und des Zweiten Weltkriegs sowie in den siebziger Jahren. Die Menschen unterschätzen stets den Einfluss der Technologie. Um Ihnen ein Beispiel zu geben: In den Siebzigern konnte man bei der Meeresförderung 200 Meter tief gehen, heute sind wir bei 4000 Metern.

SPIEGEL: Aber nicht mal die aufwendigsten Technologien können verhindern, dass die Produktion in Feldern, etwa in der Nordsee, abfällt.

YERGIN: Die Nordsee sollte schon in den Achtzigern am Ende sein, später dann in den Neunzigern. Und nun ist die Produktion noch immer am Laufen. Niemand behauptet, Öl sei unbegrenzt vorhanden, aber Tatsache ist: Der Himmel wird nicht einstürzen. Wir haben eine weltweite Analyse von Ölfeldern vorgenommen, die ergeben hat, dass die Produktionskapazität in den nächsten zehn Jahren um 20 bis 25 Prozent steigen kann, inklusive der Produktion aus nicht-traditionellen Quellen wie den kanadischen Ölsanden sowie der verbesserten Ausschöpfung existierender Quellen.

SPIEGEL: Dann ist die ganze Peak-Oil-Theorie also Quatsch?

YERGIN: Das Bild ist irreführend. Treffen-der wäre es, ein Plateau zu beschreiben, das im vierten oder fünften Jahrzehnt des Jahrhunderts erreicht werden könnte. Nicht die Geologie stellt das größte Hindernis dar, sondern das, was über der Erde geschieht: die internationalen Beziehungen, Politik, Investitionen und Technologie.

SPIEGEL: Wird es nicht immer schwerer und teurer für die Ölfirmen, neue Lagerstätten zu finden?

YERGIN: Gewiss, Tiefseeprojekte haben sich seit 2000 um 68 Prozent verteuert. Und es gibt außerdem einen Engpass beim Personal: Wir hatten den Chef eines Ölkonzerns bei einer Konferenz in Houston, der gegen Ende seiner Rede mit einem Lächeln meinte: „Bitte geben Sie Ihren Lebenslauf an der Tür ab!" Am Ende aber geht es immer nur um den Zugang zu Feldern. Das steht ganz oben auf der Agenda der Ölfirmen. In den nächsten Jahren wird sich zwar das Angebot vergrößern, aber nach 2010 wird es sich auf weniger Länder konzentrieren. Das ist der Grund für unser Unbehagen und unsere Sicherheitsbedenken.

SPIEGEL: Die Verbraucherländer werden abhängiger und verletzbarer.

YERGIN: Sie müssen ernsthaft darüber nachdenken, wie sie mit der Frage der Energiesicherheit umgehen. Unvermeidlicherweise wird es neue Schocks im Markt geben. Einige Versorgungsunterbrechungen werden in etwa vorhersehbar sein, zum Beispiel koordinierte Attacken von Terroristen oder Aufstände in Lateinamerika, die die Ölproduktion beeinflussen. Andere werden überraschend auftreten: Niemand hat vorhergesehen, in welchem Ausmaß die Stürme im Sommer 2005 die Anlagen im Golf von Mexiko zerstören konnten.

SPIEGEL: Was können die Industriestaaten tun, um Energiesicherheit zu gewährleisten?
YERGIN: Als Erstes müssen wir eine gemeinsame Sprache für Energiesicherheit finden. Dieser Begriff hat je nach Land eine völlig andere Bedeutung. In Amerika ist es vor allem eine geopolitische Frage. In Europa geht es überwiegend um die Abhängigkeit von Erdgas. Der Ausgangspunkt für Energiesicherheit ist heute und war immer die Diversifizierung der Versorgung und der Quellen.
SPIEGEL: Was ist dazu notwendig?
YERGIN: Man muss in neue Technologien investieren. Es ist bemerkenswert, wie inventiv man sich heute zum Beispiel dem Ethanol widmet. In vier oder fünf Jahren könnten die USA zehn Prozent ihres Kraftstoffs aus Ethanol gewinnen, das wäre so, als würde ein neuer Förderstaat Indonesien geschaffen. Sogar die Investoren aus dem Silicon Valley geben schon mehr als eine Milliarde Dollar in neue Energietechnologien. Aber das genügt nicht: Um Energiesicherheit zu bieten, braucht man ein Versorgungssystem mit einem Puffer gegen Schocks. Es bedarf großer, flexibler Märkte. Und es ist wichtig, die Tatsache anzuerkennen, dass die gesamte Energie-Wertschöpfungskette gesichert werden muss.
SPIEGEL: Der Nato-Generalsekretär Jaap de Hoop Scheffer sagte, dass, die Allianz betreffend, Öl und Gas eine Rolle bei der Verteidigung der Seewege spielen könnte. Das macht ein bisschen Angst.
YERGIN: Es demonstriert die Erkenntnis, dass es eine Anzahl von heiklen Punkten auf den See-Transportwegen für Öl und verflüssigtes Gas gibt, die besonders verletzlich sind wie die Straße von Hormus oder der Suez-Kanal. Immer mehr Öl und Gas wird über Grenzen transportiert oder verschifft. Jeden Tag bewegen Tanker etwa 40 Millionen Barrel auf den Ozeanen; 2020 könnten es schon 67 Millionen sein.
SPIEGEL: Diese Sicherheit gibt es nicht kostenlos.
YERGIN: Die Sicherung von Pipelines und anderen sensiblen Orten bedarf verstärkter Beobachtung sowie schneller Einsatzkräfte. Der private und der öffentliche Sektor müssen investieren, um einen größeren Grad an Energiesicherheit zu erreichen.
SPIEGEL: Am Ende ist die Versorgung mit Öl und Gas eher eine Frage der Diplomatie als des Geschäfts?

YERGIN: In einer Welt wachsender gegenseitiger Abhängigkeit wird Energiesicherheit sehr davon abhängen, wie Staaten ihre Beziehungen handhaben. Deshalb wird Energiesicherheit eine der wichtigsten Herausforderungen der Außenpolitik in den kommenden Jahren sein. Öl und Gas waren immer schon politische Rohstoffe. Aber heute sind sie politischer als in den vergangenen Jahren.

Der Fluch der Ressourcen

Ausgerechnet in jenen Staaten, die gewaltige Vorkommen an Öl, Gas oder Edelmetallen besitzen, herrschen Armut, Korruption und Misswirtschaft. Ginge es den Menschen in Nigeria, im Kongo oder in Russland ohne Rohstoffe besser?

Von Jens Glüsing, Alexander Jung, Uwe Klußmann und Thilo Thielke

Eine zähe Brühe schwappt gegen die Kokospalmen, sie ist schwarz und übelriechend. Auch die Bananenstauden sind ölverschmiert, sie ragen kahl in den Tropenhimmel, als hätte kurz zuvor ein Brand hier gewütet. Es sieht aus wie auf einem Schlachtfeld in Kpor, zwei Autostunden südöstlich von Nigerias Ölhauptstadt Port Harcourt.

Früher pflanzten die Bauern hier Mais, Kasava oder Yam an. Seit aber das Bohrloch 18 des Bomu-Ölfeldes vor zwei Jahren leckte, sind die Mangrovensümpfe im Ogoniland kilometerweit vollgelaufen. „Wir haben ständig bei der Regierung angerufen, aber niemand ist gekommen", klagt Lekagah N. Lekagah, der Dorfälteste. Jetzt wächst hier nichts mehr, der Boden ist tot – und doch bleibt er überaus wertvoll und umkämpft.

Nigeria gehört zu den großen Hoffnungen im weltweiten Ölgeschäft. Kaum irgendwo sonst werden derzeit so gewaltige Felder entdeckt, die Ölfirmen wollen die Förderung hier in zehn Jahren verdoppeln. Das Land ist von der Natur verwöhnt, es könnte so reich sein. Stattdessen wird es ruiniert.

Mehr als 130 bewaffnete Milizen kämpfen um Einfluss, das Land ist zerrüttet, seine Menschen werden in ständigen Konflikten zermürbt. So chaotisch sind die Zustände, dass der Welt sechstgrößter Ölexporteur Kraftstoff importieren muss: Es gibt zu wenige Raffinerien, die funktionieren.

Hinter solchen Widersprüchen steckt System. Sie sind oft gerade dort zu beobachten, wo Öl und Gas, Gold, Silber und Kupfer, Diamanten, Rubine und Saphire gefördert werden. Ausgerechnet in jenen Staaten, die über große Rohstoffvorkommen verfügen, herrschen

Armut und Elend, grassieren Krieg und Gewalt, ihre Volkswirtschaften haben den Anschluss an die Wissensgesellschaft verloren.

Die US-Ökonomen Jeffrey Sachs und Andrew Warner haben vor Jahren schon den Zusammenhang genauer untersucht und dabei „eine ziemlich belastbare Tatsache" entdeckt: Rohstoffreiche Staaten verzeichnen meist ein deutlich geringeres Wachstum als Länder, in denen Bodenschätze keine so große Rolle spielen.

Nigeria ist dafür ein eklatantes Beispiel: Das jährliche Pro-Kopf-Einkommen betrug vor 25 Jahren 913 Dollar, damals war das Land ein bedeutender Agrarexporteur. Heute verdienen die 135 Millionen Nigerianer im Schnitt nur noch 645 Dollar; sie leben oft ohne Strom, ohne fließendes Wasser, ohne ausgebautes Straßennetz – obwohl sich die Öleinnahmen seitdem verdoppelt haben.

Oder Venezuela, früher eine international geachtete Demokratie in Lateinamerika – bis in den Siebzigern der große Ölboom begann. Der zuständige Minister Juan Pablo Pérez Alfonso ahnte damals die Gefahren, er sprach vom Öl als den „Exkrementen des Teufels". Und er hat recht behalten: Auch in Venezuela liegt das Pro-Kopf-Einkommen kaum höher als vor 25 Jahren.

Oder Russland: Der Öl- und Gasboom der vergangenen Jahre hat eine kleine Clique staatstreuer Oligarchen märchenhaft reich werden lassen. Die breite Masse geht leer aus: Fast 70 Prozent der Russen verdienen monatlich weniger als 200 Euro, 27 Prozent bringen nicht einmal 100 Euro nach Hause. Russland verwandle sich „unweigerlich in ein Gas-Nigeria", warnt Jurij Solosobow vom Moskauer Institut für Nationale Strategie.

Reiche Böden, armes Volk: Dieses Phänomen ist nicht auf die Förderländer fossiler Brennstoffe beschränkt, es tritt auch dort auf, wo Metalle oder Mineralien abgebaut werden. In Staaten wie dem Kongo, wie Surinam oder Sierra Leone, die vom Bergbau abhängig sind, schrumpfte die Wirtschaft je Einwohner laut Berechnungen der Weltbank in den neunziger Jahren um fast 11 Prozent, während sie weltweit um 17 Prozent wuchs.

Vom „Paradox des Überflusses" sprechen die Volkswirte, wenn sie solche Widersprüche beschreiben, oder, ein bisschen geheimnisvoller, vom „Fluch der Ressourcen". Er lastet nicht nur auf der

Wirtschaft der Länder, er stürzt das gesamte Staatswesen ins Unglück – und die Bevölkerung leidet darunter am meisten.

Wo ein Land von Bodenschätzen lebt, da sind oft autoritäre Regime an der Macht, die die Menschenrechte missachten und Minderheiten unterdrücken. Da ist die Kindersterblichkeit besonders hoch – im Kongo zum Beispiel liegt sie im östlichen Teil bei 41 Prozent – und die Lebenserwartung besonders niedrig. Da sind Korruption und Vetternwirtschaft allgegenwärtig. Da wird kaum ein Cent investiert, jedenfalls nicht in Straßen, Schulen und Krankenhäuser, sondern höchstens in Waffen.

Die Militärausgaben verschlingen in den Opec-Staaten fast ein Fünftel des Staatshaushalts. Für Schüler und Studenten geben die Mitglieder des Ölkartells hingegen nur halb soviel aus wie der Rest der Welt im Durchschnitt.

Der Oxford-Professor und Weltbank-Ökonom Paul Collier hat berechnet, wie hoch in solchen Staaten die Wahrscheinlichkeit für einen Bürgerkrieg ist. Das Ergebnis: Mangelt es einem Land an Bodenschätzen, beträgt das Konfliktrisiko ein halbes Prozent. Lebt es aber überwiegend davon, steigt es auf 23 Prozent. Rohstoffe seien „der bedeutsamste Risikofaktor“ für ein Gemeinwesen, meint Collier, wichtiger noch als historische, geografische oder ethnische Motive.

Es ist ein fataler Mechanismus: Die Rohstoffe sind wertvoll, deshalb sind sie umkämpft. Dieser Kampf aber ist nur zu führen, weil er durch die Erlöse aus den Bodenschätzen finanziert wird. Und da die Ressourcen eine schier unerschöpfliche Geldquelle darstellen, zieht sich der Konflikt dahin, über Jahre und Jahrzehnte. So haben die Rebellen der Unita den langen Krieg in Angola hauptsächlich mit dem Verkauf von Edelsteinen bezahlt, sie werden passenderweise „Blutdiamanten“ genannt.

Der Fluch der Ressourcen – das klingt beinahe so, als ob die desolate Entwicklung unvermeidlich wäre. Gehört es also tatsächlich zum unabdingbaren Schicksal rohstoffreicher Länder, stets schlechter abzuschneiden als andere Staaten? Würde es den Menschen in Nigeria oder Angola vielleicht sogar bessergehen, wenn es dort keine Bodenschätze gäbe? Oder hat es eher mit dem kolonialen Erbe zu tun, dass diese Staaten nicht prosperieren?

Die Vergangenheit hängt wie ein Schatten über vielen Rohstoffländern. Generationenlang haben die Industriestaaten die Kolonien ausgebeutet: Frankreich besorgte sich Kohle, Blei und Zink aus Indochina, die Belgier schürften im Kongo nach Gold, die Briten ließen in Südafrika nach Diamanten graben.

Nach dem Zweiten Weltkrieg befreiten sich die Länder des Südens von der Fremdherrschaft, auch wenn manche Abhängigkeit bestehen blieb. Vielfach verstaatlichten sie die Minen und Bergbaugesellschaften. Dennoch hat sich die Lage für die meisten Menschen nicht unbedingt verbessert, die Bewohner des Andenhochlands in Bolivien haben es leidvoll erfahren.

Schon vor über vier Jahrhunderten begannen dort die spanischen Eroberer, die Vorkommen am Cerro Rico („Reicher Berg“) systematisch auszubeuten (siehe Seite 172). Das Silber ließ ihr Weltreich aufblühen, es machte Potosí am Fuße des rostroten Gipfels zu einer der reichsten Städte der Erde. Möbel und Pianos wurden auf Mauleseln ins Hochland geschleppt, mit dem Erz aus Potosí finanzierte der spanische Hof seine Flotte und seine Paläste. Nur die Einheimischen hatten meist nichts davon. Die Indios leisteten untertage Fronarbeit, sie ruinierten sich ihre Gesundheit, viele ließen im Berg ihr Leben.

Die Revolution von 1952 versprach das Ende der Ausbeutung, sämtliche Bergwerke wurden verstaatlicht. Doch an den Arbeitsbedingungen änderte sich nichts. Vielmehr wuchs die Korruption, die Verwaltung wurde aufgebläht, immer wieder legten Streiks die staatliche Minengesellschaft Comibol lahm.

Als Mitte der achtziger Jahre die Rohstoffpreise abstürzten, verlor der Staat das Interesse am Bergbau. Bolivien überließ kleinen, privaten Kooperativen das Geschäft, seitdem schürfen sie am Cerro Rico nach Silber. Es ist nach wie vor ein Knochenjob.

Seit der Indioführer Evo Morales die Präsidentschaftswahl gewonnen hat, müssen die Kooperativen allerdings um ihren Fortbestand bangen. Die neue Linksregierung will jetzt, da die Preise in die Höhe schießen, die Minen erneut verstaatlichen und Comibol wiederbeleben – zum Verdruss der Bergbaufunktionäre. „Wenn die Regierung uns die Minen wegnimmt, gibt es Krieg“, sagt Gerardo Pakuli, Präsident einer der Kooperativen.

Das Beispiel Bolivien zeigt: Ob nun Kolonialherren, Staatsbetriebe oder private Kooperativen das Rohstoffgeschäft bestimmen – das Volk darbt weiter. Bolivien, der „Bettler auf dem silbernen Thron“, ist heute das ärmste Land Südamerikas. Was ihm fehlt, sind starke Institutionen, die zuverlässig arbeiten: Regierungen, die Eigentum respektieren, Behörden, die berechenbar sind.

„Die Qualität der Institutionen entscheidet darüber, ob der Reichtum an Bodenschätzen zum Fluch oder Segen wird“, schlussfolgern die Ökonomen Halvor Mehlum, Karl Moene und Ragnar Torvik in einer neuen Studie.

Was die Angelsachsen „Good Governance“ nennen, wird zur wichtigsten Voraussetzung für breiten Wohlstand in rohstoffreichen Ländern. Die Schwierigkeit ist bloß, dass ihre Regierungen es überhaupt nicht nötig haben, für Recht und Ordnung zu sorgen. Ihr Auskommen ist durch die Bodenschätze gesichert, sie sind nicht mal darauf angewiesen, dass die Bürger Steuern zahlen.

Wer aber von den Bürgern nichts verlangen muss, dem entstehen auch keine Pflichten. Der muss sich nicht um Straßen, Schulen oder öffentliche Einrichtungen kümmern, sondern versenkt lieber Geld in protzige Repräsentationsbauten. Und der muss keine Rechenschaft darüber ablegen, wofür er die Einnahmen überhaupt verwendet.

Es sind die typischen Ausprägungen eines „Rentenstaates“, wie Ökonomen Volkswirtschaften nennen, die Profite ernten, ohne vorher säen zu müssen: Alles fällt ihnen in den Schoß. Sie neigen dazu, über ihre Verhältnisse zu leben. Sie denken nur an das Heute, obwohl gerade das zyklische Geschäft mit Rohstoffen langfristiger Planung bedarf. „Wenn dann aber die Krise kommt, geraten die Volkswirtschaften ins Wanken, entzünden sich soziale Unruhen, und sogar die stabilsten Regime brechen plötzlich zusammen“, so die Stanford-Politologin Terry Lynn Karl.

Den Staatswirtschaften fehlt der Druck, sich zu verändern, sich fortzuentwickeln, sich anzustrengen, kreativer und produktiver zu werden. Im weltweiten Schnitt werden 0,9 Prozent des Bruttoinlandsprodukts in Forschung und Entwicklung investiert, rohstoffreiche Länder wenden dafür lediglich 0,2 Prozent auf.

Sie bemühen sich teilweise nicht einmal darum, ihre Förderanlagen in Schuss zu halten. Viele Bohrtürme, Pipelines und Raffinerien haben die Machthaber am Persischen Golf nicht mehr erneuert, seit sie westliche Explorationsfirmen vor Jahrzehnten aus den Ländern verbannten. Manche Gerätschaft stammt noch aus den vierziger und fünfziger Jahren.

Solche Missstände werden verdrängt, solange das Öl fließt und die Dollar überwiesen werden. Stattdessen steigen die Ansprüche, und es werden Begehrlichkeiten geweckt: Schwarzes Gold füllt schwarze Kassen.

Auf der Korruptionsrangliste landen die rohstoffreichen Staaten durchweg auf den schlechteren Plätzen. Von 159 Ländern liegt laut Transparency International zum Beispiel Nigeria auf Platz 152, zusammen mit der Elfenbeinküste und Äquatorialguinea.

Halten Beamte die Hand auf, dann verzerrt dies den Wettbewerb, es verursacht unnötige Kosten und bremst die wirtschaftliche Entwicklung: Korruption zerstört den Anreiz, unternehmerisch tätig zu werden. Vor allem aber beschert sie den Ländern gewaltige Einnahmeverluste. Laut Internationalem Währungsfonds verschwanden in Angola allein im Jahr 2001 rund eine Milliarde Dollar von den Staatskonten – gleichzeitig leben rund drei Viertel der Bevölkerung von weniger als einem Dollar am Tag.

Ähnlich zerrissen präsentiert sich die Demokratische Republik Kongo, das frühere Zaire. Gold in der Provinz Ituri, Coltan in Nord-Kivu, Kupfer in Katanga: Nur an wenigen Stellen der Erde birgt der Boden solche Schätze wie hier – und ist zugleich so blutgetränkt.

Rund vier Millionen Menschen hat der Krieg im Osten des Landes allein seit 1998 das Leben gekostet, wird geschätzt. „Krieg ist hier ein Dauerzustand“, sagt Kosta Koskinas, ein Goldhändler in Bunia, der Hauptstadt von Ituri. Viermal in den vergangenen acht Jahren floh der gebürtige Grieche vor marodierenden Milizen ins benachbarte Uganda.

Bevor er zurück nach Bunia kam, waren die Wege gesäumt von Leichen. Kindersoldaten patrouillierten durch die Straßen, sie schwenkten Macheten und Kalaschnikows, tranken Bier aus großen braunen Flaschen und bliesen verschüchterten Blauhelmen Zigarettenrauch ins Gesicht.

Nun ist vorerst Ruhe eingekehrt, Koskinas kann wieder seinen Handel treiben. Morgens um acht zieht er mit einem Bündel Geldscheinen, Franc-Congolaise und US-Dollar, auf den Goldmarkt am Rande der Stadt. Dort versammeln sich die Händler und stellen ihre Waagen auf. Etwa zehn Dollar kostet das Gramm derzeit, so viel wie seit Jahren nicht mehr. Sobald die Waffen schweigen, blüht das Geschäft.

Die Kindersoldaten haben sich in die Wälder zurückgezogen. Doch ihre Anführer warten nur darauf, dass der Krieg wieder entflammt.

An Afrika, diesem mit Rohstoffen so gesegneten Kontinent, scheint der Fluch besonders hartnäckig zu haften. Die Bürgerkriege im Kongo, in Angola, im Sudan: Immer spielen Bodenschätze die entscheidende Rolle.

Rund 300 Millionen Afrikaner leben von täglich weniger als einem Dollar, ihre Lebenserwartung liegt im Schnitt bei 48 Jahren. Viele Kinder sind unterernährt, selten haben sie Zugang zu Schulen oder gar Universitäten, jedes fünfte Kind wächst in einem Kriegsgebiet auf.

Die Verantwortung für das Elend tragen nach Ansicht von Sanou Mbaye, einem ehemaligen Ökonomen der Afrikanischen Entwicklungsbank, in erster Linie die Afrikaner selbst, deren bürgerliche Gesellschaft „in Gleichgültigkeit und Trägheit“ gefangen scheine und deren politische Anführer ihr Volk betrügen würden. „Ihre nutz- und rücksichtslosen Aktivitäten bringen einen Großteil der Welt zur Überzeugung, dass Afrikaner zu nichts anderem imstande seien, als zu tanzen, sich gegenseitig abzuschlachten und zu betteln“, so Mbaye.

Diese Machthaber unterhalten gewaltige Militärapparate, sie versuchen, die Bevölkerung in den Rohstoffregionen in Schach zu halten. Aus dieser Spannung heraus entspringen separatistische Bewegungen: Die Einheimischen wollen die Bodenschätze nicht irgendeiner fernen, korrupten Regierung überlassen.

Der FDP-Bundestagsabgeordnete und Entwicklungsexperte Karl Addicks hat einen solchen Konflikt hautnah miterlebt. Anfang der neunziger Jahre war er als Firmenarzt im Nigerdelta beschäftigt, die Baufirma Bilfinger Berger, die dort für den Ölkonzern Shell Pipelines verlegte, hatte ihn engagiert. Mit dem Schnellboot fuhr Addicks über die Flussläufe, von einer Baustelle zur nächsten.

Einmal wurde er von streikenden Ölarbeitern einige Stunden lang im Dschungel festgesetzt. „Ich konnte deren Wut nachvollziehen“, sagt er heute. „Die lokale Bevölkerung hat von den Ölfunden fast gar nichts.“ Zu Recht wehrten sich die Einheimischen gegen die Ausbeutung der Bodenschätze durch eine Zentralregierung, die ihrer Verantwortung bei der Verteilung der Rohstoffeinnahmen nicht gerecht werde, meint Addicks. „Ein großer Teil dieser Gelder findet sich regelmäßig auf ausländischen Privatkonten.“

Kein Wunder, dass Regierungen die Kontrolle über die Rohstoffe partout nicht aus der Hand geben wollen. „Sie bevorzugen es, immer noch den Big Daddy zu spielen“, kritisiert der südafrikanische Ökonom Themba Sono, statt die Entfaltung von Marktkräften zuzulassen oder gar zu fördern. In Nigeria fließen dem Staat rund 80 Prozent aus den Rohstofferlösen zu, etwa 16 Prozent entfallen auf Betriebskosten, nur 4 Prozent gehen an die privaten Investoren aus dem Westen.

Entsprechend sind große Staatsfirmen wie Saudi Aramco, Kuwait Oil Company oder PDVSA (Venezuela) die wahren Giganten im Energiegeschäft, nicht Exxon, BP oder Shell. „Big Oil“ kontrolliert lediglich 15 Prozent der Förderprojekte weltweit, am Bohrloch sind die Konzerne oft nur der Juniorpartner. Nicht sie seien deshalb primär für die Lage in den Rohstoffländern verantwortlich zu machen, meint Rashad-Rudolf Kaldany, Direktor einer Weltbank-Tochter, sondern die nationalen Gesellschaften: „Das ist der Ort, an dem die Korruption passiert.“

Welchen Stellenwert Staatsfirmen mittlerweile im internationalen Rohstoffgeschäft einnehmen, zeigt die Machtverteilung in Russland. Gasprom ist inzwischen das größte Unternehmen im Land und die wichtigste Geldquelle für das Riesenreich. In seinen Kompetenzen erinnert Konzernchef Alexej Miller eher an einen Kreml-Beamten: Mit wem er Verträge schließt, an wen er Gas verkauft und zu welchen Preisen, das entscheidet nicht in erster Linie der Markt, sondern der russische Präsident Wladimir Putin. Stetig weitet die Regierung ihren Einfluss auf die Wirtschaft aus, unter

Putin hat der Staat seinen Anteil an Gasprom auf über 50 Prozent erhöht. Der Konzern hat sich für 13 Milliarden Dollar das Unternehmen Sibneft des Moguls Roman Abramowitsch einverleibt, Rosneft, das noch komplett dem Staat gehört, ist zur Nummer drei der Ölförderer im Land aufgestiegen. Heute sei Russland „die reichste Bürokratie der Welt", höhnt der frühere Schachweltmeister Garri Kasparow.

Das russische Wirtschaftssystem weist inzwischen alle Züge eines Staatskapitalismus auf, wie ihn Lenin 1918 propagiert hat. Dem Gründer des Sowjetstaats schwebte eine Ökonomie mit „unter Kontrolle stehenden Unternehmern und Händlern" vor.

Die real existierende russische Volkswirtschaft heutiger Tage leidet allerdings unter einer gefährlichen Schlagseite: Von den umgerechnet 263 Milliarden Euro Einnahmen, die 2005 in die Staatskasse flossen, stammten 97 Milliarden aus der Energiewirtschaft.

Jeden Tag verkaufen die Russen Öl im Wert von 500 Millionen Dollar, der Rubel hat stark an Wert gewonnen. Darunter leidet der Rest der Exportwirtschaft, sie verliert an Wettbewerbsfähigkeit. Russland hat sich ganz offensichtlich mit der „Holländischen Krankheit" angesteckt.

Dieses Phänomen war erstmals in den sechziger Jahren in den Niederlanden beobachtet worden. Damals wurde das Erdgasfeld vor Groningen erschlossen und Nordsee-Gas zum Exportschlager. Milliardensummen flossen ins Land, der Gulden gewann immens an Wert. Dadurch verteuerten sich die übrigen Ausfuhrgüter, Hollands Industrie fiel zurück.

Gleichzeitig waren dem holländischen Staat die Überschüsse aus dem Gasgeschäft „natürlich sehr willkommen", wie sich der spätere Ministerpräsident Wim Kok erinnert, allerdings wurden sie „im nichtproduktiven Bereich eingesetzt, besonders für Umverteilungen". Löhne und Preise zogen an, das Haushaltsdefizit wuchs und letztlich auch die Arbeitslosigkeit. Holland war in Not – seinen Nachbarn, die nicht mit solch famosen Finanzquellen gesegnet waren, ging es weitaus besser.

Die „Holländische Krankheit" befällt vorzugsweise Rohstoffländer. Die Kanadier erleben zurzeit eine ähnliche Entwicklung: Im Westen des Landes treibt der Abbau von Rohstoffen, vor allem von Ölsanden, die Konjunktur an. In den traditionellen Industriezentren wie Ontario oder Québec aber werden Arbeitsplätze vernichtet. Der kanadische Dollar hat gegenüber dem US-Dollar in drei Jahren um fast ein Drittel zugelegt, die Exportwirtschaft hat schwer zu kämpfen.

Dazu kommt ein weiterer unerwünschter Nebeneffekt: Die Arbeiter in der Ölindustrie und im Bergbau werden sehr gut bezahlt, der Fahrer eines Riesenlasters kann durchaus 100000 Dollar im Jahr verdienen. Ein solches Lohnniveau zieht auch die Preise für andere Güter und Dienstleistungen in die Höhe; deshalb sind Rohstoffländer besonders inflationsgefährdet.

Dass ihre einseitige Wirtschaft sie anfällig und verletzbar macht, ist ihnen durchaus bewusst. Inzwischen versuchen einige, die Schieflage zu korrigieren. Gerade die kleineren Förderländer am Persischen Golf beginnen damit, sich weitere Wohlstandsquellen zu erschließen.

Dubai präsentiert sich als Tourismusziel und bietet sich als Finanzdienstleister an, der das Petrodollar-Vermögen der reichen Nachbarn managt. Insgesamt gehen die arabischen Golfstaaten mittlerweile vorsichtiger mit dem Geldsegen um. Zu oft haben sie schon bitter erfahren müssen, wie zyklisch die Preisentwicklung verlaufen kann.

Sie nutzen ihre „Windfall-Profits“ nun auch zum Abbau von Schulden und für den Ausbau der eigenen Öl- und Gasindustrie. Schließlich wird die Exploration immer teurer und aufwendiger. Wollen sie noch eine Zeitlang von ihren Bodenschätzen leben, müssen sie ihre Anlagen jetzt modernisieren.

So wächst allmählich die Einsicht in den Rohstoffländern, dass sie verantwortlicher als bisher umgehen sollten mit dem potentiellen Reichtum, der aus der Erde kommt. Wie das funktionieren kann, dafür gibt es einige Vorbilder.

Norwegen zum Beispiel prosperiert, obwohl es über ungeheure Bodenschätze verfügt. Das Land, drittgrößter Ölexporteur der Welt, hat keine Schulden, es ist nicht bekannt für Korruption, die Verwaltung funktioniert zuverlässig, die Bürger leben in beneidenswertem Wohlstand. Dass die Skandinavier so von ihren Rohstoffen profitieren, verdanken sie allerdings auch einem historischen Umstand, meint Hubertus Bardt vom Institut der deutschen Wirtschaft in Köln: „Die wirtschaftlichen und politischen Institutionen waren schon gefestigt und stabil, als Ende der sechziger Jahre Erdöl in der Nordsee entdeckt wurde."

Um gar nicht erst in Versuchung zu geraten, den natürlichen Reichtum zu verschwenden, hat Norwegen einen Petroleumfonds eingerichtet, er soll künftigen Generationen zugutekommen. Gemanagt wird er von Knut Kjær, einem Zentralbanker, der in einem hochgesicherten Bürogebäude in der Osloer Innenstadt arbeitet und sich von einem Ethik-Beauftragten beraten lässt.

Nie habe ein Politiker angerufen, um ihm reinzureden, wie er die Exporterlöse anlegen soll, versichert der Vermögensverwalter. Ihm ist lediglich vorgegeben, 60 Prozent der Wertpapiere in Anleihen und 40 Prozent in Aktien zu investieren, Rüstungskonzerne sind tabu. Inzwischen ist das Fondsvermögen auf knapp 200 Milliarden Euro angeschwollen. Kjær verwaltet immerhin 0,3 Prozent aller Aktien, die weltweit gehandelt werden.

Nur rund die Hälfte der jährlichen Überschüsse des Fonds darf in den norwegischen Haushalt fließen. Im Jahr 2005 erzielte Kjær eine Rendite von 11,1 Prozent, das entspricht aufs Jahr gerechnet knapp 20 Milliarden Euro – eine Finanzquelle, um die jeder Finanzminister die Norweger beneidet.

Ähnliche Fonds existieren in Alaska, in der kanadischen Provinz Alberta, in Chile und auch in Botswana. Der afrikanische Staat ist das beste Beispiel dafür, dass auch ein ehemaliges Kolonialland durchaus in der Lage ist, sich vom Fluch des Rohstoffs zu befreien.

Vor 40 Jahren, als das britische Protektorat endete, war Botswana einer der unterentwickeltsten Staaten der Erde, dann fanden Geologen des Minenkonzerns De Beers Diamanten. Heute ist das Land, gemessen am Wert, der weltgrößte Exporteur der Edelsteine, ein Fünftel aller Diamanten weltweit kommt von hier: gut fünf Tonnen im Jahr.

Botswana hat sich zum afrikanischen Modellstaat gemausert. Jahr für Jahr steigt das Durchschnittseinkommen, fast nirgends verdienen Afrikaner mehr pro Kopf. „Botswana nutzt seine Ressourcen besonders verantwortungsvoll", lobt Donald Kaberuka, Präsident der Afrikanischen Entwicklungsbank.

Kaum ein anderes Land investiert, gemessen am Bruttoinlandsprodukt, so viel in Bildung. Das Gesundheitswesen funktioniert, ebenso das Schulsystem, die meisten Bürger können lesen und schreiben, sieben Prozent haben einen Hochschulabschluss. Die Wahlen laufen korrekt ab, auch wenn immer dieselbe Partei gewinnt. Nur eines bekommt das Land nicht in den Griff: Gut ein Drittel der Erwachsenen ist HIV-positiv. Doch immerhin wird die Hälfte der Aids-Kranken kostenlos medizinisch versorgt.

Warum Botswana erreicht hat, was anderen versagt bleibt, dafür gibt es verschiedene Erklärungen. Die einen sehen das Erfolgsrezept in der Art, wie Privatwirtschaft und Staat zusammenarbeiten: Das Unternehmen Debswana, Monopolist in der Diamantenproduktion, gehört je zur Hälfte dem Staat und De Beers. Andere verweisen auf die Tradition des britischen Rechtssystems, die noch heute prägend wirke, besonders der Schutz des Eigentums. Wieder andere betonen, dass die Einwohner überwiegend einem Volk angehören, Botswana ist ethnisch nicht so zersplittert wie andere afrikanische Staaten und mit nur 1,8 Millionen Einwohnern von überschaubarer Größe.

Was auch immer den Ausschlag geben mag: Am Ende ist jedenfalls entscheidend, dass der Staat eines rohstoffreichen Landes stark ist, dass er die Kraft hat, Recht zu setzen und auch durchzusetzen. Marktwirtschaft allein reiche nicht aus, damit sich ein Land positiv entwickle, meint der Politologe Francis Fukuyama: „Während sich das 20. Jahrhundert durch Zusammenstöße zwischen großen, mächtigen und gut organisierten Staaten ausgezeichnet hat, entspringt die Instabilität des 21. Jahrhunderts aus der Schwäche von Staaten."

Der relative Wohlstand in Botswana ist umso erstaunlicher, da in nächster Umgebung, in Angola und Sambia, lange Jahre Terror, Elend und Chaos geherrscht haben. Inzwischen hat sich dort die Lage ein wenig verbessert, seit drei Jahren ist der sogenannte Kimberley-Prozess in Kraft, die Bürgerrechtsgruppe „Global Witness" hat ihn mitinitiiert.

Dieses Abkommen verfolgt das Ziel, den Handel mit Diamanten aus Kriegsgebieten zu unterbinden. Die 69 Unterzeichner stehen für praktisch die gesamte Rohdiamantproduktion. Die freiwillige Vereinbarung bietet keinerlei Gewähr für Wohlverhalten – und ist dennoch als Strategie gegen Misswirtschaft und Korruption vielversprechend.

Der Spekulant und Mäzen George Soros hat gemeinsam mit Bürgerrechtsgruppen vor vier Jahren „Publish What You Pay" ins Leben gerufen; danach verpflichten sich Regierungen und Fördergesellschaften, ihre wechselseitigen Finanzströme offenzulegen.

Ein anderer Vorstoß, die „Extractive Industries Transparency Initiative" (EITI), unterstützt vom britischen Premier Tony Blair, setzt ebenfalls darauf, dass die Akteure im Rohstoffgeschäft ihre Karten auf den Tisch legen.

Zu den EITI-Unterzeichnern gehört der britisch-australische Bergbaukonzern Rio Tinto, die Nummer zwei im globalen Minengeschäft. Es ist gewiss kein Altruismus, sondern der pure Eigennutz, der solche Größen der Bergbauindustrie mitmachen lässt. Sie sind selbst Leidtragende, wenn sie sich nicht auf Recht und Gesetz verlassen können. Schließlich planen sie, wenn sie ein Minenprojekt in Angriff nehmen, für Jahrzehnte im Voraus. „Der Mangel an verantwortungsvoller Regierungsführung und die Existenz von Korruption in vielen Ländern bleiben heute das größte Hindernis für langfristige Investitionen", klagt Rio-Tinto-Chef Leigh Clifford.

Gleichwohl bleiben die Bergbaufirmen und Ölkonzerne in einem Dilemma gefangen: Am liebsten wäre es ihnen, wenn sie nur als Gäste im jeweiligen Förderland betrachtet würden und dort ungestört ihren Geschäften nachgehen könnten. Doch sie sind nun mal der oft mit Abstand wichtigste Wirtschaftsfaktor im Land, sie haben Einfluss. Einige nutzen ihn.

Shell, BP und Exxon bauen Schulen und Krankenhäuser, verlegen Stromleitungen, erschließen Straßen. Sie machen sich vor Ort nützlich – mehr allerdings auch nicht. „Unserer Verantwortung sind Grenzen gesetzt", räumt der BP-Direktor Jürgen Cuno ein. Die Ölkonzerne könnten keinen Einfluss darauf nehmen, wie ein Staat seine Einnahmen verwendet, meint er.

Warum sollten sie auch, wenn selbst die westlichen demokratischen Regierungen in dieser Hinsicht keineswegs vorbildlich handeln. Noch immer würden korrupte Regime und menschenrechtsverletzende Schurkenstaaten aus dem deutschen Entwicklungsetat unterstützt, schimpft FDP-Mann Addicks. „Wenn wir es ernst meinen mit der Forderung nach guter Regierungsführung", so der Politiker, „müssen wir die Gewährung von Entwicklungshilfe auch davon abhängig machen."

Dass rohstoffreiche Länder von ihrem naturgegebenen Vermögen so selten profitieren, „ist kein Naturgesetz", sagt Cobus de Swardt von Transparency International. „Das Problem ist lösbar", meint er. „Was wir dazu brauchen, ist der politische Wille."

Wie lange noch?

Rohöl und Uran, Gold und Platin sind so begehrt wie nie: Die Suche nach Rohstoffen gestaltet sich immer schwieriger und aufwendiger, die Preise schießen in die Höhe. Die Zukunft der Weltwirtschaft hängt von Ressourcen ab, die schrumpfen – und irgendwann zur Neige gehen.

Von Alexander Jung

Fünf Minuten vor seinem Auftritt wurde der Chefgeologe Marion King Hubbert noch ans Telefon gerufen. Sein Arbeitgeber war dran, jemand aus der Zentrale des Ölkonzerns Shell.

Er möge doch bitte darauf verzichten, seine Prognose zu präsentieren, habe man auf ihn eingeredet, erzählte Hubbert später. Doch der Wissenschaftler mit dem Clark-Gable-Bärtchen blieb stur, wie so oft. Auf der Frühjahrstagung des American Petroleum Institute 1956 in San Antonio trug er genau das vor, was er vorbereitet hatte: eine Theorie, so simpel wie folgenschwer.

Hubbert behauptete, der Verlauf der Ölförderung entspreche stets einer Glockenkurve: Erst steige sie an, bis sie ein Plateau erreiche, dann falle sie ab, unaufhaltsam. Nach seinen Berechnungen würden die Vereinigten Staaten in wenigen Jahren schon den Scheitelpunkt, den Peak, erreichen, etwa 1970, schätzte er.

Genauer konnte er es kaum voraussehen: Tatsächlich haben die USA 1971 das Maximum gefördert. Seither sinkt die Produktion fast kontinuierlich.

Hubberts Kurve, vor exakt 50 Jahren entdeckt, gehört zum Basiswissen jedes Geologen, nach wie vor. Das Auf und Ab beschreibt mit wissenschaftlicher Präzision, was im Grunde jeder weiß, aber alle getrost verdrängen: Erdöl ist ein endliches Gut, die Vorräte schrumpfen jeden Tag, jede Stunde, jede Minute. Einmal verbraucht, sind sie dahin.

Die anderen wichtigen Energieträger – Erdgas, Kohle und Uran – unterliegen demselben gnadenlosen Prozess: Immerzu werden sie abgebaut, nie aber aufgebaut.

Und auch die Vorkommen an Metallen und Mineralien sind keinesfalls unerschöpflich, aber sehr wohl unersetzlich: Eisenerz bringt kein neues Eisenerz hervor, Gold kein neues Gold, nichts wächst jemals nach. Doch wer macht sich schon bewusst, wie einmalig diese Bodenschätze sind?

Es sind ungeheure Mengen, die die Bürger und die Industrie verzehren, verarbeiten oder, was am häufigsten geschieht, einfach nur verbrennen. In jeder Sekunde lösen sich weltweit im Schnitt rund tausend Fässer Öl in Rauch auf. Ein Deutscher verbraucht rein rechnerisch im Laufe seines Lebens 225 Tonnen Braun- und Steinkohle, 116 Tonnen Mineralöl, 40 Tonnen Stahl, 1,1 Tonnen Kupfer und 200 Kilogramm Schwefel. Ewig, das ist klar, kann das so nicht weitergehen – obwohl es schon eine kleine Ewigkeit so läuft.

Seit Urzeiten machen sich die Menschen Rohstoffe zunutze. Sie schmieden Werkzeuge aus Eisen und Kupfer, sie heizen Wohnungen mit Kohle und Torf, sie bauen Häuser aus Sand, Gips und Stein. Doch erst die Industrialisierung ließ die Nachfrage sprunghaft ansteigen, der Handel mit Metallen, Mineralien und Brennstoffen avancierte zum globalen Geschäft. Seit dem Ende des Zweiten Weltkriegs hat die Menschheit mehr Rohstoffe verbraucht als in ihrer gesamten Geschichte zuvor.

Mit China ist ein Land in den internationalen Wettbewerb eingetreten, das außerordentlich reich an Rohstoffen ist. Doch noch weitaus gewaltiger ist sein Bedarf – an der Preisrallye der vergangenen Jahre lässt es sich leicht ablesen: Gold kostet heute fast doppelt so viel wie vor vier Jahren, Platin ist so teuer wie nie zuvor. Selbst mit Schrott lässt sich heutzutage gutes Geld verdienen.

Ausgerechnet Rohstoffe. Vor kurzem noch schenkten Investoren solchen Gütern keinerlei Beachtung. Rohstoffe, das roch nach Bergwerk, nach Staub und Schweiß, nach 19. Jahrhundert: wirtschaftlich irrelevant und ohne jeden Glamour. Bits und Bytes galten als zeitgemäßer Rohstoff, immateriell und im Überfluss vorhanden.

Erst seit die Klassiker so teuer geworden sind, rückt wieder ins Bewusstsein, welche Bedeutung sie besitzen: kein Computerchip ohne Silizium, kein Kunststoff ohne Rohöl, kein Katalysator ohne Platin oder Palladium. Trotz Digitaltechnologie und Wissensmanagement: Das Fundament der Wirtschaft steht nach wie vor auf Stahl und Zement, und angetrieben wird sie von Öl, Gas und Kohle – bloß, wie lange noch?

Die Antwort darauf entscheidet über die Zukunft vieler Branchen, ja den Verlauf der gesamten Weltwirtschaft. Steigende Preise sind gewöhnlich ein Anzeichen dafür, dass ein Gut knapp und begehrt ist. Bedeutet die Rohstoffhausse also, dass die Vorräte nun tatsächlich zur Neige gehen? Und wenn das so ist, wie viel Zeit bleibt noch, bis die Lagerstätten erschöpft sind?

Wären die Voraussagen eingetreten, die Dennis Meadows 1972 in seinem Bericht an den Club of Rome traf, hätte die Menschheit jedenfalls langsam die Grenzen des Wachstums erreichen müssen. Meadows, ein damals nicht mal 30-jähriger Wissenschaftler, und seine Kollegen am Massachusetts Institute of Technology in Cambridge, USA, hatten die Großrechner mit einem Wust von Daten gefüttert. Das Ergebnis schockierte die Welt.

Die Vorräte aus der Erdkruste seien schon bald aufgebraucht, lautete die bittere Botschaft, die Knappheit an Rohstoffen und Nahrungsmitteln werde die globale Konjunktur lähmen. Eine Wirtschaft aber, die stets auf Wachstum getrimmt sei, müsse „infolge der Erschöpfung der Rohstoffvorräte“ zwangsläufig zusammenbrechen. Das Buch wurde mehr als zehn Millionen Mal verkauft, es ist in 29 Sprachen übersetzt worden – nur der Kollaps blieb aus. Dessen ungeachtet finden auch heute wieder apokalyptische Vorhersagen große Resonanz. Demnächst beginne ein erbitterter Wettstreit um Rohstoffe und Nahrungsmittel, dann würden die Industriegesellschaften „dahinwelken“, zeichnete der US-Publizist James Howard Kunstler unlängst eine Schreckensvision geradezu malthusianistischer Dimension: „Wir stehen auf der ganzen Welt vor einer historischen Epoche des Negativwachstums voll Unruhe und Kampf“, warnt er.

Auf der anderen Seite stehen die notorischen Optimisten. Sie behaupten, das Potential an Rohstoffen sei lange nicht erschöpft, es existierten noch ungeheure Vorkommen, zum Beispiel in der Arktis. Außerdem habe es die Industrie noch immer geschafft, mit innovativen Methoden weit mehr zu fördern als erwartet.

Diese Optimisten machen eine simple Rechnung auf: Sie teilen die Menge der bekannten Reserven eines Rohstoffs durch den Jahresverbrauch, das Ergebnis ist die sogenannte statische Reichweite. Demnach würde konventionelles Rohöl noch mehr als 40 Jahre zur Verfügung stehen, Gas mehr als 60 Jahre, Kohle sogar zwei Jahrhunderte.

Die Zahlen klingen beruhigend. Merkwürdig nur, dass sie sich in den vergangenen 50 Jahren kaum verändert haben.

Das liegt daran, dass diese Formel wenig mit Geologie, aber viel mit ökonomischer Logik zu tun hat: Steigen die Preise etwa für Gold, lohnt sich auch der Abbau von Lagerstätten mit geringeren Gehalten oder größerem Förderaufwand, von Ressourcen also, die bislang nicht mitgezählt wurden – und automatisch wachsen die Reserven.

Eine andere Variable in der Rechnung sind neue Technologien wie mehrdimensionale Seismik, mit deren Hilfe selbst kleine Öltaschen oder Erzadern aufzuspüren sind. Oder aber es ändern sich Verbrauchsgewohnheiten: In der Übertragungstechnik zum Beispiel ist der Kupferbedarf erheblich gesunken, weil die Industrie statt Kupfer Glasfaser eingesetzt hat. Inzwischen wiederum geht der Bedarf an Quarz zurück, weil Glasfaser durch Satellitenfunk ersetzt wird. Solche unvorhersehbaren Einflüsse nehmen der Verbrauch-Reserve-Relation ihre Aussagekraft, als Prognoseinstrument ist die Formel ungeeignet.

Und doch gibt es durchaus seriöse Antworten auf die zentrale Frage: „Wie lange noch?" Es sind keine einfachen Antworten, sie fallen von Rohstoff zu Rohstoff unterschiedlich aus, und sie sind keinesfalls letztgültig: Wie weit ein Rohstoff reicht, bestimmt nicht das Schicksal, sondern allein menschliches Handeln.

Am ehesten noch ist absehbar, wie es um die Versorgung mit Rohöl steht – dank der Erkenntnisse des Geologen Hubbert. Was sich hier abzeichnet, bereitet selbst den nüchternen Beobachtern der Bundesanstalt für Geowissenschaften und Rohstoffe (BGR) in Hannover inzwischen einige Sorgen. „Der Höhepunkt der Förderung liegt näher, als uns lieb sein kann", warnt der Geologe Peter Gerling, Fachmann für fossile Brennstoffe. Schon in den nächsten 10 bis 20 Jahren werde der sogenannte Depletion Mid-Point erreicht, lautet das Ergebnis einer neuen Studie: Das ist der Zeitpunkt, an dem die Hälfte des Gesamtpotentials an Rohöl verbraucht ist.

Gerling ist sich seiner Sache recht sicher. „Die Erde ist gut erforscht“, sagt er, das sogenannte Erdölstockwerk sei in fast allen etwa 600 Sedimentbecken der Welt wohlbekannt: „Es wird keine großen Überraschungen mehr geben.“ Was Gerling so lapidar feststellt, hat ungeheure Brisanz: Mit dem Erreichen des Depletion Mid-Point beginnt praktisch das Ende des Ölzeitalters.

Von diesem Zeitpunkt an nämlich, an dem die weltweite Förderung ihr Maximum erreicht, klafft erstmals in der Geschichte eine physische Versorgungslücke: Von da an geht es mit der Produktion bergab, während der Verbrauch aller Voraussicht nach weiter steigt. Es gibt kein Zurück mehr zu alten Höhen, und was besonders tückisch ist: Der Peak kommt ohne Vorwarnung.

Immerhin 33 der 48 größten Förderländer haben den Höhepunkt erreicht oder sogar schon überschritten. Großbritannien und Norwegen gehören dazu, denn die Nordsee hat die beste Zeit hinter sich: In den vergangenen fünf Jahren ist die Förderung hier um gut 20 Prozent zurückgegangen. Auch das Opec-Mitglied Indonesien und das Sultanat Oman erreichen längst nicht mehr die Produktionsziffern vergangener Jahre.

Selbst in Kuweit gibt es schon ernste Anzeichen für einen Produktionsabfall. Die staatliche Ölgesellschaft Kuwait Oil vermag im Feld Burgan die Förderleistung von zwei Millionen Barrel am Tag nicht mehr zu halten, räumte der Unternehmenschef ein. Burgan ist die zweitgrößte Lagerstätte der Welt, sie enthält mehr als die Hälfte aller bekannten Reserven Kuweits. Und sie war früher bekannt dafür, dass das Öl dort einfach aus der Erde floss. Das ist nun vorbei.

Schon seit mehr als 50 Jahren wird in Burgan gefördert. Fast genauso lang im Einsatz, seit 1951, ist die weltgrößte Lagerstätte, das Feld Ghawar in Saudi-Arabien, mit einer Tagesproduktion von fünf Millionen Barrel. Sämtliche Riesenfelder, die sogenannten Super-Giants, sind schon 40 bis 60 Jahre alt, aus ihnen stammt etwa die Hälfte der Weltproduktion. „Und alle erreichen nun den Punkt, an dem es zur Neige geht“, glaubt Matthew Simmons, Chef einer auf Energieprojekte spezialisierten Bank in Texas.

Simmons hat erhebliche Zweifel daran, dass die Golfanrainer tatsächlich über so viele Reserven verfügen, wie sie behaupten. Letztgültige Beweise für seine These aber hat er nicht vorlegen können. Dass dennoch viele in der Ölbranche seine Skepsis teilen, liegt vor allem daran, dass die Saudis die Spekulationen über das tatsächliche Ausmaß ihrer Reserven selbst anheizen: Seit der Verstaatlichung der Ölindustrie vor 25 Jahren verwehren sie ausländischen Gutachtern den Zutritt zu den Feldern.

Fest steht nur, dass Saudi-Arabien derzeit mit täglich gut zehn Millionen Barrel nahe an der Kapazitätsgrenze fördert, es existiert kein Puffer mehr nach oben. Damit hat das Königreich seine Kontrolle über den Preismechanismus verloren: Es kann den Hahn nur noch zudrehen, aber zumindest kurzfristig nicht mehr weiter öffnen.

Im Grunde müssten die Saudis, um den vermuteten Bedarf zu befriedigen, bis 2025 ihre Produktion verdoppeln. Selbst der ehemalige Produktionschef der staatlichen Fördergesellschaft Saudi Aramco, Sadad al-Husseini, hat dieses Ziel kürzlich gegenüber der „New York Times“ als unrealistisch abgetan: „Solche Erwartungen sind jenseits dessen, was man schaffen kann.“

Ob er recht behalten wird oder nicht: Sicher ist jedenfalls, dass es weltweit immer schwieriger wird, neue Quellen aufzutun. Schon seit Jahren wird weit mehr Öl verbraucht, als neue Vorkommen erschlossen werden. Das letzte größere Feld wurde im Jahr 2000 entdeckt, im Kaspischen Meer. Die meisten Neufunde fallen eher klein aus, zudem verlagert sich die Suche in immer entlegenere Gegenden wie die Arktis und die Tiefsee.

„Die Exploration wird nicht nur teurer“, sagt Andrew Latham von der Edinburgher Ölberatungsfirma Wood Mackenzie, „es ist auch schwerer geworden, erfolgreich zu sein, weil die besonders zugänglichen Felder schon entdeckt sind.“

Sogar im arabischen Raum wird die Förderung aufwendiger, mitunter müssen die Ölfirmen zu Tricks greifen. Sie pressen Wasser oder Dampf in den Boden, damit der Druck nicht abfällt. Ohne solche Hilfsmittel wäre manche Quelle im Nahen Osten schon versiegt.

Kein Zweifel, es kommen gewaltige Veränderungen auf die Verbraucher und auf die Ölindustrie zu, das räumen die Konzerne inzwischen offen ein. Bei BP stehen die beiden Buchstaben seit Jahren schon offiziell für „Beyond Petroleum“ – jenseits des Erdöls. Chevrons Werbebotschaft lautet neuerdings: „Die Ära des einfachen Öls ist vorbei.“ Und selbst die ansonsten so rauhbeinigen Ölbarone von Exxon räumen auf die Frage nach der künftigen Energieversorgung inzwischen ein: „Es gibt keine einfachen Antworten.“

Eine Antwort jedenfalls wird Erdgas sein. Der flüchtige Stoff gewinnt im Energiemix eine immer größere Bedeutung. „Gas ist in ökonomischer und ökologischer Hinsicht attraktiv“, sagt der neue Exxon-Chef Rex Tillerson. Erst 18 Prozent des vermuteten Gesamtpotentials haben die Explorateure gefördert, die größten Vorräte liegen, ähnlich wie Rohöl, in politisch eher instabilen Gegenden, in Russland, in Iran und in Katar: Die drei Staaten halten 56 Prozent der Weltreserven. Es dürfte noch für Jahrzehnte reichen.

Eine physische Knappheit ist nicht absehbar, ein politisch bedingter Engpass aber sehr wohl. Russland hat es gerade demonstriert, als es im Streit um den Preis von Rohstofflieferungen an die Ukraine erstmals mit der Erdgaswaffe drohte.

Solche Aktionen verunsichern Abnehmerstaaten wie Deutschland umso mehr, je stärker die eigenen Reserven schwinden. Noch stammt knapp ein Fünftel des Methans, das in Deutschland verbraucht wird, aus heimischen Vorkommen, doch bei wachsendem Verbrauch werden die Vorräte hier bald zur Neige gehen. Und anders als bei Öl verläuft die Förderkurve nicht glockenförmig, sondern endet ziemlich abrupt.

Größere Spielräume bietet da Kohle, der fossile Energieträger mit den umfangreichsten Reserven. Die Vorkommen liegen weniger konzentriert als jene von Öl oder Gas, mächtige Lagerstätten finden sich in den USA, in Russland, China und Australien. Das Potential von Steinkohle sowie der energieärmeren Braunkohle, da sind sich die Fachleute sicher, könnte den Bedarf für mindestens hundert Jahre decken.

Uran wiederum, der vierte der großen Energierohstoffe, wird seit einigen Jahren in fast doppelt so großen Mengen verbraucht, wie er gefördert wird. Noch können die Stromversorger auf alte

Lagerbestände zurückgreifen, um diese Lücke zu schließen; teilweise nutzen sie auch wiederaufbereiteten Brennstoff oder Waffenuran aus den Zeiten des Kalten Krieges. Doch die Reserven schrumpfen schneller als erwartet, seit die Kernkraft ein Comeback erlebt: Allein China will 25 bis 30 neue Anlagen bis 2020 in Betrieb nehmen.

Deshalb intensivieren die Explorationsfirmen ihre Suche nach neuen Vorkommen. Bis eine neue Lagerstätte in Betrieb geht, können Jahrzehnte vergehen. Die Förderkosten werden künftig wohl deutlich höher ausfallen, bisher war die Produktion von „Yellow Cake", wie das goldfarbene Vorprodukt auch genannt wird, auf wenige Regionen in Australien, Kasachstan und Kanada beschränkt.

Bei Öl, Gas, Kohle und Uran, den Energierohstoffen also, ist halbwegs absehbar, wie lange die Vorräte voraussichtlich reichen. Anders sieht es bei Metallen oder Mineralien aus: Ihre Reichweite scheint schier grenzenlos zu sein.

Daran zweifelt niemand, der schon mal in den Krater geblickt hat, den Maschinen im Norden Chiles, auf dem Hochplateau der Atacama-Wüste, in die Erdkruste gefräst haben. Drei Kilometer ist er breit, fast 500 Meter tief, jeden Tag wird das Loch größer. Und die Fördergesellschaft BHP Billiton reicher.

Escondida heißt die Kupfermine am Rande der Anden, wo nie ein Tropfen Regen fällt, zu Deutsch „die Versteckte", weil Geologen 1979 nur zufällig entdeckten, welche Schätze sich im Boden verbergen.

Heute ist Escondida der größte Kupfertagebau der Erde, acht Prozent des Weltbedarfs werden hier gefördert. Mit gewaltigen Schaufeln, groß wie Bungalows, graben sich die Bagger durch das Gestein, sie beladen Mega-Trucks – jeder trägt mehr als 200 Tonnen – mit dem rohen Erz.

Rund 1,2 Millionen Tonnen Kupfer hat der Konzern im Jahr 2005 hier gewonnen, 2006 dürfte es eine ähnliche Menge werden. Dafür hat der Bergbaukonzern über 400 Millionen Dollar in Escondida Norte investiert, ein neues gigantisches Abbaugebiet fünf Kilometer nördlich – mehr als genug Nachschub für die kommenden Jahrzehnte.

„An Metallen besteht keine Knappheit“, sagt Markus Wagner, der Fachmann der BGR für metallische Rohstoffe. „Es sind heute bei weitem noch nicht alle Lagerstätten in der Welt erkundet.“

Große Regionen sind bislang noch unberührt von jeglicher Exploration, ein ganzer Kontinent, die Antarktis, ist vollkommen „unverritzt“, wie es im Geologenjargon heißt. So gewaltig sind die Ressourcen an Eisen und Nickel, Silber und Kupfer, dass, anders als bei Erdöl, das Gesamtpotential nicht einmal annähernd absehbar ist und sich eine Hubbert-Kurve noch lange nicht zeichnen lässt.

Und trotzdem gibt es einen Engpass. Er ist in den vergangenen Jahren erst entstanden, und er hat durchaus ernsthafte Konsequenzen für den Verbraucher: Mittlerweile dominiert nur noch eine Handvoll Bergbauunternehmen den gesamten Weltmarkt. Sie teilen sich die Erde samt ihrer Schätze untereinander auf, sie bestimmen die Konditionen.

Die mächtigsten Eisenerzproduzenten, die brasilianische Companhia Vale do Rio Doce sowie die australisch-britischen Konzerne BHP Billiton und Rio Tinto, haben im Frühjahr 2005 den Preis für Erz auf einen Schlag um 70 bis 90 Prozent verteuert. Das schaffen sie nur, weil die drei Unternehmen zusammen fast drei Viertel des weltweiten Angebots für Eisenerz kontrollieren. Neben diesem Oligopol wirken selbst Großabnehmer, Stahlkonzerne wie Mittal Steel oder Acelor, wie Zwerge. Die Marktmacht der Erzlieferanten, stellen die Analysten der Dresdner Bank fest, sei „geradezu erdrückend“.

Vor allem im Geschäft mit Gold haben sich die Verhältnisse in kurzer Zeit grundlegend verändert. 1983 erst hat der kanadische Unternehmer Peter Munk, 78, ein gebürtiger Ungar, die Minengesellschaft Barrick gegründet, das Management habe damals aus „einem Haufen Provinzlern“ bestanden, berichtet er amüsiert.

Seitdem verfolgt Munk eine ziemlich weltläufige Strategie, rund um den Globus kauft er einen Betrieb nach dem anderen. Zuletzt hat er sogar den alten Rivalen Placer Dome für mehr als zehn Milliarden Dollar übernommen. Damit hat sich Munk in kaum mehr als zwei Jahrzehnten an die Spitze des Goldgewerbes katapultiert.

Immer mächtiger werden die Bergbaubetriebe, immer effizienter gestalten sie ihre Geschäftsprozesse. Eine Mine funktioniert heute wie ein gigantisches Logistikunternehmen: Die Riesen-Trucks werden computergesteuert zu den Baggern gelotst. Verhakt sich dort einmal eine Schaufel, werden die folgenden Laster sofort zur nächsten Abraumstelle umgeleitet. Nie sollen die zwei Millionen Dollar teuren Trucks nutzlos herumstehen. Selbst beim Betanken laufen die Motoren weiter: Fast 10000 Liter Sprit schluckt ein solcher Gigant am Tag.

Damit sich ein solcher Aufwand auch lohnt, investieren die Minengesellschaften fast nur noch in Großlagerstätten. Die Vorkommen müssen gut zugänglich sein und ihre Böden einen Erzgehalt aufweisen, der deutlich über dem Durchschnitt liegt. Bei Kupfer zum Beispiel ist Förderung im Tagebau erst dann sinnvoll, wenn der Gehalt höher als fünf Kilogramm je Tonne Erz ist. Und in einer Tonne Erz sollten sich wenigstens zwei Gramm Gold verbergen.

Solch reiche Vorkommen treten nur in wenigen Regionen der Welt auf, der Rohstoffabbau konzentriert sich auf die sogenannten drei A: Australien, Afrika und neuerdings vor allem die Anden. Zum Beispiel stammen 30 Prozent des weltweit bekannten Kupfervorkommens aus Chile, rund die Hälfte allen Eisenerzes wird aus Brasilien bezogen. Die entwickelten Industrieländer hingegen fördern kaum noch etwas selbst: Die letzte Eisenerzgrube in Deutschland wurde 1995 geschlossen.

Noch viel enger ist der Markt für seltene Metalle. Niob beispielsweise, ein besonders hitzebeständiges Metall (Schmelzpunkt: 2468 Grad Celsius), das als Legierung für Pipelines oder Turbinen dient, kommt zu etwa 75 Prozent aus einer einzigen brasilianischen Mine namens Araxá. Oder Platin: Die Produktion konzentriert sich zu 98 Prozent auf vier Lagerstätten weltweit; allein die Vorkommen aus den erzmächtigen Flözen im südafrikanischen Bushveld-Komplex bedienen 66 Prozent des Weltmarkts.

Die ganze Welt ist abhängig von einer Handvoll Minengesellschaften. In der Vergangenheit, als die Rohstoffpreise am Boden lagen, unternahmen sie keine großen Anstrengungen, ihre Kapazitäten zu erweitern. Sie versäumten es, in Fördertechnik zu investieren, in Abraumgerät, in Raffinerien, in Pipelines. Jetzt sind sie kaum in der Lage, genügend Ware zu liefern.

In den Lagerhäusern der Londoner Metallbörse sind die Bestände zwischenzeitlich erheblich geschrumpft. Die Preise für Erzfrachter sind drastisch gestiegen, selbst an Speziallastern für den Abbau mangelt es. Rund 110000 Dollar hat David Hottman, Chef der kleinen Minengesellschaft Nevada Pacific Gold, für einen Lkw Anfang 2005 bezahlt. „Heute könnte ich ihn für 200000 Dollar verkaufen."

Letztlich ist es eine Frage des Preises, mit welchem Elan Minengesellschaften die Exploration vorantreiben. Nur wenn zum Beispiel Gold so teuer ist wie derzeit, also etwa 600 Dollar pro Unze, lohnt sich noch der Bergwerksbetrieb in Südafrika: Die Sohle der Schächte liegt zuweilen in fast 4000 Meter Tiefe, dort wird bei Temperaturen von gut 40 Grad Celsius das Erz abgebaut, die Förderung kostet im Schnitt fast 350 Dollar pro Unze Gold.

Deshalb werden große Lagerstätten, auch wenn sie Verlust machen, nicht gleich aufgegeben. Vielmehr wird die Produktion heruntergefahren und so lange gewartet, bis die Preise steigen und der Abbau wieder wirtschaftlich ist.

Solche Mechanismen sind charakteristisch für den Gang der Dinge in der Welt der Rohstoffe: Wird Kupfer, Kohle oder Rohöl billig, drosseln die Hersteller die Produktion, bis so wenig Ware auf dem Markt ist, dass die Preise wieder anziehen. Mit Zeitverzögerung fahren die Produzenten die Kapazitäten wieder hoch, das Angebot wird größer und übersteigt irgendwann den Bedarf – der Zyklus beginnt von Neuem. Er dauert Jahre, manchmal auch Jahrzehnte.

Wird der Rohstoff knapp und allzu teuer, behelfen sich Verbraucher und Unternehmen allerdings auch anderweitig: Hausbesitzer schaffen sich Holzöfen an, um etwas mehr Unabhängigkeit von Öl oder Gas zu erreichen. Die Industrie nutzt statt Platin verstärkt auch Palladium für Katalysatoren oder Brennstoffzellen.

Gleichzeitig kommen neue Werkstoffe zum Einsatz, die traditionelle Rohstoffe verdrängen. Der Rumpf der neuen Boeing 787 wird nicht mehr aus Aluminium hergestellt, sondern aus leichtem Kohlefaser-Verbundwerkstoff und Fiberglas.

Vor allem aber gewinnt bei steigenden Preisen das Recycling wertvoller Metalle an Bedeutung. Bei Eisen und Stahl, Kupfer, Aluminium oder Zink hat sich eine regelrechte Kreislaufwirtschaft etabliert. Fast die Hälfte des Stahls wird in Deutschland heute schon aus Sekundärrohstoffen und Schrott gewonnen. Von den durchschnittlich 535 Kilogramm Stahl, die ein Auto enthält, werden etwa 240 Kilogramm zurückgewonnen.

Das schont die Umwelt, spart Energie und sogar Geld: Die Produktionskosten sind niedriger als bei der Stahlerzeugung aus Erz. Vom Rohstoff Kupfer sind 80 Prozent, die jemals abgebaut wurden, noch heute in Gebrauch.

Diese Effekte werden sich mit fossilen Energierohstoffen nie erzielen lassen, ihr Abbau schreitet mit unvermindertem Tempo voran. Doch seit den Schocks der siebziger Jahre haben Ölkonzerne und Verbraucherstaaten große Anstrengungen unternommen, um das Schrumpfen der Bestände zumindest hinauszuzögern. Gewaltige Mengen ließen sich noch aus dem Boden holen, glaubt der einflussreiche US-Ölexperte Daniel Yergin. Seine Strategie: „Technologie ist der Schlüssel dazu."

Was er damit meint, ist in Rijswijk bei Den Haag, in der Forschungszentrale von Shell, zu besichtigen. Dort beobachten Ingenieure und Geophysiker in einem abgedunkelten Raum, wie die Exploration am Meeresgrund voranschreitet – in 10000 Kilometer Entfernung im Golf von Mexiko. Auf der Leinwand sehen sie, wie die seismischen und elektromagnetischen Daten aus dem Inneren der Erde in dreidimensionale Bilder übersetzt werden. So steuern sie die Bohrung präzise durch Salzdome und Granitschichten.

Die Simulation der Erschließung solcher „digitalen Ölfelder" ist nur ein Beispiel für die bemerkenswerten Fortschritte, die die Öl- und Gaskonzerne gemacht haben: Sie treiben mit Sensoren ausgestattete, lenkbare Bohrköpfe durch Kilometer von Sand und Stein; noch während des Grabens wird das Gestein auf Porosität, Temperatur oder Durchlässigkeit analysiert. Sie pumpen Wasser, Dampf, Chemikalien oder gar Mikroben in die Felder; so werden auch die letzten Liter Öl aus einer Lagerstätte herausgeholt, die unlängst noch als erschöpft galt. Oder sie pressen Flüssigkeiten mit Hochdruck in die Tiefe, so dass Risse im Gestein entstehen, sogenannte Fracs. Dadurch kann auch Erdgas, das eingeschlossen ist, durch die Poren weichen und zum Bohrloch strömen.

Solche raffinierten Verfahren verteuern die Exploration zunächst immens: Die Investitionen gehen in die Milliarden, wenn die Konsortien 2000 Meter über dem Meeresgrund Plattformen errichten. Von dort steuern die Ingenieure zahllose kleine Satellitenpumpen am Boden, deren abgelenkte Bohrer sich wie Spaghetti durch die Erdkruste schlängeln. Dank solcher Technik ist es nun möglich, nicht mehr nur 20 Prozent des Öls aus einem Feld herauszuholen, sondern 35 bis 40 Prozent, teilweise sogar noch mehr.

Als BP-Chef Lord Browne vor 25 Jahren noch für das Nordseefeld „Forties" verantwortlich war, habe man das Förderende für Mitte der neunziger Jahre erwartet, dann würden rund 45 Prozent des Öls gefördert sein, berichtet der Manager. Nun liege der Entölungsgrad bei über 60 Prozent, und das Feld produziere immer noch weiter: „Die Geschichte der Nordsee spiegelt die Entwicklung der Industrie weltweit", meint Browne.

Dennoch, das Ende ist absehbar: Seit dem Jahr 2000 sind die Explorationskosten in der Nordsee um fast die Hälfte gestiegen, damals hat die Förderung dort ihren Scheitelpunkt erreicht. Solche Mengen wie früher werden die Bohrinseln nie mehr zutage fördern.

Dafür aber dürfte die kanadische Provinz Alberta die beste Zeit noch vor sich haben. Hier lagern gewaltige Vorkommen von Ölsanden, einer zähflüssigen Mischung aus Sand, Ton und Bitumen. Diese Ölsande könnten das Fördermaximum noch viele Jahre hinauszögern, glauben manche. Alle großen Ölkonzerne haben sich hier eingekauft, sogar die Chinesen sind da.

Erst seit der Ölpreis so gestiegen ist, können sie die klebrige Masse wirtschaftlich abbauen. Erst muss das Bitumen herausgetrennt werden, dann wird es, um es durch Pipelines transportieren zu können, mit Kondensat verflüssigt und schließlich zu Leichtöl verwandelt – ein komplizierter Prozess, der ungeheure Mengen Wasser und Energie verbraucht: Aus zwei Tonnen Sand wird am Ende ein Barrel Öl.

Inzwischen werden Zweifel laut, ob das Potential der Ölsande tatsächlich so gewaltig ist wie geglaubt. Zudem verursacht keine andere Industrie des Landes so viel Kohlendioxidemissionen. Der Widerstand in der Bevölkerung wächst.

So ruhen die Hoffnungen der Welt langfristig auf anderen, den erneuerbaren Energiequellen: auf Biomasse etwa, organischen Stoffen von Gülle bis Stroh, die in synthetische Treibstoffe verwandelt werden, auf Wasserkraft, die heute schon die größte Rolle bei der regenerativen Energieerzeugung spielt, und auf Geothermie, der Nutzung des riesigen Wärmevorrats, den die Erde in ihrem Innern verbirgt. Noch freilich sind diese Alternativen bloß Potentiale. Und sie werden es vermutlich so lange bleiben, wie die Verbraucher sich fossile Brennstoffe leisten.

Nicht in jedem Fall sind die Hochpreise für Rohstoffe Indikatoren für deren physische Knappheit. Metalle und Mineralien sind voraussichtlich noch für die Kinder und Kindeskinder in reicher Menge vorhanden, auch an Kohle und Gas herrscht noch lange kein Mangel, allerdings nimmt die regionale Abhängigkeit zu. Nur bei Rohöl sieht die Sache anders aus: Die Zeit des Überflusses könnte bald vorbei sein.

Vielleicht dauert es tatsächlich noch eine ganze Generation, bis der Höhepunkt der weltweiten Förderung erreicht ist, wie die Ölkonzerne versichern. Vielleicht haben auch die hannoverschen BGR-Geologen mit der Prognose von 10 bis 20 Jahren recht. Oder aber die Menschheit steht unmittelbar davor, das Plateau zu erreichen, wie die Skeptiker warnen – allerdings sagen sie dies schon seit Jahren.

Was auch immer zutrifft, Rohöl wird schon bald nicht mehr die tragende Rolle im Energiemix spielen können. Da bestehe kein Zweifel, meint BGR-Mann Gerling: „Und darauf hätten wir uns längst einstellen müssen", bedauert er.

Denn zur Kurvenlehre des Geologen Hubbert gehört auch das Phänomen, dass niemand den Moment des Höhepunkts bemerken wird. Erst im Nachhinein ist er zu erkennen. Wenn es zu spät ist.

Comeback eines Ladenhüters

Noch vor wenigen Jahren galt Kohle als Brennstoff ohne Zukunft. Doch neuerdings steigt die Nachfrage wieder. Gegenüber Erdöl und Erdgas hat das schwarze Gestein einen entscheidenden Vorteil: Die Vorräte sind über die ganze Welt verteilt, leicht abzubauen und nahezu unbegrenzt.

Von Sebastian Ramspeck

Die Statue vor der Bergbaugeräte-Fabrik Eickhoff macht einen trostlosen Eindruck: Der Ruß hat den muskulösen Körper des Kohle-Kumpels in Schwarz gehüllt, der Schlägel in seinen Händen taugt nur noch als Museumsstück.

An die Bergbautradition der 1864 gegründeten Firma soll die Statue erinnern. Doch mittlerweile gleicht sie eher einem Mahnmal für den Niedergang der deutschen Steinkohleförderung, die vor einem halben Jahrhundert noch 600000 Männer beschäftigte – und heute nicht mal mehr 35000.

Am Bochumer Firmensitz von Eickhoff herrscht seit einigen Jahren trotzdem wieder Zuversicht. In Halle 4 steht gerade ein Eickhoff SL 500 zur Endmontage. Der Walzenlader kann Monat für Monat eine Million Tonnen Steinkohle fördern und gehört damit zu den stärksten Bergbaumaschinen der Welt. Das gelbe Stahlgehäuse und das Farbdisplay glänzen im Licht der Werksscheinwerfer, eben wurden die Beschriftungen angebracht – auf Chinesisch.

„Der Kohlebergbau boomt wieder“, sagt Eickhoff-Geschäftsführer Paul Rheinländer, der die Endmontage inspiziert, „wir haben allein in den letzten drei Jahren 50 Walzenlader nach China verkauft und damit mehr als 20 Millionen Euro Jahresumsatz erzielt.“

Die Geschichte der Firma Eickhoff veranschaulicht die dramatischen Veränderungen in der Kohleindustrie, den Niedergang im Ruhrgebiet und den Wiederaufstieg in fernen Ländern.

Noch in den achtziger Jahren beschäftigte die Firma gut 2000 Mitarbeiter und produzierte jede zweite Maschine für den deutschen Markt. Dann brachen die Bestellungen ein, Eickhoff strich mehr als die Hälfte der Stellen.

Doch seit einigen Jahren meldet die Firma wieder Erfolge, die Auftrags-, Gewinn- und Mitarbeiterzahlen steigen. Aus dem Ruhrpott-Familienbetrieb ist in kurzer Zeit ein Unternehmen geworden, das etwa 90 Prozent der Kohlebergbau-Geräte exportiert, vor allem nach China, Australien und Russland.

Noch vor wenigen Jahren galt Kohle als Ladenhüter und Auslaufmodell, als Brennstoff der Old Economy. Sie hatte die Energie geliefert für Industrialisierung, Weltkriege und Wiederaufbau. Doch als Energiequelle für die Zukunft schien sie untauglich, chancenlos im Wettbewerb mit Erdöl und Erdgas, Wind- und Sonnenkraft.

Denn das dunkle Gestein ist ein Klima- und Landschaftskiller. Kohlekraftwerke zur Stromerzeugung pusten viel mehr Kohlendioxid in die Luft als Anlagen, die mit Erdöl oder Erdgas betrieben werden. Wälder, Wiesen und ganze Städte weichen für den Tagebau gespenstischen Mondlandschaften, und wo Kohle unter Tage gefördert wird, senkt sich die Erde. Allein im Ruhrgebiet müssen mehr als 170 Pumpwerke eingesetzt werden, damit sich der Pott nicht mit Wasser füllt und eine Seenlandschaft bildet.

Und so sank auch der Anteil des unbeliebten Brennstoffs am weltweiten Energieverbrauch – von immerhin 31 Prozent 1985 auf gerade noch 24 Prozent im Jahr 2000. Rund um den Erdball wurden Zechen geschlossen.

Doch die Jahrtausendwende geriet unverhofft zur Kohlewende: Der Anteil am Energiekonsum steigt wieder und liegt derzeit bei etwa 28 Prozent. In den stark wachsenden Volkswirtschaften Asiens, vor allem in China und Indien, werde sich der Kohleverbrauch in den kommenden 20 Jahren verdoppeln, prognostiziert die amerikanische Energiebehörde EIA. Auch in den USA und in Brasilien rechnet die Behörde mit einem kräftigen Zuwachs. Drei große stillgelegte Kohlekraftwerke sollen in Südafrika den Betrieb wieder aufnehmen.

„Die Kohle hat Zukunft“, sagt Hans-Wilhelm Schiffer, der für die Energiefirma RWE Power die Energiemärkte analysiert. Der

Strombedarf werde rund um den Erdball nochmals kräftig steigen, „und dazu wird auch die Kohle einen Beitrag leisten müssen, anders ist der Zuwachs einfach nicht zu bewältigen". Auch die Nachfrage nach Stahl, für dessen Herstellung Steinkohle benötigt wird, klettert weiter in die Höhe.

Um den gewaltigen Bedarf an Energie und Stahl zu stillen, bedienen sich China und Indien eines Rohstoffs, dessen Entstehungsgeschichte vor mehr als 300 Millionen Jahren begann.

Im Karbon-Zeitalter herrschte ein feuchtwarmes Klima, viele der abgestorbenen Pflanzen versanken in Sümpfen und wurden zu Torf. Ablagerungen aus Sand und Kies pressten Wasser aus dem Torf, es entstand Braunkohle und, wo der Druck anhielt, Steinkohle. Je länger der Prozess dauerte, desto geringer wurde der Wassergehalt, desto besser schließlich die Qualität der Kohle.

Die billige Braunkohle wird im Tagebau gefördert und an Ort und Stelle in Kraftwerken zur Stromerzeugung genutzt. Steinkohle liegt dagegen oft Hunderte von Metern in der Tiefe, dank ihres hohen Brennwerts lohnt sich die Verschiffung in ferne Länder, wo sie in Kraftwerken verbrannt oder in Kokereien für die Stahlproduktion aufbereitet werden kann.

Gegenüber den anderen fossilen Brennstoffen Erdöl und Erdgas hat die Kohle entscheidende Vorteile: Ihre Vorräte sind über die ganze Welt verteilt und schier unerschöpflich.

Nach einer Prognos-Studie im Auftrag des Bundeswirtschaftsministeriums dauert es bei gleichbleibender Nutzung 1444 Jahre, bis sämtliche Kohle-Ressourcen aufgebraucht wären. Allein die Reserven, die mit heutiger Technik wirtschaftlich genutzt werden können, bieten Energie für 209 Jahre – Erdöl und Erdgas kommen auf gerade mal 60 bis 70 Jahre.

„Die Versorgungssicherheit ist bei Kohle ungleich höher als bei Erdöl und Erdgas", sagt Schiffer. Denn Kohle wird in mehr als 60 Ländern gefördert, gut 40 Prozent der Vorräte liegen in den USA, Australien und den EU-Staaten. Beim Erdöl genügen iranische Drohgebärden, beim Erdgas russisch-ukrainische Querelen, um die Märkte in Aufruhr zu versetzen.

Die Kohlepreise sind dagegen vergleichsweise stabil – und noch immer niedrig. Für Import-Steinkohle bezahlten deutsche

Kraftwerksbetreiber im April 2006 lediglich 63 Euro pro Tonne Steinkohleeinheiten. Die Preise für Rohöl und Erdgas lagen dagegen bei 277 respektive 190 Euro.

Der Kohleboom hat das beinahe totgesagte Gestein zur gefragten Handelsware werden lassen. Der Umsatz stieg von etwa 500 Millionen Tonnen im Jahr 2000 auf derzeit mehr als 800 Millionen. Australien und Indonesien stehen an der Spitze der Exportnationen.

In den industrialisierten Exportländern schlossen sich kleinere Anbieter zu Großfirmen zusammen, zugleich gewannen die staatlichen Anbieter in Entwicklungsländern an Bedeutung. Die größten Exportfirmen BHP Billiton, Xstrata und Anglo American bauten ihr Kohlegeschäft aus, eröffneten neue Gruben, kauften Beteiligungen. Auch auf den Terminmärkten wird Kohle so eifrig gehandelt wie nie zuvor.

China, das bedeutendste Förderland, deckt etwa 70 Prozent seines Energiebedarfs mit Kohle. Von den 28000 registrierten Bergwerken sind mindestens 26000 Kleinbetriebe. Sie arbeiten mit Fördertechnik, die in Europa im 19. Jahrhundert zum Einsatz kam. Ein mörderisches Gewerbe: Offiziellen Angaben zufolge kommen Jahr für Jahr mehr als 6000 chinesische Kumpel bei Unfällen ums Leben, die tatsächliche Zahl liegt vermutlich doppelt so hoch.

Doch auch in China hält Gruben-Hightech Einzug: Die Huainan-Gruppe will mit dem Essener RAG-Konzern, der Bergbaumaschinen herstellt und die verbliebenen Zechen in Deutschland betreibt, eine langfristige Partnerschaft eingehen. Um den gewaltigen Energiebedarf in der Großregion Shanghai zu decken, plant die Huainan-Gruppe fünf weitere Groß-Bergwerke sowie zwei Steinkohle-Kraftwerke.

Um Bergbau-Technik made in Germany im Einsatz zu begutachten, besuchen die chinesischen Kumpel gern deutsche Kollegen wie Holger Strakerjahn. Im Bergwerk Auguste Victoria/Blumenthal beaufsichtigt der 48-Jährige zwei Abbaureviere mit 190 Mitarbeitern.

Er mag die Chinesen, lernbegierig und anpackend seien die Besucher aus dem Fernen Osten: „Das ist ja nichts für geistige Bimmelbeeren hier“, sagt Strakerjahn, während er in 1100 Meter Tiefe durch einen Streb kraxelt, in dem gerade mit einem gewaltigen Hobel Kohlestücke aus dem Flöz gerissen werden.

Die Technik, die Chinesen, aber auch Russen, Iraner und Iraker in Auguste Victoria/Blumenthal besichtigen, ist neuester Stand, schließlich gehören die deutschen Zechen zu den modernsten der Welt: Die Kumpel halten keine Hämmer mehr in den Händen, sondern Mini-Computer mit Barcode-Lesern, damit tauschen sie Daten über das Zechen-eigene W-Lan aus.

Strakerjahn erzählt gern vom technischen Fortschritt, der hier in den vergangenen Jahren Einzug gehalten hat, aber auch von der Kumpel-Romantik und seinem Silbernen Grubenwehr-Ehrenzeichen: „Das einzige ständige Ehrenzeichen, das der Bundespräsident für einen Berufsstand vergibt."

Doch über den Niedergang des deutschen Steinkohle-Bergbaus mag er lieber nicht sprechen.

277 Zechen zählte allein das Ruhrgebiet im Jahre 1860, heute sind es noch acht, wenigstens zwei davon werden in den kommenden Jahren geschlossen. Mit einer jährlichen Fördermenge von weniger als 25 Millionen Tonnen ist Deutschland längst nur noch ein Winzling unter den Steinkohle-Förderländern, die zusammen etwa 5000 Millionen Tonnen pro Jahr schaffen.

Denn Steinkohle ist nur dort günstig zu gewinnen, wo sie nahe der Erdoberfläche liegt – wie in den USA und Australien. Oder wo die Kumpel zu Hungerlöhnen und nicht selten unter Lebensgefahr schuften müssen – wie in China oder Indien.

Deutsche Steinkohle ist deshalb schon seit Jahrzehnten nicht mehr wettbewerbsfähig, die Förderkosten liegen ungefähr zwei- bis dreimal höher als der Preis von Importkohle.

Die Zeche für die deutschen Zechen bezahlt der Staat: Seit Beginn der Kohle-Beihilfen haben die Gruben fast 130 Milliarden Euro Steuergelder verschlungen, bis 2008 werden die Bundesregierung und das Land Nordrhein-Westfalen nochmals fast 7,7 Milliarden Euro überweisen. Auf jeden Kumpel kommen damit jährliche Subventionen in der Höhe von etwa 70000 Euro.

Über Sinn und Unsinn dieser Beihilfen wird seit den achtziger Jahren gestritten, und mit dem Machtverlust der Kohle-Partei SPD in den Regierungen in Berlin und Düsseldorf sind die Subventionsgegner im Aufwind. „Es macht mich traurig, dass hier alles Schluss sein könnte", sagt Strakerjahn, „die Politiker müssen sich das gut überlegen." Schließlich sei der deutsche Bergbau die beste Versicherung gegen Energiekrisen und Rohstoffknappheit.

Tatsächlich hat der Kohle-Boom auch in den Zechen des Ruhrgebiets Hoffnungen geweckt. 2004 erreichte der Preis für die sogenannte Kokskohle, getrieben vom enormen Stahlhunger Chinas, ein Allzeithoch.

Der Preis beflügelte auch die Phantasie der RAG: Zum ersten Mal seit Jahrzehnten, so verkündete Vorstandschef Werner Müller vor eineinhalb Jahren, könnte auch in Deutschland, am Ostrand des Ruhrgebiets, wieder eine neue Zeche eröffnet werden. Doch der Rekordpreis erwies sich bald als kurzfristiges Phänomen, die Kokskohle-Preise brachen wieder ein, die nötigen Investoren für die Finanzierung der Zeche konnten bis heute nicht gefunden werden.

„Angesichts der Differenz zwischen den Förderkosten der deutschen Steinkohle und den Preisen für Importware kann die heimische Steinkohle auch künftig nur mit finanzieller Unterstützung durch den Staat einen Beitrag zur Versorgungssicherheit leisten", sagt RWE-Analyst Schiffer.

Umso mehr setzt die Energieindustrie auf den Erhalt des deutschen Braunkohle-Tagebaus, der in vier Revieren im Rheinland und in den neuen Bundesländern zur Stromgewinnung betrieben wird. Immerhin ist Braunkohle in Deutschland, dem bedeutendsten Förderland der Welt, die wichtigste inländische Primärenergiequelle – und eine der wenigen, die ganz ohne Subventionen auskommt.

Um die Kohlendioxid-Emissionen zu verringern, die bei dem braunen Brennstoff so hoch liegen wie bei keinem anderen Energieträger, arbeiten die Kraftwerksbetreiber an umweltschonender Technik. Fernziel: die emissionsfreie Anlage.

Dass hingegen die deutsche Steinkohle subventioniert werden sollte, um die Energieversorgung zu sichern, bezweifeln die meisten unabhängigen Experten. Für das Rheinisch-Westfälische Institut für Wirtschaftsforschung etwa gleichen die Kohlebeihilfen einer Versicherung, „deren Prämie höher ist als der Wert des zu versichernden Objekts".

Stattdessen raten Ökonomen wie der Essener Professor Dieter Schmitt, allenfalls einige Jahresvorräte anzulegen, um in Krisenzeiten darauf zurückgreifen zu können, „auf diese Weise könnte Versorgungssicherheit sehr viel günstiger erreicht werden".

China scheint auch in dieser Frage auf deutschen Einfallsreichtum zu setzen. Das Ministerium für Land und Rohstoffe der Volksrepublik verkündete jüngst, man wolle „ausreichende Reserven" an Rohstoffen anlegen.

In den kommenden Jahren sollen riesige Mengen an Metallen wie Kupfer oder Aluminium eingelagert werden, um die nationale Versorgung sicherzustellen. Auch ein ordentliches Kohle-Depot wollen die Chinesen nach Angaben des Ministeriums anlegen: 100 Milliarden Tonnen, das entspräche dem 125fachen des jährlichen Welthandelsvolumens.

Die Gigantomanie der ministerialen Pläne löste bei Experten Skepsis aus. Doch auch wenn die Volksrepublik nur einen Bruchteil davon bunkert – vom Tod der Kohle mag so bald niemand mehr sprechen.

Großer Sprung ins Ungewisse

Chinas Bodenschätze reichen nicht für den steigenden Bedarf. Peking versucht, das Defizit durch weltweite Importe auszugleichen – und setzt außer auf Atomstrom auch auf erneuerbare Energien wie Wind und Wasser.

Von Wieland Wagner

Jahrelang war Korla ein öder Flecken in Chinas autonomer Westprovinz Xinjiang. Wer hier nichts verloren hatte, hielt sich nicht lange auf in dieser Stadt mit ihren unansehnlichen Flachbauten am Rande des Tarimbeckens – der größten Wüste Asiens, wo im Sommer die Hitze glüht, im Winter die Kälte klirrt und vom nahen Tianshan-Gebirge rauhe Winde wehen.

Doch neuerdings erblüht die 400000-Einwohner-Stadt zu ungekannter Pracht. Glitzernde Bürotürme wachsen aus dem Sand; an großzügigen Boulevards locken Boutiquen und Restaurants die Kundschaft an; in den Parks sind teure Skulpturen zu besichtigen, und am Stadtrand schafft eine neue Autobahn bessere Verbindung zu Xinjiangs Provinzhauptstadt Ürümqi.

Wer etwa zwei Stunden mit dem Auto in das weite Tarimbekken fährt, findet den Grund für den neuen Reichtum: Aus der trocknen Ödnis ragen Bohrtürme, Flammen lodern in den Himmel, riesige Pumpen bewegen sich unermüdlich auf und nieder, und ein Gewirr von Pipelines überspannt die Wüste: Hier beginnt eines von Chinas größten Fördergebieten für Öl und Gas.

Wegen seiner reichen Rohstoffvorkommen nennen die Chinesen das Tarimbecken auch das „Meer der Hoffnung". Xinjiang, sonst wegen der muslimischen Minderheit der Uiguren als potentieller Unruheherd berüchtigt, wird jetzt ökonomisch immer wichtiger, um den Hunger der Weltfabrik nach Energie zumindest teilweise zu stillen. Erst Anfang 2005 nahm China eine 4000 Kilometer lange Gaspipeline von Xinjiang nach Shanghai in Betrieb – sie versorgt die östliche Industrieregion.

Mit der forcierten Erschließung von Öl und Gas aus heimischen Quellen schafft sich das Reich der Mitte zwar ein wenig Erleichterung, aber die nationalen Vorkommen reichen bei weitem nicht aus, um den langfristigen Bedarf zu stillen; denn der wächst unaufhaltsam.

Das gilt im gleichen Maße für Metalle und Gesteine. Ob Eisenerz für Stahlplatten oder Kupfer für Elektrodrähte – die Chinesen kaufen alles, was zu kaufen ist, und treiben, zumindest zeitweise, die Preise an den Weltmärkten in die Höhe.

Jin Guoliang erlebt Chinas Aufstieg zum großen Rohstoffverbraucher seit über 30 Jahren aus allergrößter Nähe: Von seinem Büro aus wacht der Manager über einen Frachtterminal im Hafen von Shanghai: Schiffe aus Übersee entladen hier Rohstoffe, später legen sie mit Fertigware aus China wieder ab. An der langen Mole am Huangpu-Fluss stapeln sich Kupferplatten und Aluminiumbarren zur Weiterverarbeitung in China, daneben lagern Edelstahlrollen zur Verladung ins Ausland.

Auf der breiten Zugangsstraße – sie heißt Jungong Road und gleicht einer einzigen stinkenden Abgaswolke – scheppern ständig neue Schwerlaster heran, um Fracht für den Umschlagshafen heranzukarren oder abzuholen. „Jahr für Jahr wird mein Job hektischer“, stöhnt Jin und lacht dabei.

Denn Jahr für Jahr wächst Chinas Wirtschaft um durchschnittlich neun Prozent. Kürzlich fanden die Planer in Peking gar heraus, dass ihre Wirtschaft tatsächlich um 17 Prozent größer ist als bislang angenommen. Das ist etwa so, als hätten die Chinesen wie nebenbei ein zusätzliches Bruttoinlandsprodukt von der Größe der Türkei entdeckt.

Folglich giert China nach Energie. Dabei frisst es nicht nur die Rohstoffe für all die Billigwaren, die es in die westlichen Hochlohnländer exportiert. Mit wachsendem Wohlstand steigt auch der eigene Bedarf: Jahr für Jahr siedeln Millionen Chinesen aus den Dörfern in die Riesenstädte an der reichen Ostküste um, viele beziehen neue Wohnblocks aus Beton und Stahl. Schon jetzt stehen in Shanghai 4000 Wolkenkratzer, doppelt so viele wie in Manhattan. Die neuen Bauten verfügen über neue Kühlschränke, neue Kochherde, neue Klimaanlagen – die natürlich auch aus Rohstoffen hergestellt wurden und ihrerseits wieder Energie verbrauchen.

Zwar trägt China erst vier Prozent zur globalen Wirtschaftsleistung bei, aber schon jetzt schluckt es 13,6 Prozent der Weltenergie. Welche Engpässe die industrielle Revolution erzeugt, erlebten die Bewohner von Shanghai in vergangenen Sommern: Um einen Kollaps des durch Klimaanlagen überlasteten Stromnetzes zu vermeiden, rangen sich die Stadtväter dazu durch, die neonglitzernde Beleuchtung ihrer Hochhauskulisse zeitweilig abzuschalten.

Plötzlich verschwand der Oriental Pearl Tower, Shanghais Wahrzeichen, im Dunkeln. Statt am Tage durften viele Fabriken ihre Maschinen nur nachts oder am Wochenende laufen lassen. Denn die Industrie verbraucht zwei Drittel des Stroms in China.

Auch der Transport von Rohstoffen belastet Chinas Infrastruktur bis an die Grenzen. Allein der Nachschub mit Kohle – mit diesem Rohstoff stillt China rund 70 Prozent seines Energiebedarfs – legt immer wieder den Güterverkehr auf der Schiene lahm. Die verfeuerte Kohle verdreckt überdies die Luft – China ist der zweitgrößte Verursacher von Treibhausgasen, nach den USA. Und in Bergbauprovinzen wie Xinjiang und Shaanxi bezahlen Menschen mit dem Leben für den ungezügelten Boom: Wegen oft haarsträubender Arbeitsbedingungen in den Kohlengruben – viele davon operieren illegal – kamen allein 2004 über 6000 Kumpel um.

Doch so verzweifelt die Chinesen in ihrem Riesenreich nach Energieträgern schürfen – sie werden immer abhängiger vom Import. Pekings außenpolitische Strategie wird daher zunehmend von der globalen Suche nach Rohstoffen geleitet. Vor allem für die Stahlproduktion, die sich in den vergangenen Jahren verdoppelte. Das Eisenerz, das die über 800 Stahlwerke des Landes benötigen, muss zur Hälfte importiert werden.

Ein wichtiger Abnehmer ist Baosteel, Chinas größter Stahlhersteller und Nummer sechs auf dem Weltmarkt. Am Ufer des Jangtse in Shanghai breitet sich der Hersteller inmitten einer bizarren Industrielandschaft rauchender Hochöfen und langer Rohre immer weiter aus. Das nötige Eisenerz landen Frachter im eigenen Hafen von Baosteel am Jangtse an, auf langen Fließbändern läuft der begehrte Rohstoff in die Hochöfen weiter: Wie glühende Geschosse rollen die klobigen Stahlplatten in die Walzstraße: Es poltert wie beim Bowling; am Ende kommen die fertig gepressten Produkte heraus, sauber aufgerollt zu dünnen Stahlblechen.

Seit dem Jahr 2000 trug allein China 93 Prozent zum Wachstum des weltweit verschifften Eisenerzes bei. Die Schiffe kommen meist aus Australien oder Brasilien, auf die Reise geschickt von Minenbetreibern wie BHP Billiton oder CVRD, die vor allem dank ihrer kauflustigen chinesischen Abnehmer vergangenes Jahr Preiserhöhungen von über 70 Prozent durchsetzen konnten.

Verständlich, dass China das Preismonopol der Ausländer brechen will. Eine zentrale Rolle spielt dabei Minmetals, die 1950 gegründete Handelsfirma für Metalle und Erze. In Peking residiert die Firma in einem monströsen Bau mit endlos langen Fluren, früher saß hier das Handelsministerium. Manager He Jianzeng ist für die Beschaffung der sogenannten schwarzen Metalle wie Eisenerz, Mangan, Chrom zuständig.

Fast einmal im Monat reist He ins Ausland, nach Südamerika, Afrika oder Nordkorea. Dort erkundet er, welche Bergwerke sich als Investitionsobjekte für Minmetals eignen. Seine Firma lässt sich auch von Rückschlägen nicht entmutigen. So scheiterte Minmetal mit dem geplanten Kauf des kanadischen Minenbetreibers Noranda. Aber Minmetal macht weiter. Es sei doch nicht einzusehen, sagt Manager He, warum China beispielsweise als größter Konsument von Eisenerz den Preis für diesen Rohstoff nicht langfristig beeinflussen dürfe.

Der Faktor China bewegt indes schon jetzt immer öfter das Geschehen an den internationalen Rohstoffmärkten. Bei ihren Prognosen können sich Händler und Analysten selten auf die reine Theorie von Angebot und Nachfrage verlassen. Denn China ist keine freie Marktwirtschaft; die heimischen Rohstoffpreise werden von den Beamten in Peking reguliert.

Seit 1990 gibt es in Shanghai eine Terminbörse. Dort werden Kupfer, Aluminium, Kautschuk und Brennstoff gehandelt. In ihren roten Westen mit goldbestickten Nummern sitzen die Händler in einem riesigen Saal, über zwei Stockwerke hoch. An der Wand leuchten die Kurse auf, steigende Preise in Rot, fallende Preise in Grün. Aber dem Handel fehlt die Dramatik, es herrscht eine merkwürdige Ruhe an der Börse.

Nur hin und wieder wird es aufregend. Etwa als Liu Qibing, ein Händler des staatlichen Reservebüros, im Herbst 2005 durch sogenannte Leerverkäufe von Kupfer Verluste von schätzungsweise Hunderten Millionen Dollar anhäufte. Der Chinese soll 130 000 Tonnen Kupfer eigenmächtig abgestoßen haben, um sie später billiger wieder zurückzukaufen. Stattdessen aber stiegen die Kupferpreise, und die Aufregung über Lius Fehlspekulation trieb sie zusätzlich in die Höhe. Das peinliche Missgeschick hielt die internationale Finanzpresse wochenlang in Atem. Das verziehen die Chinesen ihrem Landsmann nicht, er wurde gefeuert. Und die verängstigten Ex-Kollegen wollten plötzlich nie etwas mit Liu zu tun gehabt haben.

Das Debakel um den Kupferhändler erhöht den Druck auf Peking, sein verzerrtes Preissystem für Rohstoffe zu reformieren. Das gilt auch für Öl: Chinesische Autofahrer bezahlen nur knapp ein Drittel der Benzinpreise in Europa, denn mit Rücksicht auf staatliche Betriebe, Bauern, Taxifahrer und die Volksbefreiungsarmee hält die Regierung den Spritpreis künstlich niedrig.

Die Kluft zu den steigenden Weltmarktpreisen fügt heimischen Ölriesen herbe Verluste zu, die sie ihren ausländischen Aktionären schwer erklären können. Zum Ausgleich griff Chinas Regierung daher Sinopec, dem im Ausland börsennotierten Ölkonzern, Ende 2005 mit rund 920 Millionen Euro unter die großen Arme. Die heimische Presse nannte die üppige Subvention einen „da hongbao“ – einen großen roten Geldumschlag, wie ihn Chinesen zu Neujahr von ihren Verwandten zugesteckt bekommen.

Doch Geld spielt kaum eine Rolle für das Riesenreich, das mit Devisenreserven von über 850 Milliarden Dollar inzwischen das reiche Japan eingeholt hat. Auch beim Ausbau ihrer Stromversorgung klotzen die Chinesen daher nur so mit großen Plänen. Zum weltweit bekannten Symbol für den Größenwahn wurde der Drei-Schluchten-Staudamm am Jangtse.

Für dieses Projekt zerstörten die Chinesen ein einmaliges landschaftliches Juwel. Vor drei Jahren ging die erste Stufe des Damms in Betrieb. Und 2009, nach 16-jähriger Bauzeit, der Umsiedlung von über einer Million Menschen und dem Einsatz von bis zu 37 000 Arbeitern, sollen die 26 riesigen Generatoren jährlich rund 85 Milliarden Kilowattstunden Strom produzieren.

Für Liu Liren, den Vize-Chefingenieur des Projekts, geht dann ein technischer Traum in Erfüllung. „Wir haben die beste Technologie der Welt verwendet", erläutert er im großen Sitzungszimmer der Betreibergesellschaft nahe dem Staudamm. Das Bauwerk sei völlig sicher, gefeit sogar gegen Atombombenangriffe und schwere Erdbeben.

Wie eine Operationsnarbe durchschnürt der Damm jetzt die Flusslandschaft. Allein die Schleusenanlage – mindestens zweieinhalb Stunden brauchen Schiffe, um fünf Schleusenstufen zu überwinden – gleicht einem Monster aus Beton und Stahl. Doch Chinas kommunistische Führer, die großenteils technische Fächer wie Maschinenbau studierten, huldigen mit dem Riesenprojekt dem Fortschritt: Er hat Vorrang, er soll ihre Macht auch in der neuen Ära des Kapitalismus sichern.

Wie viel Elektrizität braucht China wirklich, wie verlässlich sind die Projektionen der Planer? Ganz sicher sind sich die Bürokraten offenbar nicht. Und so könnte es sein, dass China, wie beim revidierten Bruttoinlandsprodukt, auch die Zahlen für seinen Energiebedarf überarbeiten muss. „Ich sorge mich jetzt sogar, dass wir in der zweiten Hälfte 2006 Überkapazitäten von Strom erleben könnten", warnte Zhang Gubao, Vizeminister der Kommission für Nationale Entwicklung und Reform, im Jahr 2005.

Gleichwohl treibt das Reich der Mitte seine gigantischen Vorhaben voran, auch bei der Kernenergie, die bislang rund zwei Prozent zur Stromversorgung beiträgt. In den kommenden 14 Jahren will China bis zu 30 neue Nuklearreaktoren bauen – in etwa zwei Kernkraftwerke pro Jahr. Nach der jahrzehntelangen Bauflaute für Kernkraftwerke im Westen hoffen ausländische Hersteller daher nun auf Aufträge aus China, das einer der letzten lukrativen Wachstumsmärkte für die so umstrittene und umkämpfte Technologie ist.

Die Chinesen selbst versprechen sich vom ehrgeizigen Ausbau der Kernenergie einen technologischen Sprung. Sie wollen den weltweit ersten kommerziell genutzten Kugelhaufenreaktor bauen. Bei diesem angeblich besonders sicheren Kernkraftwerktyp wird Uranoxid nicht in Brennstäben, sondern in tennisballgroßen Kugeln aus Graphit eingeschlossen.

Doch die gigantischen Bauprogramme können Chinas Energiebedarf nur zum Teil lindern – der Anteil der Kernenergie an der gesamten Stromversorgung wird nur auf vier Prozent wachsen. Daher denken die roten Führer neuerdings auch grün: Ihr jüngster Fünfjahresplan gelobt feierlich, den Energieverbrauch pro BIP-Punkt um 20 Prozent zu drosseln.

Im Stil alter kommunistischer Planwirtschaft wird sich der ökologische Vorsatz indes kaum umsetzen lassen. Vielmehr muss sich Chinas Industrie praktisch neu erfinden: Denn mit spritsaufenden Autos, zugigen Häusern und schlampig arbeitenden Fabriken ist China einer der größten Verschwender von Energie. Um einen Dollar an Wirtschaftsleistung zu produzieren, verbraucht China siebenmal mehr Energie als Japan.

Das will Peking ändern. Neun Provinzen wurden ausgewählt, um mit Ethanol und anderen Bio-Brennstoffen für Autos zu experimentieren. Im Zuge eines neuen Gesetzes für erneuerbare Energie fördert Peking auch die Nutzung von Wasser und Wind. 2006 soll Chinas größter Windpark voll in Betrieb gehen, etwa vier Autostunden von der südchinesischen Wirtschaftsmetropole Guangdong entfernt, auf einem felsigen Küstenstreifen.

Die 167 Windräder sollen pro Jahr über zehn Millionen Kilowatt erzeugen. Das ist zwar verschwindend wenig für die boomende Exportregion im Süden. Aber Wu Xiquan, Vizechef des Stromerzeugers Yudean, sieht sich als Leiter eines nationalen Vorzeigeprojekts. Auf seinem Schreibtisch hat er die rote Nationalflagge feierlich neben den Firmenwimpel gestellt. Noch hinke China bei sanften Energien hinterher, sagt Wu, aber die Regierung wolle den Wandel.

Und eines Tages, auch dafür möchte Manager Wu mit dem Windpark einen Denkanstoß geben, könne China gar zum wichtigen Exporteur von Technologien werden, mit denen sich der Hunger nach Energie umweltschonend stillen lässt.

Brennstoff für die Ewigkeit?

Die Weltmarktpreise für Uran explodieren, Umweltschützer und Atomlobby streiten heftig über das Ausmaß der Reserven. Im Osten Deutschlands weckt die weltweit wachsende Nachfrage nach dem Kernbrennstoff teils Hoffnungen, teils Ängste vor einer Wiederaufnahme der Uranförderung in der verseuchten Wismut-Region.

Von Jochen Bölsche

Die Kumpel, kaserniert und eingesperrt zwischen Wachtürmen und Stacheldrahtverhauen, bibberten nachts in unbeheizten Massenquartieren, teilweise hundert Mann in einer Halle. Untertage schufteten sie in tropfnassen, schlechtbelüfteten Stollen, atmeten giftige Sprenggase ein und schluckten radioaktiven Staub, über dessen Gefährlichkeit sie niemand aufklärte.

Grauenhafte Unfälle waren, bald nach dem Zweiten Weltkrieg, nahezu alltäglich in den Erzbergwerken in Ostthüringen und Westsachsen. Entsprechend hoch war die Sterblichkeit unter den Bergleuten – Männern und Frauen, die von den sowjetischen Besatzern zwangsverpflichtet worden waren. Später ging das Regime dazu über, Arbeitskräfte mit Extrazahlungen und allmonatlich sechs Litern Schnaps zu ködern, den die Malocher „Kumpeltod" nannten.

Herrscher über die Horrorschächte war von Anfang an der sowjetische Geheimdienst. Gefördert wurde keineswegs, was der Tarnname der Moskauer Aktiengesellschaft, „Wismut", suggerieren sollte: Nicht um das gleichnamige harmlose Halbmetall, Bestandteil von Lötlegierungen, ging es den Kreml-Herren nach dem Abwurf der US-Kernwaffen auf Hiroshima und Nagasaki, sondern um die Gewinnung von Uran für den Bau eigener Atombomben.

Bis zu ihrem Untergang lieferte die DDR – seinerzeit drittgrößter Uranproduzent der Welt und Hauptstütze der sowjetischen Atomwirtschaft – insgesamt 220000 Tonnen des silberweißen Bombenrohstoffs. Obwohl sich die Arbeitsbedingungen im Laufe der Zeit besserten, forderte der Uranerzbergbau Abertausende Menschenleben. Bis 1990 wurden allein 7163 Lungenkrebstote registriert; 5273 davon sind als Strahlenopfer anerkannt, jährlich kommen noch immer Hunderte hinzu.

Heimische Umweltschützer waren jahrzehntelang vom DDR-Geheimdienst schikaniert und mundtot gemacht worden. Erst nach der Wende wurde offenkundig, dass die Uranfirma mit dem Schwindelnamen „vermutlich die meisten Umwelt- und Gesundheitsverheerungen der neueren deutschen Industriegeschichte angerichtet“ hatte, wie die Hamburger „Zeit“ resümierte.

Seither bemüht sich die Wismut, mittlerweile umgewandelt in eine bundeseigene GmbH, mit mehr als sechs Milliarden Euro Steuergeldern und der größten Kipperflotte Europas, verseuchte Abraumhalden abzutragen und Giftlöcher zu verfüllen. Im „Tal des Todes“, wie die Region im Volksmund einst hieß, sind Kuranlagen und Landschaftsparks entstanden; einige Grünzonen werden sogar in die Bundesgartenschau 2007 einbezogen.

Als das erste Gras auf dem geschundenen Land zu wachsen begann, das früher grauer Staub bedeckt hatte, schien die sächsisch-thüringische Uranförderung endgültig ein Fall für die Geschichtsbücher und fürs Museum geworden zu sein – zum Beispiel für das Bergbaumuseum in Schlema, das sich seit der Wiedervereinigung vom Wismut-Opfer zum Kurort gemausert hat.

In den Vitrinen ist beispielsweise jene Pechblende zu sehen, aus der ein Berliner Apotheker namens Martin Heinrich Klaproth im Jahr 1789 einen bis dahin unbekannten Stoff isoliert hat, den er nach dem gerade erst entdeckten Planeten Uranus benannte. Bevor gut hundert Jahre später Henri Becquerel anhand des Zeugs das Phänomen der Radioaktivität entdeckte, diente es als Bestandteil diverser chemischer Verbindungen vorwiegend zum Gelb- oder Grünfärben von Glas und Keramik.

Zum ersten Mal florierte der mitteldeutsche Uranbergbau Anfang des 20. Jahrhunderts, als dem von Marie Curie entdeckten radioaktiven Uranzerfallsprodukt Radium heilende Wirkungen zugeschrieben wurden. Der Preis für ein einziges Gramm Radium – typischerweise enthalten in drei Tonnen Uranmineral – stieg, wie das staunende Publikum im Bergbaumuseum von Bad Schlema erfährt, zeitweise auf 200 000 Reichsmark.

Radioaktive Zahncreme, radioaktives Haarwasser und Radiumbier fanden reißenden Absatz; die Unmengen von Uranschutt, die bei der Radiumproduktion anfielen, wurden achtlos auf Halden verkippt. Das änderte sich erst, als die russischen Sieger 1945 die Bedeutung des Elements mit dem chemischen Zeichen U für den Bau der A-Bombe begriffen und die Lagerstätten in ihrer Besatzungszone ausbeuten ließen.

Als die DDR 1990 unterging, hatte der zweite Uranboom in Sachsen und Thüringen seinen Zenit bereits überschritten: Die weltweite Nachfrage nach Uran schnurrte zusammen, weil Atomraketen seit dem Ende des Kalten Kriegs massenhaft verschrottet wurden und Atomreaktoren spätestens nach der Katastrophe von Tschernobyl 1986 weithin aus der Mode gekommen waren – Atomkraft, nein danke.

Der Uranpreis, der Anfang der achtziger Jahre einem Höchststand von mehr als 110 US-Dollar erreicht hatte, sackte bis zum Jahre 2002 prompt auf ein historisches Tief von gerade mal acht Dollar (inflationsbereinigt bezogen auf den US-Dollar-Durchschnittskurs von 2004 auf das handelsübliche Produkt lb U3O8). Und so klagte auch niemand, als in jenen Jahren die Wismut-Sanierer die vermaledeiten Uranstollen fluteten, die so viel Leid über Land und Leute gebracht hatten, und sich daranmachten, die Mondlandschaften zu begrünen.

Jüngst indessen hat sich die Stimmungslage bei einem Teil der Menschen in den neuen „Uranerzbergbaufolgelandschaften" (Amtsdeutsch) schlagartig geändert: Wie ein Gespenst geistert dort nun die Vision herum, eines nicht allzu fernen Tages könnte in der Wismut-Region abermals Uran gefördert werden.

Auslöser der Uranschwärmerei waren ausgerechnet einige der engagiertesten Atomgegner des Landes: Greenpeace Deutschland und der neue Berliner Umweltminister Sigmar Gabriel (SPD) hatten mit Aussagen, die Welt-Uranvorräte gingen binnen weniger Jahrzehnte zur Neige, die Forderungen von Unionspolitikern und Atom-Lobbyisten nach einem „Ausstieg aus dem Ausstieg" konterkarieren wollen. Doch im Osten Deutschlands weckten die Mahner, unfreiwillig, irrwitzig anmutende Hoffnungen auf eine dritte Blütezeit für die deutsche Uranproduktion.

„Wismut-Uran wird attraktiv", schlagzeilte die „Thüringer Allgemeine" über die vermuteten Folgen einer Verknappung des Rohstoffs für Atommeiler wie Atombomben. „Die Kumpel, die wollen wieder", berichteten verblüffte Kommunalpolitiker über unerwartete Reaktionen in dem von Arbeitslosigkeit geplagten Landstrich. „Da kommt richtig 'ne Diskussion hoch", staunte die Thüringer SPD-Landtagsabgeordnete Dagmar Becker.

Die Ängste der Umweltpolitikerin Becker wie auch die frisch erblühten Hoffnungen der Uranfreunde basieren auf einem neuerlichen Run auf Uran. Seit 2002 hat sich der Preis des Metalls vervierfacht. Blätter wie die „Wirtschaftswoche" raten ihren Lesern: „Depot mit Uran anreichern". Der Börsenwert etwa der kanadischen Cameco Corporation, des größten Uranförderers, zischte binnen drei Jahren aufs Zehnfache empor. Ausgelöst worden ist der Boom durch zwei weltweite Trends:

Einige der besonders energiehungrigen Schwellenländer setzen verstärkt auf die Kernkraft; allein China plant den Bau von bis zu 30 Atomkraftwerken. Und in Teilen Europas wiederum beflügelt die Angst vor einer Klimakatastrophe ebenso wie die Furcht vor der Abhängigkeit von ausländischen Öl- und Gaslieferanten Politikerträume von einer vermehrten Nutzung der Kernenergie.

Während der Tiefpreisphase in den neunziger Jahren haben Uranproduzenten in aller Welt darauf verzichtet, neue Rohstoffvorkommen auszukundschaften. Der Brennstoffbedarf der Atomindustrie konnte gleichwohl durch die Auflösung von internen Vorräten und durch die Nutzung von militärischem Uran gedeckt werden. Dessen Bestände allerdings nähern sich allmählich ihrem Ende.

Die sich abzeichnende Verknappung hat dazu geführt, dass überall in den Förderländern – darunter Australien, Kanada, Kasachstan, Russland und die frühere deutsche Kolonie Namibia – Dutzende von Unternehmen begonnen haben, unter Hochdruck neue Lagerstätten zu explorieren und neue Minen und Mülldepots zu planen. Bis die neuen Produktionsstätten liefern, wird indes noch einige Zeit vergehen; Branchenkenner glauben, dass sich Angebot und Nachfrage um 2010 ausgleichen werden.

Überlagert wird die Börsendebatte über den zu erwartenden Engpass in naher Zukunft von einer Auseinandersetzung über die

Frage, ob das AKW nicht überhaupt ein Auslaufmodell sei, weil schließlich nicht nur die Kohle-, Gas- und Ölvorräte des Planeten, sondern auch die Uranressourcen begrenzt seien.

Auf die Frage, wann sie erschöpft sein werden, liefern die Diskutanten, je nach politischer und ökonomischer Interessenlage, nahezu jede denkbare Antwort: Aktuelle Prognosen zur Dauer der Uranverfügbarkeit variieren zwischen wenigen Jahrzehnten und der Ewigkeit.

Um zu belegen, dass „Kernenergie der falsche Weg" ist, führt Umweltminister Gabriel nicht nur das Argument an, dass schließlich auch Uran, ebenso wie Öl und Gas, importiert werden müsse und daher ein Umschalten auf Atomkraft nur dazu führen würde, eine Abhängigkeit vom Ausland durch eine andere zu ersetzen. Uran sei darüber hinaus, so Gabriel ähnlich wie auch Greenpeace, „der Brennstoff, der am kürzesten noch zur Verfügung steht, nämlich je nach Nutzung der Kernenergie zwischen 20 und 60 Jahren, also noch weniger als Öl und Gas".

„Tendenziös und gesteuert" seien Gabriels Äußerungen, wettert wiederum Wirtschaftsminister Michael Glos (CSU) über seinen Kabinettskollegen. Der bayerische Atomfreund ist damit im Einklang mit mächtigen Energieversorgungsunternehmen wie dem Konzern E.on, der beteuert, die Uranquellen seien „ausreichend für 200 Jahre".

Wer bietet mehr? Der leicht exzentrische niedersächsische Umweltminister Hans-Heinrich Sander (FDP), der auch schon mal mit Pro-Atom-Shirt posierte, verbreitet, „dass die weltweiten Uranvorräte bei nur geringfügig höheren Preisen noch ganze 400 Jahre reichen würden". Bei Einsatz neuer Techniken langten die Ressourcen sogar „für mindestens 1000 Jahre", setzt der Generaldirektor des europäischen Nuklearindustrieverbandes Foratom, Peter Haug, noch eins drauf. Mit Brennstoff sogar für „Jahrtausende" rechnet die Internationale Atomenergiebehörde.

Eine ziemlich genaue Frist verrät die Internet-Enzyklopädie Wikipedia, die jedermann mit eigenen Einträgen anreichern kann: Bei Ausschöpfung aller Reserven sei rechnerisch eine „Laufzeit von ca. 59000 Jahren" möglich – demnach würde das Atomzeitalter erst ungefähr im Jahre 61006 nach Christi Geburt enden.

Von dieser Prognose ist es nicht mehr weit bis zur kühnen Behauptung des deutsch-französischen Kraftwerkbauers Areva NP, Uran sei gar keine begrenzt nutzbare Ressource, sondern eine „nachhaltige Energiequelle" – wie Sonne und Wind.

Sicher ist bei dem Tohuwabohu nur eines: „Es wird jede Menge spekulativer Unsinn in der Uranindustrie geredet", sagt Steve Kidd, der Forschungsdirektor bei der World Nuclear Association in London, dem Dachverband der Atomindustrie: „Wer heute behauptet, er kenne das Ausmaß der Vorräte, sagt nicht die Wahrheit." In der Tat räumt jeder unabhängige, seriöse Experte ein: Die Formel zur Berechnung der Welturanvorräte ist gespickt mit lauter Variablen und mit Unbekannten.

Unumstritten ist lediglich, dass die derzeit weltweit 441 Atomkraftwerke jährlich an die 70 000 Tonnen Uran benötigen, das etwa jeweils zur Hälfte aus Bergwerken und aus „sekundären Quellen" stammt, etwa aus gehorteten Beständen von Stromversorgern und ausrangierten Atomraketen; Zahlen über die Reserven in diesen Depots werden zum Teil streng unter Verschluss gehalten.

Die heutigen Verbrauchszahlen und Fördermethoden, Marktbedingungen und Produktionsvolumina zugrunde gelegt, würden die bekannten und wirtschaftlich abbaubaren Uranressourcen aus primären und die vermuteten Bestände aus sekundären Quellen (insgesamt schätzungsweise 4,6 Millionen Tonnen) ausreichend Brennstoff bis etwa zum Jahr 2070 bieten. Kaum kalkulierbar ist über diesen Zeitraum jedoch der Zuwachs an Kraftwerken einerseits und die Preisentwicklung andererseits.

Zwar haben die jüngsten Preissteigerungen die Uranproduzenten in schwierig zu erschließende Abbaugebiete gelockt, wo teils, so das Fachblatt „Resource World", ein regelrechter „Uranrausch" ausgebrochen ist. Wenn aber erst die Lieferungen aus den neuen Minen voll angelaufen sind, könnten, wie einige Analysten vermuten, die Preise rasch wieder stagnieren oder fallen.

Sollten die Preise hingegen unablässig steigen, etwa wenn der Atomkraftboom in Asien anhält und es in Westeuropa wirklich zu einer Renaissance des Reaktorbaus kommt – dann könnte sich eines Tages sogar die Urangewinnung aus Phosphatlagerstätten und im Extremfall aus Meerwasser als profitabel erweisen. Atomkraft-Freaks schwärmen auch schon vom Einsatz des Schnellen Brüters, des gefährlichsten aller Reaktortypen, mit dem sich die Urannutzung perpetuieren lasse.

Dass die Verfügbarkeit von Uran letztlich nur vom jeweiligen Rohstoffpreis abhängt – das wissen auch die Greenpeace-Experten, deren Aussage, die Vorräte reichten nur noch für 65 Jahre, für Schlagzeilen sorgte. Im Kleingedruckten ihrer Studie räumen die Umweltschützer freilich ein, dass die Verfügbarkeit des Rohstoffs in Wahrheit gar nicht das Hauptproblem sei.

Vielmehr bringe die Ausweitung der Uranwirtschaft – bis hin zum möglichen Missbrauch des „äußerst konfliktbeladenen Rohstoffs“ für den Bau von Atombomben, etwa in Iran – eine Vielzahl von Risiken für Mensch und Umwelt mit sich. Und in der Tat wirkt dieser Teil der Greenpeace-Studie schlüssiger als die alarmistische These vom baldigen Ende der Uranvorräte.

Zusätzliche Atommeiler in Schwellen- und Entwicklungsländern erhöhten, so Greenpeace, unweigerlich die Gefahren für den Weltfrieden: „Länder, die eine zivile Atomwirtschaft besitzen, verfügen auch über das technische Wissen zum Bau von Atombomben.“

Ähnlich argumentieren engagierte Klimaforscher, die ein Umschalten auf Uran zur Reduzierung des Kohlendioxid-Ausstoßes ablehnen. Weil Klimaschutz nur in globalen Dimensionen denkbar sei, sagt der renommierte Kieler Professor Mojib Latif, „müsste man die Kernkraft auch in politisch instabilen Regionen einsetzen“. Damit aber öffne der Westen „Tür und Tor zum Bau der Bombe“. Im Übrigen könne man „nicht ein Problem lösen, indem man ein anderes der nachfolgenden Generation aufbürdet, nämlich die ungeklärte Frage des Atommülls“.

Aber auch schon die Uranförderung, der Anfang der nuklearen Kette, ist mit wachsenden Risiken verbunden. Nach der Ausbeutung der „Reicherz-Lagerstätten“ mit relativ hohem Urangehalt müssen die Unternehmen zunehmend auf „Armerz-Lagerstätten“ mit einem Uran-Anteil von weniger als 0,1 Prozent zurückgreifen – was riesige Abraumlandschaften hinterlässt und laut Greenpeace „unvergleichbar mehr Umwelt zerstört“.

Neben Unmengen an strahlendem und toxischem Abfall und kontaminierten Gewässern hat die Uranwirtschaft in den vergangenen Jahrzehnten überall in den Abbaugebieten – wie auch in der Wismut-Region – irreparable Gesundheitsschäden hervorgerufen, ausgelöst vor allem durch Radongase, die auch bei der Aufbereitung freigesetzt werden, und durch radioaktive Stäube, die durch die Bergwerksbelüftung in die Umwelt geblasen werden.

Betroffen sind häufig – in Nordamerika ebenso wie in Afrika und Australien – Stammesgebiete der sogenannten indigenen Bevölkerung. Bislang jedoch hatten die eingeborenen Opfer des „nuklearen Kolonialismus“, den auch deutsche Dritte-Welt-Gruppen anprangern, kaum eine Chance auf Rekultivierung ihres zerstörten Landes oder auf angemessene Entschädigungen. „Wir haben das Problem aus dem Blickfeld geräumt“, urteilt die Deutsche Umweltstiftung, „aber die Menschen sterben weiter.“

In der indianischen Bevölkerung der USA keimt unterdessen Widerstand. „Wenn ihr bei euch das Licht anmacht, hört bei uns das Leben auf“, beleuchtet der Dakota-Indianer Thomas LaBlanc drastisch den Zusammenhang zwischen Atomstrom und Strahlenkrankheiten in den USA, wo mehr als hundert uranfressende Atomkraftwerke laufen.

Die Navajos im Südwesten der USA, wo auf dem Colorado-Plateau der Abraum von fast tausend Minen lagert, haben Konsequenzen gezogen. Im Frühjahr 2005 hat die Indianernation ein Gesetz erlassen, um dem Energiekonzern Hydro den Uranabbau in ihren Reservaten zu verbieten. Mit politischen Mitteln will auch die thüringische SPD-Abgeordnete Dagmar Becker eine Wiederaufnahme der Uranförderung im Bereich Wismut verhindern. Dort lagern unter den aufwendig rekultivierten Mondlandschaften laut Internationaler Atomenergiebehörde in Schwarzschiefer und Pechblende noch immer rund 170000 Tonnen Uran.

Und wenn der Weltmarktpreis auch noch so sehr steigt – im Umweltausschuss des Landtags will die Sozialdemokratin der Landesregierung die Zusage abringen, „den Abbau von Uran in der Wismut-Region ein für alle Mal auszuschließen“.

Die See der Möglichkeiten

Nahe Sitzbergen liegen riesige Öl- und Gasvorkommen. Mit Förderanlagen unter Wasser soll der Schatz geborgen werden.

Von Gerald Traufetter

Eigentlich", so eröffnet Jan-Gunnar Winther seinen Vortrag, „eigentlich müssten wir vor uns Eis sehen." Die Mitglieder der Expeditionsgruppe, die sich vor ihm auf dem sonnengewärmten Gneis der Insel Rossøya lümmeln, blicken hinaus aufs Meer, das glitzernd und glatt vor ihnen liegt.

Als felsiger Zahn ragt Rossøya aus dem Polarmeer. Es ist das nördlichste Eiland Spitzbergens und somit der letzte Flecken Norwegens vor dem Nordpol. 900 Kilometer trennen die Insel von der Kuppel der Welt. „Etwas weiter nördlich, auf 81 Grad Nord, verläuft die Grenze, bis zu der sich das ganzjährige Meereis normalerweise erstreckt", doziert der Direktor des Norwegischen Polarinstitutes weiter. So jedenfalls sei es auf den Schiffskarten eingezeichnet. „Doch die müssen wohl so langsam neu gezeichnet werden."

Winthers Zuhörer schwitzen in ihren warmen Polaranzügen. Es sind EU-Bürokraten und Ministerialbeamte aus Deutschland, Frankreich und Großbritannien, die gerade an einer kleinen felsigen Bucht der Insel aus den Schlauchbooten gestiegen sind. Ihr Interesse gilt weniger dem Meereis und dem Klimawandel, der es schwinden lässt. Gekommen sind sie wegen des Öls und des Gases, das rund um Spitzbergen unter dem Grund der Barentssee liegt.

Eingeladen hat sie die Regierung Norwegens. Der Ölstaat will ihnen zeigen, wie planvoll, umsichtig und schonend er die Gestade um Svalbard, so der offizielle norwegische Name der Inselgruppe, entwickeln will: In der Barentssee soll sich „Europas neue Petroleumprovinz" erstrecken.

Fünf Tage lang sind die Staatsdiener auf dem norwegischen Forschungsschiff „Lance" durch die eisfreie See gekreuzt und haben sich Vorträge ihrer skandinavischen Kollegen angehört.

Denen geht langsam das Schwarze Gold vor ihrer Westküste aus. In den nächsten Jahrzehnten dürfte die Förderung zurückgehen, prognostiziert Mette Agerup vom Ölministerium in Oslo.

Weiter nördlich aber liegt „die See der Möglichkeiten", wie ihr Außenminister die Barentssee nennt. 1,4 Millionen Quadratkilometer groß, zwischen Spitzbergen im Westen und Nowaja Semlja im Osten, erstreckt sich das flache Gewässer mit den energiehaltigen Sedimenten unter dem Meeresboden.

Öl und Gas sollen hier sprudeln für die dürstenden europäischen Volkswirtschaften. Auch die Amerikaner wollen Flüssiggas-Tanker schicken und von der flüchtigen Urkraft aus der Tiefe profitieren. Sogar China und Indien haben schon Delegationen vorbeigeschickt.

Das Treiben im Nordmeer entbehrt nicht einer gewissen Ironie, wie Polarforscher Winther zugeben muss: Hat der Mensch es doch mit dem Verbrennen fossiler Treibstoffe erst möglich gemacht, neue Reserven unter dem einst ewig geglaubten Eis zur Exploration freizulegen – nur um dem Treibhaus mit der neuen Ausbeute gleich weiter einzuheizen.

Vom Eise befreit sind inzwischen viele Ströme und Gewässer des Nordens. Seit 1978 sei die Fläche mit Meereis rund um den Nordpol um 15 Prozent zurückgegangen, berichtet Winther den Delegierten aus dem Süden. „In gut 50 Jahren wird die Barentssee eisfrei sein", so Winther. Am weltgrößten, von den Russen in der Barentssee entdeckten Gasfeld mit Namen Schtokman friere das Meer derzeit noch in jedem dritten Winter zu. „Aber das Problem sind die bald los", so Winther. Allerorten sind Zeichen der gestiegenen Temperaturen zu erkennen. Viele Gletscher Spitzbergens ziehen sich zurück. Neue Inseln tauchen aus dem tauenden Eis hervor – so wie unlängst ein kleines Eiland östlich von Spitzbergen, das sie Nyskjeret, „Neue Klippe", getauft haben. Und der Eisbär zieht mit der Meereisgrenze nach Norden.

Winther hat den Staatsdienern die steil nach oben schnellende Fieberkurve in seinen Vorträgen gezeigt, auch jene Weltkarte, die an den Polen dunkelviolett eingefärbt ist. „Die stärkste Erwärmung wird in der Arktis stattfinden. Acht Grad Celsius im Mittel könnten es rund um Spitzbergen werden", sagt er.

Lang ist es nicht her, dass sich hier in den Gewässern vor Spitzbergen russische und amerikanische Atom-U-Boote jagten. Doch nun sind, nach den Militärs, die Ölgräber gekommen. Das erste Förderprojekt heißt „Schneewittchen" und bezeichnet ein Gasfeld rund 50 Seemeilen im Eismeer vor der nordnorwegischen Küste. Schon zum Jahreswechsel könnte das Gas von dort in eine Anlage bei Hammerfest strömen, verflüssigt und per Tanker nach Europa und in die USA abtransportiert werden. 3,7 Billionen Kubikmeter Gas haben die Russen im Schtokman-Feld ermittelt. 50 Jahre soll der Abbau dauern. Zum Jahreswechsel meldete der italienische Ölkonzern ENI dann einen weiteren Fund im Goliat-Feld.

Auf den Seekarten des Ölministeriums ist die Barentssee wie eine Schrebergarten-Kolonie in Parzellen unterteilt. Für jedes der Gebiete vergibt die Behörde an internationale Energiekonzerne Lizenzen zur Erschließung des unterirdischen Schatzes. Im Frühjahr 2006 wurden wieder sechs Areale verteilt, 26 sollen 2006 noch folgen. „Das Interesse der Konzerne ist sehr sehr groß", sagt Mette Agerup vom Ölministerium. Das gilt auch für das von russischem Gas stark abhängige Deutschland. Zur Besichtigung der Gasverflüssigungsanlage kam Außenminister Steinmeier. Schließlich sind deutsche Firmen am Bau beteiligt. Aber auch das Interesse an dem Gas selber ist groß. 25 Prozent des deutschen Gases kommt schon jetzt aus Norwegen. Politisch gewünscht ist mehr. „Wir wollen die Versorgung aus möglichst vielen Quellen sicherstellen ", so Steinmeiers Gesandter auf der „Lance".

Früher war es zu teuer, unter den arktischen Bedingungen den Schatz zu bergen, wo Eisberge, Stürme und Packeis das Fördergerät bedrohen. Und auch heute noch müssen die Konzerne ihren Tribut an die tiefen Temperaturen zahlen. Statoil etwa mußte für „Schneewitchen" bereits 50 Prozent mehr Erschließungskosten ausgeben. Shell zahlt statt 12 Milliarden wohl 20 Milliarden Dollar, um das Gas Sachalins zu fördern.

Seit das Eis schwindet und der Ölpreis steigt, fallen die Kosten-Nutzen-Rechnungen der Konzerne wohl dennoch positiv aus. Dunkelheit im Polarwinter, 40 Grad Celsius unter Null können die großen Begehrlichkeiten nicht mehr stoppen. Dazu gesellt sich noch der Faktor Sicherheit: Kein Despot, keine bewaffneten Clans und Selbstmordattentäter bedrohen die Produktion. Außerdem soll das Meer im Norden Norwegens zum Testfeld für eine neue, kostensparende Technik werden. „Bohrplattformen gehören der Vergangenheit an", prophezeit Agerup, „künftig werden wir unter der See fördern." Vorexerziert wird diese Technik von Statoil und Norsk Hydro in einem Gasfeld in der Norwegischen See, das Ormen Lange heißt. Auf dem Meeresboden unmittelbar über dem Bohrloch installieren ferngesteuerte Tauchroboter gelbe Stahlgerüste mit der Förderanlage. Diese pumpen den kostbaren Rohstoff dann in Pipelines, die erst am Strand an die Wasseroberfläche kommen.

Ormen Lange liegt in mehreren hundert Meter Tiefe. In der flachen, selten über hundert Meter tiefen Barentssee werden sich die Ölkonzerne leichter tun, die gegen Stürme wohl geschützten Unterseeanlagen zu installieren. Zerstörung droht ihnen dafür aber von großen Eisbergen. „Wir finden auf dem Boden der Barentssee Schleifspuren, die nur von Eisbergen stammen können", erklärt Polarforscher Winther. Deshalb müssten die weißen Riesen von speziellen Schleppern weggezerrt werden. Die Energiekonzerne schreckt das nicht. „Die bequem zu fördernden Ölfelder sind ja schon alle leergepumpt", sagt Bente Nyland vom Norwegischen Petroleum Direktorat: „Wo wir jetzt ran müssen, wird es kompliziert."

Auch die ökologischen Risiken steigen. Denn im eiskalten Wasser der Arktis baut sich Öl nur sehr langsam ab. Gefahr, so fürchten die Experten, geht dabei weniger von der Förderung als vom Transport des Öls aus. Norwegen rechnet vor Hammerfest mit einem neuen Highway der Supertanker: Mindestens vier der Monsterschiffe sollen künftig an jedem beliebigen Tag durch das schwer navigierbare Gebiet kreuzen. 30 Seemeilen Abstand sollen sie von der Küste halten. „Dann bleibt bei einer Havarie Zeit, Schlimmeres für die Fjorde zu verhindern", verspricht Inger Johanne Wiese vom norwegischen Umweltministerium.

Greenpeace beruhigt das wenig. Die Naturschützer erinnern daran, dass die Barentssee die Kinderstube vieler Fische ist: Hering, Polardorsch und Schellfisch profitieren vom großen Nährstoffreichtum im Wasser. Eine Folge des warmen Golfstroms, der sich hier mit polarem Tiefenwasser vermischt. Auch die Gesellschaft für bedrohte Völker in Göttingen ist alarmiert: Sami, Nenet und Kanthy, winzige Völker am nördlichen Zipfel Europas, lebten vom Fischfang und seien damit Leidtragende des Ölbooms in der Barentssee. Ganz kurz kommt beim Ministeriellen-Seminar auf der „Lance" die Idee eines Moratoriums auf, das wie in der Antarktis den Abbau von Rohstoffen auch in der Arktis untersagt. Doch dann wirft der Projektor wieder rote Zahlen an die Wand: Sie zeigen den Welt-Energieverbrauch des Jahres 2030, errechnet von der Internationalen Energieagentur in Paris: Plus 56 Prozent steht da.

Das lässt die Skeptiker rasch verstummen. Denn in der gesamten Arktis von Kanada bis Sibirien vermutet der US Geological Survey ein Viertel der weltweiten Öl- und Gasreserven. Ein Teil davon entfällt auch auf die Barentssee. Wie viel genau, da gehen die Zahlen der Norweger und Russen weit auseinander. Und das nicht nur, weil geologische Daten fehlen. 590 Milliarden Kubikmeter unentdecktes Gas etwa vermutet das Osloer Ölministerium in der Barentssee. Das ist fast ein Fünftel mehr, als in der Nordsee noch unentdecktes Gas vermutet wird. Die Russen sind da optimistischer: Allein auf 10 Billionen Kubikmeter Gas schätzen sie den geologischen Reichtum ihres Teils der Barentssee – Deutschland könnte davon beim heutigen Verbrauch 100 Jahre lang versorgt werden. Wer auch immer Recht behält mit seinen Schätzungen, die Botschaft der Frau vom Ölministerium lautet: Seid froh, wenn wir es fördern und nicht die anderen.

Von diesen anderen wird viel gesprochen auf der Fahrt. Gemeint sind die Russen, und die müssen nicht einmal in den Hochglanzbroschüren ihrer Jahresberichte das Wort „Umweltschutz" verwenden. Sie seien unberechenbar wie Eisbären, so sagt man in Norwegens hohem Norden. Und sie melden Ansprüche an auf hoher See.

Gezerre gibt es gleich um zwei Gebiete. Zum einen geht es um ein mehr als 150 000 Quadratkilometer großes Areal im Herzen der Barentssee. Norwegen beharrt auf seine 200 Seemeilen große Wirtschaftszone und will sie, wo sie mit der russischen Wirtschaftszone überlappt, in der Mitte teilen.

Die russische Seite beharrt allerdings auf einem alten, aus der Sowjetzeit stammenden Anspruch. Damals hatten die kommunistischen Machthaber einfach einen Strich von der russischen Nordwest-Grenze hoch zum Nordpol gezogen. Schon in den siebziger und achtziger Jahren haben sowohl Norwegen als auch Russland in diesem Areal geophysikalische Untersuchungen angestellt – und ein enormes Gasfeld, viermal größer als Schtokman, gefunden.

Eine Einigung vor einem internationalen Gericht scheint ausgeschlossen. Seit vergangenem Sommer laufen die eingefrorenen Energie-Gespräche immerhin wieder. Dabei habe man immerhin „eine Ebene der Verständigung" gefunden, sagt Anne-Kirsti Karlsen vom norwegischen Außenministerium. Die Russen würden am liebsten ohne Einigung mit dem Abbau der Rohstoffe beginnen und schlagen dafür Kooperationen zwischen russischen und norwegischen Ölkonzernen vor. Norwegen will zunächst eine Einigung über den Status der „disputed Areas".

Doch auch um den Status von Spitzbergen wird gerungen. Völkerrechtlich ist der karge, von schroffen Tafelbergen geprägte Archipel ein Kuriosum. 1920 einigten sich die Staaten darauf, Norwegen die Souveränität über die Inseln zuzubilligen – die Rohstoffe aber sollten für alle 39 Unterzeichnerstaaten zugänglich sein. Jahrzehntelang galt dies vor allem für die Steinkohle, die reichlich in den Bergflanken zu finden war. Norwegen und Russland förderten sie einträchtig an diesem unwirtlichen Ort. Sonderlich wirtschaftlich war dieses Abenteuer nie. Doch nun geht es um Öl, und Russland beharrt darauf, dass auch die 200-Meilen-Wirtschaftszone um Spitzbergen unter den alten Vertrag fällt. Die Norweger aber wollen die Öl- und Gasfelder in diesem Gebiet nicht teilen, und deshalb behaupten sie: „Der Vertrag bezieht sich nur auf das Land sowie die umliegende 12-Meilen-Zone", so Karlsen. Die Staatsdienerin aus Oslo beruft sich auf Geologen. Die hätten nachgewiesen, dass Spitzbergen Teil des norwegischen Kontinentalsockels sei.

Wie schwer es werden wird, einen Kompromiss zwischen diesen Standpunkten auszuhandeln, dürfte der ministerialen Expeditionsgruppe auf ihrem letzten Landgang aufgegangen sein. Die Exkursion führte sie nach Barentsburg, der letzten verbliebenen Siedlung der Russen auf Spitzbergen.

Langsam vor sich hin witternde Plattenbauten schmiegen sich hier an den grauen Schotterhang, eine Büste Lenins schaut stur auf den kleinen Hafen mit dem schwarz stinkenden Kraftwerk. Die Kohle, die auf Förderbändern Richtung Verladestelle rattert, ist für den Weltmarkt viel zu teuer.

Und dennoch krallt sich die Weltmacht am Archipel fest. Trotzig steht Wjatscheslaw Nikolajew, Konsul der 700-Seelen-Siedlung vor einem riesigen bläulichen Wandteppich in seiner auffallend aufwendig renovierten Residenz. „Die Präsenz auf Spitzbergen ist für uns wichtig", sagt Nikolajew lächelnd. Zur Unterstreichung des russischen Interesses ist ein Trupp Arbeiterinnen mit frischer grüner Farbe angerückt. Während der Ortsvorsteher redet, klatschen sie die letzten Striche auf mannsgroße Betonbuchstaben: Barentsburg, der Namenszug ihres Brückenkopfes in der Barentssee.

Wohlstand aus dem Berg

Eng ist die Geschichte Europas mit der Gewinnung von Metallen verwoben. Ohne Silber, Kupfer und Eisen wären die großen abendländischen Kulturen kaum vorstellbar. Umgekehrt machte erst die Gründung von Städten und Staaten die systematische Ausbeutung von Bodenschätzen möglich.

Von Johann Grolle

Ein kleiner Buckel nur, direkt neben der Überlandstraße, bewachsen mit niedrigem Gestrüpp, zerfurcht von verwitterten Erdspalten – nichts scheint den kleinen Hügel in Sakdrisi im Südosten Georgiens als etwas Besonderes auszuweisen. Und doch spricht vieles dafür, dass er vor 5000 Jahren heilig war. Es war sein Inneres, das die Menschen damals faszinierte. Und es ist sein Inneres, das heute erneut die Neugier auf sich zieht, denn der Hügel ist von engen Stollen durchzogen. Die runden muschelartigen Dellen in den Wänden der Schächte verraten, dass sie mit bloßen Steinhämmern durchs Quarzgestein getrieben wurden. Nur die Flammen des Feuers, das die Männer zuvor entfacht hatten, um den Fels zu zermürben, halfen ihnen bei der schweißtreibenden Arbeit.

Bis in 25 Meter Tiefe konnten deutsche und georgische Archäologen dem Schacht folgen – Weltrekord. „Nirgendwo sonst kennen wir aus jener Zeit tiefere Bergwerke“, sagt Thomas Stöllner vom Bochumer Bergbaumuseum.

Ein grandioser Aufwand, den die Bergleute da trieben! Jederzeit konnte das Geröll sie unter sich begraben. Und doch gab der Berg etwas preis, das ihnen alle Mühe und jede Gefahr wert zu sein schien: Gold.

Die älteste bekannte Goldmine der Welt im georgischen Bergland steht für eine neue Ära: Der Mensch hatte begonnen, dem Fels seine Geheimnisse zu entlocken. Im Stein, so fing er allmählich an zu begreifen, sind Schätze verborgen, die Kraft, Macht und Wohlstand verheißen.

Geschichte der Metallverarbeitung

30 000 v. Chr. Das Eisenoxid Rötel wird in vielen Teilen Europas systematisch abgebaut und als Farbstoff verwendet.
7000 v. Chr. In Ost-Anatolien finden sich erste Perlen, die aus dem Kupfermineral Malachit gefertigt sind.
5000 v. Chr. Beginn der Kupferzeit in Mesopotamien. Das Metall wird in Tiegeln gewonnen und zur Herstellung von Pfriemen, später auch Äxten, Messern oder Lanzenspitzen verwendet.
3000 v. Chr. Erste Schachtöfen zur Kupferverhüttung; metallurgische Experimentierphase, in der verschiedene Bronzen legiert werden; Beginn dokumentierter Rohstoffpolitik.
1100 v. Chr. Nach dem Kollaps der bronzezeitlichen Kulturen bricht im östlichen Mittelmeer die Eisenzeit an.
550 v. Chr. Der sprichwörtlich reiche König Kroisos von Lydien prägt Münzgeld aus Gold.
500 n. Chr. Der Zusammenbruch des römischen Reiches löst eine Rohstoffkrise aus; an die Stelle der Erzverhüttung tritt vielerorts das Recycling von Römerschrott.
1200 n. Chr. Zunehmend findet Wasserkraft Anwendung, zunächst für die Blasebälge der Schmelzöfen, später auch zur Entwässerung der Bergwerksstollen und zur Zerkleinerung von Erz.
1400 n. Chr. Übergang zur Gusseisenproduktion, die erstmals den Einsatz von Hochöfen erlaubt.
1630 n. Chr. Einführung von Sprengungen in Bergwerken; Bergwerks- und Hüttenbetriebe wachsen zu Protofabriken heran; aus den handwerklich organisierten Knappen werden proletarische Bergarbeiter.
18. Jh. Zunehmend ersetzt Koks aus Steinkohle die Holzkohle; Dampfmaschinen halten Einzug in den Zechen; das Ruhrgebiet wird zur großen Montanregion.
Ende des 19. Jh. Nach der Entwicklung der Schmelzflusselektrolyse beginnt die großindustrielle Gewinnung von Aluminium aus Bauxit.
Mitte des 20. Jh. Nach der Entwicklung des Transistors wird das Halbmetall Silizium zum zentralen Rohstoff der rasch wachsenden Elektronik- und Informationsindustrie.

Eine völlig neue Klasse von Werkstoffen mit verblüffend vielfältigen Eigenschaften stand dem Menschen damit zu Gebote. Die Metalle begannen, über den Fortgang der Geschichte mitzubestimmen: Der rötlich-gelbe Schimmer des Goldes weckte religiöse Ehrfurcht und schürte zugleich die Habgier der Herrscher; die Härte von Bronze und Eisen entschied Kriege und erleichterte die Feldarbeit; und das geringe Gewicht des Aluminiums machte, Jahrtausende später, den Luftverkehr möglich.

So allgegenwärtig sind die Metalle inzwischen geworden, dass kaum einer mehr darüber nachdenkt, dass Autoblech, Kupferkabel und Alufolie aus bloßem Stein bestehen, den der Mensch gelernt hat, aufzubereiten.

Egal ob Handy, Waschmaschine oder Rasenmäher – sie alle bestehen großteilig aus Erz, das aus dem Fels geschlagen, verhüttet und dann gegossen, gewalzt oder gedengelt wurde. Egal ob Wolkenkratzer, Flugzeug oder Rasierapparat, gleichgültig ob Computer, Herzschrittmacher oder Kugelschreiber – ohne Metalle gäbe es nichts von alledem.

Und immer weiter steigt der Hunger nach Metall. 2004 überschritt die Rohstahlproduktion auf dem Planeten Erde die magische Schwelle von einer Milliarde Tonnen. Und Eisen ist ja nur das gebräuchlichste der Metalle. Inzwischen fertigt der Mensch auch Akkus aus Nickel und Cadmium, zieht Glühfäden aus Wolfram und kühlt mit Natrium seine Kernreaktoren.

Hart, formbar, beständig – das waren die Eigenschaften, die Metalle so ideal erscheinen ließen für die Fertigung von Waffen und Werkzeug. Doch dauerte es, bis diese Erkenntnis reifte. Als sich erstmals in einem Tiegel Metall verflüssigte, da hatte der Mensch schon jahrtausendelange Erfahrung mit metallhaltigen Mineralien.

Zunächst war es nur ihre äußere Erscheinung gewesen, die ihn faszinierte. Schon in der Eiszeit hatte Homo sapiens entdeckt, dass sich mit dem Eisenoxid Rötel die Wisente und Löwen an den Höhlenwänden einfärben ließen. Zweifellos rieben sich die steinzeitlichen Jäger auch Gesicht, Hände und Körper mit der blutroten Farbe ein, so wie es heute noch das Hirtenvolk der Himba in Namibia tut. Sogar untertage wagten sie sich, um an den Farbstoff heranzukommen, das beweisen 20000 Jahre alte Stollen auf der griechischen Insel Thasos.

Auch beim Kupfer zog den Menschen zunächst nur die Farbe in ihren Bann. Kleine grünliche Malachit-Einschlüsse im Gestein weckten seine Neugier. Der praktische Nutzen dieses Minerals war gering, allenfalls Perlen ließen sich daraus formen. Doch wie der tiefblaue Lapislazuli, der feurig leuchtende Karneol oder der braun schimmernde Jaspis wurde auch dem magischen Grün des Kupferminerals spirituelle Bedeutung zugeschrieben. Zugleich dienten die seltenen Schätze der Erde als Schmuck: Mit kostbarem Geschmeide konnte die langsam sich herausbildende Klasse der Herrschenden ihren sozialen Rang jedermann sichtbar machen.

Vermutlich rund 7000 Jahre ist es nun her, dass sich erstmals ein Mensch darüber wunderte, dass malachithaltiges Gestein im Kohlefeuer weich, ja fast flüssig wird. Von dieser Beobachtung bedurfte es nur noch eines weiteren Schrittes, bis die Metallwerker begannen, zerstoßenes Erz in Keramiktiegeln zusammen mit Holzkohle zu rösten, bis es zu einer unförmigen Masse erstarrte. Aus dieser ließen sich dann mit dem Hammer kleine Kügelchen eines braun-golden schimmernden Materials herausschlagen – metallisches Kupfer.

Plötzlich taucht nun Nutzgerät aus Metall an den archäologischen Fundstätten auf: erst Pfrieme zur Bearbeitung von Leder, dann auch Äxte, Messer, Angelhaken, Lanzenspitzen. Rasch verbreitete sich das Wissen um die wundersamen Eigenschaften des neu entdeckten Werkstoffs: Im vierten Jahrtausend war es bereits bis in die Alpen gedrungen. Ötzi stiefelte dort mit Kupferbeil im Gürtel über die Alm.

Doch vom Kupfer bis zur Bronze war es noch ein weiter Weg. Viele Jahrhunderte trennen das reine Metall von der gezielt komponierten Legierung. Erst als am Euphrat das große Reich der Sumerer entstanden war, erst als die Städte wuchsen und darin eine immer breitere Schicht von Handwerkern ein Auskommen fand, war die kritische Masse erreicht: Neugierig experimentierten die Metallurgen, mischten Silber, Blei, Arsen oder Zinn in die Schmelze und beobachteten fasziniert die schillernden Farbeffekte. Nicht mehr am offenen Feuer rösteten sie nun das Erz. In den

Städten entstanden vielmehr ganze Batterien kleiner Schachtöfen, in deren Nähe die Kesselflicker, Kupferarbeiter und Waffenschmiede ihre Werkstätten errichteten.

Mit der Vielfalt der Produkte, die sie herstellten, wuchs die politische Bedeutung der Erze. Nichts belegt dies eindrucksvoller als der älteste dokumentierte Rohstoffkrieg der Geschichte, den der ägyptische König Sechemchet organisierte. Vor 4600 Jahren führte er ein Heer an, um den Sinai in seine Gewalt zu bekommen. Weder die Eroberung des Landes noch die Unterwerfung der dort heimischen Völker war sein Ziel. Dem Pharao ging es um das Kupfererz, das reichlich auf der Halbinsel zu finden war.

Doch viel besser noch funktionierte der Nachschub an Rohstoffen auf friedlichem Wege. Hunderte oder gar Tausende von Kilometern weit zogen sich die Karawanenstraßen durch sämtliche Wüsten des Vorderen Orients. Überall segelten die breitbauchigen Schiffe der handeltreibenden Kanaaniter die Küsten des Mittelmeers entlang.

Zeugnis davon legt vor allem jener einzigartige Fund ab, den Archäologen vor der türkischen Küste nahe der Landzunge Uluburun machten. 22413-mal tauchten die Forscher hinab, um das Wrack eines Handelsschiffes zu erkunden, das dort vor rund 3300 Jahren gekentert war. Für die Mannschaft bedeutete es den Tod, für die Archäologen eine Sensation.

Goldschmuck, Pretiosen aus Elfenbein, Perlen aus Achat, Karneol und Glas, Amphoren voller Gewürze, Harze und Öle, selbst Bernstein von der fernen Ostsee – fast alle Schätze, die der Markt zu bieten hatte, fanden sich an Bord des bronzezeitlichen Frachters. Besonders begierig aber wurde von den Mykenern vermutlich ein weiterer Teil der Ladung erwartet: in Barren gegossenes Metall, mehr als genug um eine 500-köpfige Armee mit Helmen, Rüstung, und Schwertern auszurüsten.

Zehn Tonnen Kupfer und eine Tonne Zinn bargen die Forscher – genau im richtigen Mengenverhältnis, um sie zu Bronze zu verschmelzen. Das Kupfer, so viel lässt sich metallurgisch nachweisen, stammt von Zypern, dessen Könige ihren reichen Erzvorkommen Reichtum und Ansehen verdankten. Der Ursprung des Zinns aber bleibt ein archäologisches Rätsel.

„Die einzigen Zinnminen, die wir aus dieser Zeit kennen, liegen in Zentralasien, etwa in Afghanistan, Usbekistan und Kasachstan“, rätselt Stöllner. Doch ist wirklich denkbar, dass die Karawanen der Rohstoffhändler so weite Entfernungen zurücklegten? Der Bochumer Forscher glaubt daran. Gerade die genaue archäometallurgische Analyse des Zinns, so vermutet er, werde erst den vollen Umfang der bronzezeitlichen Handelsströme offenbaren.

Ein Metall jedoch fehlt an Bord des Schiffes von Uluburun – und dies, obwohl es weit häufiger vorkommt als Gold, Kupfer oder Zinn: Die Ära des Eisens stand noch bevor.

Zwar war es keineswegs unbekannt. Dass die Ägypter ihrem Pharao Tutanchamun, zusammen mit gewaltigen Mengen Goldes, auch einen einzigen Dolch mit Eisenklinge mit auf die Reise ins Jenseits gaben, lässt erahnen, wie hoch dieses Material im Kurs stand. Gewonnen war es aus dem Gestein eines Meteoriten.

Doch Eisenerz zu verhütten ist schwierig. Sein Schmelzpunkt ist höher als der des Kupfers. Allen Versuchen, es zu gießen, widersetzte es sich. Aber auch aus der erkaltenden Luppe im Holzkohlefeuer gebrauchstauglichen Stahl zu schmieden erfordert viel Know-how.

Die Hethiter waren die Ersten, die diese Kunst beherrschten. Doch selbst nachdem es ihnen gelungen war, kunstvolle Geräte und Waffen, ja sogar Statuen und Schmuck aus Eisen zu fertigen, blieb der Werkstoff zunächst selten. Erst eine Rohstoffkrise verhalf ihm zum Durchbruch.

Um 1200 v. Chr. wurden die Kulturen rund um das östliche Mittelmeer von einer Katastrophe heimgesucht. Ägyptische Hieroglyphentexte berichten von Fremdlingen aus dem Norden, die plötzlich an den Küsten auftauchten. Wer die Eindringlinge waren, ist unklar. Sicher ist nur: Als Mitbringsel hatten sie Verderben im Gepäck.

Überall finden sich die Spuren von Verheerung. Kurz nach der Ankunft der mysteriösen „Seevölker“ war das Hethiter-Reich verschwunden, das reiche Zypern verödet, die mykenischen Paläste waren verkohlt, die Festungen der Levante geschleift.

Kein Zweifel: Auch der Handel kollabierte. Der Verkehr auf den Fernstraßen kam zum Erliegen, die Schiffe der Kaufleute blieben aus. Der Kupfernachschub stockte, mehr noch aber dürfte das Zinn zur Mangelware geworden sein.

In der Not besann sich das Metallhandwerk auf das ungeliebte Eisen. Mochte es auch schwierig zu verarbeiten sein, mochte auch die Erfahrung im Umgang damit fehlen, so hatte es doch einen Vorteil, der nun alle Nachteile mehr als wettzumachen schien: Eisenerz ist weit verbreitet. In einer Zeit, da jeder sich auf die Ressourcen der eigenen Region besinnen musste, war deshalb plötzlich Eisen angesagt.

Nach dem Ende der „Dunklen Jahrhunderte", wie die Historiker die Zeit nach dem großen Zusammenbruch nennen, hatte das Eisen die Bronze für immer verdrängt. Denn bald schon hatten die Metallurgen festgestellt, dass der neue Werkstoff, nachdem sie ihn einmal zu handhaben wussten, wesentlich härter, haltbarer und billiger war. Nie mehr machte Bronze dem Eisen seine Rolle als vorherrschendes Gebrauchsmetall streitig.

Noch ein weiteres Mal suchte eine Rohstoffkrise Europa heim, und wieder war sie die Folge eines kulturellen Kollapses. Um 500 n. Chr. bedrängten Langobarden, Wandalen und Goten das Römische Reich. Das Imperium ging unter und mit ihm die straffe Infrastruktur.

Denn wenn die Römer eines beherrscht hatten, dann war es die Kunst der Organisation. Iberisches Zinn, Eisen aus Britannien und „plumbum germanicum" aus Westfalen – strategisch nutzten sie die Lagerstätten in ihrem gewaltigen Reich.

Nach dem Untergang Roms aber sickerte Wasser in die aufgegebenen Minen, die Rennöfen verfielen, Gebüsch überwucherte die alten Handelsstraßen. Überall im ehemaligen Imperium verlegten sich die Kupferschmiede auf die Verwertung von Römerschrott. Noch im 10. Jahrhundert bettelte ein Abt vom bayerischen Tegernsee in einem Brief an einen Bekannten: „Wir bitten Dich, uns etwas Kupfer, Zinn und Blei zu schicken, denn von alledem ist in unserem Land nichts und für keinen Preis zu erhalten."

Und doch wurde, anfangs auf kleiner Flamme, weiter Bergbau betrieben. Im Harz etwa stießen Christoph Bartels vom Bochumer Bergbaumuseum und sein niedersächsischer Kollege Lothar Klappauf auf Spuren germanischer Metallarbeiter; auch in Westfalen und im Schwarzwald schlugen die Hauer im frühen Mittelalter Stollen in den Fels.

Langsam erholte sich die Branche. Und mehr noch: Indem sie wieder Schächte vortrieben und Rennfeuer entfachten, legten die mittelalterlichen Berg- und Hüttenmänner die Grundlage für die tiefgreifendste Revolution der Metallgeschichte.

Denn Schritt für Schritt wuchs die Technik über den Stand der Antike hinaus:

- Die Kraft von Wasserrädern half nun, das eindringende Wasser aus den Stollen zu pumpen. Und auch die Blasebälge der Rennöfen wurden von Wasserkraft getrieben. „Im Harz lässt sich der Wandel Anfang des 13. Jahrhunderts ganz deutlich erkennen", erzählt Bartels. „Vorher lagen die Hütten stets an den Westhängen der Berge, wo der Aufwind die Feuer anfachte. Nun wanderten sie alle ins Tal hin zum fließenden Wasser."
- Regelrechte Dynastien von Ingenieuren trieben nun den Fortschritt voran: Im Schwarzwald zum Beispiel legte ein Techniker namens Rothermel ein kilometerlanges Grabensystem an, um Wasser auf die Räder eines Bergwerks zu lenken. Ein gleichnamiger Mann installierte 30 Jahre später in Mähren ein Bewässerungssystem. Und noch ein drittes Mal begegnen die Historiker einem Rothermel: Er taucht als Wasser- und Stadtbaumeister der Stadt Zürich in den Akten auf.
- Seit dem 14. Jahrhundert gelang es den Hüttenwerken erstmals, Gusseisen zu produzieren. Statt die Öfen nach jeder Ofenreise zu zerschlagen, um dann Eisen aus der erkalteten Luppe zu klopfen, war es nun möglich, das flüssige Eisen abzustechen. Sprunghaft stieg damit die Größe der Öfen – der Prototyp des Hochofens war geboren.
- Ab dem 17. Jahrhundert begann das Schwarzpulver, die Arbeit der Knappen zu erleichtern. Sie füllten es in vorgebohrte Löcher und sprengten sich so den Weg zur Erzader frei.
- Mit der Fördermenge der Bergwerke und der Größe der Öfen wuchsen auch die metallverarbeitenden Betriebe. Bis zu 500 Hammerwerke mit je fünf oder sechs Beschäftigten reihten sich in den Zentren der Eisenverhüttung aneinander. Fast schon industrielle Maßstäbe nahmen die Werkstätten der Bunt- und Edelmetallwerker an.

Überall wurden Pumpen, Förderaufzüge und andere Maschinen untertage gebracht. Weder nachts, noch an Sonn- oder Feiertagen standen die Bergwerke mehr still. Das hatte auch soziale Folgen: Aus den einst handwerklich organisierten Knappen waren Bergarbeiter geworden.

Regelrechte Protofabriken, ein von Wasserkraft getriebener Maschinenpark, eine große Lohnarbeiterschaft und dazu die zunehmend international gesteuerten Rohstoffmärkte – um 1700 waren die entscheidenden Weichen gestellt. Nun konnte die Revolution beginnen. Sie beginnt mit dem Stampfen von Kolben.

Im Jahre 1801 nahm auf der Bochumer Zeche Vollmond die erste Dampfmaschine des Ruhrbergbaus ihren Dienst auf und setzte damit eine beispiellose Eigendynamik in Gang. Enorm steigerten die neuen Kraftprotze die Fördermengen. Zugleich aber verlangte ihre Produktion nach immer mehr Stahl. Diese Nachfrage wiederum trieb die Bergwerke zu mehr Förderung an.

Stahl wurde zum Werk- und Baustoff der Moderne, der sich rasch immer neue Märkte eroberte: 1779 überspannte die erste gusseiserne Brücke der Welt das englische Flüsschen Severn. Am 7. Dezember 1835 eröffnete zwischen Nürnberg und Fürth eine Dampfmaschine das deutsche Eisenbahnzeitalter. 1867 erhielt der französische Gärtner Joseph Monier ein Patent für Pflanzkübel aus mit Eisengeflecht verstärktem Zementmörtel – der Stahlbeton war geboren.

Schon sehr früh war dabei offenbar geworden, dass die konventionelle Verhüttung mit Hilfe von Holzkohle die enorme Nachfrage nicht lange würde decken können. Zwar ließen sich die Hochöfen immer größer dimensionieren, um ihren Ausstoß zu vergrößern. Viel schwieriger aber war es, das nötige Holz zu beschaffen.

Um eine Tonne Eisen zu gewinnen, sind etwa vier Tonnen Kohle erforderlich, diese wiederum entstehen bei der Verkohlung von zwölf Tonnen Buchenholz. Woher hätten solch gigantische Mengen Holz kommen sollen?

Plötzlich gewann deshalb die Steinkohle an Bedeutung. Schon 1709 war es in Großbritannien gelungen, die flüchtigen Beimengungen in der Steinkohle durch Hitze auszugasen. Der so entstehende Koks hatte ideale Eigenschaften für die Verhüttung. Der Weg war damit frei für die strategische Heirat von Kohle und Stahl.

Doch die Industrialisierung ging nicht nur einher mit neuen Methoden der Gewinnung und Nutzung von Metallen. Auch das wissenschaftliche Interesse an ihnen nahm zu. Schon die mittelalterlichen Alchemisten hatten, aller spekulativen Suche nach der Transmutation der Metalle zum Trotz, durchaus handfeste Experimente gemacht. Mit Laugen und Säuren hatten sie Zinn, Kupfer, Gold und Blei traktiert und so langsam Wissen zusammengetragen. Vor allem die „Probierkunde", die es erlaubte, den Metallgehalt von Erzen oder Legierungen zu bestimmen, erwies sich als nützlich.

Nun aber rückten die Wissenschaftler den Metallen mit den Mitteln der reinen Vernunft zu Leibe, und bald schon ahnten sie hinter der enormen Vielfalt der Metalle das Walten einer tieferen Ordnung. Insbesondere stellten sie fest: Die beiden nach dem Sauerstoff häufigsten Elemente im Gestein hatten sie noch gar nicht entdeckt. Sie sind heute unter den Namen „Aluminium" und „Silizium" bekannt.

Doch die Existenz eines Elements vorherzusagen ist das eine, es in reiner Form zu gewinnen etwas ganz anderes. Aluminium etwa, auf das sich das Interesse zunächst besonders richtete, widersetzte sich der Reduktion durch Kohle, wie sie bei Kupfer- und Eisenerzen üblich ist. Allzu stabil ist seine chemische Verbindung mit dem Sauerstoff.

Als umso kostbarer galten deshalb die kleinen Mengen des eigenartig leichten Metalls, das die Chemiker isolieren konnten. Nur für Schmuck oder als Besteck für den Kaiserhof fand es anfangs Verwendung.

Erst mit der sogenannten Schmelzflusselektrolyse wurde die Massenproduktion von Aluminium möglich. Denn fast gleichzeitig mit diesem neuen Verfahren stand bereit, was dazu nötig war: gewaltige Mengen von Strom. Bis heute zählen die Aluminiumhütten zu den größten Stromkunden der Energieversorger. Das Rheinwerk in Neuss zum Beispiel verbraucht etwa so viel Strom wie die gesamte Stadt Düsseldorf nebenan.

Doch das konnte den Siegeszug des Leichtmetalls nicht hindern. Vor allem in der Luftfahrt-, der Verpackungs- und zunehmend in der Automobilindustrie setzte sich industriell hergestelltes

Aluminium im Verlaufe seiner nunmehr 120-jährigen Geschichte durch.

Das noch häufigere Element Silizium musste noch mehr als ein halbes Jahrhundert länger auf seine große Karriere warten: Sie brach an, nachdem kurz vor Weihnachten des Jahres 1947 ein paar Physiker in den US-amerikanischen Bell Labs die wohl bedeutendste Erfindung des 20. Jahrhunderts zusammenlöteten: den Transistor.

Inzwischen ist er zur meistproduzierten Ware der modernen Industriegesellschaft geworden. Aberbilliardenfach tun Transistoren in Handys, Kameras, Autos, Waschmaschinen und natürlich in Computern ihren Dienst. Geätzt werden sie, unter extremen Reinraumbedingungen, in aus Quarztiegeln gezogene Siliziumkristalle.

Nicht einmal 50 Jahre dauerte es, bis das Silizium die moderne Welt vollkommen verwandelt hatte. Wann, so mag man sich fragen, wird das nächste der Elemente eine ähnliche Revolution auslösen?

Skeptikern, die glauben, inzwischen seien alle Metalle erschöpfend erforscht, lässt sich entgegenhalten: Zwar sind inzwischen alle Metalle bekannt. Im Periodensystem der Elemente ist kein Platz mehr für Neuentdeckungen.

Doch verblüffen auch die bekannten Metalle immer wieder durch ihre erstaunliche Vielfalt von Eigenschaften. Wohl niemand hätte einst vorhergesehen, dass ein seltenes Schwermetall das Zeug dazu haben könnte, Energiewirtschaft und Militärwesen grundlegend umzukrempeln. Und doch vollbrachte das Uran genau dies.

Und selbst ein so gründlich erforschtes Material wie das Silizium kann noch Überraschungen bergen: Nachdem es die Elektronik- und die Informationsindustrie begründet hatte, setzte es in den siebziger Jahren zu einer weiteren, ganz anders gearteten Revolution an: In Solarzellen verwendet, wandelt es Licht in Strom.

Lässt sich da wirklich ausschließen, dass das 21. Jahrhundert am Ende als das Jahrhundert des Neodym, des Ytterbium oder des Molybdän in die Geschichte eingehen wird?

Australien I – Die Schätze des roten Kontinents

Australien ist der Gewinner des Rohstoffbooms, seine Böden sind gesegnet mit wertvollen Metallen: Nie zuvor haben die Minengesellschaften so viel Eisenerz, Kupfer, Gold oder Uran abgebaut und in alle Welt verschifft, vor allem nach China. Gerät der Kontinent in eine gefährliche Abhängigkeit?

Von Alexander Jung

Im Sommer wird es über 40 Grad heiß hier, in der Umgebung der Ortschaft Roxby Downs, die Halbwüste gehört zu den dürrsten Regionen Südaustraliens. Zwischen den roten Dünen gedeihen höchstens Eukalyptussträucher und Termitenkolonien. Wenn dann noch ein Sandsturm aufzieht und die Klimaanlagen auf den Dächern verstopft, wird das Leben im Outback zur glühenden Qual.

„Never-never" nennen die Australier diese Gegend – hier will man eigentlich niemals, niemals sein Leben verbringen.

Ausgerechnet diese ungastliche Region, knapp 560 Kilometer nördlich von Adelaide, erlebt einen Immobilienboom, wie ihn der Kontinent selten zuvor gesehen hat.

Selbst schlichte Holzhäuser, die vor einem Jahr noch für umgerechnet 200000 Euro zu haben waren, kosten heute ein Drittel mehr. Manchmal dauert es bloß Minuten, bis ein Objekt, das eben ins Internet gestellt wurde, verkauft ist. Und trotzdem steigt die Nachfrage weiter.

Es ist eine ungeheure Anziehungskraft, die von „Olympic Dam" ausgeht, der Rohstoffmine in der Nachbarschaft, die in erster Linie Kupfer produziert, aber auch Uran, Gold und Silber. Vor allem junge Familien strömen nun nach Roxby Downs, gelockt von gutbezahlten Jobs, die sicher sind auf Jahre, sogar Jahrzehnte. „Hier kann man eine Menge Geld machen", sagt April Jefferson vom örtlichen Maklerbüro, „deswegen kommen die Leute hierher."

Schon heute ist Olympic Dam das größte Untertage-Vorkommen Australiens. Läuft alles nach Plan, wird BHP Billiton, die Betreibergesellschaft, die Mine demnächst sogar noch oberirdisch erweitern, fünf Milliarden US-Dollar will der Konzern investieren.

Dann würde BHP die Produktion von Kupfer auf rund 500 000 Tonnen im Jahr verdoppeln – heutiger Marktwert: 3,75 Milliarden Euro – und die Förderung von Uran sogar verdreifachen. Bislang war der Kernbrennstoff in Olympic Dam bloß „ein nettes Nebenprodukt", wie es der Minenchef Dean Dalla Valle formuliert. Doch nun, da die Welt nach Alternativen zu Öl und Gas sucht, hat Uran an Bedeutung gewonnen – und damit die Region um Roxby Downs.

Manche nennen sie bereits „das Saudi-Arabien des Südens", und das ist nicht mal übertrieben: Der Golfstaat verfügt über 20 Prozent der weltweiten Ölreserven – in Olympic Dam aber lagert über ein Drittel aller bekannten Uranvorkommen, es ist die größte Lagerstätte der Erde.

Hier, in der Ödnis des Outbacks, ist dasselbe Phänomen zu beobachten wie überall auf dem australischen Kontinent: An der Oberfläche sind die Böden oft karg und ausgezehrt. Einige Schichten tiefer hingegen sind sie gesegnet mit allem, was die Erde an Wertvollem zu bieten hat – und damit versorgt dieses Land die ganze Welt.

Niemand exportiert so viel Steinkohle und Eisenerz wie Australien, nach wie vor die Schlüsselstoffe der Industriegesellschaft. Nirgendwo sonst werden solche Mengen an Bauxit und Titanerz abgebaut. Bei der Förderung von Industriediamanten liegen australische Unternehmen ebenfalls an der Spitze. Und kein anderes Land verfügt über größere Reserven an Nickel, Cadmium oder Blei.

Australien, keine Frage, ist der große Gewinner des Rohstoffbooms, den die Wirtschaft gegenwärtig rund um den Globus erlebt. Schon in den vergangenen 20 Jahren hat die Minenindustrie Metalle, Brennstoffe und Mineralien im Wert von über 370 Milliarden US-Dollar exportiert. Nun aber erlebt sie die besten Tage ihrer Geschichte.

Die Unternehmen verdienen so gut wie nie, der Gewinn aus Rohstoffexporten wird in der Branche voraussichtlich um 36 Prozent steigen. Allein BHP Billiton, die weltgrößte Minengesellschaft mit Sitz in Melbourne, hat einen Halbjahresprofit von 4,4 Milliarden US-Dollar eingefahren, das sind fast 50 Prozent mehr als zuvor. Der Run auf Rohstoffe werde sich fortsetzen, erwartet der BHP-Vorstandschef Chip Goodyear, und zwar solange China jedes Jahr um etwa acht Prozent wachse – und das, glaubt Goodyear, gehe noch „in der voraussehbaren Zukunft“ so weiter.

China ist für Australien mehr als nur der Nachbar gleichsam vor der Haustür, sein ökonomischer Aufstieg hat unmittelbare Folgen auf die heimische Wirtschaft. Inzwischen ist die Volksrepublik nach Japan zum zweitwichtigsten Handelspartner avanciert, die Länder verbindet eine beinahe symbiotische Beziehung.

Australien liefert die Grundstoffe, die China für sein Wirtschaftswunder so dringend benötigt. Die Chinesen wiederum versorgen die Australier mit all den billigen Kochtöpfen, Waschmaschinen und Kleinwagen, die sie aus den Metallen fabrizieren. „Wir wären verrückt, wenn wir diese Beziehung nicht ausbauen würden“, sagt der australische Premierminister John Howard.

Davon profitiert der ganze Kontinent: Die australische Wirtschaft wächst kontinuierlich seit 15 Jahren, die Arbeitslosenquote liegt mit rund fünf Prozent beneidenswert niedrig, die öffentlichen Schulden sind kaum der Rede wert, der Staatshaushalt ist ausgeglichen. Alles bemerkenswerte Zahlen, beinahe schon zu gut: Sie bergen einige Risiken.

Zum Beispiel sind Fachkräfte knapp geworden. Ein Großteil der australischen Unternehmen muss Aufträge verschieben oder gar absagen, der Mangel an Mechanikern, Architekten oder Geologen bremst das Wachstum – und erschwert den Alltag: Einen Termin beim Klempner zu bekommen dauert in der boomenden Westküstenstadt Perth zuweilen ein halbes Jahr.

Gleichzeitig haben die Hauspreise astronomische Höhen erreicht, nicht nur in der Minenstadt Roxby Downs. Insbesondere in den Metropolen, wo das Gros der Australier lebt, könnte die Blase jederzeit platzen, warnen Volkswirte.

Außerdem hat der australische Dollar erheblich an Wert gewonnen, seit Milliardensummen aus den Rohstofferlösen ins Land fließen. Das freut zwar die Verkäufer der Bodenschätze, aber es macht anderen Exportindustrien das Leben schwer.

Manche fürchten deshalb, dass mit der wachsenden Abhängigkeit von Bodenschätzen die Volkswirtschaft gefährlich Schlagseite bekommt, schon ein Drittel aller Ausfuhren entfallen auf Rohstoffe. „Die Wirtschaft ist fett und faul geworden", warnt Chris Richardson vom Forschungsinstitut Access Economics in Canberra. Was also, wenn die Preise für Eisenerz, Kohle, Kupfer oder Gold ins Rutschen geraten? Ist der Absturz unvermeidlich, falls Chinas Aufschwung doch einmal stockt?

Es wäre nicht das erste Mal, dass die Australier erfahren müssten, wie sehr der Wert von Bodenschätzen schwanken kann. Sie sind das Auf und Ab im Rohstoffgeschäft gewohnt, seit Generationen.

Seit der Besiedlung sind Bodenschätze Teil der Kultur und Entwicklung dieses Kontinents – von den farbigen Felszeichnungen der Aborigines über den Goldrausch Mitte des 19. Jahrhunderts bis zum jetzigen Uranexport. Wo Metalle oder Mineralien gefunden wurden, wurden Straßen und später Schienen gebaut, es entstanden Fabriken, Städte – und sie verschwanden wieder, wenn die Vorkommen zur Neige gingen oder die Preise verfielen. Bis heute verändert die Erschließung neuer Lagerstätten die Landkarte Australiens: In den vergangenen knapp 40 Jahren sind 26 Städte, 17 Schiffshäfen, 26 Flughäfen und mehr als 2000 Kilometer Bahngleise geschaffen worden.

Begonnen hat die Ausbeutung im Südosten des Landes, in New South Wales, dort stießen britische Siedler auf gewaltige Kohlevorkommen. Doch erst mit dem Goldrausch, ausgelöst 1851 durch Funde im südlichen Bundesstaat Victoria, erlangte Australiens natürlicher Reichtum tatsächlichen Weltruhm.

Hunderttausende Einwanderer, vor allem aus Europa, aus England, Irland, auch aus Deutschland, traten die beschwerliche Passage an, meist eine Reise ohne Wiederkehr. In zwölf Jahren wuchs die Zahl der Einwohner in Victoria von 77000 auf 540000. Damals wurden 40 Prozent der weltweiten Goldförderung hier produziert, in Orten wie Bendigo, Ballarat, Stawell oder Ararat.

In den Süden Australiens lockte auch viele Chinesen die Aussicht auf ein Leben im Wohlstand. Schnell sprach es sich 1857 in ihrer Heimat herum, dass sie eine Goldader entdeckt hatten, die sie Kanton nannten. Angeblich folgten 20000 Menschen den

700 chinesischen Pionieren innerhalb von zwei Wochen und gründeten den Ort Ararat.

Noch heute stößt man in der hügeligen Landschaft vereinzelt auf Löcher, die die Chinesen einst gegraben haben. Selten haben sie tiefe Stollen ausgehoben, nicht aus Faulheit, sondern weil viele abergläubisch waren: Die Chinesen wollten die Erdgeister nicht stören.

Überall in Victoria finden sich noch Relikte an die wilden Tage. Hier nennt sich das Kreditinstitut „Old Gold Bank", die Unterkunft „Goldfields Motel" und das Café „Welcome Stranger", benannt nach dem 72-Kilo-Nugget, der 1869 in der Nähe gefunden wurde. Prächtige alte Villen mit viktorianischen Ornamenten lassen ahnen, wie reich diese Gegend einmal war. Im Shamrock Hotel, im Zentrum von Bendigo, wurde jeden Abend der Boden der Bar abgespritzt, so heißt es, um den Goldstaub aufzufangen, der sich von den Stiefeln der Minenarbeiter gelöst hatte.

Inzwischen breitet sich an den historischen Stätten erneut das Goldfieber aus. Seit der Preis für das Edelmetall wieder anzieht, erleben die alten Vorkommen eine erstaunliche Renaissance. Die Förderanlage in Bendigo war ein halbes Jahrhundert außer Betrieb, nun läuft sie wieder. Selbst in der Magdala-Mine in Stawell, einer der ältesten Anlagen des Landes, baut die Firma Leviathan Resources in 1000 Metern erneut Erz ab.

Etwa 40 Minuten ist ein Truck unterwegs, wenn er die Tour aus der Tiefe von Magdala beginnt. Ganz langsam werden die Scheinwerfer im Tunnel größer und das hochtourige Summen lauter, bis der Riesenlaster, beladen mit 50 Tonnen Gestein, das Tageslicht erreicht. Rund 17000 Fuhren holen die Lkw pro Jahr aus dem Untergrund.

An Ort und Stelle wird das Erz verarbeitet. Mehrere Mühlen zerkleinern das Gestein, bis die Körner einen Durchmesser von gerade mal 0,15 Millimetern haben. Dann wird der graue Staub mit Wasser vermischt, eine Zentrifuge trennt grob die Stoffe voneinander, schließlich werden Chemikalien zugesetzt, um das Edelmetall auszufällen.

„Pro 50-Tonnen-Ladung ergibt das etwa eine Streichholzschachtel Gold", sagt der Explorationsmanager Jon Dugdale: etwa neun

Unzen, also knapp 275 Gramm. „Das ist nicht viel, aber bei Preisen von 800 Dollar pro Unze lohnt es sich natürlich", meint er.

So rechnet derzeit eine ganze Reihe wagemutiger Unternehmer. Sie gründen kleine Bergbaubetriebe, sogenannte Juniors, und suchen bevorzugt dort nach Metallen und Mineralien, wo schon ihre Großeltern gegraben haben könnten. Nicht nur Gold- oder Silberlagerstätten wecken ihr Interesse. Seit sich der Preis für Uran in nur zwei Jahren fast verdreifacht hat, gerät auch der Kernbrennstoff in ihr Blickfeld – und in das der Anleger.

Juniors mit Namen wie „Toro Energy" oder „Valhalla Uranium" holen sich ihr Kapital oft von der Börse, ihre Aktien sind hochspekulative Papiere, die oft auf verwegenen Prognosen beruhen, schließlich haben viele der Gründerfirmen noch keine Unze gefördert. Nur die wenigsten Juniors schaffen es, sich aus eigener Kraft zu etablieren. Vielen geht irgendwann das Geld aus, wer Glück hat, wird von den Großen der Branche geschluckt.

Doch auch die Konzerne fassen angesichts der spektakulären Preisentwicklung wieder Mut zu investieren. Sie haben ihre Förderanstrengungen erheblich verstärkt, die geplante Olympic-Dam-Expansion ist das beste Beispiel. Allein die Studien, die die Umsetzung des Megaprojekts untersuchen, lässt sich BHP Billiton 500 Millionen US-Dollar kosten.

Die Zahl der Explorationsvorhaben in Australien hat Rekordniveau erreicht. Innerhalb eines Jahres haben die Minenfirmen für den Abbau von Kupfer und Nickel 88 Prozent mehr investiert. Insgesamt zählt das Wirtschaftsforschungsinstitut Abare 256 laufende Projekte im Wert von 34 Milliarden Dollar. „Das ist ein weiteres Anzeichen dafür, wie groß das Investitionsinteresse in diesem Sektor ist", sagt Abare-Chef Brian Fisher über die neue Dynamik.

Alle zwei Monate haben die großen Spieler im Rohstoffgeschäft Gelegenheit, diesen fulminanten Aufschwung zu feiern. Dann lädt der Mining Club von Melbourne in den Festsaal des Rathauses ein.

Dort darf jedes Unternehmen, das in der Welt des australischen Bergbaus etwas zu sagen hat, einen eigenen Tisch besetzen, zu erkennen am jeweiligen Firmenwimpel: Die Manager von BHP Billiton und vom Rivalen Rio Tinto sind natürlich da, aber auch

Wirtschaftsprüfer von KPMG oder Analysten der Macquarie Bank. Die Herren tragen dunkle Anzüge, die wenigen Damen meist Kostüm: Die Minenbranche ist noch konservativer als das Bankgewerbe.

Traditionell gilt Melbourne, die Hauptstadt von Victoria, als das Zentrum der Rohstoffindustrie. Hier legten einst die Schiffe mit den Einwanderern an, die dem Lockruf des Goldes gefolgt waren. Hier hat BHP Billiton sein Hauptquartier, die Dependance der Nummer zwei in der Welt, des britisch-australischen Konzerns Rio Tinto, ist nur wenige Straßen entfernt. Dennoch gibt Melbourne nicht mehr den Takt der Industrie vor, die Musik spielt 3000 Kilometer weiter im Nordwesten.

Dort, in der Pilbara-Region, lagern gewaltige Eisenerzvorkommen, es sind die zweitgrößten Vorkommen der Welt. Vor gut drei Milliarden Jahren haben sich hier einzigartige Gesteinsformationen gebildet, heute langgestreckte Bergketten, die glutrot in der Sonne leuchten, der Eisengehalt liegt bei bis zu 68 Prozent. Seit den sechziger Jahren werden die Bodenschätze abgebaut.

Die auffälligste Erscheinung in der westlichen Wildnis ist Mount Whaleback, ein gewaltiger Berg, gekrümmt wie ein Walrücken, fünf Kilometer lang, zwei Kilometer breit und 250 Meter hoch, noch jedenfalls, denn zur Hälfte ist er schon abgetragen, und jeden Tag wird er ein Stück kleiner. Irgendwann soll hier ein 350 Meter tiefes Loch gegraben sein.

Unzählige Straßen umsäumen den Berg, von Ferne sehen sie aus wie Reisterrassen. Darauf stehen Bagger, die Trucks mit Gestein auffüllen, rund 240 Tonnen pro Ladung. Die Kabinen sind so hoch, dass die Fahrer erst 20 Stufen emporklettern müssen. Die Brocken werden zerkleinert, das Erz wird auf Eisenbahnwaggons gekippt, die bis zu 7,5 Kilometer langen Zügen verbunden werden.

Jeden Tag verlässt ein Dutzend dieser schier endlosen Ketten die Pilbara-Region, die Züge fahren 426 Kilometer in Richtung Norden, bis zur Küste nach Port Hedland. Dort staut sich am Hafen schon Frachter an Frachter. Die Schiffe warten darauf, beladen zu werden, dann legen sie schnell wieder ab in Richtung Shanghai, Ningbo oder Kanton. Etwa zehn Tage dauert die Passage, es ist ein pausenloser Pendelverkehr: randvoll hin, meistens leer zurück.

Fast die Hälfte aller australischen Eisenerz-Exporte gehen inzwischen nach China. In der Volksrepublik steigt die Nachfrage nach dem Metall jährlich um etwa 20 Prozent. Die Konzerne kommen kaum mehr nach, den Bedarf zu decken. Dabei hat allein Rio Tinto in den vergangenen fünf Jahren seine Eisenerz-Produktion bereits verdoppelt.

Manche fürchten bereits, die australischen Bergbaukonzerne setzten allzu sehr auf die China-Karte. Dem langjährigen Rio-Tinto-Eisenerz-Vorstand Chris Renwick bereitet dies jedoch keine Sorgen. Früher sei man von Japan abhängig gewesen, viel stärker sogar, erinnert er sich, und nun entwickele sich eben China zum wichtigsten Abnehmer. „Man muss den Geschäften dort nachgehen, wo sie passieren", meint Renwick pragmatisch.

Das sagen sich auch die Chinesen und versuchen, direkten Zugriff auf die Bodenschätze des Nachbarn zu bekommen. Chinesische Firmen, allen voran der Investmentkonzern Citic, kaufen sich mit Milliardensummen bei australischen Produzenten ein.

Citic hält zum Beispiel bereits zwölf Prozent an Macarthur Coal, einem Kohleförderer aus Queensland. Viele Interessenten hätten schon an seine Tür geklopft, erzählt Macarthur-Chef Ken Talbot, neben China auch Indien oder Brasilien. Er sei nicht abgeneigt, mit ihnen ins Geschäft zu kommen, sagt er, schließlich handele es sich um die wichtigsten Wachstumsregionen der Welt, „und deshalb legen wir Wert darauf, in diesen Ländern Partner zu haben", so der Kohlemanager.

Ein besonderes Auge haben die Chinesen aber auch auf die Uranvorkommen Australiens geworfen. Die Volksrepublik will bis 2020 in der Lage sein, viermal mehr Atomenergie zu erzeugen, dazu sollen 28 Kraftwerke gebaut werden, jährlich werden dann statt 1500 Tonnen Uran 20000 benötigt.

Schon im Jahr 2005 hatte Citic beim Bietergefecht um WMC Resources teilgenommen, dem Unternehmen, dem damals die Olympic-Dam-Mine gehörte. Am Ende mussten sich die Chinesen und die anderen Konkurrenten jedoch BHP Billiton geschlagen geben.

Inzwischen nutzen die Chinesen auch ihren diplomatischen Einfluss, um an den begehrten Energieträger zu kommen. Bei einem Besuch im Frühjahr 2006 unterzeichneten Premier Wen Jiabao und sein Kollege Howard ein Abkommen, das den Export von australischem Uran erleichtern soll. Der Vertrag ist umstritten, er hat eine alte Debatte in Australien neu entfacht, sie kreist um die Frage, ob man Uran wie jeden anderen Rohstoff behandeln soll, ob man ihn also auch an ein Land wie China verkaufen darf.

Die Howard-Regierung verweist auf Klauseln im Vertrag, die die Chinesen erfüllen müssten, vor allem die Verpflichtung, Uran nur für friedliche Zwecke zu nutzen. Manchen in der oppositionellen Labor-Partei genügen solche Einschränkungen nicht. Er könne diesen Sicherheitsgarantien nicht trauen, sagt zum Beispiel der Parlamentarier Peter Garrett skeptisch. Garrett, Energieexperte seiner Partei, war früher Lead-Sänger der australischen Rockband Midnight Oil und schon damals bekannt als Umwelt-Aktivist.

Solche Kontroversen sind deutliche Zeichen dafür, dass Australien aus dem Rohstoffboom auch eine neue politische Rolle erwächst. Als die Regierung Howard vor gut zehn Jahren antrat, lag Australien gleichsam am Rande der politischen Landkarte. Vielen auf dem Kontinent war dies auch ganz recht.

Heute nimmt Australien als wichtiger Rohstofflieferant eine zentrale Stellung zwischen West und Ost ein. Das Land bildet gleichsam die Brücke zwischen Washington und Peking, ob es will oder nicht. Das bedeutet mehr Verantwortung, auch mehr Ärger, aber dafür werden die Australier reich belohnt: Kaum ein anderes Land profitiert so von der Globalisierung.

Das jüngste Exportabkommen mit China hat es jedenfalls noch wahrscheinlicher gemacht, dass BHP Billiton seine Mine Olympic Dam erweitern wird. Auf mindestens 60 Jahre könnte sich dann die Lebensdauer der Lagerstätte verlängern, vielleicht auch etwas mehr.

Wie groß der geplante Tagebau tatsächlich ausfallen wird, ist unklar. „Die Geologen sind noch bei den Testbohrungen", sagt Minenchef Dalla Valle. Meter für Meter dringen sie nach Süden vor. Bislang haben sie das Ende des Erzkörpers nicht entdecken können.

Australien II – Schatz im Niemandsland

Mitten im Outback liegt die größte Untertageanlage Australiens: die Mine „Olympic Dam“ ist eine Welt für sich.

Von Alexander Jung

Jeden Tag zur Mittagspause suchen die Arbeiter der Olympic-Dam-Mine ein wenig Entspannung im „Hard Rock Café“. So nennen sie den langen Stollen, dessen Wände mit Beton ausgespritzt sind, damit der Granit nicht bröckelt. Es ist klamm hier unten, in 420 Meter Tiefe, und es zieht, weil die Lüftung fortwährend läuft. Die Männer packen ihre Sandwiches aus, trinken Tee. Dann zelebrieren sie ihr sonderbares Ritual.

Sie nehmen den Teebeutel, schwingen ihn wie ein Lasso durch die Luft und schleudern ihn in die Höhe. Manchmal gelingt es, dass eines der Säckchen sich in der Eisengittermatte über ihnen verfängt. Dann ist Stimmung im Schacht. Mittlerweile hängen schon einige Dutzend wie Fledermäuse von der Decke.

Das sind die kleinen Freuden des australischen Bergmanns. Wer zwölf Stunden pro Schicht in der größten Untertageanlage Australiens verbringt, entwickelt wohl ein paar Schrullen.

Nach der Teepause ziehen die Arbeiter wieder los, mit Atemmaske am Gürtel und Grubenlampe am Helm, den Kopf geneigt, damit das Licht nicht andere blendet. Keiner darf vergessen, sein elektronisches Navigationssystem auf den neuesten Stand zu bringen. Jeden Tag werden hier weitere Tunnel eröffnet, einer sieht aus wie der andere, auf 200 Kilometern zieht sich ein Gewirr von Straßen und Stollen durch den Granit. Es ist eine Welt für sich.

Rund 700 Bergleute sind in den Gängen unterwegs, die meisten von ihnen damit beschäftigt, Bohrgeräte, Fahrzeuge oder Transportbänder zu warten. Mit dem physischen Abbau des Erzes hat kaum einer mehr etwas zu tun. Das geschieht fast nur noch per Joystick und Kamera aus dem Kontrollraum übertage.

Von dort werden die fahrbaren Bohrmaschinen ferngesteuert. Sie holen das Gestein aus den sogenannten Strossen, das sind durch Sprengung erzeugte Hohlräume, und kippen das Material auf die Loren eines Elektrozugs. Noch auf der Lore wird es in fußballgroße Brocken zertrümmert, per Förderband gelangt es nach oben.

Der Augenschein lässt nicht erahnen, was sich alles im grauen Granit verbirgt: Der Kupfergehalt des Erzes liegt bei 1,5 Prozent, außerdem finden sich hier pro Tonne Erz etwa 3,6 Gramm Silber, 0,5 Gramm Gold, vor allem aber 600 Gramm Uranoxid, dies macht Olympic Dam zur größten Uranlagerstätte der Welt.

Drei Minuten dauert die Fahrt nach oben, wer den Förderkorb des Whenan-Schachts verlässt, muss seinen Schutzanzug abgeben und in die Gemeinschaftsdusche verschwinden. Auch die Reifen jedes Fahrzeugs, das die Mine verlässt, werden abgespritzt. Alles nur Vorsichtsmaßnahmen, versichert der Minenchef Dean Dalla Valle, die Strahlung läge „weit unter den Grenzwerten".

Übertage werden die einzelnen Rohstoffe aus dem Erz abgetrennt. Das Erz wird gemahlen und gewässert, gelaugt und raffiniert, ein langer Prozess, der am Ende pro Jahr 230 000 Tonnen Kupfer zum Ergebnis hat, 4200 Tonnen sogenanntes Yellow Cake, das gelbliche Vorprodukt von Uran, 2,3 Tonnen Gold sowie 24 Tonnen Silber.

Dazu sind Unmengen von Wasser nötig, ein kostbares Gut in der australischen Halbwüste. Etwa 30 Millionen Liter werden täglich verbraucht, das Wasser wird aus 100 Kilometer Entfernung per Pipeline herbeigeschafft.

Falls Olympic Dam oberirdisch erweitert wird, wie der Betreiberkonzern BHP Billiton erwägt, wäre mehr als dreimal so viel Wasser nötig. Dann müsste das Unternehmen für 300 Millionen Dollar eine eigene Entsalzungsanlage an der Küste aufbauen, die Leitung dorthin verschlänge noch mal 400 Millionen Dollar. „In dieser Größenordnung ist in Australien schon lange nichts mehr unternommen worden", sagt Dalla Valle.

Die Expansion würde die Einwohnerzahl von Roxby Downs, der benachbarten Ortschaft, von 4000 auf 9000 katapultieren. Seit diese Pläne bekannt sind, hat der Run auf die Häuser begonnen, vor allem junge Familien zieht es nun hierher.

Die Rollen sind meist klar verteilt: Der Mann arbeitet in der Mine, er verdient umgerechnet etwa 50000 Euro im Jahr. Es wird vier Tage am Stück gearbeitet, danach gibt es vier freie Tage. Die Frau führt den Haushalt und versorgt die Kinder. Die Geburtenrate in Roxby Downs ist eine der höchsten in Australien, ein Drittel der Bewohner ist jünger als zwölf.

Jeder in dieser Stadt hat irgendwie mit der Mine zu tun, nichts läuft hier ohne das Unternehmen. Dafür tut es aber einiges für das Wohlbefinden der Mitarbeiter: Es gibt einen Golfplatz, vier Football-Teams, zwei Sporthallen, einen Bowlingclub – und kein einziges Graffito: ein bisschen wie Singapur im Outback.

Dazu passt, dass die Bürger von Roxby Downs keine Stadtverordneten wählen wie andernorts in Australien. Stattdessen bestimmt ein eingesetzter Verwalter die Geschicke der Kommune. Auch übertage ist es eine Welt für sich.

Russland – Putin und der Pipeline-Poker

„Kreml Incorporated" nennen Moskauer Oppositionelle das Machtgeflecht der russischen Öl- und Gaswirtschaft. An wen der staatliche Energiekonzern Gasprom Öl oder Gas verkauft, entscheidet weniger der Markt als der Kreml-Chef. Die Führung der Gas-Giganten besteht vor allem aus Putins Petersburger Seilschaften. Viele seiner Vertrauten sind in trübe Deals verwickelt.

Von Uwe Klußmann

Über der Halbinsel Jamal, nördlich vom Polarkreis, breitet sich eine endlos scheinende Eiswüste aus. Selbst die Märzsonne erwärmt die Luft auf kaum mehr als 20 Grad minus.

Jamal-Ureinwohner vom Stamm der Nenzen lassen sich von Rentieren auf selbstgebauten Holzschlitten durch die spärlich von Krüppelfichten und Büschen bewachsene Tundra ziehen. Inmitten der Halbinsel, an der Bahnstrecke zwischen Obskaja und Bowanenkowo, steht ein Dutzend Arbeiter. Mit einem Kran setzt Brigadier Alexander Balasowitsch 25 Meter lange Schienen auf dem Boden ab.

Ein muskulöser Kollege aus Georgien, dessen Atem an seinem Kinn zu leichtem Raureif gefriert, befestigt die neuen Teile auf den Bahnschwellen mit Hilfe eines schweren Schraubenschlüssels. Es sind abgehärtete Männer aus allen Regionen der früheren Sowjetunion, die sich an das Leben bei rauem Klima mit Temperaturen bis Minus 61 Grad gewöhnt haben.

Auf der neuen Bahnlinie sollen später Gaskondensat und andere Bodenschätze nach Südwesten, Richtung Europa, transportiert werden. Der unwirtliche Sprengel Jamal gilt beim russischen Konzern Gasprom als „Region strategischer Interessen". Denn Schnee und meterdickes Eis bilden eine Kappe für gewaltige Wärmevorräte. Im Untergrund liegen über zehn Billionen Kubikmeter Gas, Russlands größte Reserven.

Schon jetzt kommt aus der kalten Einöde Wärme in deutsche Wohnstuben: Im Jahr 2005 lieferte die Region 40 Milliarden Kubikmeter Gas nach Deutschland, rund zwei Fünftel des deutschen Verbrauchs.

Auf der Landausbuchtung am Eismeer will der vom Kreml gelenkte Gigant Gasprom, in dessen Diensten auch Ex-Bundeskanzler Gerhard Schröder steht, in den nächsten Jahren die Förderung erheblich erhöhen. 80 Kilometer südöstlich von Jamal, im westsibirischen Jamburg und im benachbarten Nowy Urengoi speisen schon jetzt zwei Gasprom-Töchter 74 Prozent des Gases in die nach Südwesten führenden Rohre.

500 Kilometer südlich von Nowy Urengoi, einer Partnerstadt von Kassel, stehen die stählernen Bohrtürme des Öl-Unternehmens Juganskneftegas, das 6000 Menschen beschäftigt. Das Herzstück der russischen Ölförderung gehörte bis 2004 zum Konzern Jukos, dem Imperium des Ölmilliardärs Michail Chodorkowski.

Der Ex-Chef der einst größten privaten russischen Ölfirma sitzt zurzeit wegen Wirtschaftsverbrechen wie Steuerhinterziehung im Straflager Krasnokamensk im Osten Sibiriens. Neftejugansk, das Filetstück seines Unternehmens, wechselte unter Kreml-Regie bei einer trickreichen Auktion Ende 2004 für 9,35 Milliarden US-Dollar in die Hände des staatseigenen Konzerns Rosneft. Dessen Aufsichtsrat führt Igor Setschin, Vize der Präsidialverwaltung des russischen Präsidenten Wladimir Putin.

Pünktlich zum G-8-Gipfel in St. Petersburg brachte Rosneft im Juli 2006 Aktien an die Moskauer und Londoner Börse, um Kapital für neue Investitionen, vor allem in Sibirien und dem russischen Fernen Osten, zu mobilisieren. Der Börsengang ist mit dem Kreml abgestimmt. Er soll Weltoffenheit demonstrieren und helfen, Rosneft zu einem der großen Weltkonzerne der Ölbranche zu machen.

Seinen Einfluss auf die Öl- und Gasbranche will der Kreml allerdings nicht aufgeben. Unter Putin hat die Zentralmacht ihren Anteil an Gasprom auf über 50 Prozent erhöht. Im September 2005 verleibte sich das Unternehmen, dessen Aufsichtsrat Vizepremier Dmitrij Medwedew leitet, für 13 Milliarden US-Dollar die Mehrheit am Ölkonzern Sibneft ein. Rosneft, russlandweit das Unternehmen mit den größten Ölreserven, ist durch die Beigabe von

Juganskneftegas zur Nummer drei der nationalen Ölförderer aufgestiegen.

Dabei sind weder Gasprom mit seinen 175 Tochterfirmen noch Rosneft nach internationalen Maßstäben sonderlich transparent. Im Auftreten ähnelt der 2001 vom Kreml ins Amt gehievte Gasprom-Chef Alexej Miller, ein Vertrauter Putins aus dessen Tagen als Vizebürgermeister von St. Petersburg, mehr einem Kreml-Beamten als dem Boss eines der weltgrößten Energiekonzerne.

Mit wem Miller Verträge schließt, an wen er Gas verkauft und zu welchen Preisen, das entscheidet weniger der Markt als der russische Präsident, dem Miller regelmäßig vorträgt. Die Mannschaft um Miller rekrutiert sich vor allem aus Seilschaften von Petersburger Putin-Weggefährten und alten Kameraden vom sowjetischen Komitee für Staatssicherheit KGB.

Gasprom-Vize Sergej Uschakow kommt aus dem KGB und ist, wie schon sein Vorgänger Ex-Personenschützer Sergej Lukasch, in der Geschäftsführung verantwortlich für Kader und Sicherheit.

Gasprom-Hauptbuchhalterin Jelena Wassiljewa war Ende der neunziger Jahre Buchführungsvize des St. Petersburger Handelshafens. Dessen Direktor für Entwicklung und Investitionen hieß damals Alexej Miller.

Zahlreiche Petersburger Ein- und Aufsteiger, so Insider, seien in den letzten Jahren atemraubend reich geworden. „Da haben viele", spottet ein Ex-KGB-Oberst, „nur noch Dollars auf den Augen." Garri Kasparow, in der Opposition engagierter Ex-Schachweltmeister höhnt, Russland leiste sich „die reichste Bürokratie der Welt".

Gefördert wird die Klüngelwirtschaft durch den Mangel an öffentlicher Kritik. Mit Hilfe der Holding Gasprom-Media, die den größten privaten Fernsehsender des Landes, NTW, übernahm, gewöhnten Putins Gasmänner dessen Journalisten das investigative Recherchieren ab. Die beiden zentralen staatlichen TV-Kanäle sind dem Gaskonzern ohnehin gewogen.

Zwar wollte Gasprom-Aufsichtsratsmitglied und Wirtschaftsminister German Gref zu Beginn seiner Amtszeit im Jahre 2000 Gasprom entflechten. Aber Miller intervenierte bei Putin, und der sprach ein Machtwort. Eine Entflechtung des Großkonzerns stehe „nicht auf der Tagesordnung", lautet die neue Sprachregelung.

Dass Gasprom inzwischen gut 260 Milliarden US-Dollar wert ist und in der Marktkapitalisierung hinter Exxon Mobil und General Electric die Nummer drei unter den Konzernen der Welt, rechnet sich Präsident Putin als Verdienst an. Der Platz, den Gasprom international einnehme, sei „das Ergebnis einer zielgerichteten Tätigkeit des Staates", sagte Putin im Mai 2006 in seiner Rede zur Lage der Nation.

Tatsächlich hat der Präsident seinen Gasmännern jahrelang eingeschärft, allerlei verlotterte Gasprom-Töchter wieder an die Kandare zu nehmen. Eine Folge der erneuten Zentralisierung: Das Großunternehmen teilt den entmündigten Filialen Budgetmittel zu, deren Umfang in internen Verhandlungen vereinbart wird.

So fehlt dem Unternehmen, das über die weltweit größten Gasreserven verfügt, Geld für überfällige Investitionen. Ein 2006 auslaufendes Programm zur „Rekonstruktion und technischen Umrüstung" des Gasröhrensystems etwa hat Gasprom nicht erfüllt. Zu wenig, moniert ein Bericht des Rechnungshofes, habe der Staatskonzern auch in die Erkundung neuer Gasförderstätten investiert.

Bereite Gasprom die geplante Ausbeutung der Gasblase unter der Halbinsel Jamal weiterhin so langsam vor wie bisher, „dann können wir bis zur Erschließung noch 300 Jahre warten", spottete unlängst Rohstoffminister Jurij Trutnjew auf einer Tagung leitender Beamter in Moskau.

Zudem nutzt der Staat Gasprom als politisches Instrument. Der Energiekonzern muss zum Beispiel Millionen russischer Dorfbewohner mit wärmendem Gas versorgen – Kosten für die Leitungen: eine Milliarde US-Dollar.

Die Gasprom-Zentrale subventioniert immer noch zahlreiche Tochterbetriebe, die mit dem Gasgeschäft nur wenig zu tun haben. Zu den Begünstigten gehört eine Fabrik für Durchlauferhitzer im nordkaukasischen Armawir, ein Gasherd-Hersteller in Wladikawkas sowie ein Reifenwerk im sibirischen Omsk.

Schwerer noch wirkt die Last sozialer Verpflichtungen: Der russische Inlandsgaspreis ist staatlich reglementiert, das einheimische Geschäft für Gasprom defizitär. Daran wird sich so bald kaum etwas ändern, denn Protestkundgebungen verarmter Bürger gegen Gaspreiserhöhungen will der Kreml unter allen Umständen vermeiden, zumal ein Jahr vor der Duma-Wahl Ende 2007.

Mehr Kosten als Einnahmen verursachen die konzerneigenen Ferienheime und Sanatorien, etwa in Sotschi an der Schwarzmeerküste. Doch billige Mitarbeitertarife für einen Erholungsurlaub am palmengesäumten Kiesstrand von Sotschi und kostenlose Kuren in betriebseigenen Kliniken machen das Unternehmen zu einer stabilen, streikfreien Zone.

Gasprom mit seinen 350000 Beschäftigten erscheint so als paternalistisch verwaltete Insel von Sozialpartnerschaft im Meer des rauen russischen Nachwendekapitalismus; und präsentiert sich als Musterbeispiel für die von Putin geforderte „soziale Verantwortung des Business".

Dass der Gasgigant mehr der Logik politischer Macht als Marktgesetzen folgt, zeigen defizitäre Engagements des Staatskonzerns in zwei Regionen südlich der russischen Grenze. Seit Jahren versorgt Gasprom die international nicht anerkannte Rebellenrepublik Transnistrien, völkerrechtlich auf dem Gebiet Moldaus gelegen, mit Gas. Allein bis Juli 2005 hatte das geächtete Gemeinwesen Gasschulden in Höhe von 495,6 Millionen US- Dollar angehäuft. Doch obwohl Transnistriens „Präsident" Igor Smirnow keinen Zweifel daran lässt, dass seine Republik nicht zahlen kann, und Gasprom-Manager schon mal damit drohten, den Rebellen am Dnjestr-Fluss das Gas abzudrehen, liefert der Konzern weiter. Der Grund: Präsident Putin hat entschieden, die russophilen Rebellen im Ringen mit der moldauischen Zentralgewalt massiv zu unterstützen.

Ein Zuschussgeschäft dürfte auch ein Investment sein, auf das sich Gasprom in der ebenfalls international nicht anerkannten Republik Südossetien einlässt. Der verarmte Sprengel, rechtlich ein Teil Georgiens, faktisch von schwerbewaffneten Südosseten kontrolliert, soll jetzt vom benachbarten russischen Nordossetien aus mit Gas versorgt werden.

Die Gasprom-Spitze empfing im Oktober 2005 gar den südossetischen „Präsidenten" Eduard Kokoity zu Verhandlungen. Es ging um Details für den aufwendigen Bau einer Röhrentrasse über den Kaukasus-Kamm hinweg bis in Südossetiens Hauptstadt

Zchinwali. Dem schmunzelnden Rebellenführer wie auch den Gasprom-Managern war klar, dass nicht die Aussicht auf Valuta, sondern der Wille zur Macht Vater des im Kreml geborenen Projekts ist.

Moskauer Großmacht-Ideologen wie Alexander Prochanow ergehen sich denn auch bereits in Wunschträumen. Gasprom, so der Chefredakteur des National-Patrioten-Blatts „Sawtra", könne womöglich „mit seinen stählernen Zangen eine neue Variante eines russischen geopolitischen Imperiums errichten".

„Kreml Incorporated" nennt die oppositionelle Moskauer Wochenzeitschrift „Nowoje Wremja" das staatlich geschaffene Machtgeflecht der russischen Öl- und Gaswirtschaft. Wadim Kleiner, seit Jahren erfolgloser Aufsichtsratskandidat von Gasprom-Kleinaktionären, kritisiert den Hang der Konzernspitze zur Kooperation mit dubiosen Mittlerfirmen.

Ans Licht kamen diese Praktiken im Gasstreit zwischen Russland und der Ukraine Anfang 2006. Gasprom setzte als Importeur für die ukrainische Kundschaft die Zwischenhandelsfirma RosUkrEnergo ein, ein undurchsichtiges Unternehmen mit Sitz in der Schweiz, das je zur Hälfte der Gasprom-Bank und windigen ukrainischen Geschäftsleuten gehört.

Kaum transparenter sind die staatlich gesteuerten Geschäfte beim Öl. Die trüben Deals im russischen Ölexport, wissen Kenner, werden häufig nach einen dreistufigen Schema abgewickelt. Zunächst erwirbt eine Ölhandelsgesellschaft bei Förderunternehmen Rohöl für ein Zehntel bis ein Fünftel des Marktpreises. Danach veräußert der Konzern die zähe Flüssigkeit unter Weltmarktpreis an Tochterfirmen in Steueroasen wie den Cayman-Inseln oder den Bermudas. Diese Firmen bieten den Rohstoff dann zum international üblichen Tarif westlichen Kunden an.

Gasprom ist mit rund 14 Milliarden Euro im Jahre 2005 der größte Steuerzahler des Landes. Doch die Tricks der Konzerne mit Schattenfirmen auf sonnigen Inseln bringen den russischen Staat nach Schätzungen des Moskauer Rechnungshofs jährlich um drei bis vier Milliarden US-Dollar.

Nicht nur gegenüber dem Fiskus gilt bei Russlands Öl- und Gasmanagern Geiz als geil. Sie scheuen Investitionen in die überalterten Raffinerien nach der im realen Sozialismus erprobten Devise, möglichst lange von der Substanz zu leben.

Zwar verkaufen die Russen pro Tag Öl im Wert von rund 500 Millionen US-Dollar, wodurch der Rubel an Wert gewonnen hat. Aber darunter leidet der gesamte sonstige Export der ohnehin wenig wettbewerbsfähigen Wirtschaft.

Stattdessen hat der Ölboom die Superreichen in Moskau, deren Villenviertel sich als Speckgürtel um die Hauptstadt legen, noch wohlhabender gemacht. 10 von 33 russischen Milliardären auf der „Forbes"-Liste von 2006 sind vor allem durch Ölgeschäfte reich geworden.

Bei einem Großteil des Volkes kommt der Aufschwung hingegen nicht an. Nach offiziellen Angaben hatten 2004 knapp 70 Prozent der Russen ein Einkommen von monatlich weniger als 200 Euro, 27 Prozent brachten nicht einmal 100 Euro nach Hause.

Schlimmer noch: Im Land mit den weltgrößten Gasreserven haben Dutzende Millionen Bürger, vor allem auf dem Lande, immer noch keinen Gasanschluss. Ungezählte Dörfler heizen, wie im 19. Jahrhundert, Öfen mit Holz.

Trotz steigender Ölpreise sinken Russlands Wachstumsraten, wie die Weltbank moniert. Die Industrieproduktion erreichte mit drei Prozent im ersten Quartal 2006 nicht einmal das vergleichbare Vorjahresniveau. Die vom Kreml mit großem Propagandaaufwand inszenierten „nationalen Projekte", mit denen die Regierung wie aus einem Füllhorn rund 3,2 Milliarden Euro über das Bildungs- und Gesundheitswesen sowie Wohnungsbau und Landwirtschaft ergießt, ersetzen Strukturreformen. So werden lediglich die kümmerlichen Gehälter der Beschäftigten aufgebessert. Überdies wird die Inflation angeheizt, die von Januar bis April 2006 schon wieder 5,4 Prozent erreichte.

Wenn das Land seine Rohstoffeinnahmen auch künftig nicht in eine Modernisierung der russischen Wirtschaft investiere, warnt der Chef des Instituts für Nationale Strategie in Moskau, Jurij Solosobow, dann verwandelt sich Russland in ein Gas-Nigeria". Der afrikanische Staat gilt als Musterbeispiel fehlgeleiteter Ölgewinne.

Der Kampf um die Finanzströme aus dem Rohstoffexport ruft statt Reformern eher grobe Gesellen auf den Plan. Immer öfter fließt Blut für Öl und Gas. Am 23. März 2006 wurde Igor Korschunow, Vize eines Unternehmens der Gasprom-Tochter Sibur in Togliatti von einer Salve aus einer Maschinenpistole zersiebt.

Afghanistan-Veteran Korschunow, Oberst a. D. des Inlandsgeheimdienstes, sollte den Einfluss der kriminellen Szene auf den Betrieb zurückdrängen. Im benachbarten Samara war zwei Monate zuvor ein Manager eines anderen Sibur-Unternehmens durch Kugeln aus einer Maschinenpistole verletzt worden.

Im Herbst 2004 entführten Banditen in Saratow an der Wolga den leitenden Mitarbeiter der Gasprom-Tochter Jugtransgas und töteten ihn. Kurz zuvor hatten Kollegen des Unternehmens Zentrgas in Tula südlich von Moskau ihren früheren Vizedirektor Boris Schischikin zu Grabe getragen. Ein Unbekannter hatte ihn auf dem Weg nach Hause erschlagen.

Russische Staatsanwälte analysieren in solchen Fällen meist, die Morde stünden „mit der beruflichen Tätigkeit des Opfers in Verbindung" – Täter und Auftraggeber finden sie jedoch nur selten. Fahndungserfolge stellen sich noch am ehesten ein, wenn die Verdächtigen politisch in Ungnade gefallen sind, wie Alexej Pitschugin.

Vor dem Moskauer Stadtgericht muss sich der frühere Chef des Jukos-Sicherheitsdienstes seit März 2006 wegen des Vorwurfs verantworten, er habe im Juni 1998 den Bürgermeister der Ölmetropole Neftejugansk, Wladimir Petuchow, ermorden lassen. Der Kommunalpolitiker soll sich über mangelnde Steuerzahlungen des Konzerns in sein Stadtsäckel beklagt haben.

Gern wüssten Moskauer Ermittler Genaueres über die Aufträge, die Pitschugin von Leonid Newslin erhielt. Der gelernte Computeringenieur, faszinierter Kenner der blutigen Geschichte bolschewistischer Säuberungen, war als Jukos-Vize für den Sicherheitsdienst zuständig und Pitschugins Vorgesetzter.

Doch bevor die Ermittler den Haftbefehl gegen Newslin wegen Steuerhinterziehung und Beihilfe zum Mord ausfertigten, erwarb der Ex-Vorsitzende des Russischen-Jüdischen Kongresses die israelische Staatsbürgerschaft und wechselte aus dem kalten Moskau ins milde Tel Aviv. Israel liefert seine Bürger nicht an andere Staaten aus.

Venezuela – Ché mit Erdöl

Venezuelas Präsident Hugo Chávez wird immer mehr zum Gegenspieler des US-Präsidenten: Er fördert jede linke Bewegung in Lateinamerika, schmiedet Allianzen mit Fidel Castro und dient sich Iran als Partner an. Neuerdings beglückt er auch die Armen von New York mit billigem Öl.

Von Erich Follath

Gäbe es einen Oscar für die gröbsten Beleidigungen unter Politikern, der Preis ginge an Hugo Chávez und seine Regierungsmannschaft sowie an George W. Bush & Co. – zu gleichen Teilen.

Was hat sich der venezolanische Präsident nicht ins Zeug gelegt, um die Gringos im Norden zu beschimpfen, zu verleumden, lächerlich zu machen. Er nennt den US-Präsidenten abwechselnd den „größten Terroristen auf Erden" und „einen Schwachkopf mit dem Intelligenzquotienten eines Esels"; Außenministerin Condoleezza Rice hat in seinen Augen das Problem einer „faschistischen" Grundausrichtung – und dann noch ein ganz anderes, „sie ist sexuell frustriert". Er sei durchaus in der Lage, da Abhilfe zu schaffen, meint der Staatschef des Landes zwischen Karibischem Meer und Amazonas-Tiefland, empfinde aber keine Lust dazu.

Im Gegenzug bezeichnet Rice den Venezolaner als „Demagogen". George W. Bush geißelt Chávez als Paten des Terrors. Verteidigungsminister Donald Rumsfeld vergleicht ihn mit Adolf Hitler. Und Pat Robertson, der republikanische Fernsehpfarrer, immerhin im Rennen um die Kandidatur für die Vize-Präsidentschaft, empfiehlt der CIA öffentlich: „Wir sollten ihn aus dem Verkehr ziehen."

Chávez, 51, droht mit dem Stopp von Erdöllieferungen an die Supermacht und deutet an, dass er sich diese oder jene Karibik-Insel einverleiben und im Übrigen mit Teheran eine „antiimperialistische Allianz" schmieden könne. Die USA veranstalten mit ihren Verbündeten vor der Küste Venezuelas Kriegsspiele und fahren alles auf, was ihnen an schwimmenden Drohgebärden zur Verfügung steht. Ein guter Tag in den venezolanisch-amerikanischen Beziehungen sieht derzeit so aus, dass Washingtons Botschafter in Caracas mit Tomaten beworfen wird und es zu nicht mehr kommt als einer scharfen diplomatischen Auseinandersetzung.

Vom iranischen Präsidenten Mahmud Ahmadinedschad und Nordkoreas Diktator Kim Jong Il einmal abgesehen, gibt es wohl keinen Politiker auf der Erde, der die Bush-Regierung so umtreibt wie der Charismatiker aus Caracas.

Anders als die beiden anderen Sorgenkinder aber sitzt Chávez unbequem nahe, kaum 1800 Kilometer durch Gewässer von der US-Küste getrennt – er zündelt unmittelbar im „Hinterhof" der Supermacht. Und er tut alles, um ganz Südamerika gegen die USA aufzuwiegeln, die Latino-Welt auf Linkskurs zu bringen. Kein exotischer Caudillo ohne Macht, alles andere als ein bedeutungsloser Hinterhofpolitiker: Chávez regiert einen Schlüsselstaat – und er schwimmt geradezu in Erdöl. Venezuela ist fünftgrößter Exporteur der Welt und hat, nimmt man Kanadas Ölsande aus, die bedeutendsten Reserven in der westlichen Hemisphäre.

Zu allem Überfluss sind die Amerikaner auch noch ziemlich abhängig von dem Gegenspieler an ihrer südlichen Flanke. Nur Kanada, Mexiko und Saudi-Arabien liefern noch etwas mehr des schwarzen Goldes in die USA. Elf Prozent der gerade in diesen Tagen der Ressourcen-Knappheit dringend benötigten US-Einfuhren stammen aus Chávez-Country. Außerdem tankt Amerika beim Klassenfeind: Citgo, mit seinen 14000 Tankstellen in den Vereinigten Staaten, ist zu 100 Prozent in venezolanischem Staatsbesitz.

Fast jede Woche eine neue Provokation. Mal ermuntert Chávez die KP in Peking zur größeren Standhaftigkeit gegen die „US-Hegemonisten". Mal kehrt er in Wien dem lateinamerikanisch-europäischen Gipfel den Rücken und lässt sich bei der Gegenfeier als weltweite Hoffnung der Alt-Linken und aktuellen Globalisierungsgegner feiern. Mal schneidet er beim London-Besuch den Premier Tony Blair, „Bushs Pudel", und umarmt den exzentrischen linken Bürgermeister Ken Livingston. Mal lobt er Fidel Castro als „Bastion der Gerechtigkeit" und verbrüdert sich mit Kuba (und Bolivien) zur „Achse des Guten". Mitte Juni 2006 erst drohte Chávez eine Reise der besonderen Dimension an: Sie soll ihn nach

Russland, China, Nordkorea, Syrien und Iran bringen, zu Waffenkäufen, Ölverkäufen, zu neuen „strategischen Partnerschaften" – jede Station eine Herausforderung fürs Weiße Haus.

Besonders intensiv mischt sich der Venezolaner in die Politik südamerikanischer Nachbarländer ein. In Bolivien hat er mit Millionen-Wahlkampfspenden vor einem halben Jahr wesentlich mitgeholfen, Evo Morales an die Macht zu bringen, der prompt die Erdgasindustrie verstaatlichte. In Argentinien kaufte er Staatsanleihen in Milliardenhöhe und macht sich so die Regierung Kirchner gefügig. Brasilien, ja den ganzen Kontinent versucht er mit billigem Erdgas zu locken, gepumpt durch eine phantastische, bisher allerdings erst im Planungsstadium befindliche Pipeline quer durch Südamerika.

Ganz nebenbei gibt Venezuelas Präsident auch noch den Wohltäter in den Slums der USA. In den Armenvierteln von Boston und in der New Yorker Bronx hat er in der bitterkalten Weihnachtszeit 2005 Heizöl aus eigenen Beständen nahezu zum halben Preis verkaufen lassen: Santa Chávez.

Wer ist dieser Mann, der als Idol der verarmten und desillusionierten Massen die Straßen von Südamerika erobert hat, Castro und Guevara verdrängend? Ein hoffnungsloser, aber sympathischer Idealist à la Don Quijote, der gegen Windmühlen kämpft und die Weltbank meint? Der letzte wahre sozialistische Revolutionär, eine Art Ché mit Öl – oder bloß ein egomanischer Populist mit Hang zur Diktatur? Wie tickt dieser Geliebtgehasste, der einerseits die Bush-Regierung verteufelt und sich aufführt wie ein Derwisch, andererseits Tag für Tag und völlig ungestört die Supertanker Richtung Texas und Florida ziehen lässt und kühl abkassiert – fast zwei Drittel des venezolanischen Erdöls für den US-Markt?

Ein ganz normaler Sonntag in Venezuela. Wie an jedem Tag des Herrn, 52-mal im Jahr, jeweils ab elf Uhr vormittags: It's Showtime. Die Nation versammelt sich vor den Fernsehgeräten. Es läuft die Sendung „Aló Presidente" – fünf bis sechs und manchmal auch sieben Stunden: Chávez live.

Der Staatschef trifft das Volk, in einem improvisierten Studio oder auch auf einem Marktplatz, in irgendeiner Großstadt oder auch einem Kaff auf dem Land. Er reagiert auf Zurufe, er beantwortet die Fragen telefonisch zugeschalteter Bürger. Zwischendurch Monologe. Er erklärt die Weltlage, erzählt von seinen Träumen, berichtet über Sexprobleme. Und manchmal schlichtet er per Bildschirm schlagfertig und bauernschlau auch einen Ehestreit. Chávez-TV, das ist oft banal, manchmal entlarvend, gelegentlich witzig – immer aber ein eindrucksvolles Spektakel mit einem Politiker, der Lust am Fabulieren hat und unübersehbar einen direkten Draht zum Volk besitzt. Man hat große Schwierigkeiten, sich eine solche Sendung mit George W. Bush vorzustellen oder mit Horst Köhler.

Diesmal ist der Präsident in der Kleinstadt El Tigre zu Gast. Rotes Fallschirmspringer-Barett, rotes Hemd über rotem T-Shirt, ausgewaschene Jeans, ein breites Lächeln auf dem dunkelhäutigen Gesicht, dessen Züge scharf eingraviert sind wie mit einer Machete: Ich bin keiner dieser feinen Pinkel in den klimatisierten Vorstandszimmern, suggeriert dieses Outfit, keiner der Großgrundbesitzer, die abgehoben haben und nur an sich denken, an prächtige Villen und schnelle Ferraris. Sondern einer von euch.

Chávez spaziert bei laufenden Kameras durch einen der „mercal" genannten, bezuschussten Supermärkte für Grundnahrungsmittel, die der Staat in Slumvierteln und besonders armen Landesteilen eingerichtet hat. „Milch, Mehl, Maisprodukte, alles spottbillig", ruft der Präsident triumphierend und hält dem Ehrengast, der ihn heute begleitet, ein Paket Kaffee unter die Nase. „Schau her, ein hundertprozentig venezolanisches Produkt, auf dessen Verpackung haben wir unseren ersten Paragrafen der Verfassung gedruckt."

Ein bisschen ratlos und in Schweiß gebadet hält Daniel Ortega, der Angesprochene, den Kaffee ins Bild. Ortega macht aber gute Miene zum seltsamen Spiel. Schließlich finanziert Chávez, wie man hört, seinen Wahlkampf. Der linke Ex-Präsident Nicaraguas plant mit seinen Sandinisten im November 2006 ein Comeback.

Chávez wirbelt weiter, zwirbelt weiter. Küsse und neue Wortkaskaden. Er umarmt eine Hochschulabsolventin aus den verslumten „barrios", die es mit einem „seiner" Staatsstipendien geschafft hat. Er preist Jesus als Sozialrevolutionär („Ich fühle mich jeden Tag dem Christentum näher"), Lenin als Politiker („Der brachte was auf die Reihe“), Cervantes als Literaten („Wenn die Hunde uns anbellen, dann, weil wir galoppieren“, zitiert er ihn aus „Don Quijote“) – und landet dann bei seiner historischen Lieblingsfigur: Simón Bolívar, dem in Caracas geborenen „Befreier Südamerikas“.

So wie Bolívar in den zwanziger Jahren des 19. Jahrhunderts einen großen Teil des Kontinents gegen die spanische Besatzungsmacht zusammenschweißte, will Chávez es gegen die „drohenden neuen Besatzungstruppen aus Washington“ schaffen. Er hat durchgesetzt, dass Venezuela seinen Staatsnamen änderte und heute offiziell „República Bolivariana de Venezuela“ heißt; aber das reicht Chávez nicht – er will ein vereintes bolivarisches Anti-Yankee-Lateinamerika.

An diesem Sonntag in El Tigre ist er milde gestimmt, nicht wie neulich, als er vor laufenden Kameras wutschnaubend einen seiner Minister zusammengefaltet hat. Fast pflichtschuldig kommen die Ausfälle gegen den unmenschlichen Kapitalismus und die amerikanischen Teufel. Ab Stunde vier spielt Chávez nur mehr den Wohltäter. Immer wieder brandet Beifall auf, wenn er Anrufern Zusagen macht. „Was – in eurer Gemeinde fehlt es an Trinkwasser, das gibt es doch nicht, na das ändern wir aber gleich, mein Herr Finanzminister, hör mal zu …“ Ein Narziss mit Goldmund, der die Dollars nur so sprudeln lässt.

Als „Aló Presidente“ dann vorbei ist, sind die Zuschauer mindestens so erschöpft wie der Star. Aber sie sind politisch wieder einmal auf dem Laufenden. Seit die wichtigsten Oppositionsparteien die letzten Wahlen boykottiert haben, gibt es keinen einzigen Abgeordneten mehr im Parlament, der Chávez nicht nahesteht. Der Präsident weiß, dass er von da kein Feedback zu erwarten hat. Die führenden Tageszeitungen des Landes „El Universal“ und „El Nacional“ kritisieren ihn zwar immer noch scharf – Venezuela ist weit von einer Meinungsdiktatur à la Kuba entfernt. Auf diese Bastionen der Oberschicht gibt Chávez allerdings nicht viel. Sein Herrschaftsinstrument ist das Fernsehen, er regiert das Land televisionär. Mit seiner Personality-Show. Und mit einem Mediengesetz, das die „soziale Verantwortung“ vorschreibt und jederzeit in Zensur ausarten kann.

Was genau gezeigt werden kann, überwacht ein Chávez-nahes Gremium. Es kann sogar die Ausstrahlung regierungskritischer Sendungen verbieten. Und wenn der Präsident zum Volk sprechen will, darf er laut Gesetz verordnen, dass alle Stationen auf „cadena“ („Kette“) schalten und seine Worte in Zwangsgemeinschaft live und landesweit ausstrahlen. Chávez hat über seine Kritiker so ein Damoklesschwert gehängt.

Es gibt wenige, mit denen sich der Präsident berät. Im weiteren Kreis der Chávez-Sonne befinden sich auch drei Deutsche, alle stramm links: der Abgeordnete des lateinamerikanischen Parlaments und Alt-68er Carolus Wimmer; der heutige Vize-Erdölminister Bernard Mommer; der in Mexiko ansässige Anti-Kapitalismus-Ideologe Heinz Dieterich. Zum engeren Kreis gehören zwei persönliche Freunde, mit denen er sich „inoffiziell“, aber dafür umso häufiger trifft: sein Kampfgefährte, der Oberbürgermeister von Caracas Juan Barreto, sowie sein Intimus, der Psychiater Edmundo Chirinos.

Auf der Gegenseite stehen Männer, die um eine Anti-Chávez-Formation für die kommenden Wahlen ringen, seine Feinde. „Dieses Land hat nur mit uns eine Zukunft“ heißt ihr trotziger Slogan. Wer Hugo Chávez beurteilen will, muss beide Seiten kennenlernen.

Venezuela: Das ist die weite, glühende, herdplattenflache Savanne Llanos mit ihren Rinderfarmen und den Guerilleros aus dem Nachbarstaat Kolumbien; das ist das feuchtheiße Tropengebiet des Orinoco mit seinem spektakulären, welthöchsten Wasserfall Salto Ángel und den blubbernden Erdölquellen im Mangroven-Labyrinth; das ist die Isla de Margarita mit ihren Traumstränden und den zollfreien Einkaufsmöglichkeiten, wo sich der internationale Jet-Set mit Venezuelas whiskyseliger Elite mischt (fast exterritorial, eher Chivas-Land als Chávez-Land); das ist der Maracaibosee mit seinen staksigen Bohrtürmen, die den Horizont wie ein in den Boden gerammter Heuschreckenschwarm verdunkeln.

Vor allem aber ist Venezuela Groß-Caracas, der Ballungsraum der Hauptstadt, in dem über sechs Millionen Menschen leben, in armseligen Hütten, an Hänge geklebt, in prächtigen Villen im Tal, im gedrängten Spargelwald der Hochhäuser dazwischen – bald

25 Prozent aller Venezolaner. Und natürlich haben auch die Chávez-Intimfreunde und die erbitterten Chávez-Gegner hier ihre Büros, ihre Wohnungen, ihren Lebensmittelpunkt.

Die Metropole mit ihren achtspurigen Freeways, den Drive-in-McDonald's, den Pizza Huts und Starbucks-Cafés scheint eher verwandt mit Los Angeles als mit Lima. Eine Stadt wie geschaffen für Autofahrer, fast ohne Bürgersteige und mit dem niedrigsten Benzinpreis der Welt: ganze 80 Bolívaros (knapp drei Cent) kostet der Liter Treibstoff. Trotz der Dauersonne fahren kaum Cabrios auf den Straßen; auch im Stau kurbelt niemand die Fenster herunter – das gilt als extrem gefährlich. Denn Caracas ist auch die Kapitale des Gewaltverbrechens, derzeit die nach Bagdad gefährlichste Stadt der Welt. 40 bis 50 Morde an einem Wochenende sind keine Seltenheit, fast 8000 sind es nach Schätzungen von Menschenrechtsgruppen pro Jahr.

Die meisten geschehen in den Barrios der Armen, dort, wo Caracas aussieht wie ein umgekippter Mülleimer, wo blutige Rache und Gegenrache verübt wird in engen, dunklen, verschlammtverslumten Gassen. Aber besonders gefährlich ist auch die Innenstadt-Meile mit der stimmungsvollen alten Plaza, benannt wie alles Wichtige nach Simón Bolívar, mit dem restaurierten Geburtshaus des Nationalhelden, seinem pompösen Mausoleum.

Wenn die Dämmerung ihren Grauschleier wie ein Leichentuch über die alten Gemäuer im Zentrum wirft, dann regieren die waffenstarrenden Banden. Und noch nicht einmal die Superreichen im wohlhabenden Stadtteil Chacao, im Osten der Stadt mit vielen privaten Wachdiensten, bewegen sich in Sicherheit. Der deutsche Botschafter wurde schon zweimal Opfer von Raubüberfällen.

Vor dem Rathaus am Hauptplatz mit dem Bolívar-Reiterstandbild verkaufen alte Frauen Heiligenbildchen oder Chávez-Porträts. Manchmal auch eine Kombination von beiden – der gottgleiche Präsident, von Engeln umschwebt, an das Volk Manna verteilend: der heilige Hugo der Fleischtöpfe. Im Innern des Rathauses muss sich im ersten Stock Oberbürgermeister Juan Barreto, 47, mühen, den heraufbrandenden Verkehrslärm zu übertönen. Neben ihm eine Sekretärin, die so atemberaubend aussieht wie eine der zahlreichen Miss Worlds, die Venezuela hervorgebracht hat – und ziemlich verzweifelt wirkt. Sie führt einen Terminplan, der schon wieder Stunden überzogen ist. So ist es immer, seufzt sie. Ihr Chef sei etwas unorganisiert, weil viel zu gutmütig.

Dann kommt Barreto. Über die Kriminalität will er nicht sprechen, jeder müsse eben sehen, wie er sich schütze. Der Ex-Schriftsteller ist kein Mann für die Alltagsprobleme von Waffenbesitz bis Müllabfuhr, er ist ein Mann für die großen Konzepte: Zitate von Philosophen wie Spinoza, Marcuse und Adorno perlen ihm von den Lippen. Seine letzten politischen Initiativen? Gerade hat der Bärtige mit dem Teddybären-Charme an der Seite des Präsidenten eine CD zusammengestellt, für Staatsgäste, aber sie soll auch kostenlos in den Armenvierteln verteilt werden: „Sonidas de Caracas". Lustiges, Frivoles, einige sentimentale Lieder, die den nationalen Zusammenhalt stärken. „Wo Egoismus ist, da bedarf es der Solidarität – so heißt es doch bei der Frankfurter Schule."

Über seinen Freund Chávez spricht Barreto besonders gern. Schickt jetzt alle weg, die ihn in den nächsten Stunden unterbrechen und auf dringende Termine hinweisen wollen. Alle, bis auf ein vierjähriges Mädchen, Tochter der Sekretärin, der er aus einer der Aktenvorlagen auf dem Schreibtisch einen Papierflieger bastelt. Konzentriert sich dabei immer auf seine Worte – und lässt die revolutionäre Vergangenheit auferstehen.

Von dem Sohn armer Dorfschullehrer aus einer Mestizen-Familie erzählt er, der im verschlafenen Dorf Sabaneta in den Llanos aufgewachsen ist, mehr als 400 Kilometer entfernt von Caracas und auf einem anderen Planeten befindlich. Von Hugo dem Halbwüchsigen, der als Neunjähriger auf einem Leiterwagen mit Obst durch den Ort zog, um von dem Verkauf die fünf Geschwister mit durchzubringen. Von dem ehrgeizigen Studenten, der in der „weißen", durch Nachkommen der Kolonialisten geprägten Gesellschaft nur eine Aufstiegschance sah: die Offizierslaufbahn.

Chávez liebt die Uniform und träumt von einer Baseball-Karriere. Aber er ist auch nicht blind für die extremen sozialen Unterschiede in Venezuela. Als die Rechten mit Hilfe der CIA in Santiago de Chile 1973 den sozialistischen Präsidenten Salvador Allende wegputschen, beginnt er sich politisch fortzubilden, liest Marx und Lenin, verschlingt jedes Wort von Bolívar. Rasch rückt Chávez die Armeeränge nach oben, das ist seine Karriere Nummer eins; er organisiert eine Untergrundbewegung innerhalb des Offizierskorps: Karriere Nummer zwei.

Venezuela war noch Ende der sechziger Jahre der größte Erdölexporteur der Welt, gehörte zu den Gründungsmitgliedern der Opec. Die Preise für den Rohstoff stiegen damals dramatisch. Präsident Carlos Andrés Pérez verstaatlichte dann 1976 die Ölindustrie, und es sah einen Moment so aus, als könnte der Lebensstandard aller Venezolaner einen entscheidenden Aufschwung nehmen. Doch Pérez verteilte die Einnahmen aus dem schwarzen Gold nur an seine Günstlinge; eine schmale Oberschicht stopfte sich die Taschen voll, arrogant und ignorant. Die Ohnmächtigen in den Barrios aber litten und nannten die Profiteure verächtlich „dame dos" – „was immer es kostet, gib mir zwei davon".

Mitte der achtziger Jahre kommt das böse Erwachen. Der Ölpreis hat sich über die Jahre auf ein Drittel reduziert, Venezuela schlittert in den Staatsbankrott. Die Parteien sind diskreditiert, Preiserhöhungen für Grundnahrungsmittel treiben die Menschen auf die Straße. Blutige Kämpfe drohen die Nation zu zerreißen.

1992 putschen Chávez und seine Kampfgenossen. Es ist ein stümperhafter Aufstand, und doch wird gerade die Niederlage zum Triumph des Anführers. Der gefangen genommene Chávez übernimmt vor laufenden TV-Kameras, ganz Volkstribun, die Verantwortung und fordert seine Mitkämpfer in einer dramatischen Geste auf, weiteres Blutvergießen zu vermeiden. „Wir sind leider gescheitert", proklamiert der Mann mit dem Tele-Gen. „Gescheitert – für heute."

Chávez wird zu einer Haftstrafe verurteilt, kann im Gefängnis aber Besuch empfangen. Für Teile der Armee, aber vor allem für die Armen wird er zur messianischen Hoffnung. Nach seiner Freilassung 1994 trifft der Revolutionär als Erstes Fidel Castro, sucht nach Inspiration. Ihm imponieren dessen Alphabetisierungs- und Volksgesundheitskampagnen, aber er will Havannas rigorosen Staatssozialismus nicht einfach imitieren. Chávez stellt sich dem Votum des Volkes.

1998 gewinnt er in freien Wahlen über 56 Prozent der Stimmen und zieht in den Regierungspalast Miraflores ein, als jüngster Präsident der Landesgeschichte. Für seine „soziale Revolution" verschafft er sich sogleich Sondervollmachten, paukt eine neue, auf ihn zugeschnittene Verfassung durch. Im April 2002 übersteht er einen Staatsstreich, den die um ihre letzten Privilegien fürchtende Oberschicht „wohl mit Hilfe der CIA" (so das US-Nachrichtenmagazin „Newsweek") organisiert hat. Chávez kehrt nach nur zwei Tagen mit der Unterstützung loyaler Soldaten ins Amt zurück.

Und noch einmal steht Chávez auf der Kippe: Im August 2004 muss er sich einem Referendum stellen, nachdem ein Generalstreik die Ölindustrie des Landes lahmgelegt hatte. Chávez gewinnt den Volksentscheid mit gut 59 Prozent der Stimmen. Die Opposition spricht von Wahlbetrug, aber Beobachter wie der amerikanische Ex-Präsident Jimmy Carter finden dafür keine Anzeichen. „Mein Freund ist und bleibt bei den Volksmassen populär", sagt Bürgermeister Barreto stolz. „Er kümmert sich eben um die Nöte der Ärmsten, wie seine Sozialprojekte, die ‚misiones', beweisen."

Riesige Chávez-Wandbilder im Stil naiver Maler, Porträts von kettensprengenden Sklaven, „Venceremos"-Sprüche an hastig hochgezogenen Gebäuden und Lagerhallen, ein Basketball-Feld: Das ist die „Misión Sucre" in einem Armenviertel von Caracas, eine von Hunderten solcher Vorzeigeeinrichtungen der Regierung landesweit.

Kubanische Ärzte, im Austausch gegen stark verbilligtes Erdöl von der Karibik-Insel geholt, versorgen in einer kleinen Krankenstation weinende Kinder. In einem einfachen Schulgebäude malen Erwachsene ungelenke Buchstaben an eine Tafel: Wer an der Alphabetisierungskampagne teilnimmt, erhält Gutscheine für den „mercal". In einer kleinen Schuhfabrik produzieren Arbeiterinnen Sandalen, in einer größeren Halle nähen sie rote T-Shirts und Uniformen.

Auf manche der modernen Maschinen sind Chávez-Porträts geklebt. „Schließlich hat er uns die Maschinen geschenkt", sagt Näherin Amalia, „früher hat uns Menschen in den Armenvierteln keiner ernst genommen. Jetzt haben wir Chávez, der kommt von unten und hat es ganz an die Spitze geschafft, der lebt unseren

Traum." Die Kooperative verkauft die T-Shirts für drei Dollar vor allem an die Partei des Präsidenten und an die Ölgesellschaft, in deren Führungsspitze nur mehr seine Vertrauensleute sitzen. Konkurrenz hat die Kooperative nicht zu fürchten, auch wenn schlampig genäht wird. Der Absatz ist garantiert, der Verkaufspreis wird zum Nettolohn und an alle zu gleichen Teilen ausgezahlt.

Doch das Arbeiterparadies hat seine Schattenseiten. Rosaria beschwert sich, dass an diesem Tag wieder nicht viel mehr als die Hälfte der Belegschaft gekommen sei und man deshalb viel weniger Hemden als geplant fertig gestellt habe. „Dreimal muss ich Säumige schriftlich mahnen, bis auch nur das Gehalt gekürzt werden darf", sagt die gewählte Vorarbeiterin. Und für Näherinnen im ersten Jahr gäbe es gar keine Sanktionen. Die resolute Rosaria hat jetzt auf die Wandtafel geschrieben: „Der Betrieb gehört uns. Und das heißt: Wer seinen Job nicht macht, der ist ein Ausbeuter." Gebracht hat es nichts – außer einer Rüge durch den Chávez-Politkommissar im Barrio: Die da oben wollen keinen Ärger in einem Musterbetrieb.

Schätzungsweise mehr als zehn Milliarden Dollar hat der Präsident allein in den letzten beiden Jahren in Sozialprogramme gepumpt. Wie viel ist nutzlos verpufft, wie viel mit geringem Erfolg versickert? Sind die „misiones", diese den Slums abgetrotzten Oasen einer gerechteren Welt, womöglich nicht viel mehr als Potemkinsche Dörfer in der Karibik?

Die Opposition will es so sehen, eine naive Robin-Hood-Politik ohne jede Nachhaltigkeit konstatiert sie, verweist auf Statistiken, dass in den sieben Chávez-Jahren die Kluft zwischen Arm und Reich nicht abgenommen hat.

Unter den Chávez-Gegnern sind hauptsächlich reiche Geschäftsleute, Angehörige der traditionellen, heute eher verachteten bürgerlichen Parteien. Ein aalglatter Neoliberaler namens Julio Borges, 36, gehört dazu; ein gestriger Politiker wie der Ex-Guerillero und Verleger Teodoro Petkoff, 74, der sich plötzlich als Mann der Mitte präsentiert – und ein Vorgestriger, der Staranwalt Enrique Tejera París, 85, der dieser Tage in seiner prächtigen Hazienda oder in seinem Büro im Zentrum Hof hält. Insgesamt eine eher traurige Truppe, aus der intellektuell noch der Älteste herausragt.

Tejera bestreitet rundheraus, dass die Sozialprogramme des Präsidenten ein richtiger Ansatz sind. Der Weltmann spricht lupenreines Weltbankisch – und das, obwohl doch die neoliberalen Konzepte Washingtons in Lateinamerika nachweislich versagt und die Armen noch ärmer gemacht haben: Eine durchgreifende Verbesserung der Lebensbedingungen sei in Venezuela nur durch die Stärkung des Privatunternehmertums zu erreichen. Während die Wirtschaft insgesamt im Jahr 2005 um über neun Prozent wuchs, sei das private Investment gerade mal um drei Prozent innerhalb von vier Jahren gestiegen. Chávez vergraule die Unternehmer mit immer neuen Vorschriften. „Wenn der Ölpreis auch nur um ein Viertel fällt, ist der Präsident schnell am Ende – und das Land ruiniert."

Der Oppositionelle hat beim Präsidenten eine Bunkermentalität ausgemacht. Chávez agiert seiner Meinung nach völlig ohne Kontrolle und versucht vom Kindergarten bis zum Rentnertreff, und in allen wichtigen staatlichen Institutionen sowieso, seine Vertrauten zu verankern – dazu gehört auch sein Vater, den er zum Provinzgouverneur von Barinas machte. Hugo Chávez ziehe nach Gutdünken das Geld aus der staatlichen Erdölgesellschaft, er schaffe sich mit seiner Privatmiliz eine alternative Armee und habe beispielsweise vor kurzem in einem unsinnigen Deal von den Russen Kampfhubschrauber und 100000 Kalaschnikows gekauft. Er tue alles, um die Invasionsangst zu schüren und so das Volk hinter sich zu scharen.

„Manchmal kommt mir Chávez durchtrieben vor", sagt Tejera. „Und manchmal finde ich ihn irrational, einen Phantasten – der Mann ist ein Rätsel. Er gehört auf die Couch eines Fachmanns."

Doktor Edmundo Chirinos, 70, der Psychiater und engste Freund von Hugo Chávez, hat seine Praxis in einem der besseren Viertel von Caracas. In seinem Wartezimmer hängt ein Sigmund-Freud-Poster, ein goldener Globus glitzert, durch einen merkwürdigen künstlichen Dschungel aus realen Palmen und Kunststoff plätschert ein Wasserfall. Zwei Patienten dösen medikamentenbehämmert, ein dritter schreit in schrecklicher Regelmäßigkeit auf: Heiliger Himmel, Gottseibeiuns!

Der Chef der Psicológica Clínica ist ein weltgewandter, teuer gekleideter Herr; jeder Zoll Prototyp der Oberschicht, könnte man meinen – aber nachweislich der Plakate an der Wand seines Arbeitszimmers war der Mann ein politischer Außenseiter, 1988 KP-Kandidat fürs Präsidentenamt. „Statt meiner hat es Hugo geschafft, ich habe ihm geholfen, wo ich konnte", sagt Chirinos. „Er hat es verdient und ist ein Gewinn für unser Land, trotz dieser und jener Schwäche."

Hat er Chávez therapiert? „Er war mein Patient und wurde mein Freund, und wir sehen uns immer noch fast jede Woche." Über Berufliches könne er selbstverständlich keine Auskünfte geben, sagt Doktor Chirinos und erzählt dann von der ersten Ehe des Präsidenten, die das Paar gemeinsam bei zahlreichen Beratungsgesprächen zu retten versuchte. Viele Tränen seien in seiner Praxis geflossen, aber vergeblich. Und der Doktor berichtet besonders ausführlich von der besonderen Nähe, die Chávez zu Bolívar empfindet.

Sieht sich Chávez wirklich als Wiedergeburt des großen Befreiers, der in seinen letzten Jahren, von Lateinamerikas Völkern enttäuscht, zu einem autokratischen Herrscher wurde? Ist diese Beziehung, diese Seelenverwandtschaft obsessiv, da der Präsident nach Aussagen von Beobachtern ja angeblich sogar regelmäßig Zwiesprache mit der Büste Bolívars hält? Befindet sich auch Chávez auf dem Weg zum verbitterten Alleinherrscher?

„Obsessiv ist eine Kategorie aus meiner beruflichen Welt, solche Ausdrücke möchte ich nicht gebrauchen", sagt der Psychiater. „Aber mit Bolívar und dessen grandiosen Träumen identifiziert sich Chávez völlig, da ist nichts taktisch oder gespielt. Selbst Niederlagen wie jetzt in Peru, wo Chávez nicht den letztlich siegreichen sozialdemokratischen Kandidaten Alan García, sondern den Ultralinken Ollanta Humala unterstützt hat, werfen ihn nur vorübergehend zurück."

Und seine Rolle als Symbol der Linken und Globalisierungsgegner, als neuer Ché? „Diese Rolle genießt Chávez, er ist mit sich selbst völlig im Reinen, wie jeder wichtige Staatsmann der Weltgeschichte. Das zeigt schon seine bewundernswerte Energie, die ihn nächtelang durcharbeiten lässt: Er ist ein Mann mit einer Mission, und er wäre durchaus bereit, im Extremfall auch als Märtyrer zu sterben."

Um die Parallelen mit Simón Bolívar zu demonstrieren, greift der Psychiater zu der Arbeit eines Kollegen, der alles über den Charakter des Freiheitshelden gesammelt hat. Er liest vor: „Aufrichtig, kommunikationsbegabt, für Korruption unempfänglich. Einer, der eher schwer zu verwirklichenden Träumen nachhing, als sich mit den harten Realitäten des Lebens auseinanderzusetzen – das gilt alles auch für Hugo." Und weiter im Psycho-Porträt von Bolívar: „Machtbewusst bis zum Manipulativen, manchmal nachtragend, übertrieben ich-bezogen – auch da erkenne ich Übereinstimmungen."

Der Psychiater fasst zusammen: „Ich sehe da zwei Männer, die einander sehr ähnlich sind, zwei Politiker, die sich nicht von ihrem Weg abbringen lassen." Chávez habe allerdings ein viel prononcierteres, linkes Politikkonzept, aus dem – anders als bei Bolívar – ein eigenständiges Regierungssystem entstanden sei. „Wie soll man es nennen..." Chirinos ringt mit den Händen, sucht nach einem passenden Ausdruck.

Vielleicht: Narzissmus-Leninismus?

Chirinos ist nicht sicher, ob ihm die Formulierung gefallen soll. Auf jeden Fall hat er eine berufsbedingte Einschränkung. „Der Begriff Narzissmus umschreibt einen Krankheitsbegriff – und krank im klinischen Sinn ist Hugo Chávez ganz gewiss nicht."

Ein leises Rauschen. Nicht nur im Vorzimmer des Psychiaters, sondern auch in seinem Behandlungsraum sprudelt ein kleiner Wasserfall. Aus versteckten Lautsprechern erklingt sanfte Hintergrundmusik: Frank Sinatras „I did it my way". Nichts wird ausgelassen in dieser Praxis, was zur Beruhigung beitragen könnte.

Doktor Chirinos sagt zum Abschied: „Ich habe lange nachgedacht, mit welchem Politiker der heutigen Zeit man Hugo Chávez vergleichen könnte. Dieses Sendungsbewusstsein, dieses Visionäre, dieses alle Widersprüche Wegwischende, diese biblische Sprache mit der scharfen Unterteilung in Gott und Satan, Absolutgut und Unendlichböse – mir fällt nur einer ein: George W. Bush."

Bolivien – Die letzte Chance

Mit Dynamit, Spitzhacke und bloßen Händen suchen Tausende Bolivianer im Cerro Rico nach Silber, Zinn oder Blei – und riskieren in dem durchlöcherten Berg ihr Leben

Von Jens Glüsing

Der Tod hat viele Gesichter im Cerro Rico, dem „Reichen Berg" im bolivianischen Andenhochland. Den Minenarbeiter Avelino Cruz, 72, erwischte es, während er einen neuen Stollen in den Berg trieb. Erst wurden ihm die Beine schwer, schließlich nickte er ein und erstickte. In dem knapp einen Meter hohen Tunnel war der Sauerstoff knapp geworden.

Sein junger Kollege Alvaro Lima Codori, 17, war wenige Tage zuvor bei einer Sprengung ums Leben gekommen. Er hatte die warnenden Klopfzeichen seiner Kollegen überhört, die das Dynamit gezündet hatten, und wurde von einer herabfallenden Felsplatte zerschmettert.

Meistens jedoch sterben die Opfer des Berges langsam und qualvoll wie Adrián Humanis, 55. Der Bergarbeiter brach an einer Straßenecke von Potosí zusammen, der prachtvollen Kolonialstadt zu Füßen des Cerro Rico. Er erbrach schwarzes Blut und verendete auf dem Bürgersteig. Silikose, Staublunge, diagnostizierten die Ärzte, die häufigste Todesursache der Minenarbeiter. Das Krankenhaus ist nur zwei Straßenblocks von der Stelle entfernt, wo Humanis starb, aber er hatte es nicht bis zum Eingang geschafft.

Die Klinik ist auf Silikosekranke spezialisiert. In einem halbdunklen Saal warten die Patienten darauf, dass sie an Sauerstoffflaschen angeschlossen werden. Modesto Javier, 51, dämmert seit sieben Wochen dem Tod entgegen. „Bergarbeiter werden selten älter als 50", röchelt er mit rasselnder Stimme. Sprechen strengt ihn an, seine Frau wischt ihm den Schweiß von der Stirn. 18 Jahre lang hat er im Cerro Rico geschuftet, der einzige Atemschutz war ein Stofffetzen vor dem Mund.

Sein verstorbener Kollege Humanis war mit neun Jahren erstmals in den Berg gestiegen, seither hatte er sechs Tage die Woche bis zu 15 Stunden in den Stollen verbracht. Vor zwei Jahren bekam er zum ersten Mal diesen hartnäckigen, schleimigen Husten. „Wir dachten, es wäre nur eine Grippe", sagt seine Witwe Feliza.

Mindestens vier, wenn nicht sogar acht Millionen Menschen haben sich in den Minen des Cerro Rico zu Tode geschuftet, seit die Spanier sich vor über 450 Jahren des erzhaltigen Bergs im Andenhochland bemächtigten. Noch vor den Inkas hatten Indianer in dem 4760 Meter hohen Berg Silber entdeckt, aber erst die Eroberer aus Europa beuteten den Berg systematisch aus. Sie brachten Sklaven aus Afrika, die die Fronarbeit in den Hochanden jedoch nicht lange überlebten. Nur die Indios, die das rauhe Hochlandklima gewohnt waren, hielten die Tortur in den Minen aus.

Das Silber aus Potosí ließ Spaniens Weltreich aufblühen, die 4000 Meter hoch gelegene Stadt galt bald als eine der reichsten Metropolen der Erde. Ihr Name wurde zum Symbol: Schon in Cervantes' „Don Quijote" steht „Potosí" für unermesslichen Wohlstand. Hier eröffnete die erste Münzpresse Südamerikas, und es geschah schon mal, dass Straßen mit Silber gepflastert wurden.

Mit dem Edelmetall aus Potosí finanzierten Spaniens Könige ihre Flotte und errichteten Paläste. Sie staffierten ihren Hof mit teurem Tuch und verschwenderischem Luxus aus. Als Lateinamerikas Silberstrom versiegte, verfiel auch das spanische Weltreich. Potosí versank in Elend und Bedeutungslosigkeit.

Erst im 20. Jahrhundert erlebte die Stadt eine neue Blüte: Früher verschmähte Metalle wie Zinn und Blei weckten die Begierde der Industrie in den USA und Europa.

Doch die Indios darben weiter wie zu Zeiten der Kolonialherren. Bolivien, der Bettler auf dem silbernen Thron, ist das ärmste Land Südamerikas. Von seinem Reichtum profitierten immer nur die anderen: erst die Spanier und ihre Statthalter, dann Operettenpräsidenten und Zinnbarone wie der legendäre Simon Patiño, der sich in einem Andental ein Schloss mit Anklängen an das von Versailles errichten ließ.

Eine der größten Minen des Cerro Rico gehörte dem Präsidenten Gonzalo Sánchez de Lozada, einem schwerreichen Unternehmer. Ein Volksaufstand, der von Gewerkschaften, Indianerorganisationen und Bergarbeitern angeführt wurde, trieb ihn vor drei Jahren ins Exil in die USA.

Es war nicht das erste Mal, dass sich das Volk gegen die Mächtigen erhob. 1952, sieben Jahre vor Fidel Castros Einzug in Havanna, erschütterte eine Revolution das Land, die zum Fanal für ganz Lateinamerika wurde. Minenarbeiter führten den Aufstand an, sie liefen Sturm gegen die Ausbeutung in den Bergwerken. Kurz darauf wurden alle Zinnminen verstaatlicht.

Doch die Arbeitsbedingungen besserten sich nicht. Korruption, eine aufgeblähte Verwaltung und zahlreiche Streiks lähmten die staatliche Minengesellschaft Comibol. Als Mitte der achtziger Jahre der Weltmarktpreis für Zinn einbrach, war Comibol mit zwei Milliarden Dollar verschuldet. Der Staatskonzern wurde neu strukturiert, zahlreiche Minen wurden stillgelegt und 20000 Mineros arbeitslos. Viele Familien wanderten ins tropische Tiefland ab, wo sie Koka für die Rauschgiftmafia anbauen.

Viele Minen überließ die Regierung privaten Kooperativen. Etwa 10000 Bergleute schürfen heute im Cerro Rico, sie sind in 34 Kooperativen organisiert. Die Hänge sind von rund 400 Stolleneingängen übersät, seine rostbraune Kuppe ist rund 200 Meter niedriger als zu Kolonialzeiten, so viel Erde wurde im Laufe der Jahrhunderte abgetragen.

Morgens sammeln sich die Mineros am Eingang der Kooperative „26. März", bevor sie in den Berg einfahren. Sie sind schweigsam und verschlossen, ihre Haut ist rissig von der Kälte. Stoisch kauen sie Kokablätter, das betäubt den Hunger und vertreibt die Müdigkeit. Viele sind kaum älter als 15.

Alex Cruz, 16, schuftet täglich zehn Stunden, dafür erhält er einen Tageslohn von 50 Bolivianos, rund fünf Euro. Mit einer Lore fährt er etwa 500 Meter tief in den Berg ein, der Tunnel stammt noch aus Kolonialzeiten. Der Atem geht schwer, Hitzeschübe und Kältewellen wechseln sich ab. In den Stollen steht Wasser, die Temperatur schwankt zwischen 10 und über 30 Grad.

Alex hat eine Spitzhacke, einen Sack mit Dynamit und eine Tüte mit Kokablättern dabei. Den Weg in den stockdunklen Berg leuchtet er mit einer Karbidlampe aus. Sie ist überlebenswichtig:

Wenn der Sauerstoff knapp wird, verlöscht die Funzel, so werden die Minenarbeiter gewarnt.

Bevor Alex in einem Nebenstollen der Kooperative „26. März“ sein Tagwerk beginnt, schaut er beim „Tío“ vorbei. In einer Mulde tief im Berg beten die Arbeiter einen etwa 80 cm hohen Teufel aus Ton an. Vor der Statue verspritzen sie Schnaps und deponieren Kokablätter. Alex schiebt dem Teufel eine brennende Zigarette in den Mund.

Der „Tío“ (Onkel) war ursprünglich eine Erfindung der Spanier: Sie redeten den heidnischen Indios ein, dass ein Bergteufel über ihre Arbeit wache. So versuchten sie, die Bergarbeiter einzuschüchtern. Doch die sehen in dem diabolischen Wesen nicht nur das Böse, sie verehren ihn auch als ihren Beschützer und Glücksbringer.

„Der Tío war mir immer wohlgesinnt“, sagt Alex. Er ist zufrieden mit seinem Job, es geht ihm besser als den meisten Jugendlichen im kargen bolivianischen Hochland. Als Hilfsarbeiter der Kooperative hat er zumindest ein geregeltes Einkommen. Und auf der sozialen Skala des Cerro Rico steht er höher als Frauen und Kinder.

Rund 600 Kinder, viele nicht älter als acht, klopfen Erz im Cerro Rico. Sie sind besonders wendig und werden in Stollen eingesetzt, die für Erwachsene zu eng sind. Die meisten sind Söhne und Enkel der Pailliris, Bergarbeiterinnen, die das Erz vorsortieren. Alle paar Minuten rast eine Lore aus dem Tunnel ans Tageslicht; Helfer schütten den Inhalt vor 20 Frauen aus, die im Staub hocken. Mit bloßen Händen durchwühlen sie das Geröll; erzhaltige Steine zerklopfen sie mit schweren Hämmern.

Die Pailliris sind zumeist verwitwet, ihre Männer starben an Silikose. Doña Susana, 65, schuftet seit 48 Jahren auf dem Cerro Rico. „Der Berg ist unsere Mutter“, sagt sie. Im Monat verdient sie 600 Bolivianos, rund 60 Euro.

Das ist immer noch mehr als das, was die rund hundert Wächterinnen verdienen, die auf das Gerät der Bergleute aufpassen. Diese Frauen stehen auf der untersten Stufe der sozialen Skala. Die meisten können weder lesen noch schreiben. Sie werden in Naturalien entlohnt, oft fällt nur ein Mittagessen für sie ab. Viele Frauen werden von den Bergleuten sexuell belästigt oder vergewaltigt.

Modesta López, 48, arbeitet für die Kooperative „26. März". Früher war sie Bäuerin, aber ihren Acker musste sie wegen der anhaltenden Dürre im Hochland aufgeben. Erst verdingte sie sich als Tagelöhnerin auf einer Zuckerrohrplantage im Tiefland, dann heuerte sie als Wächterin auf dem Cerro Rico an: „Hier reicht es wenigstens zum Überleben." Die jüngsten ihrer sieben Kinder hängen an ihrem Rockzipfel, die Ältesten arbeiten in der Mine.

Eigentlich hätten sich die mittelalterlichen Arbeitsbedingungen im Cerro Rico längst bessern müssen: Der Weltmarkt für Zinn, Zink und Silber boomt, Boliviens Metalle sind weltweit begehrt. Doch vom Preisanstieg profitieren vor allem die Zwischenhändler.

Gewiefte Geschäftsleute wie Victor Apacuní machen das Geld in Potosí. Neben den Bergarbeitersiedlungen am Cerro Rico betreibt er mehrere Deponien. Berge aus Erz ragen in den stahlblauen Himmel. Mit einer eigenen Flotte von Lastwagen schafft Apacuní die Mineralien nach Peru. Bolivien besitzt keine Schmelzereien, die einzige Metallfabrik am Stadtrand von Potosí wurde vor vielen Jahren stillgelegt. Sie konnte mit den modernen Schmelzereien in Peru und Chile nicht konkurrieren.

Bolivien fehlt industrielle Infrastruktur: Es hat keine Häfen, es gibt keine Kredite für Kleinunternehmen, die Kooperativen haben kein Geld für eigene Investitionen. „Es ist billiger, das Roherz über Peru oder Chile zu verschiffen, als im Lande eine eigene Industrie aufzubauen", sagt Gerardo Pakuli, Präsident der Kooperative „26. März".

Nur die hochgiftigen Minenabfälle bleiben in Bolivien zurück. Giftige Chemikalien und Schwermetalle verseuchen die Region um Potosí. Unterhalb der Stadt, versteckt vor den Touristen, wächst ein riesiger Berg aus verseuchtem Geröll in den Himmel, aus Becken voller giftiger Schlacke steigen stinkende Dämpfe auf.

Kooperativenchef Pakuli deutet auf eine verrostete Konservendose am Straßenrand. „In dieser Form kriegen wir unsere Bodenschätze zurück", sagt er. „Und wir müssen auch noch teuer dafür bezahlen."

Gibt es keine Chance, den Teufelskreis aus Armut und Abhängigkeit zu durchbrechen? Immerhin ist jetzt erneut eine Linksregierung an der Macht: Der Indioführer Evo Morales, der als erster Ureinwohner zum Staatsoberhaupt gewählt wurde, denkt darüber nach, der Verstaatlichung von Erdgas und Erdöl die Nationalisierung weiterer Bodenschätze folgen zu lassen und die alte Comibol wiederzubeleben.

Doch die Minenarbeiter vom Cerro Rico haben das Vertrauen in den Staat verloren. „Wir sind arm, aber wenigstens sind wir unsere eigenen Herren", sagt Kooperativenchef Pakuli. „Wir lassen uns die Minen nicht wegnehmen, der Staat versteht nichts vom Bergbau."

Für mindestens 20 Jahre gibt es noch Erz im Cerro Rico, haben Experten errechnet. „Die Vorkommen an Blei, Silber, Zinn und Wismut sind noch längst nicht erschöpft", versichert Bergbauingenieur Carlos Quispe. Doch der Abbau wird immer schwieriger: Der Berg ist durchlöchert und ausgehöhlt wie ein Schweizer Käse. Bei starken Regenfällen werden viele Tunnel überschwemmt. Über 4400 Meter ist der Abbau wegen Einsturzgefahr verboten.

Die Minenarbeiter scheren sich nicht darum. Immer tiefer treiben sie die Stollen in den Berg, immer näher graben sie am Gipfel, wo neue Erzadern vermutet werden. „Der Berg beschützt uns", glaubt Kooperativenpräsident Pakuli. Minenexperten sehen dagegen eine Katastrophe voraus. Geschäftsmann Apacuní: „Eines Tages wird der Berg in sich zusammensacken und die Arbeiter begraben."

Katar – Die Weltmeister

Anlaufstation für Osama Bin Laden und Heimat der größten US-Militärbasis am Persischen Golf, Handelspartner Israels und Hamas-Financier – die Katarer können sich alles leisten: Riesige Erdgasvorkommen machen sie zu einem der reichsten Völker der Welt.

Von Erich Follath

Ganz ehrlich und ohne die Katarer kränken zu wollen: Ihr Staat ist kaum mehr als eine große Büchse Sand; Sand, der sich in die Augen brennt, Sand, der zwischen den Zähnen knirscht, Sand, der in den Sandalen schmirgelt. Hitzeflirrende 175 Kilometer lange, 75 Kilometer breite Wüste, ein paar Dünen, ein paar Datteln. Selbst Falken scheinen um diesen Glutofen große Bögen zu fliegen, extrem genügsame Antilopen verlieren sich im Niemandsland.

Es ist, als hätte sich Gott eine Auszeit genommen bei der Schöpfung dieser Landschaft, als hätte Er sich die Augen gerieben vor Müdigkeit und auf die Erde gefallen seien nichts als winzige, unfruchtbare Körnchen.

Katar – eine Plage für die Menschen, die hier leben müssen.

Aber der Allmächtige hat, vielleicht als Ausgleich und als Zeichen der Barmherzigkeit, dem Land einen ungeheuren Schatz mitgegeben: eine riesige Blase aus Erdgas. Allein das North Field, im Persischen Golf gelegen, ist ein Exploratoren-Traum, es gilt neben dem saudi-arabischen Ghawar-Erdölfeld als die größte fossile Energiequelle der Welt. Und Erdgas, lange als die hässliche Schwester des schwarzen Goldes abgetan, dürfte dank neuer Verarbeitungsmethoden zur wichtigsten Ressource werden. Schon heute deckt es über ein Fünftel des weltweiten Energieverbrauchs – mit dem Gemisch aus der Tiefe lässt sich heizen, Benzin herstellen, ein Kraftwerk betreiben. Alles erstaunlich umweltfreundlich.

Die Weltwirtschaft dürstet nach diesem Stoff, der die Zukunft revolutioniert. Fieberhaft wird nach neuen Quellen gefahndet, an vorhandenen experimentiert – mit am erfolgreichsten in Katar.

Das winzige Königreich, halb so groß wie Hessen, verfügt über fast 15 Prozent der weltweiten Erdgasreserven, nur Russland und Iran haben noch mehr.

Doch Katar begnügt sich nicht mit einer Rolle als Nummer drei: Die Scheichs investieren Milliarden in neue Techniken zur Ausbeutung und Weiterverarbeitung der Vorkommen und in den Kauf von Supertankern. Tausende ausländische Experten und Gastarbeiter haben mit ihrer fieberhaften 24-Stunden-365-Tag-und-Nacht-Arbeit aus Ras Laffan, 70 Kilometer nördlich der Hauptstadt Doha, eine der größten Baustellen der Welt gemacht. Innerhalb der nächsten fünf Jahre will sich der Wüstenstaat zum Weltmarktführer von leicht transportierbarem Flüssiggas aufschwingen.

Katar – eine Verheißung für die Menschen, die hier leben dürfen.

Weniger für die über 600 000 Arbeiter aus Pakistan, Sri Lanka und Nepal sowie die Hausmädchen von den Philippinen, die in der Regel zwar ordentlich bezahlt werden, aber wenig Rechte genießen.

Aber auf jeden Fall für die knapp 200 000 einheimischen Staatsbürger. Katars Wirtschaft wuchs 2005 um nominal 29 Prozent, Tendenz steigend. Und Katars Pro-Kopf-Einkommen erreicht kein westlicher Industriestaat auch nur annähernd; es dürfte im Jahr 2006 53 000 Dollar übertreffen und damit locker die Schweiz, die USA oder die Niederlande hinter sich lassen.

Die Gasgeber vom Golf werden für die Energiezukunft Europas, Japans und der USA schon bald eine bedeutende Rolle spielen. Aber das strategisch bedeutende Emirat in unmittelbarer Nähe von Saudi-Arabien und Iran ist auch aus anderen Gründen faszinierend. Seine aufgeklärten Stammesherrscher versuchen einen Spagat zwischen allen politischen, ökonomischen und sozialen Fronten. Katar ist ein Exerzierfeld gewagter und – jedenfalls auf den ersten Blick – widersprüchlicher Experimente.

Staatsoberhaupt Hamad Ibn Chalifa al-Thani, 56, und sein Bruder Abdullah, 46, der Regierungschef, sind im Antiterrorkampf voll auf Seiten Washingtons und haben den USA erlaubt, den Luftwaffenstützpunkt Udeid zur wichtigsten Air Base außerhalb der Vereinigten Staaten auszubauen; die Amerikaner führten praktisch den gesamten Irak-Krieg von den auf keiner Katar-Karte verzeichneten Anlagen.

Gleichzeitig finanziert das Herrscherhaus zu einem Großteil den Fernsehsender al-Dschasira („Die Insel“), der nicht nur mit den arabischen Feudalregierungen kritisch umgeht, sondern vor allem die Bush-Regierung in scharfer Form anprangert. Wohl deshalb ist al-Dschasira Anlaufstation für Osama Bin Laden & Co., deren Videobänder regelmäßig in Doha landen und von dort aus zum großen Ärger Washingtons in alle Welt gesendet werden.

Israel darf in Katar eine offizielle Handelsvertretung unterhalten, deren Chefs meist hochrangige Generäle im Ruhestand sind. Dohas Herrscherfamilie findet aber gleichzeitig nichts dabei, die Hamas mitzufinanzieren, die dem Terror bisher nicht abgeschworen hat. Katar übergab den Palästinensern erst kürzlich 50 Millionen Dollar – ohne das Geld an irgendwelche Bedingungen zu knüpfen. Gleichzeitig spendierten die Scheichs in der Nähe von Haifa ein Fußballstadion.

Auch innenpolitisch will der Emir, dessen Familie schon in der Protektoratszeit vor der Staatsgründung 1971 die zentrale Rolle spielte, der aber selbst erst durch einen unblutigen Putsch gegen seinen Vater 1995 an die Macht kam, revolutionäre Wege gehen. Der Herrscher, im britischen Sandhurst zum Offizier ausgebildet, möchte sein vom sunnitisch-wahhabitischen Islam tiefgeprägtes Land zu einem „demokratischen Vorreiter an der Globalisierungsfront“ machen, ohne „den besonderen Beduinen-Charakter unseres Volkes“ zu gefährden.

Mit anderen Worten: wirtschaftlich und politisch liberal sein, in den Moralvorstellungen konservativ – die Transformation einer Stammesgesellschaft: Katars Katharsis. Etwas, das in der arabischen Welt wegen des exemplarischen Charakters mit Spannung beobachtet wird.

Geht das: den Medien praktisch alle Freiheiten gewähren – außer der direkten Kritik am Herrscherhaus? Den Frauen das Wahlrecht sowie sämtliche Karrierechancen einräumen, aber gleichzeitig die traditionelle Rollenverteilung in Ehe und Familie beibehalten? Alkohol ausschenken, aber die Lizenz strikt auf internationale Hotels zu begrenzen?

Doha dröhnt und vibriert. Eine rastlose, vorwärtstreibende Fortschritts-Symphonie wird gegeben, Allegro con fuoco, von und für tausend Baukräne, gespielt von Presslufthämmern, Schweißgeräten und Zementmischern. An der Corniche und in den Straßen dahinter entstehen Hotelglaspaläste, Luxusapartments, noble Einkaufszentren, eines neben dem anderen, Dutzende Wolkenkratzer in allen erdenkbaren Formen: pyramidenartig, uforund, bleistiftschlank.

Katars neuer Zweieinhalb-Milliarden-Dollar-Flughafen wird so gebaut, dass auch der Riesen-Airbus A380 hier landen kann, Qatar Airways verdoppelt gerade ihre Flotte und hat sich mit ihrem Superservice unter die Top Drei der beliebtes-ten Fluglinien weltweit katapultiert. Die Chancen, dass hier bald ein deutscher Transrapid fährt, stehen gut – geplant ist die Strecke der Magnetschwebebahn über eine Brücke hinüber in den Nachbarstaat Bahrein.

An der Wand der Firma United Development Company, zwei Stockwerke über der Ferrari-Niederlassung in Doha, prangt ein Satellitenfoto des neuesten Katar-Prestigeprojekts: „The Pearl". An die drei Milliarden US-Dollar wird die schon im Bau befindliche künstliche Insel wohl verschlingen, Fünf-Sterne-Hotels, Shopping-Arkaden, exklusive Wohngebiete für 30000 Menschen wachsen auf 400 aufgeschütteten Hektar aus dem Meer. Für Marokko-Liebhaber gibt es ein Mini-Marrakesch, für Italien-Fans ein Klein-Venedig, New-York-Freunde können über einen Ersatz-Broadway flanieren. „Außerdem werden wir Beach Clubs einrichten, wie man sie sonst nur aus Südfrankreich kennt", heißt es im Pearl-Prospekt.

Ein Stadion zum Schlittschuhlaufen darf nicht fehlen, Katars Eislaufbahn Nummer zwei; schon heute können im City Center Kufenkünstler ihre Runde drehen und Eishockeyspieler den Puck schlenzen – während draußen in der Sommerhitze das Thermometer auf über 45 Grad steigt.

Es sieht so aus, als wolle Doha Dubai Konkurrenz machen. In der Vorzeigestadt der Vereinigten Arabischen Emirate, eine halbe Flugstunde von Katar entfernt, sammeln die Herrscher derzeit Superlative als seien sie auf Speed. Da wird der höchste Wolkenkratzer gebaut, das größte menschengeschaffene Wohnprojekt ins Meer gepflanzt, sogar aus dem Weltraum erkennbar: „The World".

Der Sunny Mountain Ski Dome soll eine Skiabfahrt von einem artifiziellen Steilhang herunter ermöglichen – und der Berg dreht sich permanent um die eigene Achse. In Dubai ist selbst zu viel nie genug.

„Genau diese Gigantomanie wollen wir vermeiden", sagt Jan De Boer, Chef des Katarer Touristenbüros und Vertrauter des Emirs. „Natürlich wirkt hier durch die Schnelligkeit der Entwicklung vieles wie in Dubai. Aber wir haben ein anderes Konzept – wir wollen exklusiver sein."

In Katar gilt Dubai als vulgär, als protzig, als neureich, als vermasst. In Katar will man nicht Benidorm spielen, sondern Portofino. Dubai oder nicht Dubai – das ist gar nicht mehr die Frage.

Um die anspruchsvollen Touristen anzulocken, haben die Doha-Verantwortlichen „die Fab Four der internationalen Architektenszene" („New York Times") zur Gestaltung neuer öffentlicher Gebäude gewonnen. Der Chinese I. M. Pei hat sein Museum der Islamischen Künste schon fast fertig gestellt, weiße Quader, zu einer eindrucksvollen Burg getürmt, schimmern an der Corniche – Eröffnung Anfang 2007. Der Spanier Santiago Calatrava hat das Fotomuseum entworfen, das die von Katars Regierung zusammengekaufte, spektakuläre Sammlung beherbergen wird. Der Franzose Jean Nouvel konstruiert einen Anbau für das Nationalmuseum. Und der Japaner Arata Isozaki gestaltet die Nationalbibliothek – in Form eines schwebenden Raumschiffs, von drei fast unsichtbaren Säulen getragen.

Neben den Kunstinteressierten will Doha auch die Sportbegeisterten mit neuen Anlagen und großen Turnieren gewinnen. In nächster Zeit werden hier die Asian Games stattfinden, Top-Tennis- und Golf-Turniere gibt es schon. Besondere Attraktion: Roger Federer und Vijay Singh sind kostenlos zu sehen, Eintrittsgelder hält man in Katar für kleinkariert.

Die Qatar Foundation möchte den winzigen Nahoststaat im Auftrag der Herrscherfamilie auf die Landkarte der weltbesten Bildungseinrichtungen setzen. In einer „Erziehungsstadt" haben sich amerikanische Think-Tanks wie die Rand Corporation niedergelassen, Elite-Universitäten wie Cornell und Georgetown unterhalten auf dem Gelände eigene Fakultäten, in denen hochbegabte

Katarer – Studentinnen und Studenten gemeinsam in den Hörsälen – US-Diplome in Medizin, Design oder Sozialwissenschaften erwerben können, ohne ihr Land zu verlassen. In Kongresszentren soll ein offener Dialog zwischen West und (Nah-)Ost stattfinden. Bevorzugtes Thema: die „Demokratisierung" der islamischen Welt und die Chancen, sie durchzusetzen.

Doch womöglich ist die regierende Thani-Familie mit ihren Modernisierungskonzepten viel weiter als die konservative Mehrheit des Volkes. Bei der ersten freien Abstimmung in der Geschichte des Landes, der Kommunalwahl im Jahr 1999, schaffte es keine der vom Emir und seiner besonders progressiven Lieblingsfrau Musa ermutigten Kandidatinnen. 2003 stimmte zwar eine überwältigende Mehrheit für eine Verfassung mit einer parlamentarischen Komponente – 30 von 45 Abgeordneten sollen frei vom Volk bestimmt werden –, aber landesweite Wahlen scheiterten bis jetzt auch an der Apathie und dem Beharrungswillen der Katarer.

Veränderung und Bewahrung schaffen in Katar Parallelgesellschaften. Bars wie das „Habanos" im Hotel Ritz-Carlton und Discotheken wie der „Pearl Lounge Club" im Marriott sind ultraschicke Treffpunkte der jungen, westlich orientierten Elite.

Und dann dieses andere Katar, mit zurückgedrehten Uhren: Im alten Fischerort Chaur nördlich der Hauptstadt schaukeln die traditionellen Dhaus mittags im Hafen wie zu Zeiten der Kalifen, Männer in weißen Ghutras ziehen an Wasserpfeifen, knabbern am Manakisch, einem pizzaartigen Brot, und kosten vom Tabuleh-Salat aus Tomaten und Zwiebeln, mit Minze belegt. Frauen in schwarzen Abajas huschen wie Schattenwesen zwischen den Häusern, kein Platz für sie in der Öffentlichkeit.

Wo die Welten von Moderne und Tradition aufeinanderprallen, wie in dem gerade „auf alt" restaurierten, mit modernsten Effekten ausgestatteten Suk Wakif, liegt häufig Spannung in der Luft. Denn innerhalb der katarischen Stammesgesellschaft ist die Öffnung des Königreichs für Ideen aus dem Westen, vor allem aber der politische Schulterschluss mit den USA, eher unpopulär. Steuerfreiheit, Subventionen und die zahlreichen Möglichkeiten, schnell reich zu werden, überdecken mögliches Konfliktpotential.

Nichts spricht dafür, dass es hier bedeutende Qaida-Zellen gibt. Aber der Terror macht auch vor Katar nicht halt. Im Jahr 2005 verübte ein ägyptischer Islamist auf eine gastierende britische Theatergruppe einen Anschlag, ein Mensch starb.

Dass Doha nicht mehr der „langweiligste Platz der Erde" ist, wie die Experten vom „Lonely Planet"-Reiseführer noch vor wenigen Jahren schrieben, hat Vor- und Nachteile. Beim TV-Sender al-Dschasira findet man, dass die Vorteile klar überwiegen. Die CNN-Konkurrenz hat ihr Hauptquartier mitten in der Hauptstadt, in der Nähe eines alten Basars und einer neuen Burger-King-Schnellgaststätte. Hier sind Profis am Werk, das verrät schon die effiziente PR-Arbeit. Der smarte Iss al-Din Abd al-Mula ist einer von einem halben Dutzend „Medienberatern", die abwechselnd Gäste durch den Sender führen.

Ist al-Dschasira zu Qaida-freundlich, zu Amerika-feindlich? „Etwa 5 Stunden Original-Bin-Laden stehen 500 Stunden gegenüber, in denen George W. Bush direkt zu Wort kam." Antiisraelisch? „Wir verurteilen die Besatzungspolitik und die begangenen Grausamkeiten. Aber wir lassen die aus Tel Aviv ausführlich zu Wort kommen: In keinem anderen arabischen Sender können israelische Minister in Live-Interviews ihren Standpunkt darstellen." Frauenfeindlich? „Chadidscha Benguenna" – er zeigt auf die Dame, die gerade die Nachrichten verliest – „ist die einzige unserer Ansagerinnen, die ihre Haare bedeckt, entsprechend ihrem Wunsch."

Nur bei der Frage nach kritischen Berichten über den Emir von Katar zögert der Dschasira-Sprecher. „Doha ist selten nachrichtenwürdig", sagt er, und besinnt sich dann. „Aber als vor ein paar Jahren die Verantwortlichen für den mit saudischer Hilfe inszenierten Putschversuch verurteilt wurden, haben wir ausführlich berichtet und sogar deren Verteidiger live interviewt."

Aus dem Irak, aus Saudi-Arabien und Iran wurden alle Dschasira-Korrespondenten verbannt. „Das zeigt, welche Vorstellungen von Pressefreiheit die Amerika-Freunde in Bagdad, die radikalen Mullahs in Teheran und die Erzkonservativen in Riad haben", meint Abd al-Mula. Aber auch in diesen Ländern sei al-Dschasira der mit großem Abstand meistgesehene TV-Sender – und der einflussreichste. Demnächst wird er auch auf Englisch senden.

Eine der besonders populären Sendungen gestaltet der feurige Fernsehprediger Jussuf al-Kardawi. In seinem wöchentlichen Ratgeber „Das islamische Recht und der Alltag“ wettert er gegen Homosexuelle und nennt die Tsunami-Katastrophe in Südostasien eine „Strafe Allahs für den Sextourismus“. Kardawi lehnt zwar den Terror gegen Zivilisten ab, aber palästinensische Selbstmordattentate im „Kampf gegen die Besatzer“ gelten ihm als legitim, die Ausführenden als „Märtyrer“.

PR-Mann Abd al-Mula kennt die Drohung, die US-Präsident George W. Bush laut einem von der Presse kolportierten Gesprächsprotokoll gegenüber dem britischen Premier Tony Blair ausgesprochen hat: „Wir sollten al-Dschasiras Hauptquartier bombardieren.“

Der Sprecher des Katar-Senders sieht diese Gefahr als verschwindend gering an, obwohl doch neue Recherchen darauf hinweisen, dass die von Washington als „Unfall“ deklarierten US-Bombardements auf al-Dschasira-Büros in Kabul und Bagdad mit voller Absicht durchgeführt worden sein könnten. „Die amerikanischen Jagdbomber von der Basis Udeid sind in der Startphase, wenn sie uns nach einer Minute überfliegen. Da funktionieren die Lenkwaffen noch nicht“, sagt er lachend. Und fügt dann ernst, fast beschwörend hinzu: „Washington wird doch nicht wichtige Energieressourcen aufs Spiel setzen und die Beziehungen zu einem befreundeten Staat torpedieren.“

In seinem holzgetäfelten Büro, dekoriert mit vergoldeten Miniaturausgaben von Erdöl- und Erdgasplattformen, beurteilt Katars Energieminister Abdullah Ibn Hamad al-Attija die Lage ganz ähnlich: „Wir sind an Stabilität interessiert, wie Washington auch. Wir wollen die Welt in großem Stil mit erschwinglichem Kraftstoff versorgen.“

Katar ist das unbedeutendste Mitglied der Organisation Erdöl exportierender Länder, seine Ölreserven dürften in wenigen Jahren schon erschöpft sein. In der Opec hat Katar nie eine große Rolle gespielt, bei der Gründung des Forums der Erdgasexporteure aber war Doha jetzt eine führende Kraft.

Will das Emirat – gemeinsam mit Partnern wie Venezuela, Algerien und Indonesien – den Markt kontrollieren, den Stoff verknappen und nach früherer Opec-Manier so in die Höhe treiben? „Nein, nein“, sagt der Minister. „Das Forum ist nur zum Meinungsaustausch gedacht. Wir glauben nicht an eine Konfrontation mit unseren Kunden.“

Draußen auf der Mega-Baustelle Ras Laffan schrauben die schweißnassen Arbeiter ein gewundenes, kilometerlanges Labyrinth von Röhren zusammen, dazwischen türmen sich einige Tanks und haushohe Stahlzylinder. Aus der Ferne sieht das Werk mit seinen Bausteinen und Schläuchen mal aus wie ein gigantisches Lego-Land, mal wie eine überdimensionale Intensivstation. Raffiniertes Hightech: Das Erdgas wird nach mehreren Verarbeitungsschritten Kobalt ausgesetzt, verändert seine Molekülstruktur und wandelt sich dann unter hohem Druck zu Dieselkraftstoff. GtL heißt das Verfahren: Gas-to-Liquids.

„Katar ist dabei, für das internationale Erdgasgeschäft das zu werden, was Saudi-Arabien gegenwärtig im Erdöl-Business ist“, sagt Wayne Harms, Katar-Chef des amerikanischen Multis Exxon Mobil, der auf der Halbinsel größter ausländischer Investor ist. Alex Dodds, schottischer Direktor des von der Doha-Regierung kontrollierten Unternehmens RasGas, ergänzt: „Katar verfügt über den Brennstoff des 21. Jahrhunderts – schauen Sie auf diesen Staat, er ist die neue Front der Globalisierung, ein Zukunftsland der Weltwirtschaft.“

„Ein Teil des Gewinns ist unverdient"

BP-Chef Lord Browne über steigende Ölpreise, die Angst des Westens vor Ländern wie Iran und die Rolle der Konzerne im weltweiten Kampf um den Zugang zu den letzten Ressourcen

Das Gespräch führten Erich Follath und Alexander Jung

SPIEGEL: Lord Browne, wenn Sie an Iran denken, können Sie da ruhig schlafen?
BROWNE: Als Bürger dieser Welt mache ich mir schon Gedanken über eine potentielle Atommacht Iran.
SPIEGEL: Und als Chef von BP?
BROWNE: Dass der Ölpreis heute etwa 30 Prozent höher liegt als im Vorjahr, erklärt sich unter anderem aus der Sorge um die politische Entwicklung in Teheran. Das Ölangebot hat sich seitdem nicht grundlegend verändert, auf der Nachfrageseite gibt es ebenfalls keine ungewöhnlichen Bewegungen. Trotzdem ist der Preis gestiegen – weil die Menschen beunruhigt sind.
SPIEGEL: Wie ernst ist die jüngste Drohung des Ajatollah Ali Chamenei zu nehmen, dass Iran seine Ölexporte aussetzt, falls die USA gegen sein Land vorgehen?
BROWNE: Der iranische Staat ist außerordentlich abhängig von den Verbraucherstaaten. Ich bin sicher, dass sich die politische Führung dessen bewusst ist.
SPIEGEL: Verschiebt sich derzeit generell im Ölgeschäft die Macht weg von westlichen Konzernen, hin zu den Förderstaaten?
BROWNE: Es mag viele überraschen, aber schon seit langem spielt im Ölmarkt der private Sektor die untergeordnete Rolle. Weniger als 20 Prozent der Lagerstätten sind in der Hand der Unternehmen, den Großteil bestimmen die Staatsfirmen. Das ist schon seit Jahrzehnten so, seit viele Länder die Förderindustrie verstaatlichten.
SPIEGEL: »Big Oil« ist also die falsche Bezeichnung für Exxon, BP, Shell und Co.?

BROWNE: Natürlich ist das Ölgeschäft ein mächtiges Gewerbe. Aber BP beispielsweise steht für nur drei Prozent der weltweiten Förderung. Eine Staatsfirma wie Saudi Aramco produziert fast dreimal mehr. »Big Oil« oder früher die »Sieben Schwestern« sind pompöse Bezeichnungen für etwas, das gar nicht so gigantisch ist.
SPIEGEL: Auch in Teilen Lateinamerikas gewinnen die Regierungen Einfluss über das Rohstoffgeschäft zurück. Fürchten Sie eine Verstaatlichungswelle?
BROWNE: Was in Venezuela oder Bolivien passiert, ist nicht der Beginn einer neuen Ära. Es sind vielmehr Einzelfälle, die sich seit langer Zeit abgezeichnet haben. Sie haben keinen Einfluss auf das weltweite Angebot von Öl und Gas.
SPIEGEL: Ist es denn gerechtfertigt, dass diese Länder mehr vom Gewinn aus ihren Bodenschätzen für sich behalten wollen?
BROWNE: Jede Regierung behält sich das Recht vor, Steuern und Abgaben auf die Förderung zu erhöhen, das ist nichts Ungewöhnliches. Natürlich ist ein Teil des Gewinns unverdient, weil der Ölpreis höher liegt, als irgendjemand ernsthaft erwarten konnte. Ich bitte allerdings zu bedenken: Wir als privates, internationales Unternehmen investieren sehr viel Geld, und was übrig bleibt, geht an die Aktionäre. Überwiegend sind das Pensionsfonds. Mit einem Großteil des Gewinns wird also Altersvorsorge betrieben.
SPIEGEL: Auch im Gasgeschäft ist der staatliche Einfluss spätestens seit Russlands Konflikt mit der Ukraine zu beobachten, dessen Folgen in ganz Europa zu spüren waren. Glauben Sie, dass Russland Erdgas als Waffe einsetzen wird?
BROWNE: Europa bezieht seit Jahrzehnten russisches Gas, und selbst auf dem Höhepunkt des Kalten Krieges sind keine Versorgungsschwierigkeiten aufgetreten. Die Interessen sind doch wechselseitig: Europa wird weiter ab-

John Browne darf sich seit 2001 Lord Browne of Madingley nennen. Der 58-Jährige, der in Hamburg geboren wurde, wuchs in Großbritannien auf. Er studierte Physik in Cambridge und Wirtschaft an der Stanford Universität. 1969 trat er in die Dienste von BP ein, seit 1995 steht er an der Spitze des britischen Ölriesen. Unter seiner Führung avancierte das Unternehmen zum nach Exxon und Shell drittgrößten Ölkonzern der Welt.

hängig bleiben von russischem Gas, und die Russen brauchen die Kunden im Westen.

SPIEGEL: Sie haben einige Erfahrung im Geschäft mit Russland gesammelt. Ihr Gemeinschaftsunternehmen TNK-BP fördert 1,8 Millionen Barrel pro Tag, das ist rund ein Viertel der gesamten Produktion von BP. Wie riskant ist es, mit einem solchen Land Geschäfte zu machen, in dem es Rechtssicherheit nach westlichen Maßstäben nicht gibt?

BROWNE: Kein Ertrag ohne Risiko. Und diese Risiken betreffen die Technologie, die Förderung, auch das Verhältnis zu Regierungen. In Russland haben wir viel Zeit darauf verwandt, quasi experimentell das Geschäft zu entwickeln. Wir hatten natürlich auch Rückschläge zu verkraften.

SPIEGEL: Sie wurden von Moskau kräftig zur Kasse gebeten – mit dubiosen Steuernachforderungen in der Höhe von Hunderten Millionen Dollar …

BROWNE: … aber wir haben viel gelernt. Wir haben dort heute eine Firma nach westeuropäischem Muster aufgezogen, in die wir jährlich fast drei Milliarden Dollar investieren. Solche gemischten Unternehmen haben eine Firmenstruktur, die zu den russischen Gegebenheiten passt.

SPIEGEL: Sie waren gerade bei Gasprom-Chef Alexej Miller. Worum ging es?

BROWNE: Wir treffen uns oft, meist einmal im Monat. Zuletzt sprachen wir über die Gasförderung in Ostsibirien für den chinesischen Markt. Die Zeit, dass dieses Projekt verwirklicht wird, rückt näher.

SPIEGEL: Die Chinesen spielen eine wachsende Rolle auf den Energiemärkten, nicht nur als Kunden, sondern auch im Kampf um Förderlizenzen in afrikanischen Staaten. Ist der Wettbewerb härter geworden?

BROWNE: Es gibt eine Reihe neuer Akteure im Geschäft. Sie wenden teilweise Mittel an, die wir nicht einsetzen wollen und können.

SPIEGEL: Sie meinen, wenn die Chinesen auch mit Waffen bezahlen?

BROWNE: Es gibt viele Arten, wie der Wettbewerb ausgetragen wird. Wir steigen zum Beispiel auch dann aus, wenn uns jemand eine Lizenz anbietet, die sich nur auf der Basis eines Ölpreises von 100 Dollar rechnen würde. In unserem Geschäft ist es wichtig, sich zum günstigen Zeitpunkt Zugang zu den Reserven zu verschaffen. Wir sind schon sehr früh nach Algerien gegangen, wir waren so ziemlich das einzige Unternehmen, das dort durchgehalten hat. Heute zahlt es sich aus. Wenn es Mode wird, in einer Region zu investieren, und man der Herde folgt, ist es meist zu spät, dann zahlt man oft zu viel. Es ist eben billiger, einen Picasso zu kaufen, wenn er unbekannt ist.

SPIEGEL: Es gibt eine Reihe von Geologen, die erwarten, dass trotz aller technischen Verbesserungen der Höhepunkt der globalen Ölförderung spätestens bis 2015 bevorsteht und die Produktion danach unweigerlich nachlässt. Wie wahrscheinlich ist ein solches Szenario?

BROWNE: Es sind so oft schon Nachrufe auf das Ölzeitalter geschrieben worden, und stets hat sich herausgestellt, dass derlei zu früh geschah. Alle Dinge erreichen irgendwann einen Höhepunkt, und immer stellt sich die Frage, wann dies sein wird.

SPIEGEL: Sie halten diese sogenannte Peak-Oil-These für Panikmache?

BROWNE: Wir müssen uns keine Sorgen machen. Es sind noch genug Reserven da. Heute ermöglicht uns der technische Fortschritt, aus einem Feld weitaus mehr Öl herauszuholen als früher. Früher schafften wir etwa 20 bis 30 Prozent, inzwischen sind es vielleicht 40 bis 45 Prozent, und es gibt keinen guten Grund, warum wir nicht auch 50 oder 60 Prozent erreichen können.

SPIEGEL: Aber die Förderung wird damit doch immer aufwendiger und teurer?

BROWNE: Es mag schwieriger werden, aber dies trifft nur für einen kleinen Teil der Fördermenge zu. Der Großteil lässt sich weiterhin auf einfache Weise produzieren. Die Menschen glauben immer, dass ein geringeres Angebot dafür verantwortlich ist, wenn der Markt enger wird. Tatsache ist aber, dass sich das Angebot vergrößert hat, und zwar in Nicht-Opec-Ländern, wo die Investitionen jedes Jahr um etwa 15 Prozent steigen, ebenso wie in Opec-Ländern wie Saudi-Arabien, das heute rund 10 Millionen Barrel am Tag fördert und in einigen Jahren sicher 12,5 Millionen Barrel schaffen wird …

SPIEGEL: … was andere Experten sehr bezweifeln. Wieso aber sind dann die freien Kapazitäten der Produzentenstaaten, die früher fünf Millionen Barrel am Tag ausmachten, auf einen historischen Tiefpunkt von gerade noch einer Million Barrel am Tag geschrumpft?

BROWNE: Sie dürfen nicht vergessen, dass der Ölpreis 20 Jahre lang im Schnitt bei 20 Dollar lag. Es ist nur wenige Jahre her, dass das Barrel 10 Dollar kostete, manche Beobachter sahen den Preis schon bei 5 Dollar. Entsprechend wenig wurde damals in neue Explorationsvorhaben investiert. Das hat sich nun geändert. Ich erwarte, dass sich die freien Kapazitäten bald wieder vergrößern werden.

SPIEGEL: Aber die Welt bleibt abhängig von der Produktion weniger Riesenfelder am Persischen Golf, die schon seit etwa einem halben Jahrhundert in Betrieb sind.

BROWNE: Wir entdecken immer noch weitere große Felder, Kaschagan am Kaspischen Meer etwa. Auch Westafrika verfügt über bedeutsame Mengen Öl, es existieren große Lagerstätten in Russland. Außerdem gibt es die sogenannten nichtkonventionellen Vorkommen wie die Ölsande in Kanada, dort sind die Kosten zwar viel höher, aber die Produktion ist dennoch profitabel. In der Regel machen die Förderkosten vom Verkaufspreis noch immer nur einen kleinen Teil aus.

SPIEGEL: Es ist also möglich, dass die Preise wieder unter 40 Dollar pro Barrel fallen können?

BROWNE: Durchaus. Es ist zwar kaum damit zu rechnen, dass die Preise kurzfristig stark zurückgehen werden. Aber es ist sehr wahrscheinlich, dass mittelfristig die Preise ungefähr bei 40 Dollar im Schnitt liegen. Auf ganz lange Sicht sind sogar 25 bis 30 Dollar vorstellbar.

SPIEGEL: BP verdient sein Geld überwiegend mit dem Verkauf fossiler Ressourcen, die verbrannt werden und die Umwelt verschmutzen. In Ihrer Werbung aber ist von BP fast nur noch als »Beyond Petroleum« die Rede – von sauberen Energien jenseits des Erdöls. Wie kann sich ein solcher Konzern als Unternehmen präsentieren, das umweltbewusst wirtschaftet?

BROWNE: Weil wir es einfach sind. Das ist keine Masche, sondern eine Tatsache. Wir legen darauf schon seit einiger Zeit viel Wert:

Wir haben unseren internen CO_2-Verbrauch reduzieren können, wir investieren in alternative Energiequellen wie Sonne und Wind, wir sind sehr aktiv bei der Entwicklung von Biokraftstoffen.

SPIEGEL: Manche halten diese Betonung der grünen Seite von BP in der Öffentlichkeit für eine Ablenkungsstrategie von der schmutzigen Realität.

BROWNE: Da widerspreche ich Ihnen vehement! Man kann doch nicht sagen, entweder möchte man Öl und Gas, oder man möchte eine saubere Umwelt. Es muss einen Ausgleich zwischen beiden Seiten geben. Fossile Brennstoffe werden auch in der Zukunft einen großen Anteil im Energiemix einnehmen, das ist die Realität. Es wird noch dauern, bis Technologien zur Verfügung stehen, die die Bedeutung von Öl und Gas verringern. Die Frage lautet deshalb: Können wir einen Energiemix finden, der sich positiv auf die Umwelt auswirkt, aber gleichzeitig Versorgungssicherheit gewährleistet? Ich denke, wir tun da viel.

SPIEGEL: BP steigert die Produktion von Öl und Gas jährlich um mehr als vier Prozent. Gleichzeitig fordern Sie eine Zukunft mit weniger CO2-Emissionen. Wie passt das zusammen?

BROWNE: Wir könnten natürlich auch sagen: Wir müssen nichts tun. Alles, was die Welt braucht, ist Öl und Gas. Aber das halte ich für falsch. Wir investieren jährlich 800 Millionen Dollar in regenerative Energieformen, weil wir das Problem des Klimawandels ernst nehmen.

SPIEGEL: 800 Millionen Dollar sind zweifellos eine Menge Geld für die regenerative Energiebranche. Weniger Aufhebens machen Sie aber von den elf Milliarden Dollar, die BP allein für Exploration und Förderung von Öl und Gas ausgibt.

BROWNE: Bei allem Respekt: Sie vergleichen Äpfel mit Birnen. Das eine ist die heutige Realität: Es gibt derzeit keinen Ersatz für Öl und Gas. Und das andere sind die alternativen Projekte, die wir für die Zukunft schaffen. Mehr können wir dafür beim besten Willen nicht ausgeben.

SPIEGEL: Was glauben Sie, wie groß der Anteil regenerativer Energien im Jahr 2020 sein wird?

BROWNE: Das ist schwer zu sagen, es gibt zu viele Unbekannte in der Rechnung: Wir wissen nicht, wie sich die Technik entwickelt.

Und es ist unklar, wie ernst die Regierungen das Thema nehmen. Experimente wie der Emissionshandel in Europa gehen sicher in die richtige Richtung.

SPIEGEL: Am Ende muss vor allem der Kunde gewillt sein, für saubere Energie mehr zu bezahlen.

BROWNE: Kunden sind kenntnisreiche Menschen. Sie schätzen es, wenn Waren immer vorrätig sind und wenn diese Waren bestimmte Eigenschaften besitzen - das gilt für Energie wie für jedes andere Produkt. Die Kunden sind heute bereit, sich den Umweltschutz etwas kosten zu lassen. In Europa beziehen immer mehr Menschen grünen Strom, obwohl er teurer ist, und dazu gehören einige meiner besten Freunde. Vor zehn Jahren war das noch unvorstellbar. Ich glaube, da kommt etwas in Bewegung.

SPIEGEL: Lord Browne, wir danken Ihnen für dieses Gespräch.

Die neue Macht der Minenriesen

Umbruch in der Rohstoffindustrie: Die Unternehmen erzielen Rekordgewinne, nur eine Handvoll Konzerne bestimmen weltweit das Geschäft. Je länger aber der Boom anhält, desto größer wird das Risiko: Lohnt es sich noch, weiter in den Ausbau zu investieren?

Von Alexander Jung

Mit 37 Jahren war der Mann aus dem Erzgebirge, der sich später Charles Rasp nannte, noch auf der Suche nach seinem Glück. Die Frau, die er liebte, eine Gräfin, durfte er nicht heiraten. Und die Gräuel, die er als Offizier der Königlich Sächsischen Armee im Krieg von 1870/71 erlebte, hatten ihn erschüttert, sein bester Freund war an der Front gefallen.

Rasp wanderte nach Australien aus, nach New South Wales, er hielt sich mit Hilfsjobs auf Farmen über Wasser. An einem Septembertag des Jahres 1883 war er als Grenzreiter unterwegs, da fiel ihm auf einer Anhöhe namens „Broken Hill“ dieser besondere Felsen auf.

Das Gestein schimmerte schwarz und glänzte matt, ein Aufschluss aus Zinn, dachte sich Rasp. Er nahm ein Stück mit und untersuchte es. Tatsächlich enthielt die Probe Zinn, aber außerdem noch Zink, Blei und Silber. Rasp, so würde sich bald herausstellen, hatte eines der weltgrößten derartigen Vorkommen entdeckt. „Ich war ziemlich naiv“, bekannte er später.

Er steckte den Claim ab, 40 Hektar groß, und gründete mit sechs Farmkollegen einen Bergbaubetrieb, den sie „Broken Hill Proprietary Company“ nannten, kurz: BHP. Heute ist es der größte Rohstoffkonzern der Welt.

Mehr als 30000 Menschen arbeiten für BHP Billiton, wie das Unternehmen inzwischen heißt. Es fördert alles, was die Erde hergibt, überall auf der Welt: Eisenerz, Kohle und Kupfer, Öl und Gas, Gold und Silber, sogar Diamanten. Dem Unternehmen geht es blendend, es legt Rekordergebnisse in Serie vor. Dem stehen die anderen Großen der Rohstoffbranche kaum nach: weder der alte BHP-Rivale Rio Tinto noch der britisch-südafrikanische Minenkonzern AngloAmerican noch der brasilianische Eisenerzgigant CVRD (Companhia Vale do Rio Doce). Ihre Produkte sind so begehrt wie lange nicht mehr.

Nach zwei Jahrzehnten des Niedergangs erlebt die Traditionsbranche ein fulminantes Comeback. Mehr als 20 Jahre lang haben die Bergbaukonzerne mangels Nachfrage keine großen Anstrengungen unternommen, ihre Kapazitäten zu erweitern. Jetzt sind sie kaum in der Lage, genügend Ware bereitzustellen.

Die Minenbetreiber hat die ungeheure Dynamik überrascht, mit der die Wachstumsmärkte in China und Indien das Geschäft antreiben. Inzwischen dauert der Aufschwung der Branche schon länger als jeder andere nach dem Krieg. Und nun investieren die Konzerne, als könne es immer nur aufwärts gehen.

Rio Tinto gibt 2006 und 2007 jeweils drei Milliarden Dollar zur Erschließung weiterer Vorkommen aus. BHP Billiton arbeitet derzeit an neuen Projekten im Wert von sogar fast zwölf Milliarden Dollar. Bis die geplanten Minen produktionsreif sind, dauert es oft fünf bis sieben Jahre, manchmal sogar länger. Die Manager vertrauen fest darauf, dass sich die Expansion dann noch immer rechnet.

Es ist eine riskante Strategie, die sie eingeschlagen haben. Sie setzt voraus, dass der Bedarf kontinuierlich weiter wächst. Das aber hängt ganz und gar von einem Faktor ab, den sie kaum beeinflussen können: der Nachfrage aus China.

Skeptiker wie der Morgan-Stanley-Analyst Stephen Roach erwarten, dass China in den kommenden Jahren darauf drängen wird, die Rohstoffabhängigkeit seiner Volkswirtschaft zu verringern: „Die Theorie ständig steigernder Rohstoffpreise basiert auf der falschen Annahme“, meint Roach, „dass China auf dem gleichen Kurs bleibt wie in den vergangenen 27 Jahren.“

Praktiker wie der BHP-Vorstand Bob Kirkby sind viel zuversichtlicher. Der Run auf Rohstoffe werde so lange anhalten, erwartet der Manager, „wie das chinesische Volk so leben will wie wir“.

Kirkby war zuletzt für den wichtigsten Unternehmensbereich zuständig, die Eisenerzsparte. Er kennt das Auf und Ab im Geschäft, er hat im Laufe der Jahre so manchen Zyklus mitgemacht. Doch noch keinen wie diesen.

Als er in den sechziger Jahren seine Karriere startete, stieg Japan gerade zur ökonomischen Weltmacht auf, gefolgt von Südkorea. Die Nachfrage nach Bodenschätzen wuchs damals sprunghaft an.

Heute geschehe mit China etwas ganz Ähnliches, „allerdings in einem anderen Maßstab“, sagt Kirkby: „Es gibt etwa 125 Millionen Japaner und 50 Millionen Koreaner – in China geht es um ein Fünftel der Menschheit.“

In nur vier Jahren hat BHP Billiton seine Verkäufe in die Volksrepublik verfünfzehnfacht, der China-Faktor hat das Gesicht der gesamten Rohstoffbranche verändert: Nur noch eine Handvoll Unternehmen bestimmen das globale Geschäft. Wohl keine andere Industrie hat in den vergangenen Jahren einen solch tiefgreifenden Strukturwandel erlebt.

Angetrieben wird er durch eine Welle von Akquisitionen, meist bar bezahlt aus den üppigen Erträgen der Rohstoffverkäufe. In den Konzernen sind eigene Stäbe nur damit beschäftigt, vielversprechende Übernahmekandidaten zu identifizieren. Milliardensummen werden lockergemacht, um neue Firmengebilde zu schaffen. Viele alte Namen des Gewerbes sind ein für allemal von der Bildfläche verschwunden.

Der kanadische Kupferproduzent Rio Algom zum Beispiel fiel im Jahr 2000 an das südafrikanische Unternehmen Billiton; zwei Jahre später wurde Billiton wiederum von BHP geschluckt. Auch Minenbetreiber wie North, Ashton oder Comalco existieren nicht mehr, sie alle hat Rio Tinto übernommen. Die neuen Bergbaugiganten decken die ganze Palette an Rohstoffen ab.

BHP Billiton etwa ist weltweit die Nummer eins in den Märkten für Kokskohle und Heizkohle, aber auch für Diamanten, es ist die Nummer zwei bei Kupfer und die Nummer drei bei Nickel. Selbst im Öl- und Gasgeschäft spielen die Australier eine bedeutende Rolle, im Golf von Mexiko gehören sie zu den wichtigsten Förderern. Auf 30 Milliarden Dollar hat BHP Billiton seinen Umsatz zuletzt gesteigert, ein Plus von 20 Prozent, davon entfallen immerhin 1,5 Milliarden Dollar auf das Geschäft mit deutschen Kunden, allen voran ThyssenKrupp Steel.

Gleichzeitig schreitet die Konsolidierung auch in den einzelnen Rohstoffklassen voran. Im Markt für Nickel etwa, dessen Preis sich in den vergangenen Jahren vervierfacht hat, lieferten sich im Frühjahr 2006 mehrere Unternehmen eine milliardenschwere Übernahmeschlacht um den kanadischen Produzenten Falconbridge. Und im Goldgeschäft spielt heute ein kanadisches Unternehmen, das erst 1983 gegründet wurde, eine führende Rolle: Barrick hat einen Rivalen nach dem anderen geschluckt, seit der Übernahme von Placer Dome zu Jahresbeginn steht es an der Spitze der Weltliga.

Das Kalkül hinter solchen Akquisitionsfeldzügen ist klar: Die Exploration neuer Lagerstätten ist mühsam, sie zieht sich über Jahre hin und trägt immer das Risiko des Scheiterns in sich. Wer hingegen ein bereits erschlossenes Vorkommen übernimmt, weiß ziemlich genau, wofür er sein Geld ausgibt.

Immer größer sind die Produzenten geworden, immer konzentrierter und mächtiger. Ihr Einfluss ist in den vergangenen Jahren derart gewachsen, dass es ihren Abnehmern zuweilen schwer fällt, mit ihnen auf Augenhöhe zu verhandeln. Dieses Machtgefälle ist im Eisenerzgeschäft besonders eklatant, dort kontrollieren nur drei Konzerne – CVRD, Rio Tinto und BHP Billiton – fast drei Viertel des weltweiten Angebots.

Würde dieses Oligopol bloß eine Woche die Lieferungen an die Stahlbetriebe aussetzen, käme die gesamte Industrieproduktion ins Stocken. Die Weltwirtschaft stünde bald vor dem Kollaps.

Kein Wunder, dass die Rohstofflieferanten derzeit überaus günstige Konditionen durchsetzen können. 2006 haben sie den Preis um 19 Prozent verteuert, ein Jahr zuvor betrug der Aufschlag sogar mehr als 70 Prozent. Das Einzige, was sich nicht verändert hat, ist das Procedere der Verhandlungen, es läuft nach einem jahrzehntealten Ritual ab.

Jedes Frühjahr kommen die Verkaufschefs der drei großen Erzlieferanten mit den Vertretern der wichtigsten Stahlfirmen in Japan, China und Europa zusammen, jeder verhandelt mit jedem: die Brasilianer vorzugsweise mit den europäischen Abnehmern, die Australier und Briten sitzen japanischen und chinesischen Stahlmanagern gegenüber. Man trifft sich in den Konferenzräumen von

Luxushotels in Tokio oder Peking, in Luxemburg, London oder Rotterdam. Meist liegt ein Golfplatz in der Nähe.

Die Gespräche ziehen sich über Wochen, manchmal sogar Monate hin, es ist ein ständiges Austauschen und Bewerten von Zahlen und Prognosen, bis irgendwann in einer Nachtsitzung sich eine der Verhandlungsrunden zu einer Zahl durchringt. Nach diesem Pilotabschluss richten sich alle anderen.

2006 hat überraschend ThyssenKrupp Steel den Vorreiter gespielt, das größte deutsche Stahlunternehmen akzeptierte, dass CVRD die Preise um 19 Prozent erhöht. Viele Beobachter hatten damit gerechnet, dass erstmals die Chinesen um den Staatskonzern Baosteel den Takt vorgeben würden.

Die zuletzt ausgehandelten Preissprünge sind beispiellos in der Geschichte des Rohstoffgewerbes. Allerdings haben die Produzenten Kosten zu verkraften, die ebenfalls noch nie dagewesen sind.

Vor zehn Jahren hat eine Rohstofffirma etwa 100 Millionen Dollar für den Bau einer neuen Goldmine veranschlagt. „Heute kostet ein Tagebau ungefähr 500 Millionen Dollar“, rechnet Bobby Godsell vor, Chef des südafrikanischen Minenkonzerns AngloGold Ashanti, „und eine Untertagemine mindestens eine Milliarde Dollar.“

Laster, Bagger, Bohranlagen: Sämtliche Gerätschaften sind erheblich im Preis gestiegen – sofern ein Minenbetreiber überhaupt das Glück hat, von Herstellern wie Caterpillar, Komatsu oder Liebherr mit Nachschub versorgt zu werden. Die Lieferzeiten für Riesentrucks, Stückpreis drei Millionen Dollar, liegen bei mindestens 18 Monaten.

Inzwischen ist es sogar üblich, Neufahrzeuge reifenlos zu verkaufen: Der Markt für die fünf Tonnen schweren Spezialpneus ist noch angespannter, hier können bis zur Lieferung 30 Monate vergehen. Die Rohstoffanalysten der Investmentbank Morgan Stanley haben 2006 schon zum „Jahr des Reifens“ erklärt.

Michelin und Bridgestone, die einzigen Hersteller, zögern, ihre Fertigungskapazitäten zu erweitern, sie haben schon einmal schlechte Erfahrungen gemacht: Vor Jahren gaben sie einmal dem Drängen der Bergbauindustrie nach, doch dann blieb die erwartete Nachfrage aus – und die Branche auf der Ware sitzen.

Ausgesprochen zyklisch verläuft auch der Personalbedarf im Rohstoffgewerbe. Vor einigen Jahren kam es vor, dass sich ausgebildete Geologen als Taxifahrer verdingen mussten. Heute gehören Leute mit solchen Qualifikationen zu den begehrtesten Kräften in Brasilien, Südafrika oder Chile – und verdienen entsprechend gut.

Mehr noch als die Personalkosten machen der Bergbaubranche aber die Ausgaben ausgerechnet für Rohstoffe zu schaffen. Eine Minenanlage besteht schließlich letztlich vor allem aus Eisen und Stahl. Und für die Herstellung der Metalle werden Unmengen an Energie benötigt.

Das gilt vor allem für die Herstellung von Aluminium. Mit der Energie, die zur Erzeugung von nur einer Tonne nötig ist, kann man ein Einfamilienhaus zwei Jahre lang versorgen. Alcoa, der weltgrößte Aluminiumkonzern mit Sitz im amerikanischen Pittsburgh, investiert deshalb gerade mehr als eine Milliarde Dollar in eine neue Schmelze in Island. Dort ist dank des vulkanischen Untergrunds Erdwärme im Übermaß vorhanden und Energie entsprechend günstig.

Island selbst verfügt über keinerlei Bauxit-Vorkommen, das rötliche Erz, das erst zu Tonerde, dann zu Aluminium verarbeitet wird, gelangt per Schiff in den hohen Norden, angeliefert aus so fernen Ländern wie Brasilien. Dort liegen die sogenannten Weltklasse-Vorkommen, also Lagerstätten, die besondere Eigenschaften miteinander vereinen: ein großes Volumen, einen hohen Rohstoffgehalt, niedrige Förderkosten, eine lange Lebensdauer und eine politisch stabile Umgebung.

Lagerstätten mit solch idealen Voraussetzungen finden die Rohstoffkonzerne immer seltener – auch das treibt ihre Kosten. Insbesondere die Kohleproduktion hat sich in den vergangenen Jahren erheblich verteuert. Im Schnitt stiegen die Kosten verschiedener Projekte nach einer Studie der Investmentbank Goldman Sachs um 50 Prozent, in Einzelfällen sogar um 100 Prozent.

Solche zusätzlichen Ausgaben drücken auf die Marge der Produzenten von Metallen und Mineralien. Ohnehin sind sie wegen des Förderaufwands nicht ganz so renditestark wie ihre großen Brüder, die Unternehmen der Öl- und Gasindustrie. Und doch haben BHP, Rio Tinto und Co. ihnen gegenüber bislang einen wichtigen Vorteil genießen können: Ihre Minen befinden sich zu etwa 85 Prozent in politisch sicheren Regionen wie Nordamerika oder Australien.

Inzwischen aber, da die Ausbeutung der traditionellen Weltklassevorkommen voranschreitet und die Nachfrage weiter wächst, müssen sich die Minenkonzerne auch auf schwierigem Terrain bewegen, in Staaten wie der Demokratischen Republik Kongo oder in Russland. Dort also, wo autoritäre Regimes an der Macht sind, wo ohne Korruption nur wenig läuft und wo man sich – vor allem was Eigentum angeht – auf Recht und Gesetz nicht verlassen kann.

Stabile Verhältnisse aber sind wichtige Voraussetzung für eine Branche, in der Investitionen teilweise auf zehn Jahre im Voraus geplant werden. „Ich kenne keine Industrie", sagt Rio-Tinto-Eisenerzchef Sam Walsh, „in der vom Staat verbürgte Rechte eine größere Rolle spielen."

Mit einiger Sorge beobachtet die Branche deshalb den Verstaatlichungskurs des venezolanischen Präsidenten Hugo Chavez und seines bolivianischen Kollegen Evo Morales. Zwar betrachten die wichtigen lateinamerikanischen Förderstaaten von Eisen, Kupfer oder Nickel, Chile und Brasilien, den Ressourcen-Nationalismus der Nachbarn mit Skepsis. Doch nun war zu sehen, wie schnell sich der Wind drehen kann.

So wirkt die Hochstimmung, die in diesen Monaten die Rohstoffmärkte bewegt, ein wenig fehl am Platze. Tatsächlich stehen die Vorstandschefs der Konzerne vor außerordentlich schwierigen Weichenstellungen. Die Multi-Milliarden-Dollar-Frage lautete: Wie lange hält dieser ohne Zweifel außerordentliche Zyklus noch an? Lohnt es sich überhaupt noch, so massiv in den Ausbau weiterer Vorkommen zu investieren, die erst in Jahren Erträge liefern? Und vor allem: Wie sollen sie die gegenwärtig noch immer steigende Nachfrage bedienen?

Bisher haben sie dazu einfach kleinere Firmen übernommen; doch der allgemeine Hype macht solche Zukäufe allmählich unerschwinglich. Die andere Strategie aber, in eher unsichere Regionen der Welt zu expandieren, ist mühsam und riskant.

Eine dritte Möglichkeit wäre es, nun auch zweit- oder drittklassige Lagerstätten zu erschließen. Mit dieser Option sind die

Konzerne allerdings schon in den siebziger Jahren auf die Nase gefallen: Als die Weltwirtschaft stagnierte und die Nachfrage einbrach, mussten sie diese Minen stilllegen und abschreiben.

Der BHP-Manager Kirkby hat diese bitteren Jahre miterlebt. Er hält nichts von der Exploration mittelmäßiger Vorkommen. Dann würde er schon eher den Ausbau auch in politisch schwierigen Regionen vorantreiben. Manchmal müsse man einfach einen langen Atem haben, meint Kirkby.

Als BHP vor fast 20 Jahren mit der Erschließung der chilenischen Mine Escondida begonnen habe, regierte noch das Militärregime des Generals Pinochet, erinnert er sich. Heute ist Escondida die größte Kupfermine der Welt und Chile eine respektierte Demokratie. Die schlichte Weisheit des Managers: „Man muss dorthin gehen, wo die Erzvorkommen sind.“

Der neue Goldrausch

Angefeuert vom Rohstoffboom, suchen kleine Bergbaufirmen weltweit nach Edelmetallen. Die „Juniors" verheißen Anlegern Traumrenditen – und haben meist noch keine Unze gefördert.

Von Alexander Jung

Im Nordosten Griechenlands, in der Region Thrakien, ragt eine kleine Kuppe aus der Küstenlandschaft, rund 700 Meter lang und 300 Meter breit, sie heißt Perama. Schon seit den Tagen von Alexander dem Großen ist die Gegend bekannt für ihre Bodenschätze. Doch dieser Hügel hat es besonders in sich. Sagenhafte 1,2 Millionen Unzen pures Gold (eine Unze entspricht rund 31 Gramm) vermutet der Geologe Peter Tegart tief im Gestein, am liebsten würde er sofort mit dem Abbau beginnen. Noch aber fehlt seinem Unternehmen, der kanadischen Frontier Pacific Mining Corporation, das Wichtigste: die Erlaubnis der Behörden.

Keine Sorge, meint Tegart, er habe sogar schon mit Athener Ministern gesprochen, ihnen Millioneninvestitionen in Aussicht gestellt und viele neue Arbeitsplätze. „Das ist es doch, was die Griechen brauchen", sagt er. Mit der Genehmigung für das Projekt rechne er bald, dann endlich könne er die Mine errichten, wenn alles nach Plan verlaufe. Das aber kommt in seinem Gewerbe ausgesprochen selten vor.

Tegarts Firma ist ein sogenannter Junior, wie Gründerfirmen in der Bergbauindustrie genannt werden. Weltweit sind sie auf der Suche nach bislang unbekannten Vorkommen von Edelmetallen: Silber und Platin, vor allem aber Gold. Wenn sie Glück haben, machen sie ein Vermögen – Scheitern ist freilich der Normalfall.

Hunderte kleiner Minengesellschaften hat der Goldrausch schon gepackt, angefeuert wird er vom Boom an den Rohstoffmärkten und Goldpreisen, die weit von ihrem Tiefständen entfernt sind. „Das ist die Stunde der Juniors", frohlockt Frank Callaghan, der eine Gruppe kanadischer Explorationsfirmen vertritt.

Oft sind es ehemalige Geologen oder Ingenieure etablierter Bergbaukonzerne, die nun auf eigene Faust nach Lagerstätten suchen. Sie haben selten mehr als ein, zwei Dutzend Mitarbeiter, ihre Unternehmen tragen so lyrische Namen wie Golden Cariboo, Croesus Mining oder Acadian Gold, die Firmenadresse ist oft bloß ein Hochhausbüro in Vancouver oder Perth.

Das Wertvollste, was sie besitzen, ist ein Stückchen Land und der feste Glaube daran, dass sich im Innern mächtige Goldadern verbergen. Was ihnen fehlt, ist das Kapital, um die Bodenschätze zutage zu fördern – sofern es sie denn gibt.

Das Geld besorgen sie sich an der Börse, auch an deutschen Handelsplätzen. Die Umsätze in Frankfurt oder Berlin sind zwar minimal, die Ausschläge dafür gewaltig. Fast alle Junior-Aktien sind Penny-Stocks, Ramschpapiere für Zocker, hochspekulativ und immer in Gefahr, von der Kurstafel zu verschwinden.

So war es vor acht Jahren mit dem kanadischen Unternehmen Bre-X geschehen, das einen Riesenfund im Dschungel von Borneo gemeldet hatte. Später stellte sich die Nachricht als Riesenschwindel heraus: Die Bodenproben waren offensichtlich mit Gold „gesalzen" worden, der verzweifelte Chefgeologe stürzte sich daraufhin aus dem Hubschrauber in den Tod.

Noch heute hängt dem Gewerbe der Skandal nach. Dennoch sind die Firmen nicht besonders bemüht, ihr schillerndes Image zu korrigieren. In den Hochglanzprospekten preisen sie angebliche „Multi-Millionen-Unzen-Potentiale" von Lagerstätten, die noch gar nicht entwickelt sind, und verdächtig oft suggerieren sie, dass wichtige Ereignisse unmittelbar bevorstünden – etwa ein Genehmigungsverfahren, das „schon in der Endphase" sei, oder eine Produktion, die man „so bald wie möglich" ausweiten wolle.

Vieles erinnert an die wilde Zeit der New Economy, als Internet-Gründerfirmen Millionen nur für eine schicke Geschäftsidee bekamen. Auch die Bergwerk-Juniors verkaufen lediglich die Hoffnung auf eine gewaltige Goldader. Die meisten haben noch keine Unze gefördert.

In der Regel durchforsten sie Gegenden, deren mineralreiche Vorkommen legendär sind. Wo heute der Bergbauingenieur Peter Kuhn in die Erde einfährt, sind seine Vorgänger schon vor gut 150

Jahren mit Schaufel und Sieb losgezogen, damals, als ganz Amerika dem ersten Goldrausch erlegen war. Kuhn richtet 15 Meilen nordwestlich von Redding, Kalifornien, einen Stollen aus dem Jahr 1920 wieder her. Dort will er Kernbohrungen vornehmen und dann, so der Plan, mit dem Probeabbau beginnen. Was dabei herauskommt, steht in den Sternen. „Das Potential ist noch nicht mal angekratzt", behauptet er.

Kuhn ist vermutlich der einzige Deutsche, der eine Junior-Mine in den USA betreibt. Bevor er sich vor rund sechs Jahren selbständig machte, hat er an der Universität Clausthal studiert und es bis zum Chef von Thyssen Mining Construction in Kanada gebracht. Rund 6,4 Millionen Dollar hat er nach eigenen Angaben bislang in seine Firma Bullion River Gold gesteckt und noch keinen Cent zurückbekommen.

Kuhn drückt deshalb aufs Tempo. „Wir werden bohren, bohren, bohren, um Unzen ins Portfolio zu bekommen", sagt er forsch. Bis 2010 will er 250000 Unzen Gold gefördert haben, so jedenfalls lautet das Ziel. Ein Unternehmen solcher Größenordnung besitze einen Börsenwert von etwa zwei Milliarden Dollar, gegenwärtig sei seine Firma erst 18 Millionen Dollar wert – die Träume eines Bergmanns.

So verwegen die Prognosen in dieser Branche auch sind, im weltweiten Geschäft mit Edelmetallen erfüllen die Juniors eine wichtige Funktion: Die großen Bergbaugesellschaften wie Newmont in den USA, Barrick in Kanada oder AngloGold Ashanti in Südafrika haben in der Rohstoffbaisse ihre Explorationsbudgets zurückgeschraubt. Jetzt nutzen sie die Juniors gleichsam als Trüffelschweine, etwa die Hälfte aller großen Vorkommen werden von den Kleinbetrieben entdeckt. „Wir machen die Drecksarbeit", sagt Junior-Vertreter Callaghan.

Solange sie keine Erfolge vorweisen, sind die Zwergminen uninteressant für die Unternehmen aus der ersten Liga. Landen sie aber einen Treffer, bekommen sie umgehend ein Millionenangebot auf den Tisch. Dann beteiligen sich die Bergbaukonzerne an diesen Firmen oder übernehmen sie gleich ganz.

So weit hat es der Geologe Tegart mit seiner Frontier Pacific Mining Corporation noch nicht gebracht. Der Kurs des Unternehmens notiert seit Jahren unter einem Dollar – trotz des „signifikanten Explorationspotentials“, das der Perama-Hügel nach Tegarts Ansicht verspricht.

Vielleicht liegt die Zurückhaltung der Anleger auch daran, dass vor einiger Zeit schon einmal eine Minengesellschaft aus Kanada am Veto der griechischen Behörden gescheitert ist. Oder daran, dass sich die Einheimischen gegen solche Eingriffe in die Natur mitunter erbittert zur Wehr setzen.

Alles, versichert Tegart gleichwohl, sei auf einem guten Weg. Und im Übrigen gebe es da noch ein Goldprojekt in Nevada: Es liegt in einer Gegend, dessen Böden bis zu 1,2 Millionen Unzen Gold enthalten sollen – schätzungsweise.

Wie im Tollhaus

Der Rohstoffhunger der Welt sorgt auf den internationalen Finanzmärkten für heiße Spekulation. Egal ob Kupfer, Gold, Zucker oder Uran, trotz gefährlicher Kursbeben versprechen Experten den Anlegern weiterhin ein Jahrzehnt der Profite. Entsteht da die nächste Blase – oder ist sie bereits geplatzt?

Von Beat Balzli

Der Eingangsbereich des schwarz verglasten Industriebaus könnte schmuckloser nicht sein. Ein paar weiße Schalter an roh verputzten Wänden. Herzschrittmacher sind verboten, warnt ein Aufkleber auf einer grauen Brandschutztür.

Hinter der unspektakulären Fassade verbirgt sich eine der größten deutschen Edelmetallschmelzen. In den Hallen des Hanauer Heraeus-Konzerns fließen Gold, Platin und Silber – tonnenweise.

Die Männer in den blauen Overalls wirken völlig entspannt, der Anblick der glänzenden Schätze löst bei ihnen keine Ehrfurcht aus. Wie beim Pferdeschmied wird gerade ein dicker Barren mit groben Hammerschlägen bearbeitet. Der Brocken ist 33 Kilogramm schwer, besteht aus Platin-Rhodium und hat einen Wert von 2,5 Millionen Euro. Daneben liegen auf einem Rolli 256 Kilogramm Platinbarren aus Russland und Südafrika. Wert: fast neun Millionen.

Arbeiter mit Schutzbrillen und silbernen Handschuhen bis zu den Ellbogen kochen und gießen hier täglich Millionenwerte. Bei unerträglicher Hitze und gleißendem Licht füllen sie in Handarbeit die flüssigen Metalle aus kleinen Öfen in wassergekühlte Kupferformen.

Der Wert der glühenden Barren ist stark gestiegen. Im Mai 2004 lag der Platinpreis bei 800 Dollar je Feinunze, zwei Jahre später ist er deutlich höher. Der Goldkurs legte innerhalb dieser Zeit kräftig zu. Die Unze lag Mitte Mai 2006 gar über 700 Dollar.

Die Preisrallye lockt auch die Kleinanleger. Diese Gruppe bunkert am liebsten Goldbarren aus Hanau im Tresor. „Seit rund eineinhalb Jahren hat der Umsatz mit Goldbarren spürbar zugenommen", freut sich Hans-Günter Ritter, bei Heraeus Chef des Edelmetallhandels.

Nicht nur Gold und Platin glänzten in jüngster Vergangenheit mit Wertexplosionen. Beinahe die gesamte Rohstoffpalette sorgt für eine selten dagewesene Geldvermehrung. Vergleichbare Höhenflüge gab es zuletzt vor 30 Jahren.

Egal ob Öl, Kupfer, Zink, Silber, Gold, Platin oder Titan, an den Warenbörsen in New York, London, Tokio oder Chicago schaffte es beinahe jeder Rohstoff auf historische Höchststände. Die US-Investmentbank Goldman Sachs misst dem Markt täglich den Puls und verarbeitet die Kursdaten von 24 Rohstoffen in einem Index. Über 500 Punkte kamen da Mitte Mai 2006 zusammen – mehr als doppelt so viel wie vor drei Jahren.

Die gefragtesten Indexpositionen schafften in diesem Zeitraum freilich das X-fache. So explodierte der Tonnenpreis für Kupfer zeitweise um über 500 Prozent von 1500 auf 8300 Dollar. Die Preise für Silber und Öl stiegen um über 200 Prozent. Zucker steigerte seinen Wert ebenfalls um mehr als 200 Prozent. Dagegen wirkten die zweistelligen Kursgewinne an den boomenden Aktienmärkten vergangenes Jahr schon beinahe langweilig.

Gegen Ende Mai 2006 leuchteten jedoch erste Warnsignale auf. Im Zuge der kollektiven Angst vor konjunkturbremsenden Zinserhöhungen der US-Notenbank brachen weltweit auch die Notierungen für Kupfer, Gold & Co. ein. Große Fonds hatten schnell Kasse gemacht und ihre exorbitanten Gewinne in Sicherheit gebracht.

Wenige Tage später war die Delle fast schon wieder vergessen. Die Preise für Basismetalle erholten sich schnell, weil die Lagerbestände weiter sanken.

Doch als dann kurz darauf erneut herbe Kursstürze folgten, wurde allen klar: Auf der einst so unbekümmerten Rohstoffparty liegen Aufstieg und Absturz gefährlich nahe beieinander, heftige Preisschwankungen bestimmen künftig die Märkte. „Wie im Tollhaus" umschreiben Händler die Zustände zum Beispiel am Terminmarkt für Kupfer, wo die Preise besonders gefährlich schwanken – nach oben und nach unten.

Beinahe blind vertrauten Spekulanten auf den scheinbar unstillbaren Rohstoffhunger der beiden Riesenreiche China und Indien. Fonds pumpten Milliardenbeträge in Aktien von Ölkonzernen, Minenfirmen sowie Warenbörsen.

„Die Jahresproduktion von Palladium im Wert von 2,5 Milliarden Dollar verfrühstückt ein einziger Hedgefonds“, beschreibt etwa Heraeus-Mann Ritter das Phänomen der vergleichsweise engen Märkte. Das Frischgeld der mächtigen Spieler, die weit weg von Aufsichtsbehörden und auf Pump zocken, sorgt in den Nischenmärkten für schnelle, aber gefährlich schwankende Preisentwicklungen.

Beweist die neue Achterbahnfahrt bereits die „geplatzte Rohstoffblase“, wie etwa Bank-of-America-Ökonom Holger Schmieding glaubt? Oder ist es nur eine Zwischenetappe auf dem Weg zu einer noch heftigeren Kursrallye, wie viele Finanzexperten weiterhin überzeugt sind?

Noch vor wenigen Jahren konnte sich zumindest in Deutschland niemand eine solche Hysterie vorstellen. Damals galt das Rohstoffgeschäft als Nischendisziplin für hartgesottene Profis, lebensmüde Spielernaturen – und Betrüger.

Vielen Anlegern sind noch die Schmuddelfirmen in Erinnerung, die europaweit neue Kunden akquirierten und mit Warentermingeschäften schnellen Reichtum versprachen. Für hochriskante Termingeschäfte, mit denen auf die zukünftigen Preise von Weizen, Orangensaft oder Zink gewettet wurde, zogen sie ahnungslosen Anlegern die Ersparnisse aus der Tasche. Immer wieder sollten sie Geld nachschießen, um temporäre Kurstäler zu überbrücken. Schließlich sei der große Gewinn nur eine Frage von wenigen Wochen, gaukelten die Drücker vor.

Doch die Spekulationen auf künftige Preise brachten nur den Abzockern Glück. Die Verluste blieben bei den Kunden hängen. Im Glauben an den bevorstehenden Geldregen hatten einige gar ihre Häuser verpfändet – und verloren. Es folgten mühsame Ermittlungen verschiedener Staatsanwälte wegen des Verdachts auf Schneeballsysteme.

Inzwischen gelten Rohstoffanlagen als salonfähig. Statt direkter Einzelinvestments in spekulative Terminkontrakte verkauft die

Finanzindustrie konsumentenfreundliche Fondslösungen. Die Investoren setzen auf Aktien von Öl- und Minenkonzernen oder breitgestreute Indizes von Investmentbanken wie Goldman Sachs. Risikobereiteren empfehlen Anlageberater gern die komplexeren Zertifikate, die sich von einem einzigen Basiswert wie zum Beispiel Gold ableiten.

Dabei gilt als Faustregel: Investitionen in Rohstoffaktien und Rohstoffe sind nicht dasselbe. So kann der Kurs einer Ölaktie mit dem Ölpreis steigen – muss aber nicht. Der Kurs des Petrogiganten BP etwa dümpelte vor zwei Jahren vor sich hin, obwohl sich Öl beinahe täglich verteuerte.

Die Banker predigen ihren Kunden derzeit, einen Rohstoffanteil von fünf bis zehn Prozent im Depot zu halten. Nach anfänglichem Zögern steigen nun institutionelle Großanleger wie Pensionskassen ebenso ein wie Kleinanleger. Bei der US-Investmentbank Merrill Lynch flossen allein aus Deutschland im ersten Quartal 2006 rund 500 Millionen Euro in die Kasse des World Mining Fund – deutlich mehr als in den Quartalen zuvor. Die Kursbeben seit Mai 2006 dämpften zuletzt den Enthusiasmus allerdings wieder.

Mit einem Volumen von über sechs Milliarden Dollar gilt der Fonds der Amerikaner, der nur in Aktien von Rohstofffirmen investiert, weltweit als erste Adresse. Branchenlegende und Geologe Graham Birch versetzt seine Anleger regelmäßig in Ekstase. Der Chef des Rohstoffteams, der schon mal persönlich in eine südafrikanische Goldmine steigt, bevor er in die Aktien investiert, schaffte mit dem World Mining Fund eine Drei-Jahres-Rendite von über 250 Prozent.

Der Rohstoffboom macht auch die Fondsmanager reich – so reich, dass sie inzwischen gar die Lust am Job verlieren. So teilte der britische Fondsmanager David Beach den Investoren kürzlich mit, dass er sein 850-Millionen-Dollar-Vehikel namens Beach Capital auflösen werde. Im zarten Alter von Anfang 40 will Beach seinem Namen Ehre machen und sich für immer in den Strandurlaub verabschieden.

So weit haben es die deutschen Fondsmanager noch nicht gebracht. Die Deutsche Bank-Tochter DWS etwa verwaltet in ihrem Rohstoffaktien-Fonds knapp 70 Millionen Euro. Der indexorientierte DWS Invest Commodity Plus bringt es auf 350 Millionen Euro und seit März 2005 auf eine Rendite von zeitweise über 19 Prozent.

Der Trend ist auch bei hiesigen Produkten eindeutig. Laut Branchenstatistik strömte 2005 rund eine halbe Milliarde Euro Frischgeld in die Rohstoffprodukte. In den ersten vier Monaten des Jahres 2006 waren es bereits 640 Millionen Euro. Erst im Juni, als die Kurse erneut sanken, floss weniger Geld.

Die Fondsprospekte locken vor allem mit den goldenen Aussichten in den asiatischen Schwellenländern, allen voran China. Tatsächlich erreicht dessen Anteil am globalen Rohstoffkonsum inzwischen schwindelerregende Höhen. Über 20 Prozent des weltweiten Angebots an Kupfer, Aluminium und Zink verbraucht das Reich der Mitte. Bei Eisenerz geht beinahe jede zweite Schiffsladung in den Machtbereich Pekings.

Der China-Effekt zeigt sich eindrücklich auf dem Kupfermarkt. Nach 30 Jahren Flaute kam 2002 die Wende. „Seither sinken die Lagerbestände, und die Preise steigen", beobachtet Christoph Eibl von Tiberius Asset Management.

Der smarte Endzwanziger Eibl hat vor wenigen Monaten bei der Investmentbank Dresdner Kleinwort Wasserstein seinen Dienst als Händler quittiert und zusammen mit Partnern einen eigenen Rohstofffonds mit Sitz in der Schweiz gegründet. Im Gegensatz zur Konkurrenz investiert Eibl weder in Rohstoffaktien noch in Indizes, sondern direkt in Terminkontrakte. Eibl hält den Markt derzeit zwar für „überhitzt". Aber er glaubt – trotz eines Preisrutsches im Juni 2006 – fest an den langfristigen Aufwärtstrend. Genauso wie Investmentlegende Jim Rogers, der einst beim Gott der Spekulanten und Bank-of-England-Bezwinger Georg Soros gelernt hat und jetzt seine eigenen Finanzprodukte verkauft.

„Ich bewundere Leute, die Rohstoffpreise vorhersagen können", spottet dagegen der Münchner Vermögensverwalter Wolfgang Mayr. Der von ihm beratene Fonds VCH Expert Natural Resources verwaltet ein Volumen von 150 Millionen Euro und bescherte den Anlegern 2005 eine Traumperformance von über 80 Prozent. Mayr nachdenklich: „In den letzten Monaten haben wir in einzelnen Rohstoffen schon Anzeichen von Übertreibung gesehen."

Und Warren Buffett, legendärer Chef der milliardenschweren Investmentgesellschaft Berkshire Hathaway, meinte kürzlich nüchtern: „Ich weiß aber, dass solche Rallyes üblicherweise zu weit gehen."

Treiben die Finanzberater ihre Kunden in ein Desaster? Sind die Kursbeben Vorboten einer anhaltenden Talfahrt?

Ja, lautet die klare Antwort der Experten der US-Investmentbank Morgan Stanley. Nach Meinung der Amerikaner wird sich das Wirtschaftswachstum in China verlangsamen und damit auch die preistreibende Nachfrage nach Rohstoffen. Allerdings, so Morgan Stanley, habe die Rohstoffhausse auch psychologische Gründe: Im Zeitalter der Globalisierung glaubten viele an „die Märchen einer neuen Ära". Und das bedeutet: Preissteigerungen erzeugen Preissteigerungen.

Sollte künftig noch mehr Geld in den Sektor gepumpt werden, sind neue Eruptionen programmiert. „Es besteht die Gefahr eines Anlagenotstandes", glaubt Produktmanager Oliver Plein von DWS. Die Auswahl an geeigneten Aktien sei begrenzt, und die Rohstoffmärkte seien relativ klein. „Wenn da weitere Milliarden reinfließen, wird es eng", ist Plein überzeugt.

Tatsächlich nimmt sich allein das Volumen der Rohstoffmärkte im Vergleich zum billionenschweren Wertpapierhandel äußerst bescheiden aus. Gerade mal 200 Milliarden Dollar werden pro Jahr weltweit mit Kupfer & Co. umgesetzt. Hinzu kommt: Neben den großen Bergbaukonzernen wie Rio Tinto, BHP Billiton, Anglo American oder Ölriesen wie BP, deren Aktien jeder Rohstofffonds kaufen muss, gibt es an den Börsen nur kleinere und mittlere Werte, darunter auch dubiose Goldschürfer.

In solch schmalen Märkten, in denen Aktien kleiner Minengesellschaften Mangelware sind, sorgt die Flut des spekulativen Frischgelds für spektakuläre Kursgewinne, aber auch für rasante Abstürze.

Dass die Fondsmanager bereits auf die zweite Reihe der Unternehmen zurückgreifen müssen, um das Geld der Anleger gewinnbringend zu investieren, beweist das Beispiel Paladin Resources. Die in Australien notierte Bergbaufirma reitet erfolgreich auf der Welle der Begeisterung für Uran.

Seit die Ölpreise explodieren, die Teheraner Mullahs drohen und die Russen mit ihren Gasvorkommen Politik machen, gewinnt der Treibstoff für Kernkraftwerke zunehmend an Bedeutung. Wie bei Gold und Kupfer vernachlässigte die Industrie Investitionen in die Förderkapazitäten.

Der Aktienkurs von Paladin vervielfachte sich in zwei Jahren um nahezu 8000 Prozent. Uran förderte Paladin freilich noch nie zutage, nicht ein einziges Gramm. Die Hoffnungen der Investoren, zu denen auch Merrill Lynch und VCH gehören, ruhen auf einem Projekt in Namibia. Im Herbst 2006 soll mit der Förderung begonnen werden.

Schaffte Fondsmanager Mayr demnach die Traumrendite von VCH nur mit der Investition in ein strahlendes Uranmärchen? Nicht nur, tiefe Einstiegspreise sind das Grundprinzip. „Wir haben früh auf Metalle und Energie gesetzt“, erklärt Mayr seine Erfolgsstrategie, „seit kurzem reduzieren wir Öl und berücksichtigen dafür mehr Agrarrohstoffe.“

Mayr ist nicht der Einzige. Die Fondsmanager lenken scharenweise Geld in Agrarrohstoffe, weil ihnen die Metalle zu teuer werden. Zucker machte bereits richtig von sich reden, weil das daraus gewonnene Ethanol nicht nur in Brasilien als Bio-Treibstoff der Zukunft aufgebaut werden soll. Die Marktkapitalisierung der Produzenten schnellte in die Höhe, allein die indische Bajaj Hindusthan Ltd. schaffte in zwei Jahren vorübergehend einen Wertzuwachs von 1500 Prozent.

Jetzt hoffen alle auf eine Kakao-Rallye. Wieder sollen es die Chinesen richten und endlich zu schokosüchtigen Großverbrauchern mutieren. Der Schweizer Konzern Barry Callebaut – weltweit größter Schokoladenproduzent – warnt für diesen Fall bereits vor einer Kakao-Knappheit.

„Die Blase kommt"

Der New Yorker Investor Jim Rogers über die Gründe für den Rohstoffboom, die Preisexplosion bei Kupfer, Zink und Öl und den Einfluss von Spekulanten

Das Gespräch führte Frank Hornig

SPIEGEL: Mr Rogers, wann haben Sie zum ersten Mal in Rohstoffe investiert?
ROGERS: Mein erstes Gold habe ich 1971 gekauft. In den Vereinigten Staaten war es Privatleuten zwischen 1933 und 1974 ja verboten, Gold zu besitzen. Also habe ich es in der Schweiz gemacht. Viel war es freilich nicht, ich war damals ein kleiner Angestellter. Aber ich wusste, dass Rohstoffe extrem wichtig für die Volkswirtschaft sind – für Aktien, Anleihen, Währungen, einfach für alles. Man kann in meinen Augen kein guter Investor sein, wenn man diese Zusammenhänge nicht versteht.
SPIEGEL: Sie waren insgesamt fünf Jahre auf Weltreise. Haben Sie dabei auch nach Öl und Gold recherchiert?
ROGERS: Es war jedenfalls einer der Gründe, warum ich Ende der neunziger Jahre so optimistisch in Sachen Rohstoffe war. Egal ob in Amerika, Afrika oder Sibirien: Nirgendwo wurde in die Infrastruktur reinvestiert, um die Förderung in Gang zu halten. Wenn man aber nicht in die Produktionsanlagen investiert, schrumpfen die Erträge von Minen und Ölfeldern. Wenn Sie das Angebot nicht halten oder steigern und gleichzeitig die Nachfrage wächst, bekommen Sie einen Boom.
SPIEGEL: Als Sie im Sommer 1998 Ihren Rohstoff-Fonds eröffnet haben, waren die meisten Anleger eher am Internet interessiert.
ROGERS: Alle waren völlig verrückt danach, Dot.coms zu kaufen. Ich habe den Leuten damals im Fernsehen ständig gesagt: Kauft Rohstoffe! Aber keiner wollte es hören. Der Rest der Geschichte ist bekannt: Mein Fonds hat sich seither mehr als verdreifacht, und die meisten Dot.coms sind längst verschwunden.

SPIEGEL: Inzwischen wirkt der Rohstoffmarkt selbst wie eine große Blase. Machen Ihnen die überhitzten Preise und phantastischen Wachstumsraten keine Sorge?

ROGERS: Okay, manches ist ziemlich teuer geworden, Öl notiert auf einem Allzeithoch. Wenn man die Inflation in Betracht zieht, würde der Rekordpreis noch viel höher liegen, bei über 100 Dollar pro Barrel. Gold dagegen liegt noch immer 35 Prozent unter seinem Allzeithoch. Das Gleiche gilt für Silber, Palladium, Mais, Baumwolle oder Zucker: Sie alle werden weit unter ihren historischen Höchstpreisen gehandelt.

SPIEGEL: Und warum gibt es dann so viele Schlagzeilen über Spekulation, Gier und Angst auf dem Rohstoffmarkt?

ROGERS: Wenn Sie nur auf Kupfer, Zink und Öl achten, können Sie meinetwegen sagen, die Preise schießen in den Himmel. Aber schauen Sie sich 35 andere Rohstoffe an, sie sind alle noch sehr billig; selbst Orangensaft liegt, obwohl die Preise drastisch gestiegen sind, 65 Prozent unter seinem Allzeithoch. Vor fünf Jahren konnten die meisten Leute Rohstoffe nicht mal buchstabieren. Sie kennen wahrscheinlich Hunderte Leute, die Aktien oder Fonds gekauft haben. Kennen Sie irgendjemanden, der schon mal in Rohstoffe investiert hat?

SPIEGEL: Wenige.

ROGERS: Genau das meine ich. Es gibt heute über 70 000 Aktien- und Rentenfonds, aber nur zehn, die fürs allgemeine Publikum in Rohstoffe investieren. Im „Wall Street Journal" gibt es jeden Tag einen ganzen Teil über Aktien und Anleihen – und vielleicht zehn Absätze über Rohstoffe.

SPIEGEL: Warren Buffett warnte jüngst, dass dieser Markt mehr auf Spekulation als auf funda-

Jim Rogers legte den Grundstein für seinen Ruf und seinen Reichtum in den siebziger Jahren. Damals führte er gemeinsam mit dem Spekulanten George Soros einen Fonds, der in dieser Zeit eine Rendite von 4200 Prozent abwarf, während der Standard & Poors-500-Index nicht mal 50 Prozent schaffte. 1980 ließ Rogers sich auszahlen und ging fortan seinen eigenen Weg. Im Sommer 1998, als die meisten an der Wall Street dem Internethype erlagen, legte er einen Rohstoff-Fonds auf – genau zum richtigen Zeitpunkt, wie man heute weiß. Zuletzt erschien auf deutsch sein Buch „Rohstoffe – der attraktivste Markt der Welt".

mentale Daten reagiert. Für die Investmentbank Morgan Stanley ist es nur noch eine Frage der Zeit, bis die Blase platzt.

ROGERS: Ich weiß, was eine Blase ist, ich habe viele davon erlebt. In den späten Neunzigern habe ich allen gesagt, geht raus aus dem Internet, das ist eine Blase. Ich frage mich nur, wo Sie hier Spekulation erkennen wollen? Und wer sind die Spekulanten? Fast alle Rohstoffe sind 50 bis 90 Prozent unter ihrem Allzeithoch. Das ist keine Blase.

SPIEGEL: Institutionelle Anleger wie Hedgefonds beeinflussen den Markt. Vor sechs Jahren investierten sie bloß 5 Milliarden Dollar in Rohstoffe, jetzt sind es schon über 80 Milliarden Dollar.

ROGERS: Das klingt wie eine furchtbar große Zahl, aber in Wahrheit ist sie winzig. Allein bei Rohöl werden jeden Tag 85 Millionen Barrel für sechs Billionen Dollar produziert und verbraucht. Dagegen sind die 80 Milliarden Dollar für Rohstoffe eine kleine Nummer! Und schauen Sie auf die Statistiken: Die Hedgefonds-Manager spielen mit sich selbst – unter ihnen gibt es genauso viele Käufer wie Verkäufer von Rohstoffen. Auf den Markt hat das keine Auswirkungen.

SPIEGEL: Werden die Ölpreise weiter steigen?

ROGERS: Seit 35 Jahren wurden keine bedeutenden Ölfelder wie einst in Saudi-Arabien, der Nordsee oder Alaska entdeckt. Die Briten exportieren seit 25 Jahren Öl. Noch in diesem Jahrzehnt werden sie zu Importeuren werden so wie Malaysia, das auch seit Jahrzehnten exportiert. Die Ölfelder in Mexiko und Alaska sind im Niedergang. Indonesien ist Mitglied der Opec, der Organisation Öl exportierender Länder. Es wird noch in diesem Jahrzehnt aus der Opec fliegen, weil es Öl jetzt importiert.

SPIEGEL: Was wäre, wenn sich die Situation im Irak und in Iran beruhigt?

ROGERS: Wer weiß das schon? Aber mal angenommen, demnächst wären wir alle wieder beste Freunde: Woher soll das Öl denn kommen, damit die Preise fallen? Die Iraner können nicht mehr Öl produzieren, sie haben schon seit Jahrzehnten keine neuen Vorkommen entdeckt. Vielleicht erinnern Sie sich, dass in den achtziger und neunziger Jahren die Ölreserven vieler Länder plötzlich nach oben gingen. Es lag allein daran, dass sich die Produktionsquoten der Opec an den Reserven orientieren. Im Irak hat deshalb Saddam Hussein in den Achtzigern und Neunzigern nahezu eine Vervierfachung seiner Vorkommen verkündet. Haben Sie ihm etwa geglaubt? Vielleicht sind ja Reserven dort – es kann sie aber niemand finden.

SPIEGEL: Die Zuwächse auf dem Papier waren also stets größer als in der Wirklichkeit?

ROGERS: Genau. Saudi-Arabien zum Beispiel verkündet seit 1988 Jahr für Jahr, dass es über 260 Millionen Barrel verfügt. Die Zahl geht weder hoch noch runter, egal wie groß die jährliche Fördermenge ist. Vor drei Jahren erklärten die Scheichs in Riad, dass sie fortan täglich 2,5 Millionen Barrel zusätzlich produzieren wollten. Darauf warten wir bis heute. Wenn die so viel Öl haben, warum bringen sie es dann nicht auf den Markt? Bei einem Barrelpreis von fast 75 Dollar könnten sie derzeit ein Vermögen verdienen.

SPIEGEL: Selbst bei knappen Rohstoffen kann die Nachfrage sinken, wenn sich im Laufe der Zeit die Technologie ändert. Für Kabel zum Beispiel wird statt Kupfer Glasfaser benutzt.

ROGERS: Das stimmt. Aber aus irgendwas müssen die Produkte ja doch hergestellt werden. Früher wurden Rohre aus Blei gemacht, dann aus Kupfer, schließlich aus PVC. Und PVC wird aus Öl produziert. Durch virtuelle Rohre können Sie Wasser, Gas oder Öl nicht fließen lassen. Was immer Sie also benutzen, es wird ein Rohstoff sein.

SPIEGEL: Wie treffen Sie Ihre Investitionsentscheidungen?

ROGERS: Ich bin ein ganz schlechter Händler. Wenn ich eine günstige Investitionsmöglichkeit sehe, greife ich zu und verkaufe dann jahrelang nicht. Aus meinem Rohstoff-Fonds habe ich seit 1998 keinen einzigen Rohstoff verkauft. Das mache ich erst, wenn eine große Blase entsteht. Und die wird kommen, das verspreche ich Ihnen. In 10 oder 15 Jahren wird das „Wall Street Journal" täglich einen eigenen Rohstoffteil publizieren. Zehntausende Fonds werden sich auf Rohstoffe spezialisieren. Jeder aus Ihrem Bekanntenkreis wird über das Thema sprechen. Blasen sehen immer gleich aus, das kennen wir ja schon seit Jahrhunderten. Werde ich genau auf dem Höhepunkt aussteigen? Nein, ich werde zu früh verkaufen, das ist bei mir immer so.

SPIEGEL: Noch wächst die Weltwirtschaft. Aber wir müssen sicher nicht 15 Jahre auf eine Verlangsamung des Wachstums warten. Dann würden auch bei Rohstoffen viel früher Probleme entstehen, als Sie erwarten.
ROGERS: Ich nehme an, dass die USA bald in die Rezession rutschen, das ist überfällig. Das Wachstum auf dem chinesischen Immobilienmarkt wird sich verringern. Beim Rohstoffboom ist deshalb aber noch kein Ende in Sicht. Vielleicht gibt es eine Korrektur, aber nicht in jedem Bereich. Wenn Zink abstürzt, können die Kaffeepreise immer noch in den Himmel schießen.
SPIEGEL: Woher nehmen Sie im Ganzen Ihren Optimismus?
ROGERS: In den vergangenen 25 Jahren wurde weltweit bloß eine Bleimine eröffnet. Die letzte Ölraffinerie in den USA wurde 1976 gebaut. Sämtliche heute bekannten großen Ölfelder wurden vor 1970 entdeckt. Seitdem ist die Nachfrage kontinuierlich gestiegen.
SPIEGEL: Warum wurde denn dann nicht stärker in neue Produktionsanlagen investiert?
ROGERS: Wenn wir heute ins Bleigeschäft einsteigen wollten, müssten wir erst einmal ein Vorkommen finden, Investoren auftreiben, mit Gewerkschaften, Regierungen und Umweltorganisationen verhandeln sowie die nötige Infrastruktur und Bleihütten aufbauen. Das alles dauert etwa zehn Jahre. Deshalb dauert der Boom so lange an. Wenn es dann am Ende irgendwann jede Menge neue Bleiminen gibt, rutschen wir in die Depression. Das ist Marktwirtschaft.

Bis zum Hals voll Gold

Der weltweite Run auf das begehrteste aller Metalle hält an, und die asiatischen Wirtschaftsmächte China und Indien könnten den Preis noch höher treiben, wenn sie ihre Dollar-Reserven demnächst durch Gold ersetzen. Seit Jahrtausenden scheinen am Gold aber nicht nur Glanz und Glück zu haften, sondern auch Gier und Grauen.

Von Rainer Traub

Gold ist ein einzigartiger Rohstoff. „Fleisch der Götter" war es für die Ägypter, die es bereits vor 6000 Jahren in prädynastische Gräber legten. Später verehrten sie ihren König als Sohn des Sonnengottes Re und als „Goldgebirge, das die ganze Erde überstrahlt".

In aller Welt sind seit Jahrtausenden Heiligtümer verschiedener Religionen und weltliche Paläste mit Gold verziert worden. Doch nicht nur Magie und Macht, auch Mord und Totschlag haben von jeher die zwielichtige Aura des Goldes bestimmt. Das glänzende Metall motiviert heute wie eh und je Kriminalität aller Art.

Goldschätze waren das Motiv für die Vernichtung von Imperien und ermöglichten den Fortbestand oder die Gründung von anderen. In der Geschichte des Goldes konzentriert sich, im Guten wie im Bösen, die Geschichte der Welt.

Heute wird Gold auf den globalen Kapitalmärkten als einer von vielen Rohstoffen gehandelt; die traditionelle Maßeinheit ist der Preis für eine Feinunze (ca. 31 Gramm) Gold. Dabei zeigt das glänzende Metall gerade in seiner abstraktesten Erscheinungsform – im Auf und Ab seines Börsenkurses – den Zustand der Weltgesellschaft an wie ein universelles Fieberthermometer.

Solange die politische und ökonomische Großkonjunktur als stabil und berechenbar erscheint, bleibt der Goldpreis moderat. Große Krisen aber lösen regelmäßig eine Flucht der Anleger in das als krisensicher geltende Gold aus, die dessen Preis in die Höhe treibt. Hatte er zu Beginn unseres Jahrtausends auf dem relativ niedrigen Niveau von 280 Dollar pro Feinunze gelegen, so hat er sich seit 2001, dem Jahr der Terrorattacken auf die USA, mehr als verdoppelt.

Ein Ende der Gold-Hausse ist derzeit nicht absehbar – auch wenn der Preis für das Edelmetall zuletzt wieder sank. Manche Fachleute prognostizieren sogar, dass der Goldpreis demnächst nicht nur den historischen Höchststand von 1980 (850 Dollar/Feinunze) erreichen, sondern weit darüber hinaus steigen wird. Dies wird vor allem dann erwartet, wenn China und Indien dem nationalistischen Beispiel des früheren französischen Präsidenten Charles de Gaulle folgen und ihre Dollar-Reserven durch Gold ersetzen.

Die unvergleichliche Wertschätzung des Goldes resultiert einerseits aus dessen stofflichen Eigenschaften: Als edelstes der Metalle ist es chemisch besonders beständig und reagiert kaum mit anderen Elementen. Es oxydiert nicht und ist säureresistent. Jahrzehnte und sogar Jahrhunderte im Meerwasser oder im Erdboden können ihm wenig anhaben.

Gold ist außerordentlich dicht, auch sehr kleine Mengen verkörpern große Werte. Gleichzeitig ist es relativ weich und gut formbar – eine Eigenschaft, die Fachleute „duktil" nennen. Auch in hauchdünne Schichten gehämmert, als Blattgold, verliert es nichts von seiner Faszination. Und ein Goldwürfel von einem Zentimeter Kantenlänge ergibt nicht weniger als 10 Quadratmeter Blattgold.

Etwa 2500 Tonnen werden pro Jahr weltweit gefördert. Der größte Teil davon wird zu Schmuck verarbeitet, ein kleinerer Teil findet als Zahngold und in der Elektronik-Industrie Verwendung. Abgesehen von jenem Gold, das in Schiffswracks auf dem Meeresgrund liegt, ist fast alles jemals zutage geförderte Gold noch in irgendeiner Form an Land vorhanden.

Auf 150000 Tonnen wird sein Gesamtvolumen, das Ergebnis von Jahrtausenden, geschätzt. Die Menge entspricht einem Würfel mit einer Kantenlänge von rund 20 Metern – dem Volumen eines mittleren Mehrfamilienhauses. Verglichen mit der Tagesproduktion anderer Rohstoffe erscheint das verschwindend gering.

Etwa ein Fünftel der bisher geförderten Gold-Gesamtmenge

dient in Form von Barrengold den stärksten Volkswirtschaften der Welt als Währungsreserve. Von insgesamt 30733 Tonnen Goldreserven besitzen allein die USA 8135 Tonnen (gelagert vor allem im berühmten Hochsicherheits-„Fort Knox“), die Deutsche Bundesbank verfügt über 3428 Tonnen.

Zwar werden in der Erdkruste nicht weniger als 20 Milliarden Tonnen, in den Ozeanen noch einmal 8 Milliarden Tonnen Gold vermutet. Doch nur der millionste Teil dieser Goldvorkommen kann zu wirtschaftlichen Bedingungen gewonnen werden.

Es ist die Seltenheit des Goldes, die zusammen mit den materiellen Eigenschaften dessen herausragende Wertschätzung begründet. Auch wenn auf allen Kontinenten Gold gefunden worden ist, kommen in der Erdkruste pro Tonne Gesteinsmaterial im Mittel gerade einmal 25 Milligramm Gramm Gold vor. Kupfer ist 23000-mal häufiger, Silber immerhin 32-mal. Nur in sogenannten Reicherzzonen wurden deutlich höhere Konzentrationen von 100 Gramm Gold pro Tonne Gestein und mehr gefördert.

Auch die Ozeane enthalten Gold, doch dessen durchschnittliche Konzentration liegt hier noch einmal um ein Vielfaches unter den Vorkommen in der Erdkruste. Als undurchführbar erwies sich deshalb eine patriotische Idee des deutschen Chemikers und Nobelpreisträgers Fritz Haber (1868 bis 1934). Der wollte die gigantischen finanziellen Reparationsschulden, die der Versailler Vertrag nach dem Ersten Weltkrieg dem unterlegenen Deutschland aufbürdete, mit Hilfe von Gold aus den Ozeanen tilgen. Doch als sich nach seiner Rechnung herausstellte, dass zur Gewinnung von acht Gramm Gold die Verarbeitung von einem Kubik-Kilometer Meerwasser erforderlich gewesen wäre, musste er sein Vorhaben aufgeben.

Eine möglicherweise zukunftsträchtige Ausnahme bilden bestimmte Zonen in der Umgebung heißer Quellen auf dem Meeresboden. Wissenschaftler des deutschen Forschungsschiffes „Sonne“ entdeckten Anfang der neunziger Jahre solche Stellen, an denen durch die Bewegung der Erdplatten Materie aus dem Innern der Erde nach oben dringt und neuen Meeresboden bildet. Die submarinen Erzfelder wiesen eine Konzentration von bis zu 52 Gramm Gold pro Tonne auf. Über die mögliche, aber aufwendige Förderung solcher Goldreserven entscheidet immer nur die ökonomische Rationalität.

Mit Vernunftbegriffen allein ist freilich die Wertschätzung des Goldes und die Macht, die es schon immer über die Menschen gehabt hat, nicht zu fassen. In Volksmärchen und Nationalepen, in zahllosen Sprichwörtern und Sprachbildern reflektiert sich die Magie des Goldes: seine Verheißung von Glück und Vollkommenheit, von Güte und Reinheit, von Echtheit und Ewigkeit.

Aber die Sprache spiegelt auch die tiefe Ambivalenz des Goldes, die Gefahr einer fatalen Abhängigkeit, die es mit Drogen vergleichbar macht, den zerstörerischen und selbstzerstörerischen „Goldrausch". Nicht nur das „Goldene Herz" oder die „Goldene Hochzeit" sind geläufige Sprachmünzen – auch das biblische „Goldene Kalb" als Sinnbild der Vergötterung materieller Werte oder der „goldene Schuss" als zynischer Ausdruck für die tödliche Überdosis Rauschgift.

Fast alle Völker der Erde kennen den Mythos vom „Goldenen Zeitalter" als dem glücklichen, paradiesischen Urzustand. Meist dient das Ideal einer märchenhaften Vorzeit als Gegenbild der als schlecht und verdammenswert geschilderten historischen Zeit – ähnlich der Dramaturgie im ersten Buch Mose, wo der Sündenfall und die Vertreibung aus dem idyllischen Garten Eden dem unbeschwerten Dasein im Paradies alsbald ein Ende machen. Der griechische Poet Hesiod stellt um 800 vor Christus dem „Eisernen Weltalter", wie er seine eigene Zeit nannte, das „Goldene Zeitalter" entgegen, in dem die Menschen einst „wie Götter", also „ohne Betrübnis" gelebt hätten.

In Nostalgie schwelgten auch Roms große Poeten. Für Vergil war das „Goldene Zeitalter" eine ländliche Idylle. Ovid beschwört den imaginären Zustand als Reich des ewigen Frühlings ohne Alter und Verfall, in dem eine freigebige Natur bar menschlichen Zutuns alles von selbst schenkt, in dem Gerechtigkeit und Frieden herrschen. „Denn damals", so heißt es im zweiten Jahrhundert bei Lukian von Samosata, „waren die Menschen noch alle gut und von reinem, gediegenem Golde."

Der Antike verdanken wir aber auch eine berühmte Gold-Fabel anderer Art. Ihr Held ist der phrygische König Midas. Er lebte im

8. Jahrhundert vor Christus in Kleinasien und soll ein recht mittelloser Herrscher gewesen sein. Ein Fremder, dem Midas Gastfreundschaft erwies, entpuppte sich als alter Lehrer des Weingottes Dionysos. Dieser, so die Legende, war von der königlichen Haltung so beeindruckt, dass Midas einen Wunsch bei ihm frei hatte. Der arme Midas wollte, dass alles zu Gold werde, was er berührte.

Das Entzücken über die Wunscherfüllung verging, als sich sein Essen und Trinken ebenso in kaltes Metall verwandelten wie die geliebte Tochter in der väterlichen Umarmung. Verzweifelt beschwor Midas den Dionysos, seinen Wunsch aufzuheben. Der wies ihn an, im Fluss Paktolos zu baden, der fortan reichlich Gold führte.

Mit Berg- und Flussgold war auch das Volk der Lydier gesegnet, das im gleichen Raum siedelte, in dem Midas einst herrschte – er liegt im Westen der heutigen Türkei. Der Name des lydischen Königs Krösus (um 560 bis 546 vor Christus) ist noch jetzt ein Inbegriff des Reichtums. Im 7. Jahrhundert vor Christus wurden in Lydien erstmals Goldmünzen geprägt, die in ganz Kleinasien als Zahlungsmittel dienten.

Der amerikanische Investment-Berater und Gold-Historiker Peter Bernstein sieht in dieser ökonomischen Errungenschaft, die zum Aufblühen eines großen, mehrere Völker umfassenden Wirtschaftsraumes beitrug, einen frühen Vorläufer des Euro (Peter L. Bernstein: „The Power of Gold. The History of an Obsession", New York 2000). In gewissem Sinn, schreibt er, habe die Verwandlung in eine allgemeine Münz-Währung das Gold „demokratisiert", das bis dahin Herrschern und Heiligtümern vorbehalten war.

Das Weltreich Rom ist ohne das Schmier- und Machtmittel Gold nicht vorstellbar. Mit Gold machten die Kaiser ihre Minister und Beamten gefügig, mit Goldprunk manipulierten sie das Volk. Als Julius Cäsar vom transalpinen Dienst aus dem heutigen Spanien als Finanzbevollmächtigter („Quästor") zurückkehrte, hatte er so viel Gold zusammengerafft, dass es für den Beginn einer politischen Karriere reichte. Er verbündete sich dazu mit dem reichen Römer Crassus. Der war nicht nur goldgierig, sondern auch auf militärischen Ruhm aus, wurde aber als Heerführer 53 vor Christus von den Parthern vernichtend geschlagen. Die demonstrierten auf ihre Art, was sie von Leuten hielten, die den Hals nicht vollbekommen: Sie töteten Crassus mit geschmolzenem Gold, das sie ihm in die Kehle schütteten.

Roms Bedarf an Gold und Silber überstieg die begrenzten Schürfergebnisse aus den antiken Minen um so deutlicher, je weiter sich das Römische Weltreich ausdehnte. Aus Sicht der Herrschenden war angesichts knapper Ressourcen die einfachste Art der Bereicherung eine Münzverschlechterung, wie sie schon die Griechen praktiziert hatten: Bei gleichem Nennwert wurden Münzen verkleinert und ihr Metallgehalt gesenkt – mit der unausweichlichen Folge von Geldentwertung. In den ersten 250 Jahren nach Christus blieb die Inflation noch einigermaßen moderat. Dann aber verzwanzigfachten sich die Preise binnen eineinhalb Generationen. Die katastrophale Geldentwertung trug im Jahr 305 zum freiwilligen Amtsverzicht des Kaisers Diokletian bei.

Dessen Nachfolger Konstantin machte mit seiner Hinwendung zum Christentum Geschichte. Konstantin nutzte den religiösen Coup weltlich: Im Namen des siegreichen Kreuzes („In hoc signo vinces") ließ er alle nichtchristlichen Heiligtümer in seinem Herrschaftsbereich ausplündern und vervielfachte so seine Goldbestände.

Der galoppierenden Inflation wurde er Herr, indem er eine neue Goldmünze von 98 Prozent Reinheit ausgab, den „Besant". Auch dadurch machte Kaiser Konstantin Epoche, denn diese Münze von 4,55 Gramm Gewicht war bis ins Hochmittelalter in Umlauf; in Reinheit und Gewicht unverändert, wurde sie noch 700 Jahre nach dem Untergang des alten Rom produziert. Keine andere Währung hatte je so lange Bestand. Währungshistoriker haben den Besant den „Dollar des Mittelalters" genannt. Doch die Zeit des Dollar als internationale Leitwährung neigt sich bereits dem Ende zu – er wird die legendäre Langlebigkeit des Besant nicht erreichen.

Schon seit Urzeiten träumten die Menschen davon, das Edelmetall künstlich herzustellen. Die Alchemie war jene Mischung aus Naturexperiment und primitiver Chemie, Philosophie und Mystik, mit der die Hexerei bewerkstelligt werden sollte. Der Begriff Alchemie stammt aus dem Altägyptischen – schon Papyri erzählen von Versuchen der Goldmacherei. Bekannt war, dass aus dem grünen, schön geäderten Malachit-Stein unter hohen Temperaturen Kupfer geschmolzen werden konnte. Warum sollte es also nicht einen Stein auf der Welt geben, aus dem Gold zu machen war?

Die fieberhafte Suche nach diesem „Stein der Weisen“ erreichte im Mittelalter einen Höhepunkt. Das enzyklopädische „Buch vom Gold“ (von Niklaus Flüeler, Günter Breitling u. a., Luzern u. Frankfurt/Main 1975) erzählt darüber viele anschauliche Einzelheiten. So appellierte Englands Staatsmacht im Jahr 1423 an die Geistlichkeit, den Himmel um Beistand bei der Suche nach dem Wunderstein anzuflehen, auf dass die Staatsschulden endlich beglichen würden.

Bis in die Neuzeit gaben zahllose Scharlatane vor, das uralte Rätsel gelöst zu haben – und versuchten mit faulen Tricks Kasse zu machen. Einer von ihnen, ein gewisser Cajetani, büßte im Jahr 1709 besonders sinnig für einen Betrugsversuch am königlich-preußischen Hof: Er wurde in einem Goldflitterkleid an einem Galgen gehenkt, der mit golden glitzernder Blechfolie ausgeschlagen war.

Erst der russische Chemieprofessor Dmitrij Iwanowitsch Mendelejew (1834 bis 1907) beendete alle Alchemistenträume mit seinem Periodensystem der Elemente. Demzufolge gehört Gold (Chemisches Symbol Au, von lateinisch Aurum – Gold) in die I. Nebengruppe, trägt (wegen seiner 79 Elektronen) die Ordnungszahl 79 und kann nicht aus anderen Elementen zusammengesetzt werden. Heute jagt nur noch der Zauberlehrling Harry Potter dem „Stein der Weisen“ nach.

Noch um das Jahr 1500, zu Beginn der Neuzeit, wäre alles in Europa vorhandene Gold in einem Kubus von zwei Meter Kantenlänge unterzubringen gewesen. Die Entdeckung der Neuen Welt, die gerade eingesetzt hatte, erweiterte diesen Bestand beträchtlich. Sie war mit einer skrupellosen Jagd nach Gold verbunden, die zahllose Menschenleben kostete. Wer nicht von den Konquistadoren unmittelbar massakriert wurde, erlag den von ihnen eingeschleppten Krankheiten. Später, in der Kolonialepoche, kamen zahllose Einheimische als Sklavenarbeiter für die Eroberer in Gold- und Silberminen zu Tode.

Ein berühmter Zeitgenosse der Konquistadoren trat der todbringenden Goldgier scharf entgegen: Thomas Morus entwarf in seinem 1516 erschienenen Buch „Utopia" – es prägte den Gattungsbegriff für alle „utopischen" Staatsromane – das Bild einer fiktiven Insel, auf der Gerechtigkeit und Kollektiveigentum herrschen.

In diesem humanistischen Idealbild eines Gemeinwesens hat Gold eine schlechte Presse: Das reichlich vorhandene Edelmetall, das die Utopier im Handel mit den Nachbarvölkern gewinnen, wird zu Schüsseln fürs Füßewaschen und zu Nachttöpfen aus Gold gegossen. Die Utopier legen Sklaven in goldene Fußfesseln, obendrein stigmatisieren sie ihre Kriminellen mit goldenen Ohr- und Fingerringen als ehrlos.

Gut 400 Jahre später griff ein Utopist namens Wladimir Iljitsch Lenin die alte Idee auf. In einem „Prawda"-Artikel schrieb er 1921: „Wenn wir dereinst im Weltmaßstab gesiegt haben, dann werden wir, glaube ich, in den Straßen einiger der größten Städte der Welt öffentliche Bedürfnisanstalten aus Gold bauen. Das wäre die ‚gerechteste' und beste anschaulich-belehrende Verwendung des Goldes."

Doch auch Lenins Lieblingsschriftsteller Jack London war dem Gold verfallen. Mit 22 Jahren gehörte der Amerikaner 1897 zur ersten Welle derer, die nach Kanada strömten, nachdem dort im Fluss Klondike Gold gefunden worden war. Reich wurde Jack London aber nicht als Goldsucher, sondern erst mit den Büchern, in denen er seine Abenteuer in Literatur verwandelte.

Noch berühmter als der Klondike-„Goldrausch", dem Charlie Chaplin im gleichnamigen Film ein Denkmal gesetzt hat, ist der kalifornische Goldrausch. Er brach 1848 aus und ließ aus dem 800-Seelen-Dorf San Francisco binnen zwei Jahren eine Großstadt mit 100 000 Einwohnern wachsen. An den kalifornischen Goldrausch erinnert auch das tragische Schicksal des Schaufelraddampfers „Central America", der 1857 mit Hunderten von heimkehrenden Goldsuchern und ihren Schätzen in einem Orkan unterging. Im Jahr 1988 ortete ein US-Schatzsucherteam unter Führung des genialischen Unterwasser-Ingenieurs Tommy Thompson das Wrack am Grund des Atlantiks – und barg Münz- und Barrengold im Wert von einer Milliarde Dollar. In einem mitreißenden Bestseller hat US-Autor Gary Kinder („Ship of Gold in the Deep Blue Sea",

New York 1998) diese ebenso wahre wie phantastische Story bis ins Detail rekonstruiert.

In großem Maßstab wird die geschichtsbildende Macht des Goldes am Beispiel Australiens deutlich: Aus dieser Sträflingskolonie für Britanniens Outlaws wurde ein modernes Einwanderungsland erst, nachdem dort Mitte des 19. Jahrhunderts Goldfunde bekannt gegeben wurden. Vereinzelte Goldfunde hatte es zwar schon vorher gegeben, doch die Kolonialbehörden hatten solche Meldungen unterdrückt, um einen unerwünschten Run auf den Kontinent zu verhindern.

Als aber nach 1848 immer mehr Arbeitskräfte Australien den Rücken kehrten, um in Kalifornien Gold zu suchen, lancierte man Nachrichten von reichen Goldvorkommen in Australien. Die Wirkung war durchschlagend: In einem einzigen Jahr, 1852, kamen 400000 britische Einwanderer. Erst die Immigrantenströme führten zur Einrichtung regelmäßiger Schiffsverbindungen zwischen Europa, den USA und Australien. Sie bannten das Image der Sträflingskolonie und prägten das Gesicht des modernen Australien.

In Deutschland bietet der Goldbergbau, der jahrhundertelang etwa im Fichtelgebirge oder beim hessischen Korbach getrieben wurde, heute zwar nur noch Stoff für Museumsführungen. Aber nach dem legendären Goldschatz der Nibelungen, den Hagen von Tronje vor rund eineinhalb Jahrtausenden im Rhein versenkt haben soll, fahnden professionelle Schatzsucher noch immer allen Ernstes. Und wer einen Lehrgang für Goldwäscher im Rhein absolvieren will, wird im Internet unter www.goldsucher.de fündig: Womöglich ist das Glück nur einen Mausklick entfernt.

Botschaft von James Bond

Die Vormachtstellung des britisch-burischen Diamantensyndikats De Beers beginnt zu bröckeln. Die Konzernherren in London und Johannesburg müssen sich auf das Ende ihres Kartells einstellen. Neue Konkurrenz droht zudem von künstlich hergestellten Steinen.

Von Erich Wiedemann

Überall Alarmanlagen, Videokameras, elektronische Sperren. Das „Antwerp Diamond Center" an der Schupstraat ist gesichert wie eine Festung im Krieg. Außerdem läuft hier 24 Stunden am Tag die Wach- und Schließgesellschaft Kontrolle. Hier kommt keine Fliege rein, die hier nicht reingehört. Davon war die Polizei überzeugt.

Wie man sich täuschen kann. „Es war unmöglich, und trotzdem ist es passiert", sagt Diamantenhändler Marcel Fuehrer. Als am 17. Februar 2003, dem Montag nach dem St.-Valentins-Wochenende, morgens die Tresortür im Keller aufgeschlossen wurde, waren 123 große Fächer leergeräumt. Ohne jede Spur von Gewaltanwendung. Die Täter hatten zum Schluss sogar noch die Tür ordentlich hinter sich zugemacht.

Es gab gute Gründe, die Einbrecher vor allem unter den Tresormietern zu suchen. Denn so viel war klar: Sie mussten im Besitz von Schlüsseln und Sicherheitspässen gewesen sein, mit denen man die elektronischen Sperren umgehen konnte. Im Übrigen waren sie mit dem Überwachungssystem bestens vertraut. Sie hatten aus den im Tresor installierten Kameras die Bänder herausgenommen. Auch die Antwerpener Polizei war beeindruckt von der Professionalität, mit der die Täter ans Werk gegangen waren.

Die Beute hatte historische Dimensionen: über hundert Millionen Euro in Diamanten, außerdem bündelweise Zertifikate, mit denen sich illegale Diamanten legalisieren lassen. Der Schaden wäre noch größer gewesen, wenn die Einbrecher die letzten 37 Safeboxen auch noch ausgeräumt hätten. Das taten sie offenbar nur deshalb nicht, weil sie nichts mehr tragen konnten.

Wenige Tage später wurde der Edelsteinhändler Leonardo Notarbartolo aus Turin als Drahtzieher festgenommen. Die Bande hatte an einer Landstraße bei Antwerpen mehrere Plastiktüten weggeworfen. In einer fanden sich die Original-Bänder aus den Überwachungskameras und ein angebissenes Salami-Sandwich. Eine unglaubliche Unachtsamkeit, die man solchen Profis nicht zugetraut hätte.

Man hätte mit Hilfe einer DNA-Analyse leicht feststellen können, wer von dem Wurstbrot was abgebissen hatte. Das war aber nicht nötig. Denn in der Tüte war eine zerrissene Rechnung, die auf Leonardo Notarbartolo in Turin ausgestellt war. Signor Notarbartolo hatte auch ein Fach in dem Tresor. Er war, wie die Durchsicht des Portierbuchs ergab, noch drei Tage vor dem Einbruch im Tresorraum gewesen.

Eine Woche später saß die ganze Bande im Gefängnis. Der größte Diamantenraub aller Zeiten war geklärt. Die Faszination, die der Fall im ersten Moment auf sich gezogen hatte, wurde von der Trivialität seiner Lösung entzaubert. Der Sieg der gerechten Sache hat allerdings einen Schönheitsfehler: Die Diamanten blieben verschwunden.

Hundert Millionen Euro sind eine stattliche Summe. Aber es war noch nicht einmal ein halbes Prozent des Umsatzes, der in Antwerpen jährlich mit Diamanten gemacht wird. Nicht eingerechnet die illegalen Deals, von denen das Finanzamt und der „Hohe Diamantenrat“ nichts wissen.

Warum sind die Glitzerdinger so begehrt? Warum ist alle Welt und vor allem die Halbwelt so versessen darauf? Sie haben – abgesehen von den relativ billigen Industriediamanten – keinen messbaren Gebrauchswert. Sie sind auch nicht so selten wie andere Edelsteine. Und über ihre Schönheit lässt sich streiten. Rubine, Smaragde und Saphire sind auch schön, wenn man sie mit dem nötigen Sachverstand bearbeitet.

Es ist der Mythos, der den Stein der Steine so attraktiv macht. Er suggeriert Macht, Reinheit, Liebe, Treue. Er geht zurück auf das 2. Jahrtausend vor Christus, die Zeit, als angeblich in Südostindien der berühmte „Kohinoor“ (Berg des Lichts) gefunden wurde, der im Londoner Tower seine vorläufig letzte Ruhestätte hat. Für die Inder waren Diamanten heilig.

Der Diamant entsteht aus Kohlenstoff bei Temperaturen bis zu 1300 Grad 150 bis 200 Kilometer unter der Erdoberfläche. Die Steine kommen bei Lavaeruptionen an die Erdoberfläche. Sie werden in erloschenen Kimberlit-Vulkanen abgebaut. Zum Teil im Tagebau, zum Teil untertage. Um ein Karat zu gewinnen, muss man durchschnittlich einen großen Jumbo-Muldenkipper voll Gestein fördern und zermahlen.

In den Brandungszonen vor der Küste Namibias im Südwesten Afrikas werden Diamanten auch offshore gefördert. Die Ausbeute ist vergleichsweise bescheiden. Doch die namibischen Steine gelten als besonders edel. Sie sind fast alle für die Verwendung in Schmuckstücken geeignet.

Gemessen an dem enormen Aufwand, der zu ihrer Förderung betrieben wird, sind Diamanten vielleicht nicht mal zu teuer. Ein 1,2 Millimeter großes Steinchen in ordentlicher Schmuckqualität bekommt man in den Billig-Bijouterien hinterm Antwerpener Bahnhof schon für unter 100 Euro. Die 33 Millionen Karat, die Russland 2003 förderte, schlugen mit 1,676 Milliarden Dollar zu Buche. Das wären etwa 50 Dollar pro Karat. Für ein einkarätiges Kabinettstück muss man aber unter Umständen 15000 Dollar hinlegen.

Der Wert wird vor allem mit Hilfe der vier hohen C gemessen: Clarity, Colour, Carat, Cut. Die ersten zwei C sind von der Natur vorgegeben. Sie sind wichtiger für die Wertbestimmung als das zweite und das dritte C.

Clarity: Die besten Stücke, in denen man auch unter einer starken Lupe keine Einschlüsse erkennen kann, erhalten das Prädikat „lupenrein". Von da sind es sechs Schritte bis zur Reinheitsstufe 7. Diamanten der letzten Kategorie haben dicke Einschlüsse, die die Brillanz deutlich mildern.

Colour: Für den Laien sehen die meisten Steine alle gleich farblos aus. Der Fachmann unterscheidet allein ein Dutzend Weißtöne. Dazu kommen die selteneren „Fancies". Die Palette ihrer Farbtöne reicht von Kanariengelb bis Electric Blue. Die beste Farbe ist die Farblosigkeit. Wenn ein Stein keine eigene Colour hat, kann ihn weißes Licht durchdringen, um in den Regenbogenfarben wieder auszutreten.

Carat: Anders als beim Gold hat die Maßeinheit „Karat" bei Edelsteinen nichts mit der Qualität zu tun. Sie bezeichnet nur das Gewicht – ein Karat entspricht 0,2 Gramm. Die meisten Steine wiegen weniger. Der größte Diamant aller Zeiten, der Cullinan, der 1905 in der südafrikanischen Provinz Transvaal gefunden wurde, war ein 3106-Karäter. Er wurde in 105 Steine aufgeteilt. Der größte davon, der zu den britischen Kronjuwelen gehört, hat immerhin noch gut 530 Karat.

Noch größer ist nur einer: Lucy alias BPM 37093, ein Stern im Ensemble Centaurus, etwa 50 Lichtjahre von der Erde, der aus nichts als aus gepresstem Kohlenstoff besteht. Lucy hat zehn Milliarden Billionen Billionen Karat. So einen Klunker, sagt Travis Metcalfe vom Harvard-Smithsonian Center for Astrophysics, könnten sich Donald Trump und Bill Gates nicht mal leisten, wenn sie zusammenschmeißen würden.

Cut: Rohdiamanten sind ziemlich unscheinbar. Je nach Größe sehen sie aus wie versteinerte Erbsen oder Saubohnen. Erst nach dem Schliff entfaltet sich das Feuer. Je sorgfältiger die Facetten geschliffen sind, desto feuriger sind die Lichtblitze, die er verschießt, wenn man ihn zwischen Daumen und Zeigefinger wälzt. Es kommt darauf an, dass die Ein- und Ausfallswinkel auf den Hundertstelmillimeter genau stimmen.

In den modernen Antwerpener Schleifereien werden die Winkel, in denen die Facetten zueinander stehen, von Computern berechnet. Über die optimale Form und über die Zahl der Facetten entscheidet aber immer noch der Schleifer.

Routine macht hier den Meister. Schleifer in Antwerpen legen sich schon in der Lehre auf einen Schliff fest, den sie dann beibehalten. Wer auf Herzschliff gelernt hat, der schleift normalerweise sein ganzes Leben lang Herzen.

Die teuren Solitärs sind gegen Produktionsschäden hoch versichert. Auch ein erfahrener Diamantär kann nicht sehen, ob der edle Werkstoff unter Spannung steht. Das zeigt sich erst, wenn man die Säge ansetzt. Es ist vorgekommen, dass ein Millionendiamant in Hunderte winzige Stücke zersplitterte.

Die meisten Diamanten werden zu Brillanten geschliffen. Die flache, runde Form mit den mindestens 56 Facetten bringt das

Feuer, das in dem Stein steckt, am besten zur Geltung. Deshalb sind Brillanten so gefragt.

Die Urform des Steins ist mitentscheidend für den Schliff. Die Händler sind natürlich daran interessiert, den Materialverlust bei der Verarbeitung so gering wie möglich zu halten. Trotzdem wird bei der Bearbeitung häufig die Hälfte des Steins weggeschliffen. Der berühmte „Tiffany“ verlor in der Schleiferei 158,88 von ursprünglich 287,42 Karat. Aber was dann übrig blieb, war sein Geld wert. Viel Geld.

Der Hohe Diamantenrat in Antwerpen, der die Einhaltung des Verhaltenskodexes in der Branche überwacht, hat den vier C ein fünftes hinzugefügt – für „confidence“, gleich Vertrauen. Antwerpen ist noch immer der größte Handelsplatz der Welt für sogenannte Blutdiamanten. Hier haben die Diktatoren von Angola, Liberia und Sierra Leone die illegalen Diamanten verramscht, mit denen sie ihre verheerenden Kriege finanzierten. Trotz aller gegenteiligen Beteuerungen schleusen schwarzafrikanische Revolverpotentaten immer noch über die Hälfte ihrer Edelsteinexporte über Antwerpen unregistriert nach Europa und in die Vereinigten Staaten.

Auch die Terrororganisation al Qaida dealt hier mit. Diamanten sind eine leicht konvertierbare Währung. Mit dem Gegenwert einer Hand voll Diamanten kann man genug Kalaschnikows kaufen, um im Kongo eine ganze Armee auszurüsten. Oder die Zutaten, die man zum Bau einer schmutzigen Atombombe braucht.

Die Steine werden in West- und Äquatorialafrika von ganzen Armeen von Diggern ausgebuddelt. Es ist ein schlechtbezahltes Gewerbe. Den großen Reibach machen die Aufkäufer, den größten die Grossisten in Antwerpen.

2002 wurde im „Kimberley-Abkommen“ vereinbart, den Handel mit illegalen Steinen zu unterbinden. Aber der Diamanten-Kodex hat nicht viel mehr als symbolischen Wert. Wie soll man auch moralische von unmoralischer Ware unterscheiden?

Vor 20 Jahren, als in Antwerpen noch Dreiviertel des Umsatzes von jüdischen Händlern gemacht wurde, war es leichter, den Diamantenhandel zu kontrollieren. Die Sippenehre sorgte dafür, dass es hier relativ sauber zuging. Der massenhafte Zuzug von Händlern aus Asien, die heute das Grosso-Geschäft dominieren, hat die Szene nicht transparenter gemacht.

Man sieht die Spektralverschiebung im Antwerpener Völkerkaleidoskop auch im großen Börsensaal. Kleine Gruppen von alten Männern sitzen an langen Tischen und dealen. Optisch dominieren noch immer die jüdischen Händler. Die meisten tragen wuschelige Bärte und jüdische Tracht: weiße Hemden ohne Krawatte, schwarze Mäntel, schwarze Hüte oder Kepeltjes. Doch die Asiaten holen auf, die Turbane werden häufiger.

Auf den Tischen stehen kleine Waagen. Daneben liegen kleine Häufchen Diamanten – selten weniger als hundert Karat. Jedes ist so viel wert wie ein Penthouse in Manhattan – oder sogar wie zwei.

Abschlüsse werden per Handschlag besiegelt. Und zwar nach der altjiddischen Formel „masl un broche" – Glück und Segen. Die Asiaten haben sich diesem Ritual bereitwillig unterworfen.

Dem Antwerpener Diamantengroßhandel hat die Globalisierung nicht viel anhaben können. Aber das Spalter- und Schleiferhandwerk droht hier langsam auszusterben. Schleifer in Mumbai (Bombay) arbeiten für ein Zehntel der belgischen Stundenlöhne. Vor 20 Jahren gab es in und um die Börse an der Hoveniersstraat 30000 Diamantenschleifer. Heute sind es noch 3000.

Nur im Spitzensegment haben die früheren Platzherren ihr Monopol gehalten. Die hochpreisigen Vielkaräter gehen fast alle durch die traditionsreichen jüdischen Schleifereien. „Nicht wegen unserer guten Beziehungen, wie immer behauptet wird, sondern weil wir besser sind als andere", sagt Mosche Weiss, der Branchen-Doyen.

Weiss und Sohn beschäftigen in ihrem Atelier 32 Mitarbeiter. Die meisten sind schon seit Jahrzehnten bei der Firma. Aber neue werden bis auf Weiteres nicht mehr eingestellt.

Mit Hilfe von Computertechnik kann man edle Steine noch edler machen. Der Rohling wird gescannt und dann dreidimensional auf den Monitor projiziert. Weiss kann ihn drehen und wenden und schließlich bestimmen, welcher Schliff am günstigsten ist und wo er den Schnitt und den Schliff ansetzt.

Die Software kommt aus Israel. Sie überträgt die Koordinaten, die Weiss am Bildschirm festgelegt hat, auf die EDV-gesteuerte Schleifanlage. Weil sie viel präziser arbeitet als die alten Anlagen, sind Diamantschmucksteine heute ebenmäßiger als früher. Die Kundschaft ist anspruchsvoll. Weiss' Klientel sind die Großen der Branche und die Superreichen: Könige, Showstars, Tiffany, Van Cleef & Arpels.

Die meisten Anbieter beziehen ihre Ware von dem britisch-südafrikanischen Diamantensyndikat De Beers, das nicht nur Steine aus den eigenen Betrieben in Südafrika, Botswana und Namibia vertreibt, sondern auch die Produktion anderer Förderländer.

Die Steine aus London sind vorsortiert. Sie werden nur zu den Preisen hergegeben, die De Beers festgelegt hat. Handeln gilt nicht. Der Käufer muss das Los auch komplett so akzeptieren, wie es kommt. Alles oder nichts.

Doch die De-Beers-Diktatur beginnt nach 130 Jahren zu bröckeln. Der Markt hat sich enorm verbreitert. Von seinen 80 Prozent Marktanteil hat De Beers knapp 50 Prozent gehalten. Bei weiterhin rückläufiger Tendenz. Russland, nach Botswana das größte Diamantenförderland der Erde, vermarktet seine Steine künftig selbst.

Die Konzernherren in London und Johannesburg müssen sich auf das Ende ihres Kartells einstellen. Nach dem Willen der Europäischen Union und der Vereinigten Staaten sollen auch Diamanten künftig nur noch in Einklang mit den Wettbewerbsgesetzen gehandelt werden.

Das burisch-britische Syndikat war Mitte der neunziger Jahre wegen massiver Verstöße gegen das Anti-Trust-Gesetz ins Kreuzfeuer der amerikanischen Justiz geraten. Sie sah es als erwiesen an, dass der Diamantenmonopolist durch Preisabsprachen die Preise hochgetrieben hatte. Der Fall wurde 2004 gegen ein Bußgeld von zehn Millionen Dollar erledigt. Seitdem kann Konzernchef Nicky Oppenheimer wieder in die Vereinigten Staaten reisen, ohne eine Verhaftung fürchten zu müssen.

De Beers will jetzt die USA, die immerhin fast die Hälfte der auf der Welt produzierten Schmuckdiamanten abnehmen, mit einer Kette von exklusiven Juwelierläden überziehen. Das Flaggschiff hat die Adresse 703 Fifth Avenue, New York. Das ist mehr als eine Floskel. Um den amerikanischen Konsumenten einzufangen, will der entthronte Monopolist sein erprobtes Marketingtalent mobilisieren. Und dessen Stärke soll man nicht unterschätzen.

Der Diamant verdankt seinen Ruf als Symbol nobler menschlicher Eigenschaften hauptsächlich den Schnulzenkampagnen, mit denen der Juwelenmulti in der ersten Hälfte des 20. Jahrhunderts in die neuen Massenmedien drängte. De Beers' Werbeagentur N. W. Ayer & Son spannte wahllos Reiche, Schöne und Einflussreiche vor ihren Karren, um den Mythos zu untermauern: Filmleute, Modeschöpfer, Industriebarone. Sogar die britische Königsfamilie machte mit. Hollywoods große Liebesfilme, die pompösen Pariser Modeschauen, die internationalen Klatschpostillen, alle verbreiteten sie die Botschaft: Diamonds are forever. Die Krone war ein James-Bond-Film, der sogar diesen Titel trug.

Doch so viel ist sicher: Es wird schwerer für De Beers. Milliardengewinne wird es für den Konzern nicht mehr geben. Die Geschäftsbedingungen und die Konkurrenz werden härter.

Als stärkste Bedrohung wird die Alchemistenwerkstatt des retirierten Generals Carter Clarke in Florida empfunden. Clarke lässt in stählernen Reaktoren, die so groß sind wie große Bierfässer, bei 1300 Grad Hitze und unter 50000 Atmosphären Druck, also zu Bedingungen, die denen im Erdinnern entsprechen, Kohlenstoff zu künstlichen Diamanten pressen.

General Carter Clarkes Diamantenmacherei nennt sich Gemesis – in Anlehnung an „Genesis", die Schöpfung. Das ist nicht zu ambitioniert. Denn ihre synthetischen Steine sind nur unter dem Mikroskop und unter Beschuss mit ultravioletten Strahlen von den gewachsenen zu unterscheiden. Die echten sind unregelmäßiger gewachsen als die Steine von Gemesis. Aber in der Struktur der Atome gibt es keine Unterschiede.

Gemesis ist spezialisiert auf Mehrkaräter in ausgefallenen Farben. Gewachsene Originale dieses Kalibers kosten in Antwerpen zwischen 15000 und 20000 Euro pro Karat, drei- bis viermal so viel wie die synthetischen Steine aus Florida.

Das ist noch nicht das Ende der Entwicklung. Alchemisten vom Geophysikalischen Labor der Carnegie-Einrichtung in Washington haben vor zwei Jahren Diamanten hergestellt, die um die Hälfte härter sind als herkömmliche Industriediamanten. Sie sind allerdings für den Preziosenhandel nicht bedrohlich. Weil sie so hart sind, dass man sie nicht polieren kann.

Zucker

Ein globaler Kampf tobt um das Grundnahrungsmittel. Europa und tropische Länder wie Brasilien streiten um Marktanteile und Milliarden – und um die Existenz der Bauern in der Alten Welt.

Von Ralf Hoppe

Senhor Roberto Azevedo hat eine Frau. Sie ist schön und klug, aber in letzter Zeit sagt sie seltsame Dinge.

Roberto, sagt sie, du hast dich jahrelang aufgerieben, hast einen großen Sieg errungen, für dich, dein Land, eine halbe Milliarde hast du erkämpft – also entspann dich bitte endlich.

Senhor Roberto Azevedo hat auch zwei Töchter. Paula ist 22, Luisa 19.

Liebster Papa, sagt Paula, bei allem Respekt, aber weißt du, was du bist? Du bist ein Besessener, all diese Akten, die du nach Hause schleppst, die durchgearbeiteten Nächte, immer nur Zucker, Zucker, Zucker, warum entspannst du dich nicht – und sag mal, hörst du mir eigentlich zu?

Schon möglich, dass Roberto Azevedo, der brasilianische Diplomat, dann nur so tut, als ob er zuhört. Möglich, dass er zerstreut lächelt, doch in Gedanken bereits den nächsten Tag sortiert – morgen braucht er die Statistiken fürs laufende Jahr, dringend auch die Berichte aus Deutschland und Frankreich, und vor allem muss er mit Eduardo de Carvalho reden, dem obersten Zucker-Funktionär.

Azevedo trägt gern dunkelgraue Krawatten zum dunkelgrauen Anzug, manchmal auch dunkelblaue Krawatten zum dunkelblauen Anzug, er ist Berufsdiplomat, seit 22 Jahren im Dienste des Ministeriums für Auswärtige Angelegenheiten. Alles lief gut, bis vor drei Jahren. Da wurde er befördert, zum „Generalkoordinator für internationale Handelsdispute“, was bedeutet: zum obersten Streithansel Brasiliens. Und das, obwohl er ein sympathischer Mensch ist; gern erzählt er von seiner Frau und den Töchtern, leise Stimme, hervorragendes Englisch.

Zufall, sagte er und fischte eine Büroklammer aus seiner Schreibtischschublade, es war Zufall. Einer musste es machen, sich mit den Mächtigen anlegen, und glauben Sie mir, es ist hart.

Er bog die Büroklammer auseinander.

Die Mächtigen, mit denen sich Azevedo anlegen musste, sind 25 Staaten, 10000 Kilometer entfernt, auf der anderen Seite des Atlantischen Ozeans: Europa.

Er versuchte, die Büroklammer wieder in Form zu biegen, es gelang nicht.

Haben Sie die EU besiegt, Senhor Azvedo?

Warten wir auf die Details, sagte er, der Krieg ist noch nicht vorbei, da ist das Treffen der Welthandelsorganisation in Hongkong, es kommt auf Kleinigkeiten an. Er nahm sich eine neue Büroklammer, schaute sie an.

Dieser Fall soll mein Meisterwerk werden, sagte er.

Im Dezember 2005 trafen sich in Hongkong die Wirtschaftsminister aus 148 Staaten zum WTO-Gipfel, mit ihrem Gefolge an Experten, Unterexperten, Verhandlungsführern. Das Programm war ein gigantisches Knäuel.

Ein Knäuel aus Forderungen, Ablehnungen, Gegenforderungen, bei denen es um Lauchkäse ging, um Bohrmaschinen, Weizen, Zucker, um Importquoten, Zölle, Garantiepreise, Subventionen. Die Entwicklungs- und Schwellenländer wollten dringend Zugang zu den abgeriegelten Agrarmärkten der Industriestaaten, und die wollten das verhindern und verlangten Zollsenkungen für ihre Industriegüter, was aber, wenig überraschend, die Schwellenländer nicht wollten. Gäben alle nach, würden alle gewinnen: Die Weltbank schätzt in einer Studie zum Agrarhandel den globalen Wohlstandsgewinn einer gleichmäßigen Liberalisierung auf 250 Milliarden Euro bis 2015.

Beim Zucker haben Azevedo und seine Mitstreiter einen Sieg errungen, gegen die EU. Dies soll aber nur der Anfang sein. Zwar hüten sie sich, dies zuzugeben, doch in Wahrheit wollen Azevedo und Co. die Festung Europa stürmen.

Die Geschichte des Zucker-Krieges ist prototypisch für das, was in der Welt der Wirtschaft geschieht. Und sie gibt einen Ausblick auf das, was wohl noch geschehen wird.

Von Azevedos Büro im fünften Stock eines Plattenbaus, Annex 1 genannt, im Regierungsviertel von Brasília, beträgt der Zeitunterschied nach Genf drei Stunden, nach Bangkok neun, nach Canberra 13 Stunden. Es wird also manchmal sehr spät für Roberto Azevedo – und wenn er endlich sein letztes Telefonat beendet hat und nach Mitternacht heimfährt, durch eine milde Novembernacht, dann hat auf den Feldern zwischen Dornheim und Wallerstädten der neue Tag begonnen, kalt und klamm. Halb fünf Uhr morgens ist es mitten in Deutschland, in Hessen, und Hermann Schaaf sitzt auf seinem grünen John-Deere-Traktor, starrt in die Finsternis und kämpft um seine Existenz.

Er hat Zuckerrüben geladen, kutschiert sie auf einem schmalen, rutschigen Feldweg, auf den Äckern links und rechts liegt Raureif. Schaaf befördert 36 Tonnen Rüben, verteilt auf zwei hohe Hänger, in Kurven muss er aufpassen, sonst gerät das Gewicht, so viel wie 36 Kleinwagen, ins Schlingern. Ein Großteil seiner Last besteht aus Wasser; nur 17 Prozent davon sind Zucker, mit Glück sind es 19 Prozent, der Oktober war sonnig.

Aus den Gräben steigt der Nebel. Schaaf hat alle Luken in der Führerkanzel geschlossen, die Heizung aufgerissen, das Radio scheppert, Volksmusik. Rechts neben sich ein Korb: Brote, drei Äpfel, eine Flasche Wasser, eine Tüte Walnüsse. Den Walnussbaum hat sein Großvater gepflanzt, er steht auf dem Hof, der ein offenes Viereck bildet, mit einem wohlproportionierten Gutshaus aus dem Jahr 1721, dem Weizensilo, den Unterständen für die Maschinen.

Schaaf ist ein unauffälliger Mann, schütteres Grauhaar, arbeitsgewohnte Hände. Erst auf den zweiten Blick ahnt man die Professionalität und Hingabe, mit der er schuftet. Bis zu 14 Stunden am Tag, er macht die Buchführung selbst, er kennt sich aus bei allen möglichen Viren und Wurmschädlingen, und er kann in einer halben Stunde ein defektes Teil aus einem sechsreihigen Rübenroder-Motor ausbauen, reinigen, einbauen.

Vor 22 Jahren übernahm Schaaf den Hof von seinem Vater, im selben Jahr heiratete er. Einem seiner beiden Söhne würde er später Land und Hof gern vererben. Wenn es dann noch etwas zu vererben gibt.

Hermann Schaaf, Herr über Gut Oberau und über hundert Hektar Land im hessischen Ried, ist verzweifelt. Er will aufgeben. Es könnte sein, dass Roberto Azevedo ihn besiegt hat.

Die beiden Männer, annähernd gleichaltrig, sind Kontrahenten in einem Wirtschaftskrieg, so zäh und verwickelt, dass meist nur in verwirrenden Ausschnitten darüber berichtet wird, auf den hinteren Seiten der Zeitungen. Dabei ist dieser Konflikt ein Musterbeispiel für die neuen Schlachten der Globalisierung; mehr als 70 Staaten sind in die Auseinandersetzung verstrickt, es geht um Marktanteile, Milliardenbeträge, Existenzen. Und alles begann damit, dass die Regierungen dreier Staaten fanden, die Europäer würden mit verdeckten Subventionen in den Weltmarkt pfuschen. So griffen sie an, und der Krieg begann.

Die Waffe in diesem Krieg ist ein mehrkettiges Saccharid. Ein primitives Ding, zwei Moleküle, Fructose und Glucose, vage vertraut aus dem Chemieunterricht, die sich zu $C_{12}H_{22}O_{11}$ verbinden, weltweit bekannt als Zucker. Es lässt sich im Organismus im Nu aufspalten, liefert sofort Energie, die Kinder dieser Welt sind geradezu süchtig danach, und auch die Erwachsenen konsumieren es ständig, es steckt in Cola-Getränken, es ist im Heringssalat – Treibstoff für den Alltag auf dieser Welt.

Schaaf biegt jetzt ab auf die Bundesstraße 44. Von dort auf den Nordring, die Umgehungsstraße von Groß-Gerau.

Noch bevor man sie sieht, riecht man bereits die Fabrik, ein klebriger Geruch nach Maische und Saccharose. Dann die Lichter: gelb und orangefarben blinkend, die hohen, dünnen Schornsteine, die Wolkenschwaden in die Nacht stoßen: eine von 45 Fabriken, die dem Südzucker-Konzern gehören, dem größten Zucker-Hersteller Europas, der wiederum zu einem winzigen Teil dem Rübenbauern und Kleinaktionär Hermann Schaaf gehört.

Schaaf nickt den Pförtnern zu, die Schranke hebt sich. Er fährt in den Fabrikhof, auf die in den Boden eingelassene Fahrzeugwaage. Eine Digitalanzeige, groß wie eine Reklametafel, glüht auf: 43,39 Tonnen Gesamtgewicht. Hinter der Waage eine Rampe, dann eine enorme Betonwanne. Schaaf klettert vom Traktor. Er geht zu den Hängern, zieht die Splinte, 36 Tonnen Zuckerrüben poltern in die Wanne, die Rüben werden gewaschen, auf den Lagerberg befördert, ein gelb angeleuchtetes Gebirge aus nass glänzenden Rüben.

Zehn-, zwölfmal wird Schaaf diese Tour an diesem Vormittag noch fahren. Die Bauern im Ried bilden, wie allerorts üblich, eine Abfuhrgemeinschaft, sie sorgen während der Ernte für eine gleichmäßige Auslastung der Fabrik – wann wessen Rüben von wem abgeholt werden, ist festgelegt und wird auf Kilometer und Kilogramm entgolten. Das Europa des Zuckers ist kompliziert und durchorganisiert: Schaaf ist Bauer, Lohnfahrer, Aktionär.

Es ist nicht seine eigene Rübenernte, die er heute einbringt. Nach einem Zehnstundeneinsatz auf dem Traktor wird er, abzüglich der Unkosten, etwa 200 Euro verdient haben. Am Nachmittag wird er sich in seinen roten Golf klemmen und seine eigenen Äcker abfahren, um Bodenproben zu entnehmen, so will es die Vorschrift, und am nächsten Morgen wird um vier Uhr der Wecker surren. Genau diese anspruchsvolle Knochenarbeit hat den Bauern Hermann Schaaf sein Leben lang zufrieden gestellt, vielleicht sogar glücklich gemacht.

Man hatte das Gefühl, sagt er, es gibt einen Sinn, all die Jahre.

Und jetzt, Herr Schaaf?

Er zögert.

Am 24. November 2005, 15.16 Uhr, vermeldete dpa unter der Textnummer wif 314 4 wi, dass die Europäische Union sich auf eine Reform des Zucker-Marktes geeinigt hätte. Die Rübenbauern müssten sich von ihren hohen, von der EU garantierten Preisen verabschieden.

Der Vorsitzende des Rheinischen Rübenbauer-Verbandes übte eineinhalb Stunden später scharf Kritik an dem Beschluss und kündigte eine Erklärung in den nächsten Tagen an, „wenn wir das mal durchgerechnet haben“. Überall in Europa begann nun das Rechnen, und im hessischen Ried überlegten sie, noch ein paar Mahnfeuer zu veranstalten, weil sie so wütend war und enttäuscht. Schaaf fühlte sich auf solchen Veranstaltungen unwohl; doch er trabte pflichtschuldig hin und stand dann unglücklich herum.

Von seinen hundert Hektar darf Schaaf, dem Fruchtwechsel folgend, jedes Jahr etwa ein Viertel für den Rübenanbau benutzen – diese quotierte Garantiemenge bemisst sich nach seinen Anteilen am Südzucker-Konzern und ist unverrückbar. Pro Hektar ist ein Gewinn von 1700 Euro realistisch, macht insgesamt 42 500 Euro. Die in Brüssel beschlossenen Preissenkungen werden ihm in den nächsten vier Jahren steigende Einkommensverluste zwischen 3000 und 5500 Euro einbringen, trotz Kompensationen.

Das wäre hinnehmbar, wenn es eine Alternative gäbe, wenn Schaaf mit Weizen oder Gerste Gewinne machen würde. Doch mit einem Hektar Zuckerrüben nimmt er derzeit immer noch dreimal mehr ein als mit Getreide. Die Rübe erlaubte es Schaaf bisher, Weizen, Fenchel, Gerste anzubauen, obwohl er jämmerlich wenig daran verdiente. Im Wettbewerb mit der ganzen Welt wird er keine Chance mehr haben.

Es sieht aus, als würde Schaaf zu den Verlierern dieses Konflikts gehören und Roberto Azevedo, der brasilianische Diplomat, als Sieger aus ihm hervorgehen.

Sie kämpfen unter ungleichen Bedingungen. Die deutschen Fabriken verkaufen ihren Zucker zu einem Kilogrammpreis von rund 63 Cent, die Brasilianer aber für 28 Cent. Und doch hatte Brasilien fast 40 Jahre lang keine Chance gegen die EU; das lag daran, dass es eine Zucker-Marktordnung gibt, eine Art ökonomische Zauberwelt.

Die Architektur der Zucker-Marktordnung besteht im Wesentlichen aus drei Elementen: Zöllen, Preisgarantien, Produktionsquoten. Die Grundidee ist die einer Festung.

Die Schutzzölle sind die Wallanlagen, sie sind unüberwindlich. Kein norddeutscher Keksfabrikant und kein italienischer Getränkehersteller wird sich den Zucker für sein Produkt auf dem Weltmarkt kaufen, die Schutzzölle sorgen dafür, dass der brasilianische Rohrzucker hierzulande teurer ist als Rübenzucker aus der EU.

Brasilien, Thailand, Australien – sie sind klassische Zuckerrohrländer, vom Klima bevorzugt; eine Vielzahl von Entwicklungsländern ist darunter, ehemalige Kolonien in Afrika, der Karibik, am Pazifik, und aus so etwas wie schlechtem Gewissen hat Europa für diese AKP-Staaten einen Zugang eingebaut. Sie dürfen insgesamt 1,6 Millionen Tonnen Rohzucker in die EU einführen, zum hohen EU-Preis. Das ist unnötiger Zucker, bei 25 Prozent Überschuss in der EU.

Das zweite Element, der Interventionspreis, ist der festgelegte Preis, zu dem in der EU eine Tonne Zucker gehandelt wird. 2005 lag er bei 631,90 Euro pro Tonne, fast dem Dreifachen des Weltmarktpreises.

Damit die Bauern sich nicht unnötig Konkurrenz machen, gibt es, drittens, die sogenannten Produktionsquoten. Den Mitgliedstaaten werden Mengen eingeräumt, die sie wiederum auf die nationalen Unternehmen verteilen, die sie den Bauern zuschieben. Für alles, was die Quote übersteigt, sinkt der Preis, und ab einer bestimmten Überschussmenge gibt es überhaupt keine garantierten Preise mehr.

Den hohen Preis garantiert die EU für jene knapp 15 Millionen Tonnen, die den Zucker-Bedarf innerhalb Europas decken.

Der Überschuss wird ausgeführt, und ein Gutteil davon, das ist das Problem für die Konkurrenz auf dem Weltmarkt, wird mit Exportsubventionen gestützt – von den rund sechs Millionen Tonnen Exportzucker pro Jahr ist das etwa die Hälfte.

Den Rest verkaufen die Hersteller zum ungestützten Preis, mit Verlust. Das tut natürlich weh. Aber immer noch lieber nahmen die Zucker-Konzerne bisher den Verlust hin, als dass sie an dem ganzen schönen System etwas geändert hätten.

Was sollten sie auch sonst tun, die europäischen Zucker-Hersteller? Ihre Bauern produzierten immer mehr, und der EU-Verbrauch stagnierte. Der Überschuss wurde entsorgt, die Zauberwelt blieb heil, lange Zeit.

Doch dann begann der Krieg.

Der Krieg nimmt seinen Anfang auf Feldern, über denen Moskitowolken schwirren, in denen es von Schlangen, kleinen braunen Skorpionen und Mähnenwölfen wimmelt – hier, in den Feldern des Staates São Paulo, hat alles begonnen, bei den Bóias Frias, den Kaltessern.

Bóias Frias heißen sie, weil sie ihr Mittagessen kalt hinunterschlingen. Sie sind die Niedriglohnarmee, und Luciana da Costa ist eine von ihnen.

Luciana Cristina da Costa Moreira, 28 Jahre alt, drittes von acht Geschwistern, aus dem Ort Mococa, im Bundesstaat São Paulo. Sie schneidet Zuckerrohr, seit sie elf Jahre alt ist. Um vier Uhr steht

Luciana auf. Sie setzt Salzbohnen auf, versorgt ihre beiden Töchter, löffelt Frühstück und Mittagessen in zwei Blechdosen, eine für sich und eine für Luiz, ihren Mann, Reis, gepfefferte Bohnen, einen Esslöffel Maniokmehl. Sie füllt den roten Wasserkanister, fünf Liter, ihre Tagesration.

Die Häuser sind klein und stehen eng in der Rua Humberto Cunali, Lucianas Familie wohnt in Nummer 95, zwei Zimmer, eine finstere Küche, neu sind nur der riesige Ghettoblaster und der silberne Fernseher auf der Wohnzimmerkommode. Sie leben zur Miete, 200 Reais, 77 Euro.

Um halb sechs morgens kommt die Frau, die auf Bruna und Amanda aufpasst, solange Luciana auf dem Feld ist. Luiz hat zum Frühstück eine Selbstgedrehte gepafft und ist schon aus dem Haus. Um viertel vor sechs zieht auch Luciana die Tür hinter sich zu, der Bus fährt um sechs.

Schon Lucianas Eltern haben Zuckerrohr geschnitten, sieben von ihren neun Schwestern und Brüdern schneiden Zuckerrohr, und immer schon hier, auf den Feldern der Ipiranga-Plantage, im Süden Brasiliens.

Der Zucker-Gehalt bei Rohr und Rübe ist nahezu gleich. Aber das Zuckerrohr wächst rasend schnell in einem Land mit warmfeuchtem Klima, lässt sich kinderleicht pflanzen, ist bis zu acht Monate im Jahr erntefähig.

Der deutsche Bauer Schaaf hat 25 Hektar Rübenanbaufläche, und in einem Jahr kommt er insgesamt auf rund 1500 Tonnen Rüben. Die Ipiranga-Plantage, auf der Luciana arbeitet, ist eine der mittelgroßen in Brasilien, sie hat etwa 20000 Hektar, das ist etwas mehr Zucker-Anbaufläche, als in ganz Hessen zu finden ist. Schätzungsweise 2,4 Millionen Tonnen Zuckerrohr bringt die Ernte auf Ipiranga jährlich ein. Was Schaaf, in Tonnen gerechnet, an Rüben in einem Jahr erntet, mit seinem Know-how und seinen Hightech-Maschinen, das schlägt Luciana an Zuckerrohr in einem halben Jahr, mit ihrer Machete.

Es ist aussichtslos. Dabei produziert Hermann Schaaf keineswegs zu teuer. Er produziert lediglich zu teuer für den Weltmarkt, dieses unbarmherzige Gefüge, dem die Deutschen wiederum ihren Wohlstand verdanken, noch.

Während Luciana ihre Arbeitskleidung anlegt, Stulpen um die Schienbeine schnallt, Lederkappen um die Knie wickelt, zwei paar Handschuhe übereinander zieht, eine feste Jacke, Tücher um Hals und Kopf wickelt, eine Schutzbrille – während sie sich vermummt wie ein beduinischer Eishockeyspieler, falls es so was gibt, wird Feuer gelegt.

Männer mit Gasbrennern, ein halbes Dutzend, schreiten den Feldrand ab und legen kleine Brände. Im Nu prasseln die Flammen auf, puffend und knallend. Das Zuckerrohr ist strohtrocken, die Flammen schlagen nach wenigen Sekunden meterhoch und walzen durchs Feld.

Das Feuer tötet die zahllosen Skorpione, Kleininsekten oder Schlangen, die die Arbeiter sonst attackieren würden, und es verscheucht die gelben Mähnenwölfe, die sich immer wieder in den Feldern verkriechen. Vor allem verbrennt auch ein Großteil der scharfrandigen Blätter, erst jetzt kann man das Rohr ernten. Trotz des Feuers muss Luciana höllisch aufpassen, wenn sie auf die Pflanze einhackt und der spröde Schaft plötzlich wegkracht, die Splitter spritzen.

Das Feld ist nach einer Viertelstunde schwarz gebrannt. Schwarz ist auch der Himmel. Luciana hat inzwischen gefrühstückt. Der Vorarbeiter weist ihr ein Feldstück zu. Es ist acht Uhr morgens und 24 Grad warm. Luciana packt ihre Machete.

Sie erntet elf Tonnen Rohr am Tag, für einen Dollar pro Tonne, Luiz und sie verdienen im Monat zusammen 800 Reais, 307 Euro. Davon sparen sie nach Kräften, für ihre Kinder.

Bewusst hat Luciana da Costa nur zwei Kinder geboren, nicht neun wie in der Generation ihrer Mutter üblich, oder wenigstens fünf, wie Luiz sich gewünscht hätte. Bruna geht zur Schule, jeden Tag hält ihre Mutter sie zum Lernen an, und oft versucht sie sich das künftige Leben ihrer Töchter auszumalen. Sie sollen die erste Generation sein, die sich aus Ungleichheit und Armut herausarbeitet. Das ist das Treibmittel der Globalisierung: Zukunft.

Und der Zucker ist die perfekte Waffe. Unverderblich, chemisch identisch, ob Rohr oder Rübe, der Weltbedarf steigend.

Nach Erhebungen des US-Landwirtschaftsministeriums wird die weltweite Produktion im Handelsjahr 2005/2006 bei 146,2 Millionen Tonnen liegen, der Welt-Zucker-Markt ist ein Geschäft von 63 Milliarden Euro. In dem Brasilien weit an der Spitze liegt. Mit unendlichen Reserven an Fläche und Arbeitskräften, so drückt Brasilien sich in den Weltmarkt, Brasilien, der Shootingstar.

Und die Europäer?

Während Brasilien seine Produktion hochschraubte, blieben die Europäer gelassen. Die Zuckerrübe war ja ein Kulturgut. Sie hatte Tradition, an ihr klebte Mutterboden, Heimaterde, die Rübe war politisch korrekt und tabu. Wer auch immer gerade an der Macht war in den vergangenen zwei Jahrhunderten und in den Ländern Europas, erkannte die Bedeutung der Rübe in Zeiten von Krieg und Hunger.

Aus Kriegs- und Notzeiten hat sie ihr Image als Nationalgewächs, auf das sich nach Zweitem Weltkrieg und Notjahren die Erfinder einer EWG-Zucker-Marktordnung beziehen. Der Vertrag wird am 18. Dezember 1967 unterschrieben – ein Provisorium, aber erkennbar ist schon die Blaupause eines genialen Subventionssystems.

Es muss mühsam gewesen sein, die unterschiedlichen Interessen und zänkischen Agrarminister unter einen Hut zu bringen. Die Franzosen, mit verhältnismäßig hohen Produktionszahlen, plädierten für eine Spezialisierung auf die günstigsten Anbaugebiete, Niederländer und Belgier sahen das ähnlich: Hier war Geld zu verdienen. Die ängstlichen Deutschen und Italiener, die damals vergleichsweise teuer produzierten, wünschten sich feste Quoten. Am Ende wurde ein Kompromiss gefunden: feste Quoten und hohe Preise für alle. Es zahlte der Verbraucher.

Und so entstand etwas Revolutionäres: eine Planwirtschaft, die Renditen ausschüttet, ein Meisterwerk der Verwaltungskunst, funktional, kompliziert, perfekt, mit einem Keim von Irrsinn. Wer sich durch die alten Verhandlungsprotokolle quält, lernt drei Regeln. Erste Regel: Es gibt immer einen Kompromiss, und sei er noch so weich. Zweitens: Einmal zugestanden, immer zugestanden. Drittens: Je größer die Mehrheit, der man Kosten aufbürdet, je unübersichtlicher das Ganze, desto besser. Und tatsächlich hat der Verbraucher sich an Wahn und Sinn der Subventionen gewöhnt und will es so genau auch nicht wissen.

So ist das Europa des Zuckers eine Art Zauberwelt, wie bei Alice im Wunderland, wo die Kaninchen goldene Uhren haben und die Gesetze von Angebot, Nachfrage, Preisbildung bei den Bewohnern ungläubiges Staunen hervorrufen.

Aber wie wurde diese Zauberwelt zum Einsturz gebracht? Geschah es in Genf, in der Rue de Lausanne 154, in einem grauen, viergeschossigen Haus, mit Blick auf den See und den Montblanc? Smart und weltläufig geht es hier zu, im Sekretariat der World Trade Organization, des höchsten Gerichts des Welthandels.

Drei Jahre hatte der brasilianische Diplomat Roberto Azevedo an einer Allianz geschmiedet, und als er sie zusammen hatte, traf er in Genf zwei Dutzend Anwälte, und sie setzten eine Klageschrift auf, spielten sie auf drei Disketten und adressierten sie an die Rue de Lausanne 154. Der Inhalt: Wenn die EU ihre Zucker-Produktion in einem unverständlichen System subventionieren will, bitte sehr, wir mischen uns nicht ein. Aber: Die Europäer sollen, verdammt noch mal, keinen subventionierten Zucker auf dem Weltmarkt verkaufen, denn das widerspricht dem Abkommen von Uruguay, nach dem Waffengleichheit herrschen soll auf dem Weltmarkt.

Und am 28. April 2005 wurde das letztinstanzliche Urteil verkündet – zugunsten der Regierungen Brasiliens, Thailands, Australiens. Die EU fiel durch.

War dies die entscheidende Station?

Die WTO, so Azevedo, ist eine großartige Instanz, aber ohne Exekutivgewalt. Azevedo wusste, dass er gleichzeitig eine Drohkulisse aufstellen musste, und er fand einen großartigen Verbündeten.

Der ehemalige Bankier und Wirtschaftsprofessor Eduardo de Carvalho ist ein kleiner Mann mit Schnurrbart und großen Vorräten an Charme. Vor allem ist er der wichtigste Zucker-Funktionär Brasiliens.

Während Azevedo auf Staatskosten nach Genf, Bangkok und Washington reiste, Economy flog, in günstigen Hotels wohnte und mit dem Bus zu seinen Meetings fuhr, tourte der vergnügte Carvalho, ausgerüstet mit einer belastbaren Kreditkarte, zu den Wirtschaftskongressen und Messen – überall dorthin, wo europäische Politiker, hochrangige Bürokraten und Wirtschaftsbosse sich trafen.

Carvalho stieg im nobelsten Hotel der Stadt ab, im Koffer elegante Anzüge und Hemden mit Monogramm. Er besorgte sich Rednerlisten, Teilnehmerlisten, und dann arbeitete er seine Auswahl ab: Guten Tag, Sie wollen mehr deutsche Traktoren nach Brasilien exportieren? Oder französische Schrauben nach Thailand oder italienische Rennräder nach Australien? Wir können dabei helfen, aber dafür müssen auch Sie uns ein bisschen helfen. Wir haben nämlich ein Problem mit dem subventionierten Zucker, und gern maile ich Ihnen unser Exposé. Und sprechen Sie doch bei Gelegenheit mit Ihren Politikern, denn niemand will doch ernstlich, dass wir demnächst Strafzölle auf europäische Waren erheben, oder?

So läuft das, Senhor de Carvalho?

Er lacht. Ja, es ist nicht sehr kompliziert.

Und so kam die Entscheidung der WTO zur nächsten Station, nach Brüssel. Das Berlaymont-Gebäude sieht aus wie aus einer frühen „Star Wars"-Folge. Im zwölften Stock, wo die Teppiche hochflorig und tiefblau sind und wo die Agrarkommission ihre Büros hat, lagen die Pläne quasi bereit.

Die Brüsseler Beamten protestierten zwar offiziell gegen das Genfer WTO-Urteil, doch in Wahrheit, hört man deutlich heraus, waren sie glücklich. Endlich hatten sie einen Vorwand, das Zucker-Kartell zu knacken, ein System zu reformieren, das ihnen überfällig schien – die traurige Wahrheit ist, dass Europa den Angriff von außen braucht, um sich zu erneuern.

Natürlich gab es auch zuvor Kritiker.

Aber wer hörte schon auf sie?

Zum Beispiel auf den Wirtschaftsprofessor Erich Schmidt aus Hannover, einen Mann, der seit nahezu 35 Jahren gegen das Zucker-Kartell anschreibt, ein Partisan des gesunden Menschenverstandes. Hier ein Vortrag in Loccum, dort ein kritisches Fazit in einer Fachzeitschrift – na und? Die Zucker-Lobby kratzte das nicht. Oder den Europäischen Rechnungshof, der in dürren Worten befand, dass die Marktordnung „sowohl dem EU-Haushalt als auch dem Verbraucher erhebliche Kosten verursacht", nämlich rund 6500 Millionen Euro – aber da kam Regel Nummer zwei zum Tragen: Einmal zugestanden, immer zugestanden.

Nun gibt es auch natürliche Gegner der Zucker-Lobby, die – eigentlich – viel mächtiger sind als ein Wirtschaftsprofessor und eine Hand voll Rechnungsprüfer. Zum Beispiel die Pharmaindustrie. Oder die Getränkehersteller. Oder die Süßwarenindustrie – große Konzerne, und sie alle würden ihren Rohstoff liebend gern auf dem Weltmarkt kaufen.

Normalerweise müssten deren Vertreter Sturm laufen, Barrikaden anzünden, sich vorm Gebäude der Brüsseler Commission Européenne anketten. Aber das haben sie nicht getan. Sie haben gelegentlich gemurrt, aber stillgehalten.

Warum?

Sie sind zu fünft, eine Dame im Business-Dress, vier Herren in dunklen Anzügen, alle Juristen, man hat promoviert. Der Tisch in einem Bonner Jugendstil-Konferenzraum ist weiß gedeckt, der Kaffee aromatisch, zum Knabbern stehen Pralinen, sechs Sorten Gebäck, Minz-Dragées, Schokolade, Bonbons auf dem Tisch – beim Bundesverband der Deutschen Süßwarenindustrie und German Sweets/Süßwarenexportförderung. Die Stimmung ist schlecht.

Wir haben nichts gegen die deutschen Bauern! Um das ganz klar zu sagen. Sagt der erste der Herren.

Andererseits – wir möchten Zucker zu Weltmarktpreisen kaufen. Bedenken Sie, wie wichtig unsere Branche ist. 250000 Arbeitsplätze in Deutschland. Viel mehr als in der Zucker-Industrie! Sagt der zweite Herr.

Wir müssen international bestehen. Wir kämpfen in einem Boxring, aber mit den Füßen in einer Betonwanne, und die Politik tut nichts. Sagt der dritte.

So reden sie. Aber was taten sie?

Was sollen wir denn tun, sagt der erste Herr, etwa nach Brüssel ziehen und mit Plätzchen werfen? Bitteres Lachen.

Gegen das archaische Image des Bauern kommt man nicht an als Süßwarenlobbyist, sagt ein zweiter.

Und der dritte Herr sagt: Aber bitte, wir haben nichts gegen die deutschen Bauern.

Ist ja gut, man glaubt es ja: Mit den Landwirten wollten sie sich nicht anlegen. Und außerdem hatte man sich natürlich geeinigt, einen Kompromiss gefunden, unter der Hand und auf Kosten der Verbraucher, wieder eine europäische Lösung.

Der Grund, warum die machtvolle zuckerverarbeitende Industrie in Europa nicht meuterte oder Konkurs ging, liegt in einer Besonderheit der Zucker-Marktordnung. Die Regel heißt „Produktionsabgabe" und ist eines der seltsamsten Instrumente im Wunderland der Subventionen.

Die Produktionsabgabe ist eine Steuer, die zur Exportentschädigung verwendet wird. Das Prinzip: Wer in Europa Zucker verarbeitet und daraus Bonbons kocht und sie dann exportiert, kriegt aus Brüssel sein Geld zurück. Und zwar die Differenz zwischen Weltmarktpreis und EU-Preis. Aber ein Bonbonhersteller muss nun ein Jahr im Voraus überlegen, wie viele seiner Dragées er nach China verkaufen kann, und dann muss er eine Rückerstattung anmelden, Wiegeprotokolle führen, Exportbescheinigungen nachweisen, gelbe Formulare ausfüllen – und wenn es gut geht, kriegt er keinen Nervenzusammenbruch, sondern tatsächlich Geld. Allein der Verwaltungsaufwand für diesen Vorgang, berechnet der EU-Kritiker Schmidt aus Hannover, liegt bei 250 bis 300 Millionen Euro.

Schmidt ist ein verständiger Mann. Aber es gibt Momente, da er sich ereifert.

Und wer zahlte, sagt er, jahrzehntelang für diesen Quatsch? Der Verbraucher, nämlich Sie, ich, wir alle, über den Preis unserer Cola, unserer Bonbons, unseres Heringssalats – und warum? Einfache Antwort: wegen der Bauern. Die stellen zwar nur 0,5 Prozent der Bevölkerung, aber sie besitzen halb Deutschland. 47,5 Prozent der Fläche hierzulande werden landwirtschaftlich genutzt, ein europäischer Mittelwert. Vielleicht sind diese 47,5 Prozent nicht überall idyllisch, aber all das ist eine zivilisatorische Leistung und Kulturlandschaft, die Weinhänge an der Loire, die Olivenhaine in der Toskana, die Weizenfelder im hessischen Ried, der Heimat von Hermann Schaaf.

Die Selbstverständlichkeit dieser Welt gilt nicht mehr, wie das Beispiel des Zuckers zeigt. Europa könnte sich mit billigeren Lebensmitteln aus dem Weltmarkt versorgen. Doch wenn man Hermann Schaaf und seine 400000 Kollegen nach Mallorca in den

Ruhestand schickt, was wird aus den Äckern, Wiesen, Feldern, aus 47,5 Prozent von Deutschland? Man dürfe, sagen Experten, das Land nicht sich selbst überlassen, es würde verbuschen, erodieren, verwildern, und wer soll die Kosten für die Erhaltung tragen?

Darüber denken sie nach, in Brüssel, im Stab der Agrarkommission: Man müsste den Bauern abgewöhnen, Rüben und Getreide zu pflanzen. Man müsste sie allmählich umschulen, zu einer Art Landschaftspfleger, die Landschaft würde zu einem Freizeitpark, zu einer Bühne, auf der die Bauern sich selbst darstellen und wo der für den Export schuftende Deutsche am Wochenende Romantik tankt.

Für Hermann Schaaf klingt die Idee absurd, den Landschaftsgärtner zu spielen oder den Pseudo-Bauern, der ein paar Bioradieschen anbaut und den Großstädtern die Pferdeboxen vermietet und ausmistet.

Er hat seinen Lebenssinn bezogen aus der Arbeit. Zu wissen, dass er nur überlebte aufgrund von Subventionen, war ihm stets unangenehm. Er hat sie nicht gewollt und nicht verdient, die Globalisierung, die sein Leben zerlegt. Aber er beklagt sich nicht. Er hat sich seine Rente ausrechnen lassen, 400 Euro. Zum Glück arbeitet seine Frau, zum Glück wohnen sie mietfrei, in einem Haus, erbaut 1721, vielleicht wird eines Tages daraus ein Museum.

Kaffee

Beste Bohne, schwierigste Geschäfte: Der Kampf um ein Luxusgut im globalen Agrarhandel

Von Sonny Krauspe und Thilo Thielke

Die Dänin Karen Blixen-Finecke, die sich Tania Blixen nannte oder auch Isak Dinesen, glaubte, in Afrika den schönsten Ort der Erde entdeckt zu haben. Nirgends sei etwas Üppiges oder Überschwängliches, schwärmte sie, „es ist, als wäre Afrika hier gleichsam emporgeläutert zu einer starken und klaren Essenz seines Wesens“. Das Gras rieche nach Thymian, der Himmel sei selten mehr als blassblau oder violett, und von den Bergen aus „sieht man die weite Ebene der großen Jagdgründe, die sich bis zum Kilimandscharo erstrecken“.

Dort errichtete sie eine Farm, am Fuße der Ngongberge, zwölf Meilen nördlich von der Hauptstadt Nairobi; hier wollte sie bleiben. Es war das Jahr 1914. Doch wovon sollte sie in ihrem Paradies leben? Kenia ist an dieser Stelle ein karges Land. Ackerbau ist mühsam im Hochland, er wird an den Ufern des Victoriasees betrieben. Der Kolonialdienst für die britische Krone kam nicht in Frage. Und Blumenzucht war damals noch nicht interessant, die Rosen wären auf dem langen Weg nach Europa ja auch allesamt verdorrt. Doch es gibt etwas, das hier gedeiht – und nicht nur das: exzellent gedeiht. Das schiffbar ist und in Europa heißbegehrt: Kaffee.

Fast alle Siedler, die sich in der Nähe Nairobis, aber besonders nördlich der Stadt niederlassen, bauen Kaffee an. Es ist kein einfaches Geschäft, aber was ist schon einfach zu dieser Zeit, kurz vor Ausbruch des Ersten Weltkriegs? Zumindest gibt es nach den Bohnen eine konstante Nachfrage, die selbst von Kriegen und Wirtschaftskrisen kaum beeinflusst wird.

Und „zuzeiten ist es sehr schön auf einer Kaffeepflanzung. Zu Beginn der Regenzeit, wenn die Pflanzung in Blüte stand, bot sich ein leuchtendes Bild, eine Wolke von Kreide schien im Nebel und Geriesel sechshundert Morgen weit übers Land gebreitet. Die

Kaffeeblüten haben einen zarten bitterlichen Duft, ähnlich wie Schwarzdornblüten. Wenn das Feld sich von den reifen Kirschen rötete, wurden die Weiber und die Kinder – die Watoto – mit hinausgenommen, um mit den Männern den Kaffee von den Bäumen zu pflücken".

Eine Kaffeepflanzung ist eben etwas, „das einen festhält und nicht loslässt, es gibt immer etwas auf ihr zu tun, und meistens hinkt man mit seiner Arbeit ein wenig hintennach. Mitten in einem wilden, ungepflegten Lande ist ein Stück Boden, das bearbeitet und regelrecht bepflanzt ist, ein schöner Anblick. Später, als ich Gelegenheit hatte zu fliegen und meine Farm aus der Vogelschau kennen lernte, war ich sehr stolz auf meine Plantage, die hellgrün in der graugrünen Landschaft da lag".

Es hat etwas Ehrfürchtiges, wie Tania Blixen über Kaffee schreibt, so als handele es sich bei diesen Bohnen nicht um irgendein Naturprodukt, sondern um eine ganz besondere göttliche Gabe, um eine Frucht aus dem Garten Eden. Und die Plantagenbesitzerin mag gedacht haben, dass das Kaffeeparadies irgendwo in Ostafrika liege, nahe ihrer kenianischen Farm. Aber nach allem, was man weiß, befand sich die Heimat des Kaffeestrauches in der Provinz Kaffa im äthiopischen Hochland.

Viele Legenden ranken sich um die erste Tasse Kaffee. Sie reichen von dem Hirtenjungen, dessen Ziegen nach dem Verzehr bestimmter roter Beeren besonders munter wurden, bis zum Erzengel Gabriel, der dem kranken Propheten Mohammed eine Schale mit dunkler Flüssigkeit reichte, wodurch dessen Lebensgeister wieder geweckt wurden und er dank dieser Stärkung das islamische Reich gründete.

Nachdem die Kaffeekirschen von den Äthiopiern zunächst gekaut, später mit kochendem Wasser aufgebrüht oder im weiteren Verlauf der Geschichte gerieben und mit Tierfett zu einer Mahlzeit vermischt wurden, kam man schließlich auf die Idee, sie zu rösten, zu mahlen und zu einem Getränk zuzubereiten, ähnlich wie wir es heute kennen.

Der Handel mit den Arabern jenseits des Roten Meeres sorgte für eine weitere Ausdehnung des Anbaus. Die Kaffeepflanzen wurden kultiviert und die Früchte schon bald zum Gebrauchsgut.

Der Trank aus gebrannten Kaffeebohnen wurde zunächst in den Moscheen genossen, um für die Abendgebete länger wach zu bleiben. Betuchte Bürger richteten sich Kaffeezimmer in ihren Häusern ein, weniger Begüterte erfrischten sich in öffentlichen Kaffeeräumen. Historisch belegt ist, dass der Kaffee seit dem 15. Jahrhundert in Kaffeeschenken, sogenannten Schulen der Weisheit für Mekka-Reisende angeboten wird.

Als diese „Kaffeehöhlen" an den heiligen Stätten überhand nehmen und sie zudem den Ruf erlangen, für soziale Unruhe zu sorgen, werden sie kurzerhand geschlossen. Doch dauert es nicht lange, bis sie wieder geöffnet werden, denn es gibt zu viele Liebhaber dieses Getränks, wozu auch der Sultan von Kairo gehört, der das Verbot aufhebt.

Die Verbreitung des Kaffees übernehmen die Türken, die 1536 den Jemen besetzen und die Kaffeebohnen über die jemenitische Hafenstadt Mokka exportieren und bis nach Alexandria schaffen, von wo aus französische und venezianische Händler sie nach Europa weitertransportieren. Ab Anfang des 16. Jahrhunderts wird von den Türken die Zubereitung aus gerösteten Bohnen zu einer Kunstform entwickelt.

1554 wird in Konstantinopel das erste, mit Bildern und Teppichen dekorierte Kaffeehaus eröffnet, das nächste wenig später in Damaskus. Reisende aus Europa lernen den Kaffee schätzen und bringen Informationen darüber in den hohen Norden. So berichtet der Augsburger Arzt und Orientreisende Leonhard Rauwolf schon 1582 über die Trinkgewohnheiten der Araber: „Under anderen habens ein gut getraenck, weliches sie hoch halten, Chaube (Kaffee) von inen genennet, das ist gar nahe Dinten so schwartz, unnd in gebresten, sonderlich des Magens, gar dienstlich."

Mit Beginn des 17. Jahrhunderts erreicht der Kaffee Mitteleuropa. Hafenstädte wie London, Amsterdam, Marseille, Bremen und Hamburg entwickeln sich zu Kaffeezentren.

Anfänglich ist der Kaffee in Europa noch ein fremdartiges Getränk und vorwiegend der Oberschicht vorbehalten. Doch das Misstrauen gegenüber dem exotischen Genussmittel weicht zusehends, da selbst Papst Clemens VIII. dem Getränk seinen Segen gibt: „Dieser Trank ist so köstlich, dass es eine Sünde wäre, diesen nur den Ungläubigen zu überlassen. Wir wollen den Satan bezwingen, indem wir den Trank taufen, um ihn so zu einem wahren Christengetränk zu machen."

Und so werden die Vorzüge dieses Getränks bald an vielen Orten entdeckt.

In Venedig, dem Hauptumschlagplatz für Waren aus dem Orient, öffnet 1645 das erste europäische Kaffeehaus seine Pforten, das erste deutsche Kaffeehaus wird 1673 in Bremen eingeweiht, 1677 folgt Hamburg. Wien bietet ab 1685 Treffpunkte für Genießer des Heißgetränks, und Paris richtet 1686 ein berühmtes Kaffeehaus ein, in dem sich Schauspieler, Musiker und Literaten treffen. Das intellektuelle Leben spielt sich nun in den Kaffeehäusern ab.

Der Siegeszug der braunen Bohnen in Europa ist seitdem nicht mehr aufzuhalten. Johann Sebastian Bach widmet dem Getränk seine „Kaffeekantate", in der eine Tochter den Vater anfleht, ihr doch das schönste Laster zu lassen: „Herr Vater, seid doch nicht so scharf! Wenn ich des Tages nicht dreimal mein Schälchen Coffee trinken darf, so werd' ich ja zu meiner Qual wie ein verdorrtes Ziegenbrätchen."

Friedrich der Große zwingt seine Untertanen, dem Kaffee abzuschwören und mehr Bier zu trinken: „Das ist das Getränk, das für unser Klima passt." Sogenannte Kaffeeschnüffler sorgen dafür, dass niemand heimlich Kaffeebohnen röstet.

Doch alle Versuche, dem Volk das Genussmittel vorzuenthalten, scheitern. Das Röstverbot wird aufgehoben, der Kaffeeklatsch kann wieder stattfinden.

Da sich der Handel mit Kaffee zu einem lukrativen Geschäft ausweitet, treffen die Türken Vorsichtsmaßnahmen, um das Monopol zu halten: Es gibt ein Ausfuhrverbot für keimfähige Kaffeekirschen. Wie bei allen Verboten, wird auch dieses umgangen.

Den Niederländern, die den Seehandel beherrschen, gelingt es, Kaffeeplantagen in den Regionen der Welt anzulegen, die klimatisch die dafür nötigen Bedingungen erfüllen. Ab Mitte des 17. Jahrhunderts gibt es in den niederländischen Kolonien Ceylon, Java, Sumatra und auf anderen ostindischen Inseln erste Anpflanzungen außerhalb Afrikas und Arabiens. Die Vormachtstellung der Holländer im Handel ist gesichert. Die Leidenschaft für Kaffee kennt nun keine Grenzen mehr. Neue Anbaugebiete sind nötig. Doch Kaffee ist ein empfindliches Gut: Bodenbeschaffenheit, Pflanzensorte, Temperatur und der Anbau beeinflussen die Qualität.

Am besten gedeiht die Pflanze in Ebenen und an Berghängen zwischen den Wendekreisen des Krebses und des Steinbocks rund um die Erde. Also bringen Holländer, Franzosen und Portugiesen die Kaffeepflanzen in ihre Kolonien nach Südamerika und in die Karibik.

Im 18. Jahrhundert stellt Kaffee ein bedeutendes Welthandelsgut dar. Gekauft wird nicht mehr in Arabien, sondern vornehmlich bei den Kolonialmächten.

Nun werden Sklaven, die ursprünglich für den Zuckeranbau in die Kolonien geschafft wurden, zusätzlich für die Kaffeeplantagen benötigt. Die menschenunwürdigen Arbeits- und Lebensbedingungen führen auf Haiti 1791 zur Rebellion, Pflanzungen werden angezündet, ihre Besitzer ermordet. Der Kaffeeexport sinkt dramatisch und wird nur durch die Holländer ausgeglichen, die verstärkt Kaffee aus Java auf den Weltmarkt bringen.

Die wachsende Nachfrage in Europa führt dazu, dass Teile des Regenwalds in Brasilien neuen Anbaugebieten weichen müssen. Kaffee wird zum internationalen Rohstoff. 1823 lässt die Furcht vor einem möglichen Krieg die Preise in die Höhe schnellen. Statt Krieg gibt es ein Überangebot an Kaffeebohnen, der Preis stürzt ab.

Ein wildes Auf und Ab des Kaffeepreises beginnt sich langfristig abzuzeichnen. Politische Krisen, klimatische Schwankungen, die zu Missernten beziehungsweise zu einem Überangebot führen, oder Spekulationen beeinflussen von nun an den Preis und können das Marktgefüge erheblich stören.

In der zweiten Hälfte des 19. Jahrhunderts ist der Preisanstieg bei Kaffee nicht mehr aufzuhalten. Der Besitz von Kaffeekulturen bedeutet Wohlstand. Fehlende Arbeitskräfte in Südamerika kommen aus Europa. Eine große Einwanderungswelle erreicht Brasilien um die Jahrhundertwende. Zu dieser Zeit schwimmt die Welt in braunen Bohnen: Innerhalb von zehn Jahren verdoppelt sich in Brasilien der Anbau, die Kaffeeproduktion steigt um das Dreifache.

Da hauptsächlich die Sorte „Arabica“ gepflanzt wird, die klimatischen Verhältnisse aber nicht immer konstant sind, sondern Frost und Dürre die Ernte schädigen können, führt die Abhängigkeit von dieser in Monokultur angebauten Pflanze zu Krisen mit verheerenden Auswirkungen. Riesengewinne ebenso wie immense Verluste im Kaffeegeschäft sind an der Tagesordnung. Stabil bleibt nur die unsichere Lage.

Kaffee wird zum Spekulationsobjekt. Kaffeebörsen entstehen in den Häfen, in denen der Naturrohstoff umgeschlagen wird.

Immer größere Ernten aus Brasilien gelangen auf den Markt und beginnen ihn und das Leben der vom Kaffee abhängigen Bevölkerung zu ruinieren. Die Kaffeekrise nimmt ihren Lauf. Hinzu kommt Konkurrenz aus Lateinamerika: Zur Zeit des Ersten Weltkriegs behält Brasilien zwar seine Vormachtstellung bei der Kaffeeproduktion, muss sich aber verstärkt gegen Anbauländer wie Kolumbien behaupten. Die New Yorker Kaffeebörse macht keine Kaffeepause, sondern bricht 1929 schon zwei Wochen vor dem Wall Street Crash zusammen.

Die Weltwirtschaftskrise lässt den Kaffeepreis in Brasilien abstürzen. Eine Neuordnung wird damit zwingend nötig.

Neuanpflanzungen werden verboten, der gewaltige Überschuss wird rigoros verbrannt. Über sieben Millionen Sack Kaffee im Wert von nahezu 30 Millionen Dollar werden 1930 zwar vernichtet, doch Millionen von Säcken stapeln sich noch in den Lagerschuppen. „Kaffee ist unser nationales Unglück", sagt ein bankrotter Plantagenbesitzer. Es gibt Pläne, aus dem überschüssigen Kaffee Alkohol, Öl, Wein oder Koffein zu gewinnen oder die Blüten zur Parfümherstellung zu verwenden, doch schließlich werden diese Ideen verworfen.

Während in Brasilien in den dreißiger Jahren ein immer größerer Teil der Ernte den Flammen geopfert wird, können andere süd- und mittelamerikanische Produzenten ihren Anteil am Weltmarkt vergrößern. 1937 verbrennt Brasilien über 17 Millionen Sack Kaffee, obwohl der gesamte weltweite Verbrauch an Kaffee damals nur 26 Millionen Sack beträgt. Preisabsprachen zwischen lateinamerikanischen Erzeugern sollen für Stabilität sorgen, werden aber nicht eingehalten, Kolumbiens Anteil am Markt vergrößert sich.

Zudem drängen die Produzenten aus afrikanischen Kolonien, allen voran Kenia, auf den Markt: Innerhalb eines Jahrzehnts verdoppelt sich die Kaffeeproduktion in ganz Afrika.

Exportbeschränkungen für minderwertige Sorten oder eine Exportsteuer bringen nicht die erhoffte Lösung in der Frage der Überproduktion, Kaffee wird wieder verbrannt, Brasilien kämpft weiter um seinen Marktanteil.

In Europa floriert der Kaffeehandel dagegen mächtig. Mitte der dreißiger Jahre sinkt der brasilianische Anteil am europäischen Kaffeemarkt auf unter 50 Prozent. Frankreich, Portugal und Belgien stützen die Produktion in ihren Kolonien, indem sie Zölle für Kaffee aus anderen Ländern erheben. In Deutschland boomt das Geschäft, es existieren viele kleine Röstereien, oftmals als Familienunternehmen. Gegen Ende der dreißiger Jahre gibt es 5000 Kaffeeröstereien.

Der Zweite Weltkrieg führt erneut zu einem Rückgang des Verkaufs in Europa, die Preise für Rohkaffee stürzen ab. Die lateinamerikanischen Produzenten befürchten Absatzschwierigkeiten, bleibt ihnen lediglich der US-Markt. Eine Quotenregelung soll vor Preisverfall schützen, Brasilien erhält 60 Prozent, Kolumbien 20 Prozent der Einfuhrquote, während der Verhandlungen über das Abkommen fällt der Preis ins Bodenlose. 1940 wird das Quotenabkommen verabschiedet, der Preis erholt sich, doch schon wenig später, bei Kriegseintritt der USA, wird er eingefroren, um einer möglichen Inflation entgegenzutreten.

In Europa versucht man, die Kriegszeiten mit Kaffeeersatz zu überstehen. Aus Getreide, Zuckerrüben, Zichorienwurzeln oder Eicheln wird „mocca faux", der eingedeutschte Muckefuck oder Blümchen-Kaffee, gebraut und getrunken. Auf dem Schwarzmarkt erreicht der Preis für „richtigen" Bohnenkaffee schwindelerregende Höhen, er gilt als Zahlungsmittel. Nach Kriegsende bleibt Kaffee ein Luxusartikel, eine Steuer wird erhoben, die den Verbrauch dämpft, den Schmuggel aber belebt.

Schon 1956 übertreffen die europäischen Importe wieder das Vorkriegsniveau. Der Kaffeeverbrauch in der Bundesrepublik steigt jährlich um 15 Prozent. Der „Tchibo-Mann", „Frau Sommer" (von Jacobs) und die Kaffeefamilie mit „Ed", „Usch" und „O" (von

Eduscho) geistern durch die Werbung und helfen mit, den Verbrauch zu steigern.

Die Konzentration im Kaffeehandel macht auch in Deutschland vor dem Markt nicht Halt. Von den 5000 Kaffeeröstereien vor dem Krieg sind 1960 nur noch 600 übrig geblieben. Bohnenkaffee erfreut sich reger Beliebtheit bei der ostdeutschen Verwandtschaft und wird Hauptbestandteil der Weihnachtspakete in die DDR.

Negative Eigenschaften, die dem Heißgetränk nachgesagt werden, werden von eingefleischten Kaffeetrinkern wohlwissend ignoriert.

Nicht so im 18. Jahrhundert, als der Schwedenkönig Gustav III. sicher war: Das Gebräu muss giftig sein. Also nahm er sich zwei zum Tode verurteilte Häftlinge und missbrauchte sie als Versuchsobjekte. Erst wurde der Henker abbestellt, dann wurde der eine der Verbrecher gezwungen, täglich Kaffee zu trinken, während der andere Tee gereicht bekam. Zwei Mediziner mussten das erwartete Siechtum dokumentieren. Das Experiment sollte zeigen, wie schnell Kaffee – im Gegensatz zu Tee – seine tödliche Wirkung entfaltet. So saßen die Häftlinge im Kerker und tranken und tranken, Jahr um Jahr, bis der erste der beiden gelehrten Versuchsleiter sein Leben ließ. Die Häftlinge tranken, bis auch der zweite Mediziner starb. Als nun auch König Gustav III. sein Leben verlor, ging die Prozedur trotzdem weiter. Schließlich starb zuerst der Teetrinker im hohen Alter von 83 Jahren. Das genaue Todesdatum des überlebenden Kaffeetrinkers ist nicht bekannt, doch es zeigt, dass ein Tässchen Kaffee am Tag nicht schädlich ist.

Und so wächst der Bedarf weiter: Bereits jetzt liegt die Nachfrage bei 118 Millionen Sack pro Jahr. Und Experten wie der Hamburger Kaffeehändler David Neumann nehmen an, dass diese Zahl in den nächsten Jahren drastisch steigen wird. In fünf Jahren wird schon mit einem Bedarf von 135 Millionen Sack gerechnet. „Ein erwarteter Konsum von 150 Millionen Sack in zehn Jahren könnte sich dann als eine zu konservative Prognose herausstellen“, meint der Kaufmann.

In Osteuropa steigt die Zahl der Kaffeekonsumenten beständig, aber insbesondere auch in Asien. Schon ist Vietnam – nach Brasilien, aber noch vor Indonesien und Kolumbien – der zweitgrößte Kaffeeproduzent der Welt, wurden dort bereits im Jahr 2005 über eine Million Tonnen Kaffeebohnen geerntet – mehr als die Deutschen im Jahr importieren. Und auch das Konsumverhalten ändert sich rapide. Die „Welt am Sonntag“ sieht bereits eine Kulturrevolution im Gange: „Die Zukunft der Bohne liegt in China.“

Zwar verbrauchten die 1,3 Milliarden Chinesen nach Berechnungen des Deutschen Kaffee-Verbands in Hamburg im Jahr derzeit nicht mehr Kaffee als eine Million Schweizer. Doch der Kaffeekonsum in westlich orientierten Großstädten wie Shanghai, Peking oder Hongkong lässt darauf schließen, dass ein grundlegender Wandel des Trinkverhaltens stattfindet. Je mehr China verwestlicht, desto mehr Kaffee wird getrunken, ist die Prognose der Händler.

So liegt der Weltdurchschnitt im Kaffeekonsum pro Person bei 0,7 Kilogramm im Jahr. In China liegt er derzeit noch bei rund acht Gramm pro Person. Doch schon in Hongkong (0,8 kg/Person), Japan (1,4 kg/Person) und Singapur (1,9 kg/Person) hat er Weltniveau. Der Handel hat mittlerweile mehr Sorge, dass die gewaltige Nachfrage nicht gestillt werden kann, als dass er auf seinen Kaffeesäcken sitzen bleibt. Schon in 78 Staaten wird der kostbare Naturrohstoff angebaut, Tendenz steigend.

„Wussten Sie, dass der kenianische Kaffee der beste der Welt ist?“, fragt Charles Seara Cardoso. Der in Kenia lebende Kaffeehändler trägt eine blaue Schürze mit gelber Tchibo-Bohne und hat in einer guten halben Stunde bestimmt zwei Dutzend Tassen leergeschlürft und ausgespien.

Die Qualität eines Kaffees wird durch drei Faktoren bestimmt: Säure, Aroma, Körper.

Der Geschmack (und der Preis) wird durch die „feine Säure“ maßgeblich beeinflusst: Je intensiver die Säure, desto besser wird der Kaffee beurteilt und desto höher ist auch der Preis. Ein niedriger Säuregehalt wird als mindere Qualität eingestuft und entsprechend schlechter bezahlt.

Das Aroma oder der Duft einer Tasse Kaffee ist das erste, was unsere Sinne anregt oder auch abtörnt, wenn der Kaffee etwa zu alt ist und muffig riecht.

Unter dem Körper eines Kaffees versteht man den Gehalt, das

Volumen, die Vollmundigkeit des Getränks, ähnlich wie bei Weingenuss.

In den Kategorien Säure und Geschmack, sagt Cardoso, liegt Kenia klar vorn, beim Faktor Körper eher Äthiopien. Und die Sorten, die aus Brasilien, Vietnam oder Westafrika kommen, die erregen bei einem Experten wie Cardoso eher Mitleid. Denn es gibt zwar 80 verschiedene Arten des Kaffeestrauches, aber etwa 96 Prozent des weltweit konsumierten Kaffees ist entweder „Arabica“ oder „Robusta“.

„Arabica“ war zunächst die vorherrschende Sorte, die angepflanzt wurde. Sie wächst in Höhen zwischen 3000 und 6000 Fuß bei mittlerer Temperatur (16 bis 27 Grad Celsius), ist aber nicht ganz widerstandsfähig. Fruchtbarer und auch gegenüber dem gefürchteten Kaffeerost weniger anfällig ist die 1898 entdeckte Sorte „Coffea canephora“, die den Namen „Robusta“ erhielt. Sie wächst in allen Lagen bis 3000 Fuß und unter feuchteren klimatischen Bedingungen. Leider ist ihr Geschmack etwas streng und enthält doppelt so viel Koffein.

Bis zu vier Jahre braucht ein Kaffeestrauch, bis er Früchte tragen kann. Im Durchschnitt gibt es fünf Pfund Früchte pro Strauch, die einem Pfund getrockneten Bohnen entsprechen.

In der Urheimat des Kaffees, Äthiopien und Jemen, bleibt der Umfang der „Arabica“-Produktion begrenzt. 1954 exportiert Äthiopien 620000 Sack, das Nachbarland Kenia 210000 Sack Kaffeebohnen. Doch mehr als 80 Prozent der sechs Millionen Säcke, die Afrika zu der Zeit umschlägt, sind mit der Sorte „Robusta“ gefüllt. Von den Produzenten wird immer häufiger diese minderwertige Sorte den Standardmischungen beigemischt, um einen halbwegs akzeptablen Verkaufspreis zu halten. Die Qualität sinkt, der Preis bleibt.

Womit auch schon einmal geklärt wäre, warum der Mann vom Gewerbe bloß die Nase rümpft, wenn das Thema auf italienischen Espresso kommt. Für diesen Kaffee wird „Robusta“ verwendet und nicht der gute „Arabica“ aus Ostafrika. Er wird viel länger und stärker geröstet und verliert, was ihn eigentlich auszeichnen sollte: Säure, Volumen und Aroma. Die italienische Zubereitung wird aus Sicht des strengen Kaffeeliebhabers nur noch von der aus Amerika übernommenen Mode übertroffen, einen Teil ohnehin schon dünnen Kaffees mit viel zu viel Milch zu verlängern und womöglich noch mit Sirup zu mischen.

Deshalb legt Cardoso besonderen Wert auf die Qualität und testet vor jeder Auktion den Kaffee, der zum Verkauf gelangt. Jeden Dienstag ist in Nairobi Auktion, 50-mal im Jahr.

Der Tchibo-Mann hat bereits vor langer Zeit aufgehört, die Tassen und Sorten zu zählen, die er schon probiert hat, seit er als Einkäufer für den deutschen Kaffeeriesen in die kenianische Hauptstadt ging. Seit 1959 unterhält Tchibo in Nairobi eine eigene Dependance, die „Cetco“ (Coffee Export Trading Company).

In Cardosos Büro hängen vergilbte Poster von einem gemütlichen, etwas beleibten Tchibo-Mann mit Bowler und Schnurrbart. Das Kenia-Plakat erzählt ein wenig von der Kaffeekultur des Landes. Der Tchibo-Mann, „Bwana Tchibo“, steht in einem Einbaum, von fröhlichen Eingeborenen umringt, und winkt. „Kwaheri Bwana Tchibo“, lautet der Text, „‚Kwaheri‘ heißt in Kenia ‚Auf Wiedersehen‘. Man wird den Tchibo-Kaffee-Experten dort noch oft wiedersehen. Denn in Kenia wächst ungewöhnlich guter Kaffee. Und wo der wächst, da ist auch unser Experte. Immer wieder durchstreift er die größten Kaffee-Anbaugebiete der Welt. In Afrika. In Mittelamerika. Per Bahn. Per Auto. Per Flugzeug. Zur Not auch per Kanu. Er sucht nach besten Kaffees. Und er findet sie“.

Neben sich, in einer leicht verstaubten Glasvitrine, hat Charles Cardoso ein paar Kaffeetüten aus aller Herren Länder gesammelt: „San Sebastian“ von Dallmayr neben „Presidentti “ aus Finnland, „Zoegas Intenzo“ aus Schweden und natürlich die „Frische Ernte – Kenia“ von Tchibo.

Um seinen Kaffee besser an den Verbraucher zu bringen, setzt Kenia auch auf den Fair-Trade-Handel, dessen Produkte sich in Europa immer größerer Beliebtheit erfreuen und nicht mehr nur der Upperclass vorbehalten sind, sondern im Supermarktregal zu finden sind. Die Hilfsorganisation Oxfam will die Äthiopier jetzt sogar unterstützen, weil sie der Meinung ist, die Preise seien nicht marktgerecht. „Äthiopiens Kaffee aus Yirgacheffe und Sidama gehört zu den besten Kaffees in der Welt, aber die Preise, die den äthiopischen Pflanzern von den internationalen Händlern angeboten werden, entsprechen nicht der Qualität der Ware", zürnt Oxfam-Manager Abera Tola.

Gute Qualität ist natürlich nicht billig. Der kenianische Kaffee, „Kahawa" auf Kisuaheli, gehört zu den teuersten der Welt, derzeit kosten 50 Kilogramm je nach Qualität bis zu 143 US-Dollar auf den Auktionen. Kenia produziert 50000 bis 60000 Tonnen davon im Jahr, das entspricht aber noch nicht einmal einem Prozent des weltweit produzierten Kaffees.

In Ostafrika liegt der durchschnittliche Ertrag bei 300 Kilogramm Kaffee pro Hektar, in Asien und Lateinamerika ist dieser jedoch bis zu viermal so hoch. Die ostafrikanischen Staaten versuchen, ihre Produktion zu steigern, und man kann nur hoffen, dass die Qualität erhalten bleibt.

Größter Produzent in Ostafrika ist Äthiopien mit jährlich 260000 Tonnen Kaffee, gefolgt von Uganda mit 186 000 und Tansania mit 57000 Tonnen. Der überwiegende Teil des qualitativ hochwertigen ostafrikanischen Kaffees wird nach Deutschland exportiert. Jeder vierte Sack Kaffee, der Kenias Hafen Mombasa verlässt, geht nach Hamburg oder Bremen. Danach erst folgen Schweden und Großbritannien als Empfängerländer. Tansania, das früher zu Deutsch-Ostafrika gehörte, führt sogar 30 Prozent nach Deutschland aus. Äthiopiens Hauptabnehmer ist Deutschland mit 35 Prozent.

Wohin der Kaffee geliefert wird, hatte früher viel mit der kolonialen Vergangenheit zu tun. Die Franzosen importierten überwiegend aus Westafrika. Die Niederländer aus Indonesien und die Italiener aus Äthiopien. Inzwischen haben Brasilien und Vietnam auch hier die Marktführerschaft übernommen.

Spitzenreiter im Kaffeeverbrauch sind übrigens die Finnen, dicht gefolgt von den Kaffeetrinkern aus den übrigen skandinavischen Ländern, Belgien und Österreich. In absoluten Zahlen ausgedrückt, ist Deutschland das Kaffeeverbraucherland Nummer zwei. Ausgerechnet hier ist der Kaffee relativ teuer, weil eine Sondersteuer für Kaffee erhoben wird. Und die Wirtschaftskrise geht auch am deutschen Kaffeehandel nicht spurlos vorbei. Besonders die Vietnamesen drängen nun mit großen Mengen und niedrigem Preis auf den Markt.

Für viele Kenianer wäre es eine Katastrophe, wenn das Land noch mehr Marktanteile verlöre. Derzeit hängen rund 600 000 kenianische Familien oder drei Millionen Menschen von der Kaffeeindustrie ab. Das ist ein Zehntel der Gesamtbevölkerung. Viele verdingen sich als Tagelöhner, die entweder mit Kaffeekirschen bezahlt werden oder 40 Kenia-Schilling pro gepflücktem Eimer erhalten. Der Tageslohn eines Kaffeepflückers beträgt im Durchschnitt 170 Kenia-Schilling, ungefähr zwei Euro.

„Schwarzes Gold" nennen die Tagelöhner ihren Kaffee, auch wenn sie ihn außer als Erwerbsquelle nicht so recht zu schätzen wissen. Es hat sich irgendwann die britisch inspirierte Sitte eingebürgert, Tee zu gleichen Teilen mit Milch und Zucker zu mischen. Kaffee trinken im Lande des Kaffees fast ausschließlich die „Muzungus", wie die Weißen genannt werden.

85 Prozent dieses „schwarzen Goldes" stammt aus dem Dreieck, das die Städte Nairobi und Machakos und den von den Massai als heilig verehrten Berg Mount Kenya umschließt. Hier herrscht das Klima, das guter Kaffee braucht: ausgeglichene Regenfälle, moderate, ganzjährige stabile Temperaturen und vulkanische Erde. Zudem ermöglichen hier am Äquator zwei Regenzeiten, eine zwischen März und Mai, die andere zwischen Mitte Oktober und Dezember, zwei Ernten im Jahr. Wobei der beste Kaffee mit größeren Früchten und stärkerem Geschmack im Oktober und November gepflückt wird.

Warum der Kaffee gerade in dieser Gegend so hochwertig ist, dafür haben die Experten mittlerweile folgende Erklärung gefunden: In der Höhe und am Äquator ist die ultraviolette Strahlung besonders intensiv. Dicke Wolken während der kühleren Monate zwischen Juni und August brechen diese Strahlen und sorgen für ein diffuses Licht. Und genau dieses diffuse, ultraviolette Licht sorgt, gemeinsam mit einer moderaten Durchschnittstemperatur, dafür, dass die Kaffeekirschen langsam reifen und sich viel Säure für den Geschmack bilden kann.

Aber es gibt auch Kaffeefreunde, die meinen, es sei in erster Linie die reichhaltige rote afrikanische Erde, die für die Qualität des kenianischen Kaffees verantwortlich ist.

Heute kommt einer wie der Tchibo-Mann und verschifft Kenias

„schwarzes Gold“ in den Hamburger Hafen, den größten Kaffeeumschlagplatz der Welt, wo immer noch jedes Jahr 1,2 Millionen Tonnen Rohkaffee gelöscht werden. Der Kaffee hatte die Hansestadt einst wohlhabend gemacht, und noch immer sorgt er für ein gutes Geschäft, haben Deutschlands Kaffeeriesen wie die Neumann Kaffee Gruppe, die der größte Rohkaffeehändler der Welt ist, und Tchibo, der Marktführer für Röstkaffee, doch hier ihren Firmensitz.

Tania Blixen übrigens bringt er am Ende doch kein Glück. Ihre Farm liegt eigentlich etwas zu hoch für eine Kaffeeplantage. Wenn es in den Wintermonaten kalt wird, kann der Landstrich vom Frost befallen werden. Die Kaffeekirschen werden braun und schrumpelig. Wenn es zudem wenig regnet, fallen die Ernten viel zu bescheiden aus.

In einem Jahr können 80 oder 90 Tonnen und im nächsten nur noch 15 oder 16 Tonnen eingebracht werden. Als die Weltmarktpreise immer weiter sinken, muss Tania Blixen ihr Haus und die Plantage verkaufen. 1931 zieht sie zurück nach Dänemark. Dort schreibt sie die Geschichte ihrer kleinen Kaffeefarm auf, die am Fuße der Ngongberge lag, hundert Meilen südlich des Äquators.

Wasser

Können Grundwasserspeicher unter dem Meeresboden die weltweite Wasserkrise entschärfen? Wissenschaftler träumen von einem neuen Bodenschatz, der die Menschheit endlich ausreichend versorgen kann.

Von Manfred Ertel

Wie an einer Perlenkette reihen sich die Bohrplattformen vor der Küste von New Jersey. Träge klatscht die schwere Dünung gegen die meterdicken Stahlträger, haushoch spritzt die Gischt. Das eiserne Gestänge knarzt im Takt der Wellen.

Übertönt wird das maritime Klangspiel nur, wenn sich der Bohrstahl durch jahrtausendealte Bodensedimente frisst und der geförderte Rohstoff über Steigleitungen in die Pipeline gepresst wird, die auf dem Meeresgrund zum Festland führt.

Noch ist die Erschließung neuer Rohstoffquellen unmittelbar vor der Ostküste der USA Vision. Doch schon bald könnte die Fiktion Wirklichkeit werden. Das weltweit operierende amerikanische Umweltunternehmen CDM sondiert bereits das Projekt. Wissenschaftler mehrerer Universitäten treiben die Untersuchungen voran.

Es geht allerdings nicht um Öl- oder Erdgasquellen, sondern um riesige Grundwasservorkommen. Den Lagerstätten unter dem Meeresboden könnte eine ganz besondere Bedeutung bei der Trinkwasserversorgung der amerikanischen Metropolen zukommen.

Experten der Freien Universität Amsterdam machten allein vor New Jersey Grundwasserreservoirs aus, die New York mit seinen über acht Millionen Menschen 800 Jahre frei von Wassersorgen machen könnten. Ähnliche Ressourcen sind auch an anderer Stelle vorhanden, etwa bei Nantucket Island vor Boston.

„Wir haben einen Schatz gefunden“, glaubt Jacobus Groen, wissenschaftlicher Direktor am Acacia-Institut der Amsterdamer Uni, und schwärmt vom „blauen Gold“ und einer neuen Welt, in der niemand mehr dürsten muss.

Zusammen mit seinen Kollegen hat Groen den Meeresgrund der Ozeane nahezu systematisch abgesucht und ist auch andernorts fündig geworden. Für Länder, in denen Wasser knapp ist, „sind diese Vorkommen hochinteressant", formuliert noch zurückhaltend der Hydrologe Vincent Post. Groen denkt da schon einen Schritt weiter: Die Wasserspeicher unter dem Meeresgrund könnten dazu beitragen, endlich „die globale Wasserkrise zu entschärfen".

Die ist gewaltig. Dabei geht es längst nicht nur um spektakuläre Dürrebilder aus Afrika, mit durstenden Menschen und sterbendem Vieh, die schon fast allabendlich über den Bildschirm flimmern. Der eigentliche Schrecken der Wasserknappheit spielt sich jenseits der Schlagzeilen und TV-Sendungen ab.

Über einer Milliarde Menschen fehlt nach Berechnungen der Vereinten Nationen noch immer jeglicher Zugang zu sauberem Wasser. Mindestens 6000 Menschen, meist kleine Kinder, sterben täglich, weil sie nicht genug oder nur dreckiges Wasser zum Leben haben. Der Stockholmer Wasserwissenschaftler Anders Berntell nennt das den „wohl größten politischen und moralischen Skandal unserer Zeit".

Manche Schätzungen sind sogar noch dramatischer. Das „Wuppertal Institut für Klima, Umwelt, Energie" rechnet mit jährlich bis zu 15 Millionen Toten, die allein mit dem Mangel an trinkbarem Wasser oder sanitären Anlagen zu erklären sind. Immerhin haben etwa 2,6 Milliarden Menschen, das sind gut 40 Prozent der Weltbevölkerung, keinerlei sanitäre Grundversorgung. Und damit ist noch nicht einmal ein funktionierendes Kanalisationssystem wie im Westen gemeint.

Schon Latrinen oder private Sickergruben, von deutschen Großstädtern bereits vor Jahrzehnten als bäuerliche Rückständigkeit belächelt, wären für viele Menschen ein gewaltiger Fortschritt. Sie gelten der Uno als „verbesserte sanitäre Anlagen", stehen großen Teilen der Weltbevölkerung allerdings ebenso wenig zur Verfügung wie eine moderne Abwassertechnologie.

Seit über 25 Jahren wird das tödliche Dilemma von Umweltexperten, Wissenschaftlern und Politikern beklagt und an die Spitze der politischen Agenda gesetzt. „Ohne sauberes Wasser", sagte

Uno-Umweltchef Klaus Töpfer, „kann Armut nicht bekämpft werden."

Die Weltorganisation hat deshalb das „Recht auf Wasser" zum Menschenrecht erklärt und sich schon 1990 eine Halbierung der Elendszahlen bis 2015 vorgenommen. Und noch auf dem jüngsten Weltwasserforum, im März 2006 in Mexico City, hat dessen Präsident Loic Fauchon eindringlich angemahnt, den Zugang zu sauberem Wasser zu einem universellen Grundrecht zu erheben.

Die globale Wasserkrise ist vor allem eine Krise des Wassermanagements. Während sich die Weltbevölkerung in den vergangenen 100 Jahren verdreifacht hat, stieg der Süßwasserverbrauch gleich um das Siebenfache. Auf täglich 500 bis 800 Liter schätzen Experten den Verbrauch pro Kopf in reichen Industrieländern. Die Armen müssen sich mit einem Bruchteil begnügen.

Wie fahrlässig mit dem kostbaren Nass umgegangen wird, demonstrieren allein die Unterschiede in wirtschaftlich vergleichbaren Ländern. In manchen Regionen der USA beträgt der Verbrauch sogar bis zu 950 Liter pro Kopf, in Japan immerhin noch 278, in Australien 256 Liter.

Etwas besser sieht es in Europa aus. In Italien liegt der tägliche Wasserverbrauch pro Person bei über 200 Litern, in Frankreich sind es 156 und in Deutschland sogar nur 127 Liter.

Für den Bedarf an Trinkwasser reichen die Vorkommen eigentlich allemal. Denn nur der geringste Teil, rund zehn Prozent, wird im Haushalt verbraucht. Doch das Bewusstsein, dass Wasser für den menschlichen Organismus neben Sauerstoff der einzig unersetzbare anorganische Rohstoff ist, hat sich auch in hochentwickelten Gesellschaften noch nicht durchgesetzt.

Allein das Zudrehen des Wasserhahns beim Zähneputzen ließe den persönlichen Verbrauch drastisch sinken. Bis zu 35 Liter pro Minute laufen ins Becken und von dort direkt in den Ausguss. Ins Spülklosett rauschen durchschnittlich 44 Liter am Tag.

Riesige Mengen versickern auf Feldern und Äckern. Allein der bäuerliche Wasserbedarf schoss seit 1960 um rund 60 Prozent in die Höhe. Etwa 70 Prozent allen Süßwassers, so schätzen Fachleute, ergießen sich inzwischen in eine immer extensivere Landwirtschaft – rund 40 Prozent der Nahrungsmittel wachsen auf künstlich bewässerten Anbaugebieten, um dann, hochsubventioniert, später zum Teil als Überschussproduktion auf Kartoffelmieten oder Tomatenhalden zu vergammeln.

Aber auch das ist ein Zeichen des allzu sorglosen Umgangs mit einem lebenswichtigen Rohstoff: 20 bis 30 Prozent des Wassers, nach anderen Berechnungen sogar bis zu 50 Prozent, gehen weltweit beim Abpumpen verloren. Oder versickern durch marode Leitungssysteme und schadhafte Rohre ungenutzt in Feld und Flur. Und auch hier machen die unterschiedlichen Wasserbilanzen die Sorglosigkeit besonders augenfällig. In Dänemark verplätschern lediglich 3 Prozent, in Jordanien zum Beispiel sind es 48 Prozent.

Zum falschverstandenen Umgang mit dem kostbaren Rohstoff gehört auch die rücksichtslose Ausbeutung scheinbar schier unerschöpflicher Lebensadern. Wenn Wasser vermeintlich im Überfluss zu haben ist und noch dazu kostenfrei, gerät der Verbrauch schnell zur maßlosen Verschwendung. Beispielhaft die Situation am Lago de Chapala in Mexiko.

Umweltschützer beklagen dort seit langem, dass ortsansässige Bauern für die Ausbeutung des größten Süßwassersees im Lande nur symbolische Summen statt verbrauchsgerechte Abgaben zahlen müssen. Die Folge: Die Landmänner zapfen Frischwasser im Überfluss, und niemand schert sich darum, dass 40 bis 50 Prozent beim Transport verlorengehen.

Im Sanaa-Becken, rund um die jemenitische Hauptstadt, liegt die Obst- und Gemüsekammer des arabischen Wüsten- und Steppenstaates. Das nötige Wasser holen die Einheimischen seit je aus zumeist wildgebohrten Brunnen. Die müssen inzwischen in immer größere Tiefen getrieben werden. Jedes Jahr sinkt der Grundwasserspiegel durch den gnadenlosen Raubbau um sechs bis acht Meter. Beim Kampf um neue, ertragreiche Brunnen gehen Jemeniten schon mal mit Kalaschnikows aufeinander los.

Oder der Aralsee. Wo das einstmals viertgrößte Binnenmeer der Erde war, an der Grenze je zur Hälfte in Kasachstan und Usbekistan, liegen ehemalige Küstenorte jetzt mitten in der Wüste. Die Dünen sind aus Salz. Rostige Eisenpfähle erinnern nur mit viel Phantasie an verrottete Hafenanlagen, zerfallene Fischkutter liegen trocken auf giftiger Salzkruste – ein See stirbt.

428 Kilometer lang und 235 Kilometer breit war das stattliche Gewässer mal, so groß wie Bayern. 40000 Tonnen Fisch gingen den Fischern jährlich in die Netze. Dann kamen Stalin und seine Erben auf die Idee, dem Proletariat lukrativere Einnahmequellen und allgemeinen Wohlstand durch Baumwollanbau zu versprechen. So wurde den beiden großen Zuflüssen im wahrsten Sinne des Wortes das Wasser abgegraben, um kilometerweite Plantagen zu bewässern.

Die Zeiten wirtschaftlicher Träume sind längst vorbei, die Lebenswirklichkeit ist trocken und staubig. Durch Kanäle und künstliche Abzweigungen ergießen sich der Amurdarja und der Syrdarja seitdem zu großen Teilen in Steppe und Wüste. Der Wasserspiegel des Aralsees sank dramatisch.

Der See schrumpfte von über 68000 Quadratkilometern um die Hälfte, das Wasservolumen sogar um etwa 70 Prozent. Die früheren Küstenstädte Aral im Norden und Muynak im Süden liegen inzwischen 100 Kilometer landeinwärts. Die Uno spricht vom „größten ökologischen Katastrophengebiet neben Tschernobyl".

Die Antwort auf solchen Raubbau ist nicht etwa ein pfleglicherer Umgang mit der endlichen Ressource, durch neue Technologien beispielsweise oder rücksichtsvollere Konsumgewohnheiten. Stattdessen werden in vielen Ländern der Welt große Anstrengungen unternommen, neue Quellen zu erschließen – mit teilweise katastrophalen Eingriffen in den Naturhaushalt.

Allein in den vergangenen 50 Jahren wurden rund 40000 Riesenstaudämme in die Landschaft betoniert. Ihre Zahl stieg seit 1949 von etwa 5000 auf über 45000 Anfang des 21. Jahrhunderts. Zahlreiche historisch gewachsene Ortschaften und ökologisch einmalige Landstriche wurden überflutet.

Wo kein Wasser fließt oder fällt, kann auch keins gesammelt werden. Deshalb gewinnt die Entsalzung von Meer- und Brackwasser immer größere Bedeutung. Eine scheinbar folgerichtige Entwicklung, immerhin bestehen 72 Prozent der Erdoberfläche aus Wasser – nur ist es größtenteils nicht genießbar. 97,5 Prozent aller verfügbaren Wasservorräte entstammen Ozeanen und sind salzig.

Die Briten gelten als Pioniere der Entsalzungstechnik. Bereits 1869 bauten Ingenieure Ihrer Majestät eine Meerwasserverdampfungsanlage im Golf von Aden. Sie sollte die Kolonialflotte mit Trinkbarem aus dem Roten Meer versorgen. Inzwischen sind weltweit mehr als 9500 Entsalzungsanlagen in Betrieb, ohne sie wäre menschliches Leben (und alles natürliche) in manchen Regionen gar nicht vorstellbar.

Bahrein, Inselstaat im Persischen Golf, ist zum Beispiel reich an Öl, aber bettelarm an Wasser. Die prosperierende Monarchie ist vollständig von Meerwasserentsalzung abhängig. Saudi-Arabien gilt mit vier Millionen Kubikmetern täglich als größter Produzent von Trinkwasser, das aus dem Meer gewonnen wird. In 20 Jahren könnten Techniker weltweit bis zu 120 Millionen Kubikmeter Süßwasser täglich aus dem Meer herausfiltern. „Das würde ausreichen, um die 18 Länder zu versorgen, die am stärksten von Wassermangel betroffen sind", errechnete der tunesische Experte Mohamed Larbi Bouguerra.

Doch der Preis für den Erfolg ist hoch. Denn Entsalzung ist vor allem auch teuer und umweltschädlich. Trotz aller Neuerungen und technologischer Fortschritte gibt es zwei grundlegende Verfahren. Entweder werden Salze, Schwebeteilchen, Dreck- und Giftpartikel aus der Meeresbrühe aufwendig ausgesiebt – mit Hilfe feinster Filter, Membranen und Siebe. Oder man erhitzt die Lauge so enorm, dass Wasser verdampft und als Süßwasser aufgefangen wird.

In jedem Fall müssen gewaltige Mengen Energie mobilisiert werden, um die Wassermassen durch Pumpen, Absorber und Kondensatoren zu pressen. Übrig bleiben nicht nur extreme Energiekosten, sondern auch immense Umweltbelastungen. Unmengen umweltschädliche Sole, einer konzentrierten Lösung verschiedener Mineralsalze und organischer Substanzen, müssen entsorgt, ganze Küstenstreifen mit fußballfeldgroßen Flächen von Rohren, Leitungsnetzen und Auffangkammern zugebaut werden.

Deshalb bleibt die Aufbereitung der Meere für den menschlichen Genuss vielleicht eine Hilfe, aber keine nachhaltig belastbare Alternative – schon gar nicht für arme Länder. „Man kann es drehen und wenden, wie man will", sagt Forscher Bouguerra, „Meerwasserentsalzung ist kein Patentrezept für die Behebung des Wassermangels."

Genau an diesem Punkt kommen die Amsterdamer Hydrogeologen ins Spiel. „Grundwasser ist der wichtigste Teil der Wasserreserven", sagt Wissenschaftler Groen. Und auch, dass dessen Wert „von den politischen Entscheidern bislang weit unterschätzt" wird. Denn tatsächlich könnten im internationalen Kampf gegen die globale Wassernot gerade die natürlichen Zisternen tief unter dem Meeresboden ein entscheidender „Teil der Lösung" sein.

Es sind die Süßwasseradern, die nicht nur Landmassive durchlaufen, sondern auch die oberen Schichten küstennaher Meeresböden, auf die Groen und seine Forscher ihre Hoffnungen richten. Und natürlich eiszeitliche „Paläogrundwasser", die schon durch Regen und Eis gespeist wurden, als dort, wo sie heute beerdigt liegen, noch gar keine Meere waren.

Die Amsterdamer stießen zunächst vor Surinam in Südamerika auf den verborgenen Bodenschatz. Dann waren sie in der Nordsee ebenso erfolgreich wie im Chinesischen Meer, vor der nordamerikanischen Ostküste oder vor Indonesien. Die Reservoire liegen manchmal 100 Kilometer vor der Küste und 100 bis 300 Meter unter Grund. Aber nicht die Entdeckungen an sich waren das Unerwartete. Überraschend war für die Forscher, „dass es frisches Grundwasser ist oder zumindest nur mäßig brackiges".

In ihrem Optimismus wissen die Forscher deshalb vor allem ein Argument auf ihrer Seite: die Wirtschaftlichkeit.

In Djakarta hat Groen eine Förderung des „Meeresquellwassers" das erste Mal durchspielen lassen. Ergebnis: Es wäre zwar teuer, aber es würde keine neue Technologie benötigt. „Man braucht die gleichen Bohrplattformen und Pipelines wie für die Ölindustrie, um das Grundwasser zu fördern und an Land zu bringen."

Das Unterwasser-Grundwasser sei „nur schwach salzhaltig" und deshalb „viel einfacher zu behandeln" als Meerwasser, so Groen. Am Beispiel Djakartas errechneten die Niederländer, dass es „trotz hoher Investitionen für die Förderanlagen 30 Prozent billiger" wäre als entsalztes Meerwasser.

Den Berechnungen am Reißbrett soll jetzt, endlich, der Praxistest folgen. Das thailändische Regierungsunternehmen Eastwater möchte große Industrien im Hinterland mit Meeresgrundwasser aus den Untiefen vor Bangkok speisen und vielleicht auch einiges mehr. Anfang des Jahres war eine Delegation aus dem Tigerstaat in Amsterdam, in sechs Monaten soll eine detaillierte Machbarkeitsstudie vorliegen.

Wenn die Niederländer mit ihren Berechnungen richtigliegen, könnte das Protoprojekt danach sofort starten. „In fünf Jahren ist das machbar", glaubt Groen, „denn es ist nur teuer, nicht aber kompliziert: Wir arbeiten mit den klassischen Off-Shore-Bohrunternehmen zusammen."

Fünf Jahre. Dann würde Unterwasser-Grundwasser endlich jene Aufmerksamkeit zuteil, „die es verdient, wenn es darum geht, die Wasserprobleme der Welt zu lösen", hofft Groen.

Bohrtürme zu Pflugscharen

Die erste greifbare Alternative zu den fossilen Brennstoffen bietet der Ackerbau. Aus Biomasse lässt sich am leichtesten Ersatz für Benzin, Diesel und Erdgas herstellen. Aussichtsreiche Verfahren sind schon im Einsatz. Die Vision vom Wasserstoffzeitalter hingegen verblasst.

Von Christian Wüst

Vor sechs Jahren eröffnete VW die „Autostadt" in Wolfsburg. Es ist der eindrucksvollste Vergnügungspark, den die PS-Branche jemals um ihr Handelsgut errichtete.

Die Metropole des Motorenkults bietet Kinos, Museen und lehrreiche Spektakel. Das interessanteste – und für das Automobil womöglich bedeutendste – Ausstellungsstück ist ein durchsichtiger Kunststoffkasten. Sein Inhalt: ein Gemüsegarten.

Über einen ferngesteuerten Roboterarm kann der Besucher hier Brunnenkresse aussäen – und acht Wochen später das Ergebnis abholen: ein Tröpfchen Diesel, von der Konzernforschung aus der Salatbeigabe raffiniert.

Zwei Meter, sagt VW, könne ein Traktor damit fahren; das ist kein großer Schritt für eine Landmaschine – doch ein zarter Hoffnungsschimmer für die mobile Gesellschaft, die mit zunehmender Sorge auf die globale Tankuhr blickt.

Pflanzenfett ist dem Motor ebenso willkommen wie Erdöl, das wussten schon die Urväter des Maschinenbaus. „Wie sich herausgestellt hat, können Dieselmotoren ohne jede Schwierigkeit mit Erdnussöl betrieben werden", erklärte der ingeniöse Erfinder Rudolf Diesel im Jahr 1912. Diesels Zeitgenossen schenkten solchen Fragen kaum Beachtung. Es war schwer vorstellbar, dass das Automobil einmal dazu taugen sollte, ein Ressourcenproblem zu kriegen.

Knapp hundert Jahre später gibt es halb so viele Autos, wie damals Menschen lebten. 800 Millionen Kraftfahrzeuge bilden ein Heer von Spritschluckern und sind mit Abstand der größte Erdölverbraucher der Welt. Gut zehn Millionen Tonnen Öl pro Tag, mehr als die Hälfte der Weltproduktion, werden in Transportmitteln verbrannt. Diese Flotte auf nachhaltige Kost umzustellen wird eine der Herkulesaufgaben der industriellen Zeitenwende sein. Erdnussöl wird da nicht reichen.

Die bisher größte Anstrengung, fossilen Kraftstoff durch ein Pflanzenprodukt zu ersetzen, unternahm die deutsche Rapsölbranche. Im Laufe des vorigen Jahrzehnts mauserte sich die Initiative mittelständischer Einzelkämpfer zu einem veritablen Industriezweig. 1,7 Millionen Tonnen Rapsölmethylester, gewonnen aus dem Samen der gelbblühenden Feldpflanze, wurden 2005 in Deutschland den Autos als Futter verabreicht.

Der Biodiesel, so die offizielle Handelsbezeichnung, gelangt teils als Beimischung in den konventionellen Kraftstoff, teils in reiner Form an inzwischen knapp 2000 Zapfstellen zu günstigeren Preisen in die Tanks.

Nirgendwo sonst auf der Welt wurden bisher vergleichbare Mengen Biodiesel hergestellt. Das deutsche Rapsexperiment zeigt damit aber auch die Grenzen ökosauberen Wachstums auf. Gut 1,2 Millionen Hektar, etwa ein Zehntel der gesamten bundesdeutschen Ackerfläche, werden inzwischen vom Rapsanbau belegt. Eine Ausweitung auf etwa anderthalb Millionen Hektar ist aus Expertensicht möglich.

Im günstigsten Fall wären also jährlich zwei Millionen Tonnen Biodiesel aus heimischen Äckern zu gewinnen. Dem steht jedoch ein aktueller Jahresbedarf der deutschen Bevölkerung von 130 Millionen Tonnen Mineralöl entgegen. Der Raps allein kann eine Industriegesellschaft nie und nimmer vom Erdöltropf befreien.

Unabhängig von seinem spärlichen Ertrag ist Rapsdiesel ohnehin ein problembehafteter Saft: Für die Düngung der Felder und spätere Verarbeitung der Ernte wird extrem viel Energie verbraucht – und die macht einen Großteil des Einsparpotentials wieder zunichte.

Zudem taugt Biodiesel allenfalls bedingt für den Einsatz in modernen Motoren. Seine chemische Zusammensetzung erschwert eine saubere Verbrennung und Abgasreinigung. Moderne Dieselmotoren mit hochfeinen Einspritzdüsen und Partikelfiltern werden gemeinhin nicht für den Einsatz von Rapsölmethylester freigegeben.

Die Forscher des Mineralölkonzerns Shell zählen Rapsdiesel zu den pflanzlichen Kraftstoffen der ersten Generation. Bei dieser werden lediglich die Samen oder Knollen der Gewächse genutzt.

„Das Resultat", erklärt Wolfgang Warnecke, Leiter der weltweiten Kraftstoffentwicklung bei Shell, „ist erstens kein hochwertiger Kraftstoff, zweitens steht seine Gewinnung in unmittelbarer Konkurrenz zur Nahrungsmittelproduktion. Und beides wollen wir nicht haben."

Shell setzt deshalb verstärkt auf die Entwicklung von Biokraftstoffen der zweiten Generation. Diese werden aus den Pflanzenteilen gewonnen, die in der Landwirtschaft bisher vorwiegend als Abfall anfielen: etwa Stroh von Getreide oder die Stengel von Sonnenblumen. „Bei diesen Verfahren", sagt Warnecke, „droht keine ethische Schieflage, und die Kohlendioxid-Bilanz ist nahezu neutral."

Einer der ersten Biokraftstoffe, deren Herstellungsverfahren an der Schwelle stehen, den Sprung von der ersten zur zweiten Generation zu machen, ist eine Substanz, die dem Menschen schon seit Jahrtausenden als Rauschmittel dient: Alkohol.

Nikolaus August Otto befeuerte einen Vorläufer des später nach ihm benannten Ottomotors um 1860 mit diversen Sprittypen, die der Handel anbot. Einer davon war Ethylalkohol, damals weit verbreitet als Brennstoff für Lampen.

Die amerikanischen Autopioniere Henry Ford und Charles Kettering, damals Forschungschef von General Motors, sahen schon während der dreißiger Jahre ein enormes Potential im Schnapssprit und wollten ihre Autos gern mit dem Gärprodukt amerikanischer Ackerfrüchte füttern.

In einem flammenden Appell setzte sich auch Francis Garvan, damals Präsident der Chemical Foundation, für Alkoholsprit ein: „Es heißt, wir haben ausländisches Öl", erklärte Garvan 1936 während einer Konferenz im Ford-Heimatort Dearborn bei Detroit. „Es liegt in Persien und in Russland. Glauben Sie, damit können Sie Ihre Kinder verteidigen?"

Doch die Alkohollobby konnte sich nicht durchsetzen. Zu rasch wurden immer größere Ölfelder entdeckt – vor allem in Arabien. Der fossile Kraftstoff erwies sich als die billigere Wahl – und die westlichen Industrienationen marschierten stramm in die totale Abhängigkeit von Importen.

Nur ein einziges Land ging einen Sonderweg und setzte offensiv auf Alkohol im Tank: Brasilien. Etwa 40 Prozent seines Kraftstoffbedarfs deckt das südamerikanische Land heute mit Bioethanol, einer Form von Alkohol.

Das tropische Klima lässt dort Zuckerrohr als Rohstoff für die Ethanol-Gewinnung in gigantischen Mengen emporsprießen – was nicht unbedingt ein Segen für die örtliche Umwelt ist. Millionen Hektar Urwald mussten bereits den Plantagen für Autofutter weichen.

In Europa und Nordamerika gewinnt man Ethanol vorwiegend aus Feldfrüchten wie Weizen, Roggen oder Mais. In Deutschland haben Firmen wie Südzucker inzwischen Schnapsraffinerien in Betrieb genommen. All diese Unternehmen arbeiten noch mit Herstellungsmethoden der ersten Generation. Die Erträge würden niemals reichen, um nennenswerten Ersatz für Benzin zu schaffen. Erst seit wenigen Jahren arbeiten Forscher an leistungsfähigen Verfahren zur Umwandlung von Stroh und Holz in Ethanol.

Anlagen dieser Art befinden sich noch im Forschungsstadium, teilweise mit Unterstützung der Ölmultis. Shell hat sich in Kanada an dem Ethanol-Produzenten Iogen beteiligt, einem der Pioniere dieser jungen Branche.

Politiker und Ingenieure aller Industrieländer sind inzwischen gleichermaßen von der Idee berauscht, Autos mit Alkohol anzutreiben, der im Grunde aus Abfällen hergestellt wird. In Schweden soll Bioethanol sogar das Schlüsselelixier sein, mit dem sich das Nordland vom Jahr 2020 an vollkommen vom Erdöl unabhängig machen will.

Auch die Regierung der Vereinigten Staaten sieht im Bioethanol jenen Kraftstoff der Zukunft, mit dem der ultimative energetische Befreiungsschlag gelingen soll. US-Präsident George W. Bush erklärte erst kürzlich: „Wir wollen, dass die Leute mit Treibstoff fahren, der in Amerika wächst.“

Zu den großen Vorzügen des Alkohols zählt seine Ähnlichkeit mit Benzin. Bis zu fünf Prozent lassen sich dem konventionellen Sprit beimischen, ohne dass am Motor des Fahrzeugs etwas verändert werden muss.

In Europa verfügbar sind derzeit Mischverhältnisse mit bis zu 85 Prozent Alkoholanteil. Ford und die schwedischen Hersteller Volvo und Saab bieten bereits Modelle an, deren Motoren den neuen Kraftstoff namens E85 vertragen. Die Veränderungen an der Motorsteuerung sind trivial, der Aufpreis beträgt nur einige hundert Euro.

In Südamerika fahren Autos sogar mit reinem Ethanol. Allerdings steigt mit dem Alkoholanteil im Tank auch der Verbrauch des Motors; denn im Schnaps stecken nur etwa zwei Drittel des Energiegehalts von Benzin.

Noch sind die heimischen Ethanol-Produzenten zarte Pflanzen im weltweiten Kraftstoffgeschäft. Während Brasilien bereits zehn Millionen Tonnen Bioethanol pro Jahr herstellt, bringen es die drei Anlagen in Deutschland gerade mal auf etwa eine halbe Million Tonnen. „Die größte Herausforderung", sagt Shell-Forscher Wolfgang Lüke, „wird darin bestehen, wirklich nennenswerten Ersatz zu schaffen."

Welches Potential aber hat der alkoholische Hoffnungsträger wirklich? Nach Berechnungen der Fachagentur Nachwachsende Rohstoffe (FNR), dem Kompetenzzentrum des deutschen Landwirtschaftsministeriums in Sachen Biosprit, lassen sich aus dem Kornertrag eines Hektars heimischer Getreideäcker 2500 Liter Ethanol gewinnen. Ein Liter ersetzt 0,66 Liter Ottokraftstoff. Bleibt also eine reale Substitution von 1650 Litern.

Weit größere Hoffnungen nährt eine Technologie, die sich noch im Entwicklungsstadium befindet: Sie heißt „SunDiesel" und wird derzeit im sächsischen Freiberg erprobt.

Dort ersann der gelernte Steinkohlehauer und auf dem zweiten Bildungsweg zum Ingenieur veredelte Visionär Bodo Wolf eine Methode, die aus Holz und anderen organischen Substanzen die Entstehung der fossilen Rohstoffe im Zeitraffer nachvollziehen soll.

Die Schlüsselerkenntnis, auf deren Grundlage er schon zu DDR-Zeiten sein Verfahren ausbrütete, manifestiert sich in einer simplen Wahrheit: „Öl, Gas und Kohle – das ist alles Sonnenenergie."

Das gesamte Kraftfutter des Industriezeitalters ist das Resultat blühenden Lebens der Urzeit, das infolge tektonischen Ungemachs zügig unter der Erde verschwand, ehe es an der Luft vermodern konnte: Wälder wurden zu Kohleflözen, trockengefallene Lagunen voller Algen und Meeresgetier zu Öl- und Gasfeldern. Unter enormem Druck und hohen Temperaturen bildeten sich aus den Kohlenwasserstoffen der früheren Lebewesen die festen, flüssigen und gasförmigen Energieträger.

Wolf hat eine Methode entwickelt, genau diesen Prozess nachzuahmen und dabei gewaltig zu beschleunigen. Was die Natur in Jahrmillionen bewerkstelligte, erledigt das von Wolf patentierte „Carbo-V-Verfahren" in wenigen Stunden: Holz, Stroh und jede andere Form getrockneter organischer Substanzen wird in einer Apparatur von Brennern und Katalysatoren in ein Synthesegas verwandelt. Aus diesem gewinnt ein Fischer-Tropsch-Reaktor, wie auch bei der schon länger praktizierten Kohle- und Erdgasverflüssigung, Dieselkraftstoff.

Das von Wolf gegründete Unternehmen nennt sich Choren. Die ersten drei Buchstaben stehen für Kohlenstoff (C), Wasserstoff (H) und Sauerstoff (O) – die Grundbausteine organischen Lebens und jeglicher konventioneller Energie; die letzten drei Buchstaben stehen für „renewable", also erneuerbar.

Der Gründer ist inzwischen im Ruhestand. Um sein Erbe ranken sich hochmögende Industriekonzerne. DaimlerChrysler und Volkswagen fungieren schon seit drei Jahren als Entwicklungspartner. Im Sommer 2005 beteiligte sich Shell an Choren.

Die Erwartungen sind enorm, obgleich die Freiberger Dieselbraukunst von der Feuertaufe des ersten kommerziellen Einsatzes noch ein gutes Stück entfernt ist. Bisher läuft lediglich eine kleine Forschungsanlage. Erst 2007, weit später als anfangs geplant, soll die zweite, weit größere Apparatur in Betrieb gehen und 15000 Tonnen SunDiesel pro Jahr produzieren. Noch später soll die erste

Großraffinerie im vorpommerschen Lubmin auf einen Jahresausstoß von 200 000 Tonnen kommen.

Der gefährlichste Widersacher auf dem Weg dahin ist möglicherweise der Staat. Die wachsende Produktion von Biokraftstoffen hat inzwischen fiskalische Begehrlichkeiten geweckt. Finanzminister Peer Steinbrück (SPD) will Biokraftstoffe bald, ähnlich wie Mineralöl, besteuern lassen. Dieser Kostendruck könnte dazu führen, dass die unergiebige Billiglösung Rapsöl überlebt, während aussichtsreichere Techniken, die noch in der Forschung stecken, auf dem Weg zur Marktreife verhungern.

Europas Autoindustrie setzt dennoch enorme Hoffnungen in SunDiesel. Dieselmotoren sind wegen ihrer enormen Sparsamkeit die zentrale Trumpfkarte der Branche, allerdings haftet ihnen noch immer der Makel schlechter Abgasqualität an. Das Rußpartikelproblem ist durch Filtertechniken inzwischen gelöst. Was bleibt, ist der höhere Stickoxidausstoß, der sich nur mit weiteren Investitionen, etwa in Harnstoffkatalysatoren, bändigen lässt.

Der neue Kraftstoff könnte Abhilfe bringen: SunDiesel ist wesentlich sauberer als die etablierte Variante auf Erdölbasis, vollkommen ungiftig und frei von Aromaten. Ohne weitere Nachbehandlung der Abgase würde sein Einsatz den Schadstoffausstoß erheblich senken.

Zudem verspricht Kraftstoff von der Choren-Sorte, auch BtL („Biomass to Liquid") genannt, eine phantastische Effizienz, wenngleich der Beweis dafür im kommerziellen Einsatz noch nicht erbracht wurde. Die FNR-Experten schätzen die jährliche Ausbeute pro Hektar auf etwa 4000 Liter SunDiesel – das wäre fast der dreifache Ertrag von Rapsöl und etwa der anderthalbfache von Ethanol.

Doch es lässt sich sogar noch mehr aus Biomasse herausholen. Der Rohstoff Holz ist ein erstklassiger Energielieferant, vor allem, wenn er nicht Autos mobil macht, sondern Strom und Wärme liefert.

Thomas Nussbauer, Ressourcenexperte und Dozent an der ETH Zürich, erteilt dem baumbasierten Biokraftstoff für den Straßenverkehr eine klare Absage. In einem Aufsatz für das Holz-Zentralblatt plädiert er nachdrücklich dafür, Baumreste in den Ofen und nicht in den Tank zu stecken. Bei der Wärmeerzeugung lasse sich Holz ebenso effizient nutzen wie fossile Brennstoffe. Bei der Umsetzung in Kraftstoff blieben dagegen bestenfalls drei Viertel des Energiegehalts übrig.

Michael Deutmeyer, verantwortlich für das Biomasse-Management bei Choren, stellt die Richtigkeit dieser Rechnung nicht in Frage. Dennoch verfehle diese die eigentliche Problemstellung. Im Bereich der Wärme- und Stromproduktion gebe es heute schon zahlreiche Möglichkeiten, sich von fossilen Energieträgern zu befreien: „Geo- und Solarthermie, bessere Isolation, Wind- und Wasserkraft bilden ein breites Spektrum einsatzreifer Techniken. Beim Verkehr gibt es dagegen außer den Biokraftstoffen noch keine wirksame Alternative zu fossilen Energieträgern." Auf Gedeih und Verderb hängt das Auto noch immer am Erdöltropf. Versuche, es mit Strom anzutreiben, sind nachhaltig gescheitert.

Auch die aktuellen Verbesserungen der Batterietechnik für Hybridfahrzeuge lassen kaum hoffen, dass gebrauchstüchtige Elektromobile in absehbarer Zeit serienreif sein könnten. Ein Tank voller Sprit, der für Hunderte von Kilometern reicht und sich in wenigen Minuten nachfüllen lässt, ist bislang durch nichts zu ersetzen.

Allerdings muss der Tankinhalt nicht unbedingt flüssig sein: Die bisher beste Alternative zu fossilem Benzin und Dieselkraftstoff ist gasförmig. Sie kommt ebenfalls vom Acker und wird mit einer ebenso simplen wie bewährten Methode schon heute hergestellt.

Methan aus vergorener Biomasse hat nach den Berechnungen der FNR-Experten derzeit das größte Potential. Pro Hektar und Jahr lassen sich aus Energiemais 3560 Kilogramm Methan gewinnen. Die könnten wiederum fast 5000 Liter Benzin ersetzen – Weltrekord.

Das Verfahren gleicht äußerlich dem der Herstellung von Ethanol und ist wie dieses weit simpler als die hochkomplexe BtL-Prozedur: Das Erntegut muss nicht getrocknet werden, sondern verwandelt sich in einem großen Bottich von feuchter Pampe in den begehrten Kraftstoff.

Die Anlagenbauer haben sich das Prinzip des Verdauungssystems von Rindern und anderen Grasfressern zu Eigen gemacht –

mit allen bewährten Vorteilen des natürlichen Kreislaufs von Wachstum, Fressen, Ausscheiden und Wiederverwertung als Dünger. Biogasanlagen verarbeiten ein breites Spektrum von Pflanzensorten und erlauben somit einen bodenschonenden Variantenreichtum. Und sie produzieren ihren eigenen Dünger: Die Reste lassen sich wie Kuhdung zurück auf die Felder streuen.

Die Biogasbranche hat sich bislang vorwiegend auf Stromerzeugung verlegt. Direkt auf den Gehöften treibt das gewonnene Gas über Verbrennungsmotoren Generatoren an, die Strom ins Netz speisen. Die mittlere Ausbeute ist zwar, gemessen am Landverbrauch, weit geringer als etwa bei Windrädern oder Solarkraftwerken. Dafür haben die Energiebauernhöfe einen Vorteil, den die Netzbetreiber sehr schätzen: Sie liefern konstant Strom, auch bei Nacht und bei Flaute.

In den kleinen Blockheizkraftwerken macht das gewonnene Biomethan also nichts anderes, als es auch im Automobil tun würde: Es treibt Motoren an. Auch für den Betrieb von Erdgasautos taugt es hervorragend.

Doch bisher zögert die Branche, den gewonnenen Treibstoff der Mobilität zu spenden. Nur vereinzelt wurden Biogastankstellen, etwa in Deutschland und Schweden, eröffnet. Es mangelt an Abnehmern. Schon die Verfeuerung des fossilen Brennstoffs Erdgas kommt kaum voran. Seit Jahren kämpfen die Gasversorger und Hersteller von Erdgasautos (federführend sind Opel, Volvo und Fiat) mit spärlichem Erfolg um Akzeptanz. Teure Umbauten an Fahrzeugen und Infrastruktur bremsen das Vorhaben.

Eine Erdgaszapfstelle kostet mit dem nötigen Druckspeicher etwa 200000 Euro – etwa das Vierfache von Benzin- oder Dieselstationen. Die Autohersteller verlangen für ihre Erdgasmobile Aufpreise von 2000 bis 4000 Euro. Die Ausrüstung mit Drucktanks fordert ihren Preis.

Außerdem haben nur sehr wenige der bisher angebotenen Erdgasfahrzeuge akzeptable Reichweiten. Das Verstauen ausreichender Druckflaschen ist in den meisten Fahrzeugen noch immer technisch unmöglich. So blieb der Durchbruch des steuerlich geförderten und deshalb extrem billigen Alternativkraftstoffs bis heute aus. In Deutschland, wo mit großem Optimismus inzwischen über 650 Zapfstellen für den flüchtigen Brennstoff errichtet wurden, sind gerade mal 30000 Erdgas-Pkw zugelassen.

So streiten sich auch bei den Mineralölkonzernen die Experten über die Erfolgsaussichten dieser Alternative: Die BP-Tochter Aral fördert beharrlich den Ausbau des Gastankstellennetzes – gerade wegen des enormen regenerativen Potentials von Biogas. Die Shell-Experten sehen in der Initiative dagegen nur eine Nischenlösung etwa für Flottenbetreiber und favorisieren die Umwandlung von Erdgas in Flüssigkraftstoff.

„Die größten Fehler, die wir bei der Suche nach Alternativen machen können, sind voreilige Experimente mit der Infrastruktur", warnt Shell-Forscher Wolfgang Lüke. Aussicht auf unmittelbaren Erfolg haben aus seiner Sicht nur alternative Spritsorten, die sich den konventionellen Kraftstoffen beimischen lassen. Ethanol und SunDiesel erfüllen genau diese Forderung.

Die Energiesäfte des postfossilen Zeitalters, prophezeit der Shell-Experte, werden in langsam zunehmender Menge in bestehende Kraftstoffe hineinfließen und die Erdöl-Ära Tröpfchen für Tröpfchen dem Ende zuführen. Ein komfortabler Prozess, der unauffällig begonnen hat und von dem der Verbraucher (abgesehen von meist fruchtlosen Politdebatten) gar nichts mitbekommt.

Andererseits erscheint es ratsam, die Geschwindigkeit dieses Prozesses nicht zu überschätzen. Dünnbesiedelte Länder wie das nach Ölabstinenz trachtende Schweden oder auch der jäh von Problembewusstsein durchdrungene Öljunkie USA verfügen zwar durchaus über landwirtschaftliche Nutzflächen, die eine Industrienation mit dem Energieträger Biomasse zumindest zu großen Teilen ernähren könnten. In Mitteleuropa hingegen ist diese vegetarische Vollversorgung der Automobile nicht annähernd möglich.

Laut FNR-Prognose stehen im Jahr 2020 knapp 3,5 Millionen Hektar deutscher Ackerfläche für den Anbau von Energiepflanzen bereit. Bei optimistischer Einschätzung der technischen Entwicklung ließe sich auf diesem Boden ein Viertel des im deutschen Straßenverkehr benötigten Kraftstoffs herstellen.

Weltweit jedoch, sagt FNR-Experte Birger Kerckow, „ist das Biomasse-Potential enorm". Tatsächlich übersteige der Energiegehalt der Vegetation, die laufend auf der Erde nachwächst, den aktuellen Bedarf der Menschheit um den Faktor acht bis zehn, lehrt Konrad Scheffer, Professor am Institut für Nutzpflanzenkunde der Universität Kassel/Witzenhausen.

In den Szenarien der Agrarbranche werden Bohrtürme zu Pflugscharen. Die ehemalige grüne Landwirtschaftsministerin Renate Künast kürte die Bauern schon zu den „Ölscheichs von morgen". Nur um jenes Wundergas, das einige Autokonzerne beharrlich als künftiges Elixier sündenfreier Mobilität beschwören, ist es verdächtig still geworden: Wasserstoff.

Das leichteste Element des Periodensystems galt den Ingenieuren lange als globaler Kraftquell des postfossilen Zeitalters. Mit Solar- oder Windstrom aus Wasser erzeugt, sollte das knallfreudige Gas ein Energieträger ohne Grenzen werden – blitzsauber und schier unendlich reproduzierbar.

Die Autokonzerne investierten Milliarden in die Entwicklung von Prototypen. Omnibusse und Pkw mit Brennstoffzellen, die Wasserstoff nahezu schadstofffrei und enorm effizient in Fahrstrom umwandeln, juckeln allerorten einher.

Auch Verbrennungsmotoren lassen sich mit Wasserstoff betreiben. BMW entwickelte einen Zwölfzylinder-Rennwagen für diesen Kraftstofftyp und überschritt in einer drolligen Ökorekordfahrt die 300-km/h-Marke. Mercedes wollte bereits im Jahr 2004 Brennstoffzellenautos in den Handel bringen.

Doch davon ist nun keine Rede mehr. Inzwischen nennt DaimlerChrysler das Jahr 2015 – und wird wohl auch diese Zahl wieder korrigieren müssen. Es fehlt nicht an Autos, die den Wasserstoff schlucken könnten – es fehlt am Wasserstoff selbst.

Nirgendwo auf der Welt sind auch nur Ansätze von Vorhaben erkennbar, im industriellen Maßstab aus Ökostrom das ökosaubere Gas zu gewinnen. Sogar Shell, einer der aufgeschlossensten Konzerne der Mineralölbranche, bemüht bei dem Thema den Konjunktiv: „Wasserstoff könnte der endgültige Kraftstoff sein" steht auf einem der Schaubilder, die Entwicklungsleiter Warnecke zu dem Thema aushändigt.

Die größte Hürde, so der Shell-Mann, sei die Unverträglichkeit mit den bestehenden Kraftstoffen: „Ethanol und BtL mischen wir ganz einfach bei. Mit Wasserstoff müssten wir komplett zu einer neuen Infrastruktur springen.“

Und diese wäre um ein Vielfaches aufwendiger als die für Erdgasautos. Wasserstoff muss entweder zur Verflüssigung auf 253 Grad unter null abgekühlt oder gasförmig auf 700 bar (das Dreieinhalbfache des derzeitigen Erdgasdrucks) verdichtet werden, damit ein Auto mit einer Tankfüllung auf akzeptable Reichweiten kommt. Die bestehende Erdgasinfrastruktur wäre für einen Wasserstoffvertrieb demnach vollkommen untauglich.

Unabhängig von wirtschaftlichen Hindernissen wird auch der reine Umweltnutzen selbst von solchen Fachleuten skeptisch bewertet, die der Erdölbranche nicht nahe stehen. Zur sauberen Wasserstoffgewinnung bedarf es eines schieren Überflusses an Ökostrom. Und den gibt es bisher allenfalls im Geothermie-Paradies Island und dem wasserkraftstrotzenden Paraguay.

So untersuchte das Wuppertal-Institut die Chancen und Risiken eines forcierten Einstiegs in eine Wasserstoffwirtschaft. Dieser, so das ernüchternde Resümee, sei „in den nächsten 30 bis 40 Jahren ökologisch nicht sinnvoll“. Durch direkte Einspeisung ins Netz könne der regenerativ gewonnene Strom weit effektiver eingesetzt werden.

Sollte in der Mitte des 21. Jahrhunderts aber doch noch eine ebenso saubere wie gigantische Produktion von Wasserstoff beginnen, endet dieses Gas womöglich gar nicht direkt im Tank von Brennstoffzellenautos.

Dankbare Abnehmer wären etwa die Produzenten von pflanzlichen Kraftstoffen. Bei der Herstellung des BtL-Diesels herrscht akuter Wasserstoffmangel. Durch eine Einspeisung der reaktionsfreudigen Substanz in den Choren-Prozess ließe sich der Gesamtausstoß der Anlagen nahezu verdoppeln.

Das Ergebnis wäre eine vollkommen regenerative Prozesskette, die dem Vorbild von Jahrmillionen Erdgeschichte folgt: Wasserstoff ist ein ausgesprochen heiratswilliges Element. Nur in Verbindung mit Kohlenstoff bildet es den Grundbaustein organischen Lebens – und der daraus resultierenden Energieressourcen Erdöl und Erdgas.

„Die Natur“, sagt Choren-Gründer Wolf, „lässt den Wasserstoff nirgends in seiner reinen Form vorkommen. Es leuchtet nicht ein, warum die Industrie das anders machen sollte.“

Wohlstand durch klebrigen Brei

In der kanadischen Provinz Alberta lagern riesige Vorkommen an Ölsanden. Doch die Ausbeute ist teuer und umweltschädlich. Gleichwohl wollen die Ölkonzerne Milliardenbeträge in den Abbau investieren.

Von Georg Mascolo

Man muss schon ganz fest an den großen Boom glauben, um es in Fort McMurray, hoch oben in der Ödnis von Kanada, auszuhalten. An schlechten Tagen dauert es bei „Starbucks" eine Dreiviertelstunde, bis der Kaffee kommt, und schon am Nachmittag verdunkeln übelriechende Abgaswolken die Sonne. An den besseren Tagen findet sich zumindest ein Platz zum Schlafen – nur ist eine Couch im Untergeschoss nicht unter 500 kanadischen Dollar im Monat zu haben.

Als neues Klondike, als Hauptstadt eines modernen Goldrauschs, lässt sich Fort McMurray feiern. Wir lösen die Energieprobleme der Welt, behaupten seine Einwohner stolz. Und trotz der unwirtlichen Lebensbedingungen nahe dem Polarkreis verzeichnet die Statistik der 61 000-Einwohner-Stadt jede Woche 100 Neuankömmlinge. Vor allem Ölarbeiter zieht es nach Fort McMurray. Denn Öl, viel Öl, liegt rund um den ehemaligen Handelsposten der Hudson's Bay Company in der Erde.

Es ist nicht der billige, leicht zu fördernde Saft Saudi-Arabiens, aber in der Ergiebigkeit, behaupten Geologen, könne die kanadische Provinz Alberta leicht mithalten. Auf stolze 174,5 Milliarden Barrel schätzen Experten die förderbaren Reserven – mehr als Iran und Libyen zusammen besitzen. Kanada kommt nach dieser Rechnung auf Platz zwei der Weltrangliste.

Es sind riesige Teersandvorkommen, die diesen Traum ausgelöst haben. Ein zäher, klebriger Brei, der aussieht wie Altöl im Sandkasten. Im kurzen kanadischen Sommer hat er die Konsistenz von Sirup, im Winter ist er hart wie Beton. Die Felder haben die Größe Griechenlands.

Der kühne Plan, mit Hilfe dieses Sediments das Ende des Ölzeitalters auf Jahrzehnte hinauszuschieben, ist nicht neu. Seit 40 Jahren mühen sich Firmen hier oben, die Ölsande abzubauen. Das ganz große Geschäft wurde es für die Pioniere des Business bisher nicht, wohl nirgendwo auf der Welt liegen die Produktionskosten für ein Barrel Öl höher als in Alberta. 30 US-Dollar kostet es, bis aus dem Bitumen brauchbare Energie geworden ist.

Inzwischen haben fast alle Ölmultis ihren Einstieg in das Ölsandgeschäft verkündet – bei den aktuellen Hochpreisen für fossile Brennstoffe lohnt selbst hier in Fort McMurray die Investition. Exxon Mobil, Shell, Chevron und Total sind gekommen, auch zwei der größten chinesischen Energiekonzerne sind in das Geschäft eingestiegen. Kleine Klitschen, die sich früh Förderrechte gesichert hatten, können sich vor Übernahme- und Fusionsangeboten kaum retten.

70 Milliarden Dollar wollen die Branchenriesen in den kommenden zehn Jahren in den Ausbau der Felder investieren. Sogenannte unkonventionelle Quellen wie die Ölsandfelder haben Konjunktur. „Eine Menge Leute erkennen, wie bedeutsam diese Vorräte sind", sagt der Ölpapst Daniel Yergin, Autor eines Standardwerks über die Geschichte der Ölförderung.

Der Run auf die Ölsande hat auch politische Gründe: Die kanadische Regierung wird nicht müde, daran zu erinnern, dass diese Vorkommen nicht in der Hand der Petrokraten in Teheran, Caracas oder Moskau sind, sondern in einer der stabilsten Demokratien der Welt liegen. Die schmierige Mixtur werde die „geopolitische Lage verändern", tönt das Finanzministerium in Ottawa. Vor allem Amerika, der weltgrößte Verbraucher, ist fasziniert von der Idee, dass gleich nebenan ein Freund an der Pumpe sitzt.

Eine amerikanische Senatsdelegation war schon in den Ölsandgebieten, der amerikanische Finanzminister schaute ebenfalls vorbei. Bis 2015 sollen die Sande ein Viertel der nordamerikanischen Ölproduktion ausmachen. „Wir werden nicht mehr von Diktatoren, Scheichs und Ratten abhängig sein", jubelte Montanas Gouverneur Brian Schweitzer nach einem Besuch in Fort McMurray.

Wenn es eines Beweises für die These bedarf, dass die Ära des leicht zu fördernden Öls zu Ende geht, in Fort McMurray lässt er sich finden. Riesige Schaufeln mit einem Fassungsvermögen von 100 Tonnen kratzen das Teersediment aus der Erde und kippen es auf riesige Laster. So schwer wie ein Jumbojet sind sie, wenn sie zu einer der Trennanlagen davonrumpeln.

Mit heißem Wasser und Natronlauge wird der Ölsand erhitzt, bis sich an der Oberfläche schaumförmiger Bitumen abschöpfen lässt. So massiv ist der Chemieeinsatz, dass über der Stadt bisweilen ein beißender Geruch von Katzenurin schwebt. Das sei nun mal der „Geruch des Geldes", wiegeln die Ölkonzerne ab.

Der Bitumengehalt der schwarzen Erde beträgt bis zu 18 Prozent, aus zwei Tonnen Sand wird durchschnittlich ein Barrel Öl gewonnen. Eine Million Barrel werden inzwischen täglich produziert, in den nächsten zehn Jahren soll die Ausbeute verdreifacht werden.

Die größten Reserven liegen allerdings tief in der Erde, durch einfachen Tagebau lassen sie sich nicht mehr erschließen. In solchen Fördergebieten wird heißer Dampf in die Ölsandschichten gepresst, der das Bitumen so fließfähig macht, dass es abgepumpt werden kann. Nach neuesten Überlegungen könnten bald riesige Heizkörper in den Boden versenkt werden, um das Bitumen aufzuwärmen.

Aber schon die heutigen ökologischen Nebenwirkungen dieser neuen Alchemie sind umstritten. Für jedes geförderte Barrel Öl werden bis zu fünf Barrel Wasser verbraucht, in riesigen Seen schwappt die giftige Brühe. Ständig knallen Kanonen, mit denen die Schwärme der Zugvögel von dem toxischen Gemisch ferngehalten werden müssen.

Vor allem schafft die kanadische Regierung die Klimaziele des von ihr unterzeichneten Kyoto-Abkommens nicht mehr. Nach Expertenberechnungen werden die Emissionen in den Ölsand gebieten weiter steigen – 2015 soll die Region von Fort McMurray so viel Kohlendioxid ausstoßen wie ganz Dänemark. Charles Ruigrok, Chef der „Syncrude", die zu den Veteranen der Ölsandförderung gehört, wiegelt ab, so schlimm werde es nicht kommen: „Ich glaube, neue Technologien werden die Probleme meistern."

Selbst wenn nicht: Dass Kanada die Ölförderung aus ökologischen Gründen begrenzt, ist unwahrscheinlich. Der Boom im

Norden hat die ganze Provinz Alberta erfasst, das frühere Sorgenkind Kanadas erlebt einen stürmischen Aufschwung. In der Provinzhauptstadt Edmonton gehören weiße Trüffel und Mercedes-Cabriolets zu den Verkaufsschlagern, Alberta ist schuldenfrei und verzichtet auf eine eigene Mehrwertsteuer.

Damit auch jeder den neuen Reichtum bemerkt, hat der Premier Albertas, Ralph Klein, gerade die Staatskasse öffnen lassen: Jeder Steuerzahler erhielt 400 Dollar „Wohlstandsbonus“.

Schneewittchens heißes Herz

In Norwegen entsteht eine riesige Anlage zur Verflüssigung von Erdgas. Solche Projekte könnten auch die deutsche Abhängigkeit von russischen Reserven verringern.

Von Alexander Jung

Es ist düster hier im Winter, immerzu düster. Dann spüren die Arbeiter auf der Insel Melkøya vor der norwegischen Hafenstadt Hammerfest wochenlang nicht, wie sich Sonne anfühlt. Nur etwa zwei Stunden am Tag schimmert am Horizont die Dämmerung. Und das ist längst nicht die einzige Widrigkeit auf dieser gewaltigen Baustelle, 600 Kilometer jenseits des Polarkreises.

In der Kälte bleibt der Boden permanent gefroren, der Wind schneidet den Arbeitern ins Gesicht. Jedes Werkzeug, das sie ablegen, verschwindet binnen Minuten im Neuschnee. Für die derzeit 2500 Männer und Frauen ist es ein Härtetest. Manche schwören auf fettsäurereiche Fischölkapseln, um das ewige Dunkel zu verkraften, andere verbringen ihre Freizeit unter der Sonnenbank. Ausgerechnet in dieser unwirtlichen Gegend liegt die Zukunft der europäischen Energieversorgung.

Ein Viertel der weltweiten Öl- und Gasressourcen, so wird geschätzt, sind in der Arktis verborgen. Ein Teil davon liegt unter dem Meeresboden der Barentssee. Dort will der norwegische Energiekonzern Statoil 2007 mit der Förderung von Erdgas beginnen.

Den Rohstoff aus der Eiswüste per Pipeline nach Zentraleuropa zu transportieren wäre zu teuer; dafür liegt die Barentssee zu weit ab, Leitungen über mehr als 3000 Kilometer Länge rechnen sich nicht mehr. Deshalb entsteht auf dem Eiland vor Hammerfest Europas erste Großanlage zur Verflüssigung von Erdgas. Von dort kann es dann per Schiff in alle Welt geliefert werden.

Die Verflüssigung zu sogenanntem LNG (Liquified Natural Gas), einer klaren, farblosen, ungiftigen Flüssigkeit, gewinnt im Energiegeschäft schnell an Bedeutung. LNG macht bereits ein Viertel des globalen Erdgashandels aus, vor allem der Golfstaat

Katar, wo sich die weltweit drittgrößten Vorkommen befinden, investiert massiv in die Verflüssigung, auch Algerien, Indonesien und Malaysia sind gut im Geschäft. Bis 2025 soll der gesamte Markt jährlich um etwa acht Prozent wachsen, weitaus schneller also als das Geschäft mit Pipeline-Gas.

Bislang ist der Trend an Deutschland vorbeigegangen. Doch seit dem russisch-ukrainischen Gas-Krach Anfang 2006 wächst die Angst, dass man sich zu sehr von sibirischen Reserven abhängig gemacht hat. Und da könnte LNG zu einer wichtigen alternativen Bezugsquelle werden.

Der Energiekonzern E.on will nun, rund 30 Jahre nach Planungsbeginn, den ersten Entladeterminal in Wilhelmshaven bauen. 500 Millionen Euro soll die Anlage kosten und 2010 betriebsbereit sein. Technisch ist es kein allzu anspruchsvolles Vorhaben, aber die Sicherheitsvorkehrungen gehen ins Geld: Einer solchen Anlage darf ein Jumbo-Jet-Absturz nichts anhaben.

Noch mehr als in Deutschland kostet das Projekt in Norwegen. Die Planer rechnen mir etwa sieben Milliarden Euro. „Das hier ist die anspruchsvollste Aufgabe, die Leute in meiner Branche heute machen können", sagt der zuständige Statoil-Manager Odd Mosbergvik.

„Snøhvit", zu Deutsch „Schneewittchen", heißt das Feld, das die Norweger in der Barentssee erschließen. Wenn es „onstream" geht, kommt das Gas rund 90 Grad heiß und mit etwa 250 Bar Druck aus der Tiefe des Meeresbodens geschossen. Dann soll es, ohne je an die Oberfläche zu gelangen, direkt von den Unterwasserquellen durch eine 67 Zentimeter dicke Pipeline 140 Kilometer weit bis nach Melkøya transportiert werden.

Vor kurzem noch war Melkøya eine karge Insel, auf der außer Gestein und Gras nicht viel anderes existierte. Dann begannen die Bauarbeiten: Das Eiland wurde nach den Bedürfnissen der Ingenieure regelrecht neu erschaffen. Sie ließen einen Tunnel zum Festland graben, die Mengen an Gestein, die auf der Insel weggesprengt und forttransportiert wurden, waren so groß, dass man damit die Cheops-Pyramide locker hätte füllen können.

Wenn das Gas auf Melkøya ankommt, hat es das eiskalte Meerwasser zuvor auf 40 Grad heruntergekühlt, den Rest erledigt ein gewaltiger Kühlschrank, die „Cold Box", die auf der Insel 62 Meter in den Himmel ragt. Der Wiesbadener Mischkonzern Linde hat die komplexe Anlage in Antwerpen und Cádiz zusammengebaut, eine Fertigung in Hammerfest ließ das Extremklima nicht zu. Die Teile wurden per Schiff in den Norden verfrachtet, es sah aus, als würde eine Kathedrale auf dem Meer bewegt.

In Inneren der Anlage geschieht demnächst das Entscheidende: Das Gas wird auf minus 163 Grad Celsius abgekühlt, es schrumpft auf ein Sechshundertstel seines ursprünglichen Volumens und verflüssigt sich. Vorher wird das Gas gefiltert, denn jede kleinste Verunreinigung könnte beim Gefrieren die Anlage verstopfen.

Die Kühlung verschlingt Unmengen an Energie. Sie wird im inseleigenen Kraftwerk erzeugt, natürlich von Gas betrieben. Es könnte eine Stadt mit 40000 Einwohnern versorgen.

Solche LNG-Projekte werden im Konzerngeschäft künftig eine bedeutende Rolle spielen, erwartet Linde-Chef Wolfgang Reitzle: „Wir profitieren von einem globalen Zukunftstrend, der uns in den nächsten 15 bis 20 Jahren Aufträge bescheren wird", sagt der Manager. Er denkt an Länder wie Katar und Iran, aber auch an Russland, das in der Barentssee selbst riesige Gasvorkommen besitzt.

Melkøya ist die Referenzanlage von Linde, auch wenn es schwerfällt, ihre Herkunft zu identifizieren. Nirgends auf der Insel ist das Unternehmenslogo zu sehen. Selbst Helme mit dem Schriftzug sind hier unerwünscht. Da sind die Norweger eigen.

Am Rande der Insel fallen einige Steinhaufen auf, es sind deutsche Schützenstellungen aus dem Zweiten Weltkrieg. Die Deutschen hatten damals Hammerfest besetzt. Als sie die Stadt aufgaben, hinterließen sie verbrannte Erde: Fast kein Haus blieb stehen.

Die Kriegsopfer bauten Hammerfest wieder auf, sie lebten überwiegend von Fisch und von den Touristen, die einmal die nördlichste Stadt der Welt sehen wollten. Inzwischen aber dreht sich alles in dem Ort nur noch um das Megaprojekt: Die Anlagenbauer und Gasförderer haben Container und Hotelschiffe eingerichtet, um die Bauarbeiter zu beherbergen. Besserverdienende Mitarbeiter mieten sich Wohnungen und zahlen dafür Rekordpreise: Ein 55-Quadratmeter-Apartment kostet heute 1500 Euro, vor ein paar Jahren war es für weniger als ein Drittel der Summe zu haben.

Wenn die Gasförderung startet, werden die Bauarbeiter die Stadt wieder verlassen. Dann wird die Insel alle fünf, sechs Tage von den Spezialfrachtern angelaufen, die mit LNG betankt werden und dann Terminals in den USA und in Spanien beliefern.

Zehn Tage brauchen die Schiffe bis Maryland, sechs Tage dauert die Passage nach Bilbao. Dort wird das LNG wieder in seinen Urzustand versetzt und ins Gasnetz eingespeist. Mit großen Energieversorgern in den USA und Spanien wurden bereits langfristige Lieferverträge abgeschlossen.

Früher ließen sich vor allem Länder wie Südkorea oder Japan mit verflüssigtem Gas versorgen, notgedrungen: Ihre abgelegene Lage machte den Import über Pipelines unmöglich. In Japan allein befinden sich 24 LNG-Terminals.

Heute setzen alle großen Energieverbraucher, allen voran die Vereinigten Staaten, auf die schiffbare Energiealternative, zumal die eigenen Reserven schwinden. Bislang werden in den USA sieben Terminals betrieben, vier weitere sind im Bau und insgesamt 59 in Planung. In Europa gibt es derzeit 13 Terminals, 7 werden gerade gebaut und 19 weitere sind geplant.

Der Aufschwung des Flüssiggases könnte den Markt und die Preise für den Rohstoff noch mächtig durcheinander bringen. Bislang wird Gas mittels langfristiger Lieferverträge verkauft, in Deutschland sind die Preise gekoppelt an die Ölpreise, sie folgen ihnen mit halbjähriger Verzögerung. Mit der Flexibilität, die LNG bietet, könnten sich wie beim Rohöl allmählich Spotmärkte durchsetzen, dann richteten sich die Preise nach Angebot und Nachfrage.

Noch macht der Aufwand die Energie aus Nordnorwegen mindestens ein Drittel teurer als Pipeline-Gas. Rund 3,50 Euro kostet die Produktion von einer Million BTU (British Thermal Units) Gas in der internen Kalkulation. Davon entfallen ein Euro auf die Verflüssigung und 35 Cent auf die Wiederverdampfung. Doch das höhere Preisniveau hat seine abschreckende Wirkung spätestens verloren, seit der zwischenzeitliche Stopp der Lieferungen an die Ukraine an der Versorgungssicherheit der Russen zweifeln lässt.

Die Zeit, das wissen die Norweger, läuft für sie und ihre Energiequelle. Funktioniert alles nach Plan, könnte sich die Milliardeninvestition vor Hammerfest schon nach zwei Jahren amortisiert haben. Danach bleibt die Produktion noch voraussichtlich 30 Jahre in Betrieb.

„Jede Energie birgt ein Risiko“

Windkraft-Unternehmer Fritz Vahrenholt über längere Laufzeiten für Kernkraftwerke, die Endlichkeit von Öl und Gas sowie deren Ersatz durch Kohle, Wind und Sonne

Das Gespräch führten Stephan Burgdorff und Gerald Traufetter

SPIEGEL: Herr Vahrenholt, als ehemaliger Umweltsenator, Vorstand des Ölmultis Shell und nun Geschäftsführer des Windkraftanlagenbauers REpower kennen Sie die weit auseinanderklaffenden Standpunkte in der Energiedebatte. Wie sieht ein vernünftiges, ideologiefreies Energiekonzept aus?
VAHRENHOLT: Wir müssen heute die Weichen stellen für das, was in 30 Jahren passiert. Und das bedeutet: Wir müssen, erstens, eine Politik weg vom Öl betreiben. Wir dürfen, zweitens, nicht eine neue Abhängigkeit vom Gas bekommen, indem wir den Unfug betreiben, Gas in der Grundlast zur Stromversorgung zu benutzen. Und wir müssen, drittens, weniger CO_2 ausstoßen. Daraus wiederum folgt: Wir brauchen einen technologischen Aufbruch in der Kohleforschung, wir müssen bis 2030 die Kernenergie in Deutschland weiter betreiben, den Einsatz erneuerbarer Energien vorantreiben und auf Energieeffizienz setzen.
SPIEGEL: Der Reihe nach: Kohle ist, wie man weiß, überall auf der Welt reichlich vorhanden, also nicht nur in bestimmten Regionen. Aber für wie realistisch schätzen Sie es ein, dass man bei der Verbrennung die Emission des Klimakillers CO_2 gegen null bringt?
VAHRENHOLT: Technologisch ist das in den nächsten zehn Jahren gelöst. Die einzelnen Bausteine sind ja da. Die müssen wir nur zusammenfügen. Erst hieß es: „Das geht nicht, das funktioniert nicht.“ Dann habe ich 2004 die Maschinenbauhersteller, die Kesselbauer, die Chemieanlagenbauer gefragt. Die sagten mir: „Ja, das geht. Das kriegen wir hin. Wenn wir jetzt ein richtiges Programm starten, sind wir 2015 soweit.“ Die ersten Pilotanlagen kommen nun.
SPIEGEL: Ist die Verringerung der Emissionen nicht auch eine Frage des Preises?

VAHRENHOLT: Die Mehrkosten für die CO_2-Abtrennung liegen in der Größenordnung von etwas mehr als 50 Prozent. Heute kostet Strom aus einem modernen Kohlekraftwerk etwa 5 Cent pro Kilowattstunde. Das heißt, wir müssen dann mit etwa 8 bis 9 Cent rechnen. Das ist zwar ein erheblicher Kostenfaktor, aber ich kann mir gut vorstellen, dass sich der Gaspreis in zehn Jahren verdoppelt.
SPIEGEL: Halten Sie es auch für wahrscheinlich, dass demnächst aus Kohle Benzin gewonnen wird?
VAHRENHOLT: Wir haben das ja schon mal gehabt, sowohl in Südafrika, in der DDR als auch in den vierziger Jahren aufgrund der Autarkiebestrebung. Man kann auch aus Kohle Wasserstoff machen, indem man das CO_2 abtrennt. Schon in den siebziger Jahren war erkennbar, dass man Kohle in vielerlei Hinsicht technisch nutzen kann, aber den CO_2-Faktor hat man damals nicht bedacht. Da sind wir jetzt weiter. Insofern erlebt Kohle ganz klar eine Renaissance.
SPIEGEL: Von der Serienreife ist die emissionsfreie Verwendung der Kohle doch noch weit entfernt. Kann die Kohle wirklich die Energieprobleme der Zukunft lösen?
VAHRENHOLT: Das Problem, das wir haben, ist ein anderes. Der Energiebedarf explodiert ja im Augenblick. Der gesamte Ersatzbedarf – auch der Kernkraftwerke im Übrigen –, der durch Kohle und Gas erzeugt wird, basiert auf alter Technologie. Das ist einer der Gründe, warum ich sage: Vorsicht bei dem jetzt vorschnellen Ausstieg aus der Kernenergie. Denn was kriegen wir dafür? Wir bekommen entweder Gaskraftwerke, die uns in eine neue Abhängigkeit von Putin oder anderen zwängen. Oder Kohlekraftwer-

Fritz Vahrenholt ist einer der profiliertesten Experten in Fragen der Umwelt und der Energie, kaum jemand hat diese Themen in seiner Karriere von so vielen Seiten betrachtet: Nach dem Chemiestudium in Münster arbeitete er im Umweltbundesamt in Berlin. 1978 hat ihn der Bestseller „Seveso ist überall" bekannt gemacht. Von 1991 bis 1997 war er für die SPD Umweltsenator in Hamburg. Danach wechselte er in den Vorstand der Deutschen Shell und trieb dort das Geschäft mit erneuerbaren Energien voran. Seit fünf Jahren ist Vahrenholt Vorstandschef des Hamburger Windanlagenbauers Repower.

ke, die 40 Jahre rumstehen mit alter Technologie. Und dann haben wir 2015 serienreife CO_2-freie Kohlekraftwerke und brauchen sie nicht mehr.
SPIEGEL: Wie viel Luft könnte uns eine längere Laufzeit der Kernkraftwerke bringen und wie soll die realisiert werden?
VAHRENHOLT: Das könnte uns am Ende, wenn wir dem Beispiel der USA, Schwedens oder der Niederlande folgen, 10 bis 20 Jahre Luft bringen. In Deutschland sogar noch 8 Jahre mehr, denn wir haben ja die Laufzeiten von 40 Jahren auf 32 Jahre verkürzt. Das heißt, wenn wir diese Verkürzung nicht hätten, hätten wir ja bis 2020 kaum einen Ersatzbedarf. Und wenn man sich dann noch fragt: Kann man das eine oder andere Kernkraftwerk auch noch verlängern auf 50 oder 60 Jahre, gewinnt man zusätzliche Zeit. Nur eins muss auch dabei klar sein: Die Kernenergie ist keine dauerhafte, nachhaltige Lösung. Denn auch das Uran ist endlich, es ist nicht mehr als eine Brücke, die uns ein bisschen helfen kann, die harte Landung, die uns bevorsteht, ein wenig abzufedern.
SPIEGEL: Aber das Gefahrenpotential der Kernenergie ist geblieben, und die Frage der Endlagerung ist nicht geklärt.
VAHRENHOLT: Ja gut, das ist eine politische Frage, die man seit zehn Jahren vor sich herschiebt. Alle drehen sich da im Kreise. Aber abgesehen davon: Ob die Kernkraftwerke länger laufen oder nicht, hat mit der Notwendigkeit, das Endlagerungsproblem zu lösen, nichts zu tun.
SPIEGEL: Trotzdem wird es schwer sein, die Mehrheit der Bevölkerung von der Kernkraft zu überzeugen.
VAHRENHOLT: Es gibt keine Energieform, die nicht irgendein Risiko birgt. Bei der Windenergie haben wir die ästhetische Beeinträchtigung der Landschaft. Wir haben bei der Solarenergie den Nachteil, dass sie zehnmal teurer ist. Bei Kohlekraftwerken haben wir das CO_2-Problem. Wir müssen also die verschiedenen Risiken gegeneinander abwägen. Wenn die Atomkraftwerke tatsächlich so gefährlich sind, dann müssen wir sie gleich abschalten.
SPIEGEL: Sie halten die Kernenergie für weniger gefährlich als den Klimawandel durch CO_2-Emissionen?
VAHRENHOLT: Wenn man das so platt sagen will, würde ich noch weitergehen: für weniger gefährlich als den Klimawandel und die

wachsende Abhängigkeit von grimmigen Diktatoren. Ich würde ungern in Deutschland eine Energiepolitik machen wollen, die sich von dem iranischen Präsidenten Ahmadinedschad und anderen Potentaten abhängig macht. Und wir sind ja schon fast dabei. Wenn Sie sich angucken, wie China im Sicherheitsrat argumentiert, dann ist das ganz klar vor dem Hintergrund zu sehen, dass es sich in Iran mit 100 Milliarden eingekauft hat, um an dessen Öl und Gas zu kommen.

SPIEGEL: Das Wuppertal Institut für Klima, Umwelt, Energie schließt sich Ihren Ansichten über Kernenergie nicht an. Die Wissenschaftler befürchten, durch längere Laufzeiten würde nur verhindert, dass in erneuerbare Energien investiert werde.

VAHRENHOLT: Das ist immer noch die alte, aus meiner Sicht falsche Position: Man muss nur den Druck im Kessel aufbauen, und dann wird sich das schon irgendwie lösen. Was passieren wird, ist doch Folgendes: Wir haben keinen nationalen Strommarkt, sondern wir werden einfach Kernenergie aus Tschechien, aus Gott weiß woher, aus Litauen oder aus Frankreich importieren. Zu glauben, dass das vorzeitige Abschalten der Kernkraftwerke automatisch in ein Rieseninvestitionsprogramm zur Einsparung oder zur erneuerbaren Energie führt, halte ich für einen Irrtum.

SPIEGEL: Gegenüber der Kernkraft haben die erneuerbaren Energien den Nachteil, dass sie teurer sind. Was glauben Sie, wann sich das ändern wird?

VAHRENHOLT: Die regenerativen Energien haben zunächst mal den Nachteil, dass ihre breite Markteinführung nach 15 Jahren Entwicklungszeit erst jetzt beginnt. Auch die Kernenergie war am Anfang sehr teuer. Der zweite Nachteil bei Wind- und Sonnenenergie ist, dass sie nicht dauerhaft zur Verfügung steht. Das darf man nicht verschweigen. Man kann heute zwar schon sehr präzise Prognosen machen, wie sich innerhalb von drei Stunden der Wind verändert. Und wenn man dann auf das Meer ausweicht, wird man schon sehr schöne Mittellast-Kraftwerksprofile bekommen mit 4000 Stunden Verfügbarkeit pro Jahr.

SPIEGEL: Also alles kein Problem?

VAHRENHOLT: Wenn wir mit der Sonnenenergie dort hingehen, wo die Sonne ist, und mit Windenergie dort hingehen, wo der

Wind ist, werden wir sehr schnell wettbewerbsfähig sein. Das zeigt sich heute schon in Kanada, in Norwegen. Da können Sie für vier bis fünf Cent pro Kilowattstunde Strom machen. Und wenn man das noch mit Wasserkraft koppelt, dann hat man auch das Speicherproblem nicht, sondern dann ergänzt sich das wunderbar.

SPIEGEL: Können Sie das bitte etwas genauer erklären?

VAHRENHOLT: Das Beispiel liefert Norwegen. Wenn der Wind weht, läuft die Stromversorgung mit Wind, und wenn der Wind nicht da ist, läuft das Wasser aus der Talsperre. In dieser Kombination ist das natürlich hochintelligent.

SPIEGEL: Wie hoch könnte der Anteil der Windenergie in Deutschland sein?

VAHRENHOLT: Man darf nicht glauben, mit der Windenergie könnte man ganz Deutschland versorgen. Das ist ein schwerer Fehler. Ich behaupte, sie reicht für 20 Prozent unseres Bedarfs, mehr ist nicht drin.

SPIEGEL: Wie sollen die 20 Prozent erreicht werden?

VAHRENHOLT: Vor allem mit größeren Anlagen. Unsere größte Anlage ersetzt zum Beispiel 50 kleine. Das hat auch was mit der Raumbeanspruchung bis hin zum ästhetischen Anspruch zu tun, und es ist natürlich auch effizienter. Dazu kommt die Offshore-Technik. Wenn Windenergie einen Anteil von 20 Prozent erreicht hat, wird etwas weniger als die Hälfte von Offshore-Anlagen kommen, der Rest kommt vom Land, dann allerdings mit eher einem Zehntel der Anlagen.

SPIEGEL: Der jetzigen Anlagen?

VAHRENHOLT: Ja, denn wir haben ja heute Anlagen aus den neunziger Jahren, kleine, schnell drehende 150-KW-Anlagen, die leider noch nicht abgeschrieben und nicht netzstabil sind. Heute bauen wir Windkraftanlagen, die wie ein Kraftwerk funktionieren.

SPIEGEL: Funktionieren diese Kraftwerke auch bei Windstille?

VAHRENHOLT: Die Windenergie braucht immer auch ein Backup. Für den Fall, dass kein Wind da ist, muss jemand einspringen. Damit muss man rechnen. Jetzt nutzen wir die Gaskraftwerke, die ohnehin vorhanden sind. Aber wenn wir bei 20 Prozent sind, werden wir auch hier entsprechende Backup-Faszilitäten einrichten müssen. Das muss in die Kalkulation mit einbezogen werden.

SPIEGEL: Was macht das aus?
VAHRENHOLT: Das kostet dann vielleicht 0,5 Cent zusätzlich. Aber das Schöne bei all den Energieträgern, die nicht rohstoffabhängig sind, ist ja: Man kann schon heute den Preis des Windstroms bestimmen, den man in 20 Jahren zahlt. Und das ist das, was selbst amerikanische Stromkonzerne so lieben. Deswegen kaufen die auch im Moment Windenergie bis zum Abwinken. Fast jede Woche kommt hier einer rein und sagt: ‚Kann ich noch mal 100 Anlagen haben', und wir können dem Bedarf gar nicht nachkommen.
SPIEGEL: Welche Rolle könnte in Ihrem Energiekonzept die Sonne spielen? Es heißt ja, wenn man auf Deutschlands Dächern alle Schindeln durch Solarzellen ersetzen würde, dann könnten 30 Prozent unseres Stromverbrauchs gedeckt werden.
VAHRENHOLT: Ja, aber nicht alle Dächer nützen was. Sie müssen zumindest auf der Südseite sein. Die Nordseite bringt ja nichts. Also kommen Sie vielleicht auf die elektrische Arbeit von ein oder zwei Großkraftwerken, die Sie damit ersetzen können. Ich muss ganz offen sagen, wir werden vor 2025 in Deutschland nicht in der Lage sein, wettbewerbsfähig Solarstrom zu erzeugen, selbst in Freiburg nicht.
SPIEGEL: Es gibt Experten, die sagen, wir werden nie zu einer effizienten Nutzung kommen.
VAHRENHOLT: Ja, dass das schwer wird, sehen Sie natürlich schon am Wirkungsgrad. Sie brauchen bei der Windenergie drei Monate, dann haben Sie den eingesetzten Energiegehalt wieder zurück. Bei der Sonnenenergie sind es immer noch drei Jahre, jedenfalls in Deutschland. Aber so defätistisch wäre ich nicht, weil es uns auch dort möglich sein wird, mit Dünnschichtlösungen – es kann Silizium sein – oder mit neuen Photovoltaikmaterialien zu arbeiten. Und Sie dürfen nicht vergessen, in den Regionen, in denen kein Netz liegt, ist Sonnenenergie wirklich eine gute Lösung. Daher würde ich mir eher wünschen, anstatt 100 000 Dächer in Deutschland lieber eine Million Dächer in der Welt mit Solarzellen zu bestücken.
SPIEGEL: Wie sehen Sie die Zukunft von lokalen Biogasanlagen oder kleinen Biochemiekraftwerken, die eine Siedlung oder was auch immer mit Strom und mit Wärme versorgen?

VAHRENHOLT: Zunächst mal, diese kleinen Kraftwerke, Biomassekraftwerke oder Güllekraftwerke, sind sinnvoll. Ich frage mich nur immer, wie das großflächig funktionieren soll. Das kann ein kleines Dorf in der Eifel oder in Baden-Württemberg machen, aber das verändert die Industriegesellschaft nicht. Wir müssen doch auch die Frage beantworten, wer beliefert VW mit Strom, wer beliefert ThyssenKrupp mit Strom, und wer beliefert die Deutsche Bahn mit Strom?

SPIEGEL: Die Stockholmer Politiker wollen sich von den Energiekonzernen unabhängig machen, und bald sollen Strom und Wärme aus eigenen Kraftwerken kommen.

VAHRENHOLT: Es macht keinen Sinn, ein kleines Müllverbrennungsheizkraftwerk mit nur 10000 Tonnen Brennstoff zu betreiben. Dazu ist einfach die Umwelttechnik, die darin steckt, viel zu teuer. Das rechnet sich bei einer so kleinen Einheit nicht.

SPIEGEL: Und woran liegt es, dass sich auch bei Geothermie und Wasserstofftechnologie in Deutschland so wenig bewegt?

VAHRENHOLT: Geothermie halte ich für eine sehr spannende Veranstaltung, aber sie ist sehr kapitalintensiv. Wir haben uns selbst als kleines Unternehmen mal mit der Geothermie beschäftigt und festgestellt, jede Bohrung kostet vier Millionen Euro. Und davon brauchen wir mindestens zwei, einmal rein und einmal raus. Und wenn wir da einmal schiefliegen, haben wir vier Millionen in den Sand gesetzt.

SPIEGEL: Wie teuer kommt denn heute eine Kilowattstunde aus Geothermie?

VAHRENHOLT: So etwa 15 bis 20 Cent, aber das ist schon deutlich weniger, als Solarstrom kostet. Insofern glaube ich, dass die Geothermie eine große Zukunft hat. Es kommt allein darauf an, ob die Bohrtechnik demnächst verbessert wird. Dann können wir uns in der Größenordnung von 10 Cent pro Kilowattstunde bewegen.

SPIEGEL: Der Sachbuchautor Jeremy Rifkin sieht bereits das Wasserstoff-Zeitalter anbrechen. Teilen Sie diese Auffassung?

VAHRENHOLT: Wasserstoff als Speichertechnologie ist so weit von der Wirtschaftlichkeit entfernt, dass man sich damit wirklich nicht weiter beschäftigen sollte. Beim Herstellen und Speichern verliert man erst mal ein Drittel der Energie. Und wenn man daraus Strom macht, verliert man noch mal ein Drittel.

SPIEGEL: Wie hoch wird in etwa 20 Jahren der Anteil aller regenerativen Energien am Gesamtverbrauch sein?

VAHRENHOLT: Ein Drittel kann ich mir gut vorstellen.

SPIEGEL: Und der Rest?

VAHRENHOLT: 40 Prozent werden mit Sicherheit aus der Kohle kommen, und sie wird dann über 2020 hinaus aus meiner Sicht eine noch größere Bedeutung gewinnen. Und dann ist die spannende Frage doch: Soll der Rest aus der Kernenergie oder aus dem Gas kommen. Diese Frage ist eine politische Frage, die wir zu entscheiden haben. Ich bin dagegen, Gas in Grundlaststrom zu verwandeln. Gas müssen wir in die Wärme bringen, um unsere Wohnungen damit zu heizen.

SPIEGEL: Glauben Sie, dass die Weichen da momentan richtig gestellt sind?

VAHRENHOLT: Was wir im Augenblick haben, ist eine Politik nach dem Motto „Gas für alles". Aber jeder muss doch erschüttert sein, wenn ein Gasversorger wie Gasprom sagt: „Wir beliefern euch nur, wenn wir uns an euren Kraftwerken oder sogar an euren Energieversorgungsunternehmen beteiligen dürfen." Ich fürchte, die Gasproduzenten werden das in Zukunft auch durchsetzen können.

SPIEGEL: Dann wird es in den nächsten 20 Jahren viele Probleme und Konflikte geben?

VAHRENHOLT: Ja, das sehe ich absolut so. Wir kommen wirklich auf sehr ungemütliches Gelände. Und zwar in allen drei Bereichen: Wärme, Verkehr und Strom.

SPIEGEL: Herr Vahrenholt, wir danken Ihnen für dieses Gespräch.

Der Reichtum der Erde

Die technische und industrielle Revolution der Neuzeit ist ohne Rohstoffe wie etwa Erdöl oder Eisenerz nicht denkbar. Nur durch den massiven Einsatz fossiler, metallischer und nichtmetallischer Rohstoffe konnte es den Menschen gelingen, stetig mehr Energie sowie mehr und bessere Produkte zu erzeugen. Der Verbrauch an Rohstoffen wird auch in den nächsten Jahren weiter steigen. Dabei sind die meisten natürlichen Ressourcen sehr ungleich auf der Welt verteilt – und endlich. Als Folge der Knappheit sind in den vergangenen Jahren die Preise fast aller Rohstoffe deutlich gestiegen. Ein Ende der Preisspirale ist nicht abzusehen.

FOSSILE ROHSTOFFE

Erdöl und Erdgas

ERDÖL ist ein in der Erdkruste lagerndes flüssiges Gemisch, das hauptsächlich aus Kohlenwasserstoffen besteht. Mit Erdöl tritt häufig auch Erdgas auf. Die Zusammensetzung von Erdgas kann sich je nach geografischer Lage deutlich unterscheiden, Hauptbestandteil ist jedoch immer Methan.

Erdgas und Erdöl entstehen beide auf ähnliche Weise: Vor Millionen Jahren lagerten sich auf dem Grund flacher Meeresgebiete große Mengen abgestorbener Kleinstlebewesen ab. Diese Ansammlungen wurden dann von weiteren Sedimenten überdeckt. Unter Luftabschluss, großem Druck und hohen Temperaturen wurde das organische Material im Laufe der Zeit zu flüssigen und gasförmigen Kohlewasserstoffen umgewandelt.

Gefunden wurde Erdöl schon vor Tausenden von Jahren. Die eigentliche Ausbeutung von Erdöllagerstätten beginnt im 19. Jahrhundert, weil durch abnehmende Walbestände Walöl als Brennstoff für Lampen zu teuer wurde.

Nach Einführung des elektrischen Lichts war Erdöl zunächst nicht mehr besonders attraktiv, erst die Entwicklung des Automobils brachte den endgültigen Durchbruch.

Heute ist Erdöl der wichtigste Rohstoff der modernen Industriegesellschaften, von großer Bedeutung für die Stromerzeugung und Treibstoff für fast alle motorisierten Transportmittel.

Vorkommen
Die größten Erdöl- und Erdgasreserven finden sich im Gebiet des Persischen Golfs. Daneben gibt es bedeutende Lagerstätten in Nord- und Mittelamerika, in Russland, Libyen und Nigeria.

Verwendung
Energiegewinnung
Treibstoffe
Kunststoffindustrie

Preis
Rohöl (Marke Brent):
72,77 Dollar pro Barrel
(1 Barrel sind 159 Liter)
(6. Juli 2006)
Import-Erdgas:
20,04 Euro pro Megawattstunde
(Juli 2006)

Ölreserven

2004, in Milliarden Barrel

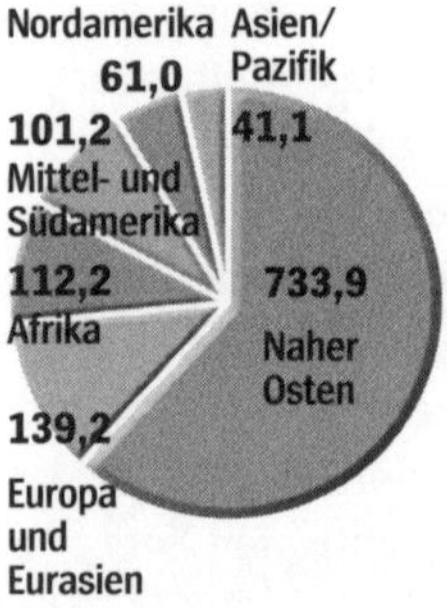

Gasreserven

in Billionen Kubikmeter

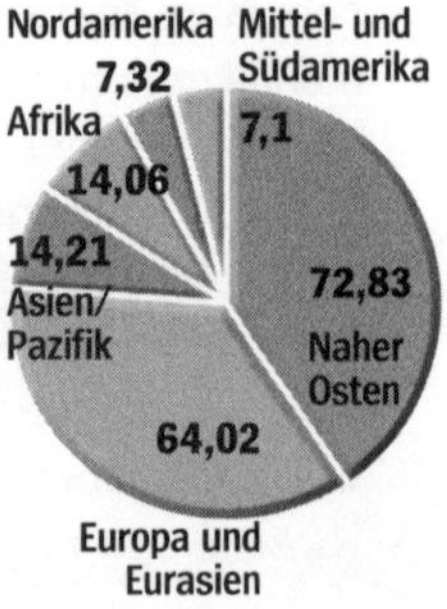

FOSSILE ROHSTOFFE

Kohle

KOHLE besteht zum größten Teil aus dem Element Kohlenstoff. Vor allem im Erdzeitalter des Karbons vor rund 300 Millionen Jahren bildeten sich aus üppigen tropischen Wäldern und Mooren mächtige Schichten abgestorbener Pflanzen. Diese Schichten wurden durch weitere Sedimente überlagert und zusammengepresst. Zuerst verwandelten sie sich zu Torf, im Laufe der Jahrtausende wurde die Masse in größerer Tiefe weiter komprimiert und entwässert, so dass zuerst Braunkohle, dann Steinkohle und abschließend Anthrazitkohle entstehen konnte. Aufgrund der unterschiedlichen Tiefe der Vorkommen kann Braunkohle meist im Tagebau gewonnen werden, Steinkohle wird vor allem untertage gefördert wird.

Seit dem Mittelalter nutzt der Mensch Kohle zum Heizen. In England und in Belgien wurde Kohle bereits im 13. Jahrhundert aus Gruben gewonnen. In Deutschland begann der Kohlebergbau etwa hundert Jahre später. Entwässerungstechniken, um in größere Tiefen vorstoßen zu können, gab es erst ab dem 15. Jahrhundert.

Große wirtschaftliche Bedeutung erlangte die Kohle mit der Einführung der Dampfmaschine und der industriellen Stahlproduktion. Kohle entwickelte sich zum wichtigsten Energieträger, wurde in der zweiten Hälfte des 20. Jahrhunderts jedoch durch das Öl verdrängt. Im Jahr 1950 wurden noch rund 62 Prozent des weltweiten Energiebedarfs mit Kohle gedeckt – 1991 waren es gerade noch 31 Prozent.

Als Folge der enormen Preissteigerungen bei Öl und Gas und einer drohenden weltweiten Energieknappheit sagen Experten der Kohle für die kommenden Jahre eine Renaissance voraus.

Vorkommen

Große Lagerstätten existieren in China, den USA, Russland, Indien und Australien. Die Vorkommen in Deutschland spielen heute nur noch eine untergeordnete Rolle.

Verwendung

Energiegewinnung (Wärme, Strom)

Preis

Import-Steinkohle:
63,03 Euro pro Tonne
(1. Quartal 2006)

Steinkohlereserven

2004, in Milliarden Tonnen

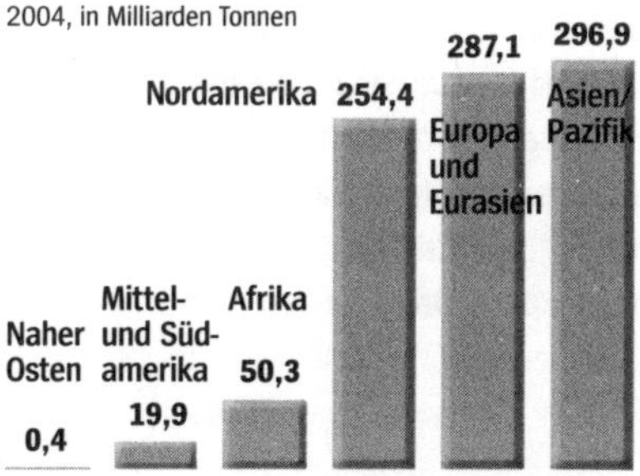

METALLISCHE ROHSTOFFE:
Edelmetalle

Metallische Rohstoffe kommen in der Natur meist als Erze vor, das heißt in Verbindungen mit anderen chemischen Elementen, etwa mit Sauerstoff (Oxide), Sauerstoff plus Wasserstoff (Hydroxide) oder Schwefel (Sulfide). Lagerstätten können entstehen, wenn Magma aus der Tiefe aufsteigt oder wenn heißes Wasser Metallverbindungen aus der Erdkruste löst und am Meeresgrund ablagert. Außerdem konzentrieren sich Erze unter hohem Druck und hoher Temperatur in der Tiefe. Daneben können sie in Flüssen und an Stränden zusammengeschwemmt werden.

Gold, Silber, Platin

GOLD ist meist in Reinform zu finden oder mit einem geringen Anteil an Silber. Gold gehört, neben Kupfer, zu den ältesten vom Menschen benutzten Metallen.

Große Lagerstätten
Indonesien: Grasberg Mine
Papua-Neuguinea: Ladolam
Südafrika: Witwatersrand
Australien: Golden Mile
Sibirien: Suchoi Log
Argentinien: Bajo de la Alumbrera

Verwendung
Schmuckindustrie
Münzherstellung
Basis wichtiger Währungen (Staatsreserven)
Zahntechnik
Beschichtungen in der Elektrotechnik

Preis
626 Dollar pro Feinunze
(1 Feinunze ist 31,1 Gramm)
(6. Juli 2006)

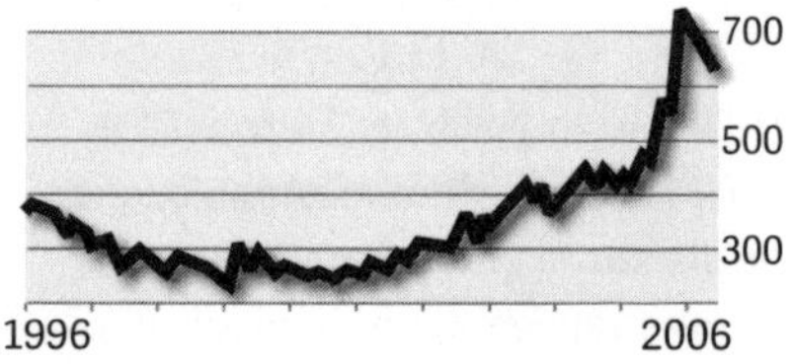

SILBER findet sich häufig in Lagerstätten gemeinsam mit anderen Metallen und ist oft mit anderen Stoffen verbunden, etwa mit Schwefel. Es wird von Menschen etwa seit dem 4. Jahrtausend v. Chr. verarbeitet. Damals war Silber bei den Ägyptern sogar wertvoller als Gold.

Große Lagerstätten
Australien: Cannington, Broken Hill
Mexiko: Fresnillo, Sombrerete, Rey de Plata
Peru: Uchucchacua

Verwendung
Schmuckindustrie, Bestecke
Fotochemikalien und Spiegel

Elektroindustrie (Kontakte, Batterien)
Münzherstellung
Medizin

Preis
12,98 Dollar pro Feinunze
(6. Juli 2006)

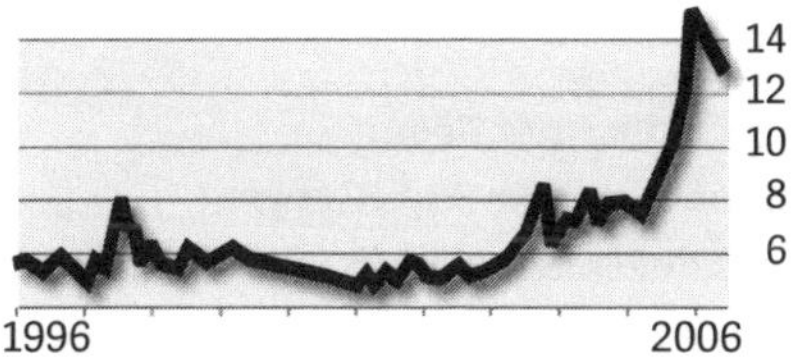

PLATIN wird oft als Sammelbegriff für die sechs Platinmetalle Platin, Ruthenium, Rhodium, Palladium, Osmium und Iridium gebraucht. Im 16. Jahrhundert wurde Platin in südamerikanischen Silberminen als unerwünschte Verunreinigung angesehen.

Große Lagerstätten
Südafrika: Merensky Reef
Kanada: Sudbury
Russland: Norilsk
USA: Stillwater

Verwendung
Fahrzeug- und Ölindustrie (Katalysatoren)
Schmuckindustrie
Medizin- und Zahntechnik
Computertechnik (LCD-Bildschirmglas)

Preis
1231 Dollar pro Feinunze
(6. Juli 2006)

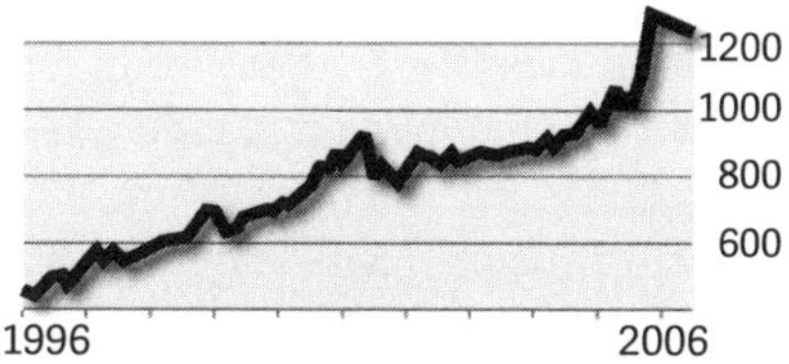

METALLISCHE ROHSTOFFE:
Eisen und Stahlmetalle

Eisen, Chrom, Nickel, Kobalt

EISEN bildet die Grundlage für die Stahlherstellung und ist einer der entscheidenden Werkstoffe des technischen Zeitalters. Bis Mitte des 20. Jahrhunderts wurde Eisenerz auch in Deutschland gefördert – heute sind die Vorräte erschöpft.

Große Lagerstätten
Brasilien: Iron Quadrangle
Australien: Pilbara Region
Südafrika: Bushveld Komplex
China: Hebei Provinz
Schweden: Kiruna und Malmberget

Verwendung
Stahlindustrie
Farbpigmente

Preis
Carajas Feinerz:
77,35 Dollar pro Tonne
(6. Juli 2006)

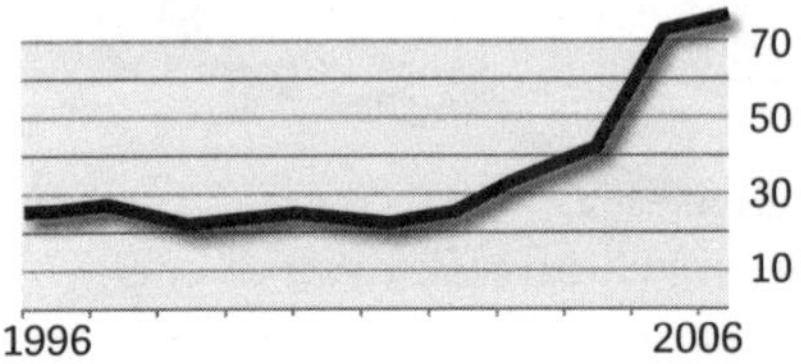

NICKEL wird wegen seiner Oxidationsbeständigkeit gern als Überzug für andere Metalle verwendet. Es findet sich schon in Münzen aus vorchristlicher Zeit.

Große Lagerstätten
Kanada: Sudbury
Russland: Norilsk
Australien: Mount Keith
Kuba: Moa Bay

Verwendung
Stahlindustrie (Edelstahlproduktion)

Preis
24 000 Dollar pro Tonne
(6. Juli 2006)

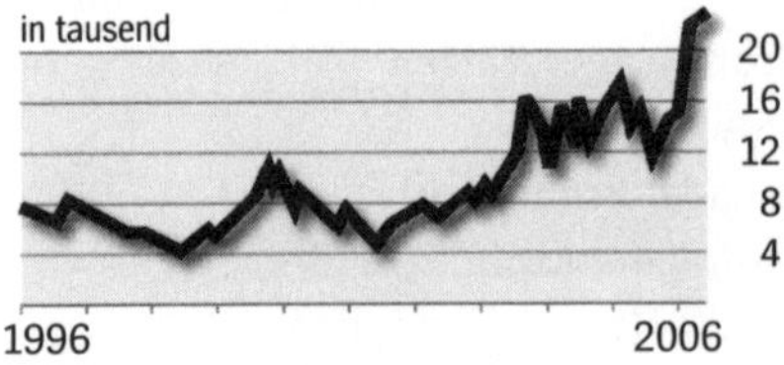

CHROM wurde erst im 18. Jahrhundert entdeckt. Anfangs haben die giftigen Chromverbindungen überwiegend als Farbpigmente Verwendung gefunden, heute wird der Rohstoff eingesetzt, um korrosions- und hitzebeständige Legierungen herzustellen.

Große Lagerstätten
Südafrika: Bushveld Komplex
Kasachstan: Donskoi Komplex
Indien: Sukinda Valley

Verwendung
Stahlindustrie (Edelstahlproduktion)
Verchromungen als Korrosionsschutz
Ledergerbung
Farbpigmente

Preis
1499 Dollar pro Tonne
(6. Juli 2006)

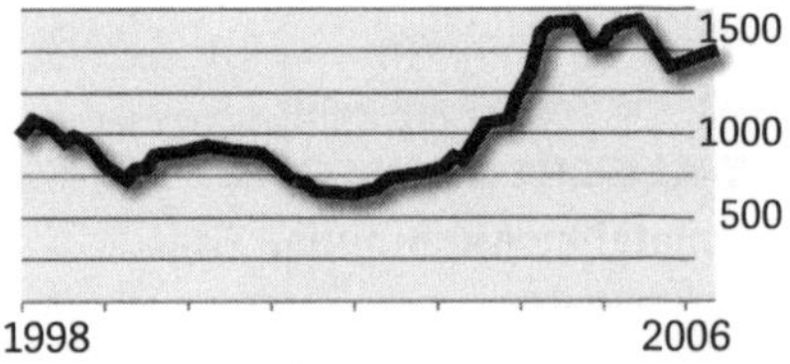

KOBALT tritt häufig gemeinsam mit Nickel auf. Sein Erz war seit Beginn des 18. Jahrhunderts Grundstoff für die Farbe Blau. Heute wird Kobalt vor allem für besonders beständige Metalllegierungen benutzt.

Große Lagerstätten
Demokratische Republik Kongo: Copper Belt
Australien: Mount Keith, Murrin Murrin
Kuba: Moa Bay
Kanada: Cobalt District

Verwendung
Stahlindustrie
Elektroindustrie (Batterien)
Flugzeugbau (Speziallegierungen für Triebwerke)
Farbenherstellung (Blau)

Preis
31 306 Dollar pro Tonne
(6. Juli 2006)

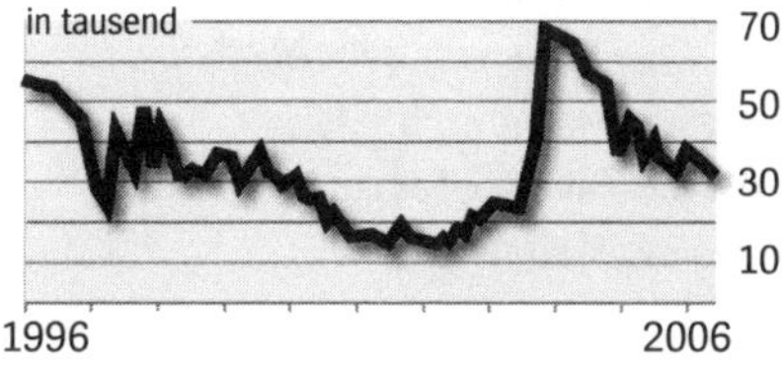

METALLISCHE ROHSTOFFE:
Buntmetalle; Aluminium, Titan, Uran

Kupfer, Blei, Zink, Zinn, Aluminium, Titan, Uran

KUPFER war wohl das erste Metall, das der Mensch benutzte, unter anderem um Waffen und Alltagsgeräte herzustellen. Es wird mit Zinn zu Bronze legiert und mit Zink zu Messing.

Große Lagerstätten
Chile: Chuquicamata, La Escondida
Polen: Legnica-Glogów-Kupferbecken
USA: Bingham, Bisbee und Ely
Indonesien: Grasberg Mine

Verwendung
Elektroindustrie (elektrische Leiter)
Legierungen (unter anderem Münzen)
Bauindustrie

Preis
7500 Dollar pro Tonne
(6. Juli 2006)

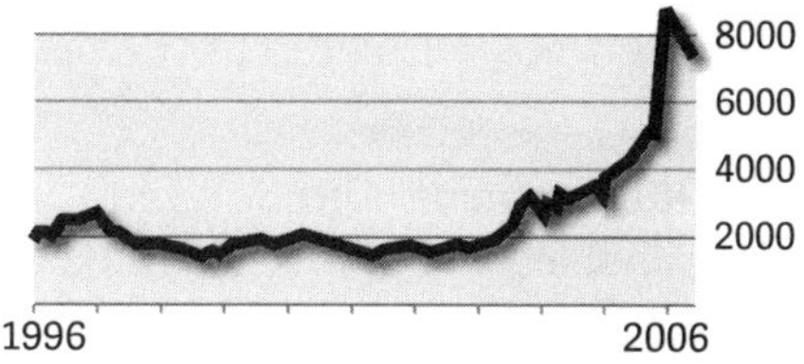

BLEI ist ein weicher, leicht formbarer und sehr giftiger Stoff. Früher, bevor die Gesundheitsgefährdung des Materials bekannt war, wurden weltweit fast alle Wasserrohre aus Blei gefertigt.

Große Lagerstätten
USA: Red Dog
Kanada: Brunswick
Australien: Mount Isa, Broken Hill
Irland: Navan, Silvermines

Verwendung
Autobatterien
Treibstoffproduktion
(Antiklopfmittel in Benzin)
Bau-, Glasindustrie
Munitionsherstellung

Preis
999 Dollar pro Tonne
(6. Juli 2006)

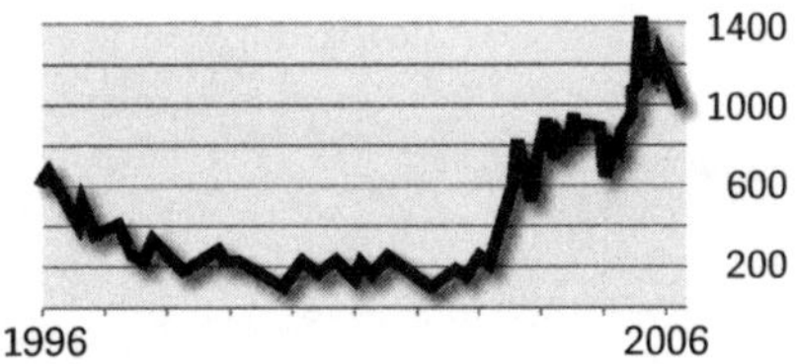

ZINK bildet an der Luft eine witterungsbeständige Schutzschicht aus Zinkkarbonat. Eisen und Stahl wird durch Verzinken vor Korrosion geschützt.

Große Lagerstätten
siehe Blei

Verwendung
Metallindustrie
Legierungen
Batterien
Chemische Industrie

Preis
3372 Dollar pro Tonne
(6. Juli 2006)

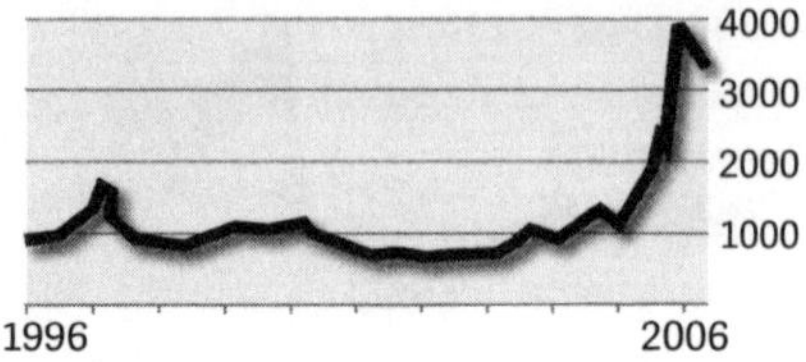

ZINN haben die Menschen schon vor Jahrhunderten zu Haushaltsgegenständen wie Teller, Becher oder Kannen verarbeitet. Heute werden aus dem schwach giftigen und teuren Metall kaum noch Dinge für den täglichen Gebrauch produziert.

Große Lagerstätten
China: Dachang
Brasilien: Pitinga
Myanmar: Mawchi Mine
Indonesien: Bangka Island
Bolivien: San Cristóbal
Peru: San Rafael

Verwendung
Weißblech
Zahnmedizin
Chemische Industrie
(Stabilisator in PVC)
Legierungen
Orgelpfeifen

Preis
8400 Dollar pro Tonne
(6. Juli 2006)

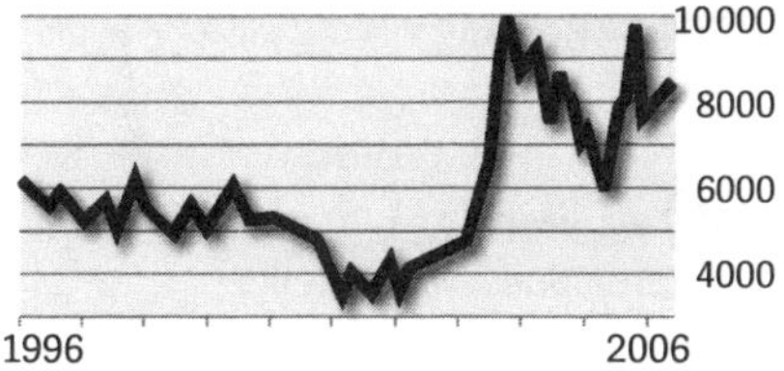

ALUMINIUM ist das in der Erdkruste am häufigsten vorkommende Metall. Wegen seiner geringen Dichte wird es in der industriellen Produktion eingesetzt, wenn Gewicht gespart werden soll. Es ist einfach zu verarbeiten.

Große Lagerstätten
Australien: Huntly Mine und Weipa
Guinea: Boké-Sangaredi
Brasilien: Porto Trombetas
Jamaika: St. Ann Mine
Russland: Tichwin

Verwendung
Flugzeugbau
Elektrotechnik
Verpackungsmaterial

Preis
2556 Dollar pro Tonne
(6. Juli 2006)

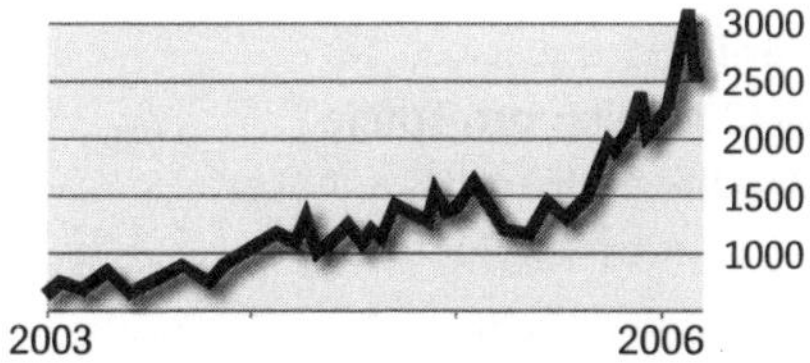

TITAN zählt zu den besonders widerstandsfähigen Metallen und ist weitgehend korrosionsbeständig. Es wird deshalb unter anderem für stark beanspruchte Teile in der Raumfahrt oder im Schiffsbau eingesetzt.

Große Lagerstätten
Australien: Cooljarloo
Sierra Leone: Sierra Rutile Mines
Südafrika: Richards Bay
Mozambik: Corridor Sands

Verwendung
Luft- und Raumfahrt
Automobilindustrie
Farbpigmente
Schiffs- und Turbinenbau

Preis
17250 Dollar
pro Tonne Ferro-Titan 70 %
(Juli 2006)

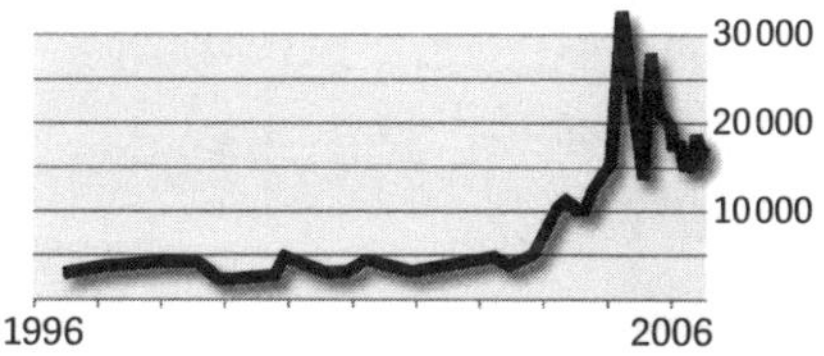

URAN kommt in der Natur nicht als reines Metall vor, sondern in Form von über 200 Verbindungen. Der Stoff ist giftig und radioaktiv und wird vor allem als Brennstoff für Kernkraftwerke benötigt.

Große Lagerstätten
Kanada: Cigar Lake, McArthur River
Australien: Olympic Dam, Ranger, Beverly
Niger: Arlit, Akouta
Namibia: Rössing Mine, Langer Heinrich

Verwendung
Brennstoff für Atomreaktoren
Nuklearwaffen

Preis
101 410 Dollar pro Tonne
(6. Juli 2006)

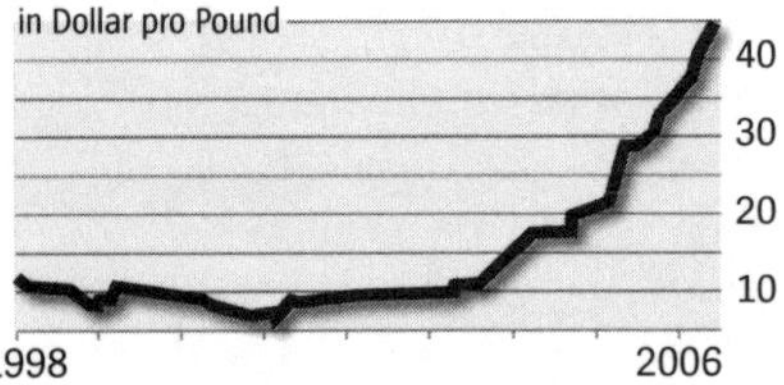

NICHTMETALLISCHE ROHSTOFFE

Diamanten, Ton, Sand, Kies, Quarz

DIAMANT ist das härteste natürliche Mineral und besteht aus reinem Kohlenstoff. Seit 1955 können Diamanten für technische Zwecke auch künstlich hergestellt werden.

Große Lagerstätten
Russland: Udatschnaja
Botswana: Orapa Mine
Südafrika: Baken Mine, Cullinan Mine, Kimberley
Australien: Argyle
Kanada: Diavik und Ekati

Verwendung
Schmuck
Werkzeuge

Preis
Geschliffene Diamanten: ca. 940 Dollar pro Karat, je nach Größe und Qualität des Steins
(6. Juli 2006)

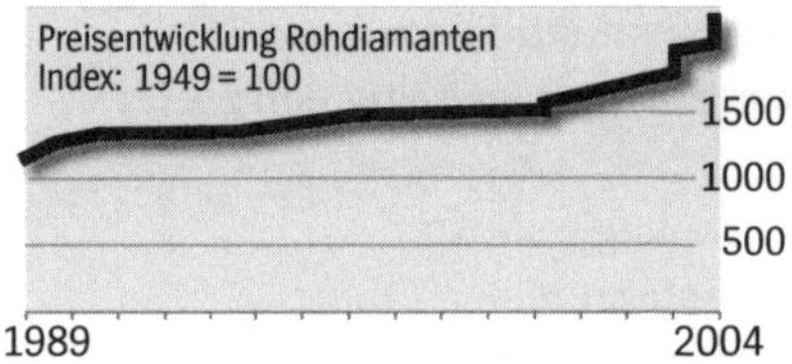

TONE, SANDE UND KIESE sind Lockergesteine in bestimmten Korngrößen. Sie entstehen meist als Ablagerung in Wasser.

Verwendung
Ton: Keramikindustrie, Betonherstellung, Bauindustrie
Sand, Kies: Bauindustrie, Betonherstellung, Metallherstellung (Formsande)

Gliederung nach Korngröße

SORTE	KORNGRÖSSE	HERKUNFT
Steine	> 63mm	Flussschotter, Strandgeröll
Kies	2–63mm	Flusskiese, Strandgeröll
Sand	0,06–2mm	Flusssand, Dünensand, Geschiebelehm
Schluff	0,002–0,06mm	Löss, Auelehm, Seegrund
Ton	< 0,002 mm	Seegrund, Tiefsee

Preis
Bergkristall für technische Anwendungen:
ca. 40 Euro pro Kilo
Synthetischer Quarz:
180–1300 Euro pro Kilo, abhängig von der Qualität
(6. Juli 2006)

QUARZ kommt in den meisten Gesteinen und Sanden vor. Der Rohstoff wird vielfältig eingesetzt.

Große Lagerstätten
(für optisch reinen Quarz)
Brasilien: Minas Gerais
USA: Idaho Mine
Deutschland: Bayerischer Pfahl

Verwendung
Glas- und Keramikindustrie
Optische Industrie (Linsen)
Elektroindustrie
(Halbleiter, Glasfasern)
Photovoltaik

DAS ROHSTOFF-LEXIKON WURDE ZUSAMMENGESTELLT VON PETRA LUDWIG-SIDOW UND JOACHIM MOHR

DANK

Wir danken für ihre Mitarbeit den Verfassern der Texte sowie besonders dem Leiter des Ressorts Sonderthemen, Stephan Burgdorff, dem Leiter des Ressorts Wirtschaft, Armin Mahler, dem Redakteur Joachim Mohr sowie dem Chef vom Dienst, Karl-Heinz Körner. Zahlreiche Dokumentare, vor allem Klaus Falkenberg, Anna Kovac, Peter Lakemeier, Rainer Lübbert, Petra Ludwig-Sidow, Thomas Riedel, Regina Schlüter-Ahrens und Holger Wilkop, haben die Manuskripte, koordiniert von Sonny Krauspe, gewissenhaft überprüft und Fehler korrigiert. Der Grafikerin Julia Saur danken wir für das Zeichnen der Karten, den Schlussredakteuren, dass sie mit Sorgfalt letzte Korrekturen vornahmen, den Sekretärinnen, dass sie den Überblick behielten, und Ulrike Preuß für die Koordination des Projekts.

AUTORENVERZEICHNIS

Beat Balzli ist Redakteur im Ressort Wirtschaft des SPIEGEL.
Jochen Bölsche ist Autor im Ressort Deutschland des SPIEGEL.
Stephan Burgdorff ist Leiter des Ressorts Sonderthemen des SPIEGEL.
Uwe Buse ist Redakteur im Ressort Gesellschaft des SPIEGEL.
Manfred Ertel ist Redakteur im Ressort Ausland des SPIEGEL.
Erich Follath ist Autor im Ressort Ausland des SPIEGEL.
Jens Glüsing ist Südamerika-Korrespondent des SPIEGEL mit Sitz in Rio de Janeiro.
Johann Grolle ist Leiter des Ressorts Wissenschaft und Technik des SPIEGEL.
Ralf Hoppe ist Redakteur im Ressort Gesellschaft des SPIEGEL.
Frank Hornig ist USA-Korrespondent des SPIEGEL mit Sitz in New York.
Alexander Jung ist Redakteur im Ressort Wirtschaft des SPIEGEL.
Uwe Klussmann ist Russland-Korrespondent des SPIEGEL mit Sitz in Moskau.
Sonny Krauspe ist Dokumentationsjournalistin im Ressort Sonderthemen des SPIEGEL.
Georg Mascolo ist USA-Korrespondent des SPIEGEL mit Sitz in Washington.
Sebastian Ramspeck ist Wirtschaftsredakteur des SPIEGEL mit Sitz in Düsseldorf.
Thilo Thielke ist Afrika-Korrespondent des SPIEGEL mit Sitz in Nairobi.
Rainer Traub ist Redakteur im Ressort Sonderthemen des SPIEGEL.
Gerald Traufetter ist Redakteur im Ressort Wissenschaft und Technik des SPIEGEL.
Wieland Wagner ist China-Korrespondent des SPIEGEL mit Sitz in Shanghai.
Erich Wiedemann ist Autor im Ressort Ausland des SPIEGEL.
Christian Wüst ist Redakteur im Ressort Wissenschaft und Technik des SPIEGEL.

REGISTER

Die Verteilung wichtiger Rohstoffe*
* Länder mit mehr als 5 % Anteil an den weltweiten Reserven des jeweiligen Rohstoffs
Anteil an den Weltreserven in Prozent
6
Erdöl
Gas
Kohle
Uran
Gold
Diamanten
Platinmetalle
Eisenerz (Aluminium)
Bauxit
Kupfer
14
12
Kanada
7
7
27
USA
6
Mexiko
8
Jamaika
6
Venezuela
Guinea
30
6
8
Peru
14
8
Brasilien
Chile
30
Energieverbrauch
weltweit in Exajoule
1 Exajoule = 34,12 Millionen Tonnen Steinkohleneinheiten
Quelle: Deutsche Shell
Prognose ab 2000
bei Annahme eines Weltwirtschaftswachstums von drei Prozent jährlich und einer Erdbevölkerung von neun Milliarden im Jahre 2050
Exajoule
600
Kernkraft (Uran)
Erdgas
400
Erdöl
200
Kohle
0
2010
2050
1900
1910
1920
1930
1940
1950
1960
1970
1980
1990
2000
2030